KB129594

譯註

禮記補註

❼

雜記上·雜記下·喪大記·祭法·祭義

譯註

禮記補註

7

雜記上 · 雜記下 · 喪大記 · 祭法 · 祭義

김재로金在魯 저
정병섭鄭秉燮 역

學古房

역자서문

본 역서는 조선 후기 때의 학자인 김재로(金在魯)의 『예기보주(禮記補註)』를 번역한 것이다. 역자는 2009년부터 『예기집설대전(禮記集說大全)』의 번역을 시작하였고, 2017년 구정연휴기간에 『예기집설대전』의 49번째 편인 「상복사제(喪服四制)」의 역서를 탈고하였다. 8년 이상 지속해온 작업을 마무리하고 나니 나도 모르는 사이 정신이 풀어지며 의욕이 생기지 않았다. 본래는 『예기』 번역을 마무리하고, 이어서 『의례정의』와 『주례정의』 번역에 착수하려고 계획했으나 좀처럼 몸이 움직이지 않았다. 고백하자면 이 책을 번역하기 시작한 것은 순전히 나태해진 몸과 마음을 일깨우기 위한 것이었다. 흐느적거리는 정신을 붙잡고 다시 책상에 앉아 번역의 즐거움을 만끽하기 위한 지극히도 사사로운 목적이었다. 본래의 계획은 삼례(三禮)의 번역을 마치고 한국 유학자들의 예학 관련 저서들을 번역하기로 계획했었으나 삼례 자체가 워낙 방대한 양이어서 막연한 기약만 했었는데, 사사롭기는 하지만 막상 책상 앞에 앉아 번역을 시작하니, 얼마 되지 않아 한 권 분량의 번역서가 완성되었다. 다시 열정이란 돌멩이가 뜨겁게 달궈지는 기분이다. 『의례정의』와 『주례정의』 번역의 병행으로 인해 『예기보주』의 번역에만 매진할 수 없는 상황이지만, 이왕 시작한 번역이니만큼 조만간 끝을 볼 계획이다. 지극히도 개인적이며 이기적인 목적으로 작성된 역서이지만, 이 책을 발판으로 더 좋은 번역이 나왔으면 하는 바람이다. 끝으로 『예기보주』를 출판할 수 있도록 허락해주신 도서출판 학고방의 하운근 사장님께도 감사를 전한다.

▌일러두기

- 본 책은 역주서(譯註書)로써, 『예기보주(禮記補註)』를 완역하고, 자세한 주석을 첨부했다.
- 『예기보주』는 『예기집설대전(禮記集說大全)』에 대한 주석서로, 『예기』의 경문(經文) 및 진호(陳澔)의 『집설(集說)』, 호광(胡廣)의 『대전(大全)』 기록 중에서 일부 표제어만 제시하고, 『보주(補註)』를 기록하고 있다. 표제어만 제시되어 있으므로, 『예기보주』의 본래 기록만 가지고는 관련 『보주』가 본래의 주석과 어떤 차이점이 있는지 확인하기 어렵다. 이러한 점을 해결하기 위해 표제어 앞에 관련 경문, 『집설』, 『대전』의 본문과 번역문을 함께 수록하였다.
- 『예기보주』에 기록된 표제어는 참고로 수록한 경문, 『집설』, 『대전』의 원문에 밑줄로 표시하고, 같은 문장에 여러 표제어를 제시했을 경우, ①·②·③ 등의 표시를 붙여 구분하였다.
- 『예기』 경문의 해석에 있어서 다양한 이견이 있는 경우가 있는데, 『예기보주』는 『예기집설대전』에 대한 주석서이므로, 진호의 『집설』에 따른 경문 번역을 수록하였다.
- 『예기보주』의 본래 목차는 『예기』 각 편에 대한 간략한 목차이므로, 『예기』 각 편의 장을 분류하여 별도의 목차를 수록하였다.
- 본 역서의 『예기보주(禮記補註)』 원문과 표점은 한국유경편찬센터의 자료를 사용하였다.(http://ygc.skku.edu)
- 『예기보주』의 주석 대상이 되는 『예기집설대전』의 저본은 다음과 같다. 『禮記』, 서울: 保景文化社, 초판 1984 (5판 1995)
- **원문**으로 표시된 것은 『예기보주』에 기록된 본래의 기록이다.

• **補註**로 표시된 것은 『예기보주』에 기록된 주석의 기록이다.

• **참고-經文**으로 표시된 것은 『보주』의 내용이 『예기』 경문에 대한 것일 경우, 관련 경문을 수록해둔 것이다.

• **참고-集說**로 표시된 것은 『보주』의 내용이 진호의 『집설』에 대한 것일 경우, 관련 『집설』의 기록을 수록해둔 것이다.

• **참고-大全**으로 표시된 것은 『보주』의 내용이 호광의 『대전』에 대한 것일 경우, 관련 『대전』의 기록을 수록해둔 것이다.

• ① 등으로 표시된 것은 『예기보주』에 표시된 표제어에 해당한다. 관련 경문에 대한 첫 번째 표제어인 경우 ①로 표시하고, 두 번째 표제어인 경우 ② 등으로 표시했다.

• 원문 및 번역문 중 '▼'로 표시된 부분은 한글로 표기할 수 없는 한자를 기록한 부분이다. 예를 들어 '▼(囧/皿)'의 경우 맹(盟)자의 이체자인데, '明'자 대신 '囧'자가 들어간 한자를 프로그램상 삽입할 수가 없어서, '▼(囧/皿)'으로 표시한 것이다. 즉 '▼(A/B)'의 형식으로 기록된 경우, A에 해당하는 글자가 한 글자의 상단 부분에 해당하고, B에 해당하는 글자가 한 글자의 하단 부분에 해당한다는 표시이다. 또한 '▼(A+B)'의 형식으로 기록된 경우, A에 해당하는 글자가 한 글자의 좌측 부분에 해당하고, B에 해당하는 글자가 한 글자의 우측 부분에 해당한다는 표시이다. 또한 '▼((A-B)/C)'의 형식으로 기록된 경우, A에 해당하는 글자에서 B 부분을 뺀 글자가 한 글자의 상단 부분에 해당하고, C에 해당하는 글자가 한 글자의 하단 부분에 해당한다는 표시이다.

▌목차

禮記補註卷之十九
『예기보주』 19권

禮記補註卷之二十
『예기보주』 20권

禮記補註卷之二十一
『예기보주』 21권

禮記補註卷之二十二
『예기보주』 22권

禮記補註卷之十九

『예기보주』 19권

「잡기상(雜記上)」 제20편

補註 疏曰: 雜記諸侯以下至士之喪事.

번역 소에서 말하길, 제후로부터 사 계급에 이르기까지 그들의 상사에 대한 일들을 뒤섞어 기록했다.

「잡기상」 1장

참고-經文

諸侯行而死於館, 則其復如於其國; 如於道, 則升其乘車之左轂①以其綏復.

번역 제후가 다른 나라로 여정을 떠났다가 그 나라의 숙소에 머물고 있는 상태에서 죽었다면, 초혼을 할 때 본국에 있었을 때처럼 한다. 만약 도로에서 죽게 된다면, 제후가 타고 있던 수레의 좌측 바퀴 위에 올라가서, 깃술을 제거한 깃대 장식을 흔들며 초혼을 한다.

① *以其綏復.*

補註 按: 陳註綏訓, 本鄭註也. 旄者, 以旄牛尾注於杠首而垂之也, 見明堂位註.

번역 살펴보니, 진호의 주에 나온 수(綏)자에 대한 풀이는 정현의 주에 근거한 것이다. '모(旄)'는 깃대 장식에 소의 꼬리를 이용하여, 깃대 끝에 매달아서 늘어뜨린 것으로, 자세한 내용은 『예기』「명당위(明堂位)」편의 주에 나온다.

補註 ○類編曰: 綏, 引車之索, 恐在車, 故以綏復也.

번역 ○『유편』에서 말하길, '수(綏)'는 수레를 끄는 끈으로, 아마도 수레에 달려 있기 때문에 수를 이용해서 초혼을 하는 것이다.

補註 ○徐志修曰: 以其字觀之, 車之綏, 似是.

번역 ○서지수가 말하길, 자형으로 살펴보면 수레에 달려 있는 끈[綏]으로 보는 것이 옳은 것 같다.

「잡기상」 2장

참고-經文

①<u>其輤有裧</u>緇布裳帷, 素錦以爲屋而行.

번역 영구의 수레를 덮는 천(輤)에는 장식을 하니, 천(輤)의 네 방면에 천을 달아 늘어트리고, 검은색의 천으로 휘장처럼 관을 두르며, 흰색의 비단을 지붕처럼 만들어서 관을 덮고서야 행차를 한다.

① ○其輤有裧.

補註 鄭註: 輤, 載柩將殯之車飾也. 將葬, 載柩之車飾曰柳.

번역 정현의 주에서 말하길, '천(輤)'은 영구를 싣고서 빈소로 가게 되는 수레에 하는 장식이다. 장례를 치르게 되면, 영구를 싣고 있는 수레에 대해서 장식을 하니, 그것을 '유(柳)'라고 부른다.

補註 ○裧, 與襜·幨同.

번역 ○'첨(裧)'은 휘장을 뜻하는 첨(襜)자와 수레 휘장을 뜻하는 첨(幨)자와 같다.

「잡기상」 3장

참고-經文

至於廟門, ①不毁墻, 遂入, 適所殯, 唯輤爲說於廟門外.

번역 빈궁의 문에 당도하면, 휘장을 걷지 않고 안으로 들어가서, 빈소가 차려진 곳으로 가는데, 천(輤)은 더 이상 필요하지 않으므로, 빈궁의 문 밖에 벗겨둔다.

① ○不毁墻.

補註 陽村曰: 曾子問出疆君薨其入之禮, 云入自闕, 註云毁殯宮門西邊墻而入. 此云不毁墻, 不去裳帷, 非不毁宮墻也.

번역 양촌이 말하길, 증자가 군주가 국경을 벗어나 다른 나라로 행차를 했는데 죽게 된다면 그 시신을 가지고 본국으로 들어오는 예법에 대해 질문하자 공자는 궐(闕)을 통해서 들어온다고 했고,[1] 주에서는 빈소의 문 서쪽 담장을 헐어서 그곳을 통하여 들어온다고 했다. 이곳에서 '불훼장(不毁墻)'이라고 한 것은 휘장을 제거하지 않는다는 뜻이지 빈소의 담장을 허물지 않는다는 뜻이 아니다.

補註 ○按: 墻, 卽檀弓墻置翣之墻.

번역 ○살펴보니, '장(墻)'자는 『예기』「단궁(檀弓)」편에서 "영구를 가릴 때 삽(翣)을 두었다."[2]라고 했을 때의 장(墻)에 해당한다.

---

1) 『예기』「증자문(曾子問)」: 曾子問曰: 君出疆, 以三年之戒, 以椑從, 君薨, 其入, 如之何. 孔子曰: 共殯服, 則子麻弁絰, 疏衰, 菲杖, 入自闕, 升自西階, 如小斂, 則子免而從柩, 入自門, 升自阼階, 君・大夫・士, 一節也.

2) 『예기』「단궁상(檀弓上)」: 有虞氏瓦棺, 夏后氏堲周, 殷人棺槨, 周人牆置翣.

「잡기상」 4장

참고-經文

大夫士死於道, 則升其乘車之左轂以其綏復. 如於館死, 則其復如於家. 大夫①以布爲輤而行, 至於家而說輤, ②載以輲車, 入自門, 至於阼階下而說車, 擧自阼階, 升適所殯.

번역 대부와 사의 경우 여정 중 길에서 죽게 되면, 그가 타고 있던 수레의 좌측 바퀴에 올라가서 수레를 탈 때 잡는 수(綏)라는 끈을 이용해 초혼을 한다. 만약 제공받은 숙소에서 죽게 된다면, 그때의 초혼은 그가 자신의 집에서 죽었을 때처럼 한다. 대부의 경우에는 포(布)를 이용해 천(輤)을 만들어서 행차를 하며, 그의 집에 도착하면 천(輤)을 제거하고, 시신을 바퀴살이 없는 수레에 싣고, 문을 통해서 들어가며, 동쪽 계단 밑에 도착하면 시신을 수레에서 꺼내고, 들어 올려서 동쪽 계단을 통해 올라가 빈소가 차려진 곳으로 이동시킨다.

① ○以布爲輤.

補註 疏曰: 以白布爲輤, 不以蒨染之, 而亦曰輤者, 通名耳.

번역 소에서 말하길, 백색의 포(布)로 천(輤)을 만드는데, 천(蒨)이라는 식물로 염색을 하지 않았음에도 이것을 또한 '천(輤)'이라고 부르는 것은 통용되는 명칭이기 때문이다.

② 載以輲車.

補註 鄭註: 明車不易也. 諸侯言不毁墻, 大夫士言不易車, 互相明也.

번역 정현의 주에서 말하길, 수레를 바꾸지 않는다는 사실을 나타낸다. 제후에 대해서는 "장(牆)을 제거하지 않는다."라고 했고, 대부와 사에 대해서는 "수레를 바꾸지 않는다."라고 했는데, 상호 그 뜻을 보완적으로 나타내도록 했기 때문이다.

참고-集說

布輤, 以白布爲輤也. 輲, 讀爲輇, 音與船同. 說文, "①有輻曰輪, 無輻曰輇." 有輻者, 別用木以爲輻也. 無輻者, 合大木爲之也. 大夫初死, 及至家, 皆用輇車載之. 今至家而脫去輤, 則惟尸在輇車上耳, 故云載以輇車. 凡死於外者, 尸入自門, 升自阼階, 柩則入自闕, 升自西階. 周禮, 殯則於西階之上, 惟死於外者, 殯當兩楹之中, 蓋不忍遠之也.

번역 '포천(布輤)'은 백색의 포로 천(輤)을 만들었다는 뜻이다. '천(輲)'자는 '전(輇)'자로 풀이하니, 그 음은 '선(船)'자와 동일하다. 『설문』에서는 "바퀴살이 있는 바퀴를 '윤(輪)'이라고 부르며, 바퀴살이 없는 바퀴를 '전(輇)'이라고 부른다."라고 했다. 바퀴살이 있는 것은 별도로 나무를 이용해서 바퀴살을 만든다. 바퀴살이 없는 것은 큰 나무를 합해서 원형으로 바퀴를 만든다. 대부가 여정 중 이제 막 죽었을 때와 그의 집까지 갈 때에는 모두 바퀴살이 없는 수레를 이용해서 시신을 싣는다. 현재 집에 도착하여 천(輤)을 제거했다면, 오직 시신만 바큇살이 없는 수레 위에 놓여 있을 뿐이다. 그렇기 때문에 "바퀴살이 없는 수레를 이용해서 싣는다."고 했다. 무릇 외지에서 죽은 경우, 시신이 들어올 때에는 문을 통해서 들어오며, 당(堂)으로 오를 때에는 동쪽 계단을 통해서 오르며, 영구의 경우에는 궐(闕)을 통해서 들어오고, 서쪽 계단을 통해서 오른다. 주나라의 예법에 따르면 빈소의 경우에는 서쪽 계단 위에 마련하는데, 오직 외지에서 죽은 자에 대해서만 빈소를 양쪽 기둥 사이에 만드니, 차마 멀리 떨어트려 놓을 수가 없기 때문이다.

① 有輻曰輪無輻曰輇.

補註 按: 輻, 卽車輪中直指之木, 並湊於轂者, 卽老子所謂三十輻共一轂者也. 俗稱輪箭無輻曰輇者, 蓋載重之車四輪而卑, 故不設輻, 合全木爲之也. 轂, 車輪當中小圈, 軸之所貫輻之所湊也. 車輪外圍曰輞, 貫於轂穴中, 以持輪者曰軸.

번역 살펴보니, '복(輻)'은 수레바퀴 안에 곧게 뻗어있는 나무로, 이 모두는 바퀴통에 연결되는 것이니, 『노자』에서 "30개의 바퀴살이 1개의 바퀴통에 모여 있다."라고 한 것에 해당한다. 세속에서는 수레바퀴가 통으로 되어 바퀴살이 없는 것을 전(輇)이라고 통칭해서 부르는데, 무거운 것을 싣는 수레는 바퀴가 4개이며 수레의 차체가 낮기 때문에 바퀴살을 설치하지 않고 통으로 된 나무를 연결해서 만든다. '곡(轂)'은 수레의 바퀴 중에서도 중앙에 있는 작은 구멍으로, 굴대가 끼워지고 바퀴살이 연결되는 곳이다. 수레바퀴에 있어서 바깥을 둘러싸고 있는 것은 '망(輞)'이라 부르고, 바퀴통의 구멍에 끼워서 바퀴를 지지하는 것을 '축(軸)'이라 부른다.

「잡기상」 5장

참고-經文

①<u>士輤葦席以爲屋</u>, 蒲席以爲裳帷.

번역 사의 천(輤)을 만들 때에는 위석(葦席)을 덮개를 삼으며, 포석(蒲席)을 휘장으로 삼는다.

① 士輤葦席以爲屋.

補註 鄭註: 無素錦爲帳.

번역 정현의 주에서 말하길, 흰색의 비단으로 만든 휘장이 없다.

「잡기상」 6장

참고-經文

凡訃於其君曰, "君之臣某死." 父母妻長子曰, "君之臣某之某死." 君訃於他國之君曰, "寡君不祿, 敢告於執事." ①夫人曰, "寡小君不祿." 太子之喪曰, "寡君之適子某死."

번역 무릇 자기 군주에게 부고를 알릴 때에는 "군주의 신하 아무개가 죽었습니다."라고 말한다. 그의 부모 · 처 · 장자에 대해서 부고를 알릴 때에는 "군주의 신하 아무개의 아무개가 죽었습니다."라고 말한다. 자기 군주에 대해서 다른 나라의 군주에게 부고를 알릴 때에는 "저희 군주가 더 이상 녹봉을 받지 못하니, 감히 일을 맡아보는 자에게 아룁니다."라고 말한다. 군주의 부인에 대해서는 "저희 소군께서 더 이상 녹봉을 받지 못하니, 감히 일을 맡아보는 자에게 아룁니다."라고 말한다. 태자의 상에 대해서는 "저희 군주의 적자 아무개가 죽었으니, 감히 일을 맡아보는 자에게 아룁니다."라고 말한다.

① ○夫人曰[止]某死.

補註 疏曰: 皆當云告於執事, 不言者, 略之也.

번역 소에서 말하길, 모두에 대해 "일을 맡아보는 자에게 아룁니다."라고 해야 하는데, 언급을 하지 않은 이유는 문장을 생략해서 기록했기 때문이다.

참고-大全

山陰陸氏曰: 諸侯同盟則訃, 不同盟蓋不訃也. 不言死, 不死其君也. 不言卒, 不卒其君也. 曲禮云, ①壽考曰卒, 短折曰不祿. 君雖壽考, 猶以不祿赴, 臣子之意也. 夫人曰寡小君不祿, 左傳曰君氏卒, 聲子也. 不赴于諸侯, 不反哭于寢, 不祔于姑, 故不曰薨.

번역 산음육씨가 말하길, 제후 중 동맹인 자에 대해서는 부고를 알리니, 동맹이 아닌 제후에 대해서는 아마도 부고를 알리지 않았을 것이다. '사(死)'라고 말하지 않은 것은 그의 군주에 대해서 사(死)라고 말하지 못하기 때문이다. '졸(卒)'이라고 말하지 않은 것은 그의 군주에 대해서 졸(卒)이라고 말하지 못하기 때문이다. 『예기』「곡례(曲禮)」편에서는 "장수를 하고 죽었을 때에는 '졸(卒)'이라 부르고, 단명을 하였을 때에는 '불록(不祿)'이라고 부른다."[1]라고 했다. 군주가 비록 장수를 한 뒤에 죽었더라도, 오히려 '불록(不祿)'이라 부고를 알리는 것은 신하의 입장을 자처하는 뜻 때문이다. 부인에 대해서는 "저희 소군(小君)께서 더 이상 녹봉을 받지 못합니다."라고 말하는데, 『좌전』에서는 "군씨(君氏)[2]가 죽었으니, 성자(聲子)이다. 제후에게 부고를 알리지 않았고, 침(寢)에서 반곡(反哭)을 하지 않았으며, 시어미의 묘(廟)에 부제(祔祭)를 지내지 않기 때문에 '훙(薨)'이라고 부르지 않는다."[3]라고 했다.

① 壽者曰卒.

補註 者, 當作考.

번역 '자(者)'자는 마땅히 고(考)자로 기록해야 한다.

---

1) 『예기』「곡례하(曲禮下)」: 生曰父, 曰母, 曰妻. 死曰考, 曰妣, 曰嬪. 壽考曰卒, 短折曰不祿.

2) 군씨(君氏)는 제후의 측실을 존칭하여 부르는 말이다. 『춘추좌씨전』「은공(隱公) 3년」에는 "夏, 君氏卒. 聲子也."라는 기록이 있는데, 이에 대한 양백준(楊伯峻)의 주에서는 "國君曰君, 君夫人曰小君, '君氏'者, 猶言'小君氏', '氏'亦猶'母氏''舅氏'之義例."라고 풀이했다. 즉 제후는 '군(君)'이라고 부르며, 군주의 부인은 '소군(小君)'이라고 부르는데, '군씨'라는 말은 '소군씨(小君氏)'라고 부르는 말과 같으니, 이때의 '씨(氏)'는 모씨(母氏)나 구씨(舅氏)라고 하여 씨(氏)를 붙여 부르는 경우와 같다. 참고적으로 『좌전』에 나오는 성자(聲子)는 은공(隱公)의 모친이며, 혜공(惠公)의 측실이다.

3) 『춘추좌씨전』「은공(隱公) 3년」: 夏, 君氏卒. 聲子也. 不赴于諸侯, 不反哭于寢, 不祔于姑, 故不曰"薨". 不稱夫人, 故不言葬, 不書姓. 爲公故, 曰"君氏".

「잡기상」 7장

참고-經文

大夫訃於同國適者曰, "某不祿." 訃於士亦曰, "某不祿." 訃於他國之君曰, "君之外臣寡大夫某死." 訃於適者曰, "吾子之外私寡大夫某不祿, ①使某實." 訃於士亦曰, "吾子之外私寡大夫某不祿, 使某實."

번역 대부가 죽었을 때, 그와 같은 나라에 거주하는 대부 중 신분이 대등한 자에게 부고를 알릴 때에는 "아무개가 더 이상 녹봉을 받지 못합니다."라고 말한다. 사에게 부고를 알릴 때에도 "아무개가 더 이상 녹봉을 받지 못합니다."라고 말한다. 다른 나라의 제후에게 부고를 알릴 때에는 "군주의 외국 신하인 저희 대부 아무개가 죽었습니다."라고 말한다. 다른 나라에 거주하는 신분이 대등한 자에게 부고를 알릴 때에는 "그대의 외국 친우인 저희 대부 아무개가 더 이상 녹봉을 받지 못하여, 아무개를 시켜 이곳에 오도록 했습니다."라고 말한다. 다른 나라의 사에게 부고를 알릴 때에도 "그대의 외국 친우인 저희 대부 아무개가 더 이상 녹봉을 받지 못하여, 아무개를 시켜 이곳에 오도록 했습니다."라고 말한다.

① 使某實.

補註 鄭註: 實, 當爲至, 周·秦之人聲之誤也.

번역 정현의 주에서 말하길, '실(實)'자는 마땅히 '지(至)'자가 되어야 하니, 이처럼 풀이하는 것은 주나라와 진나라에서 글자를 발음하는 소리가 비슷해서 생긴 오류이다.

補註 ○類編曰: 實, 猶言不可諱, 不必改.

번역 ○『유편』에서 말하길, '실(實)'은 "피할 수가 없다."는 말과 같으니, 고칠 필요가 없다.

「잡기상」 9장

참고-經文

①大夫次於公館以終喪, 士練而歸, 士次於公館. 大夫居廬, 士居堊室.

번역 제후가 죽었을 때, 대부는 공관(公館)[1]에 머물며 군주의 상을 끝내고, 읍재인 사는 연제를 끝내면 되돌아가며, 조정에 속한 사는 공관에 머물며 군주의 상을 끝낸다. 임시숙소에 머물 때 대부는 여(廬)[2]에 머물고, 사는 악실(堊室)[3]에 머문다.

① ○大夫次於[止]居堊室.

補註 類編曰: 終喪於公館, 豈非太過? 且邑宰各有分職, 不可以曠, 註說非矣.

번역 『유편』에서 말하길, 공관에서 상을 끝낸다는 것은 어찌 매우 지나친 것이 아니겠는가? 또 읍재는 각각 맡고 있는 직무가 있어서, 오랜기간 자리를 비워둘 수 없으니, 주의 설명은 잘못되었다.

---

1) 공관(公館)은 군주가 빈객(賓客)들을 머물게 하기 위해 만든 숙소이다. 군주의 신하들이 가지고 있는 건물은 사관(私館)에 해당하는데, 빈객이 사관에 머물 때, 군주가 명령을 내리게 되면, 그 장소는 '공관'이 되어, 빈객이 필요로 하는 것들을 지급하게 된다. 또한 '공관'은 궁중에 있는 건물을 가리키기도 하며, 궁실의 건물과 떨어져 있는 별도의 건물을 뜻하기도 한다.

2) 의려(倚廬)는 상중(喪中)에 머물게 되는 임시 거처지이다. '의려'는 또한 '의(倚)', '여(廬)', '堊室(악실)', '사려(舍廬)' 등으로 부르기도 하지만, '악실'과 대비해서 보다 수위가 높은 임시숙소를 뜻하기도 한다. 중문(中門) 밖 동쪽 담장 아래에 나무를 기대어 만든다.

3) 악실(堊室)은 상중(喪中)에 임시로 거처하던 가옥으로, 네 벽면에 흰색의 회칠을 하였다.

補註 ○按: 此章恐當以大夫次於公館, 而居廬以終喪, 士亦次於公館, 而居堊室, 練而歸之意看, 註之分邑宰之士與朝廷之士者, 經文未見此意. 周禮·宮正, "大喪, 則授廬舍, 辨其親疏貴賤之居." 註, "親者·貴者居廬, 疏者·賤者居堊室." 引此記以證之, 然則鄭說亦前後違異, 當以周禮註爲正.

번역 ○살펴보니, 이 문장은 아마도 대부는 공관에 임시로 머물다가 여에서 지내며 상을 마치고, 사 또한 공관에서 임시로 머물다가 악실에서 지내고, 연제(練祭)를 끝내면 되돌아간다는 뜻으로 보아야 할 것 같다. 주에서는 읍재를 맡고 있는 사와 조정에 속해 있는 사를 구분해서 설명했지만, 경문에는 이러한 뜻이 나타나지 않는다. 『주례』「궁정(宮正)」편에서는 "대상이 발생하면 임시숙소를 제공하며, 친소관계와 귀천의 등급에 따른 숙소를 구별한다."[4]라고 했고, 주에서는 "관계가 가까운 자와 신분이 높은 자는 여에 머물고, 관계가 먼 자와 신분이 낮은 자는 악실에 머문다."라고 말하며, 이곳 『예기』의 기록을 인용해서 증명을 하였다. 그렇다면 정현의 주장 또한 이전에 했던 것과 이후에 했던 것이 차이를 보이는데, 『주례』 주의 내용을 정론으로 삼아야 한다.

補註 ○又按: 此章句吐, 諺讀多誤. 今略改正, 大夫隱, 次於公館以終喪爲古, 士隱, 練而歸尼羅. 士刀, 次於公館乎代, 大夫隱, 居廬爲古, 士隱, 居堊室伊尼羅.

번역 ○또 살펴보니, 이 문장에 대해 구문을 끊고 토를 붙이는 것에 있어서 『언독』은 오류가 많다. 대략적으로 바로잡는다면, "大夫는 次於公館以終喪하고 士는 練而歸니라. 士도 次於公館호대 大夫는 居廬하고 士는 居堊室이니라."라고 해야 한다.

補註 ○字彙: 堊, 烏各反, 又烏故反.

번역 ○『자휘』에서 말하길, '堊'자는 '烏(오)'자와 '各(각)'자의 반절음이며,

---

4) 『주례』「천관(天官)·궁정(宮正)」: 大喪, 則授廬舍, 辨其親疏貴賤之居.

또한 '烏(오)'자와 '故(고)'자의 반절음도 된다.

참고-集說

此言君喪, 則大夫居喪之次, 在公館之中, 終喪乃得還家. 若邑宰之士, 至小祥得還其所治之邑. 其朝廷之士, 亦留次公館以待終喪. 廬, 在中門外東壁, 倚木爲之, 故云倚廬. 堊室, 在中門外屋下, ①壘墼爲之, ②不塗墍.

번역 이 내용은 군주의 상이 발생하면, 대부는 상중에 머무는 임시 숙소에 머물게 되니, 공관(公館)에 있게 되며, 상을 끝내면 집으로 돌아갈 수 있다는 뜻이다. 만약 읍재(邑宰)[5]인 사라면, 소상(小祥)을 끝내면 자신이 다스리는 읍으로 되돌아갈 수 있다. 조정에 속한 사는 또한 공관에 머물며 상이 끝날 때까지 대기한다. '여(廬)'는 중문(中門) 밖 동쪽 벽에 있는 것으로 나무를 기대어 만들기 때문에, '의려(倚廬)'라고 부른다. '악실(堊室)'은 중문 밖 지붕 밑에 있으며, 아직 굽지 않은 흙벽돌을 쌓아 만들게 되며, 일반 건물처럼 벽에 칠을 하여 꾸미지 않는다.

① 壘墼.

補註 按: 壘, 積也. 墼, 古歷切, 未燒塼坯也.

번역 살펴보니, '누(壘)'는 쌓는다는 뜻이다. '墼'자의 음은 '古(고)'자와 '歷(력)'자의 반절음이며, 아직 굽지 않은 흙벽돌을 뜻한다.

② 不塗墍.

補註 按: 墍, 仰塗也.

번역 살펴보니, '기(墍)'는 벽을 칠한다는 뜻이다.

---

5) 읍재(邑宰)는 읍(邑)을 다스리는 수장을 뜻하니, 후대의 현령(縣令)에 해당한다. '재(宰)'자는 총괄하는 자를 가리키므로, '읍재'라고 부른다.

「잡기상」 10장

참고-經文

①大夫爲其父母兄弟之未爲大夫者之喪服, 如士服.

번역 대부는 자신의 부모 및 형제를 위해 상복을 착용할 때, 그들이 만약 아직 대부의 신분이 되지 못한 상태에서 죽었다면, 그들을 위한 상복은 사가 착용하는 상복과 동일하게 한다.

① 大夫爲[止]如士服.

補註 鄭註: "大夫雖尊, 不以其服服父母兄弟, 嫌若踰之也. 今大夫喪禮逸, 與士異者, 未得而備聞也. 春秋傳[左襄十七年]曰: '齊晏桓子卒, 晏嬰麤衰斬, 苴絰帶, 杖, 菅屨, 食粥, 居倚廬, 寢苫, 枕草. 其老曰: 非大夫之禮也. 曰: 唯卿爲大夫.' 此平仲之謙也. 言己非大夫, 故爲父服士服耳. 麤衰斬者, 其縷在齊斬之間, 謂縷如三升半, 而三升不緝也. 斬衰以三升爲正, 微細焉則屬於麤也. 然則士與大夫爲父服異者, 有麤衰斬, 枕草矣. 其爲母五升縷而四升, 爲兄弟六升縷而五升乎. 唯大夫以上, 乃能備儀盡飾, 士以下則以臣服君之斬衰爲其父, 以臣從有而服之齊衰, 爲其母與兄弟, 亦以勉人爲高行也. 大功以下, 大夫士服同." 疏曰: "麤衰斬, 其縷在齊斬之間者, 喪服初章斬衰, 次章疏衰, 疏卽麤也. 斬衰三升, 麤衰四升, 麤如三升半, 而計縷唯三升, 故云縷如三升半, 而三升不緝也. 大夫以上, 備儀盡飾者, 大夫以上, 則兼天子·諸侯, 德高能備, 儀服無降殺, 是盡飾也. 士以下, 以臣服君之斬衰爲其父, 以臣從君服之齊衰, 爲其母與兄弟者, 以喪服精麤義服皆降正服一等. 今爲父母兄弟降從義服, 是卑屈也. 勉人爲高行者, 勉勵士身, 使爲高行作大夫也. 大功以下, 大夫·士服同者, 經唯云爲父母兄弟, 士與大夫之異, 是大功以下與大夫同. 所以然者, 輕服情殺, 上下俱申也. 案聖證論王肅云: '曾子云, 哭泣之哀, 齊斬之情, 饘粥之食, 自天子達. 且大國之卿與天子上士,俱三命. 平仲之言, 唯卿爲大夫, 謂諸侯之卿, 當天子之大夫, 非謙辭也. 春秋之時, 尊者尙輕簡, 喪制遂壞, 群卿專政, 晏子惡之, 故服麤衰枕草, 於當時爲重, 是以云唯卿爲大夫, 遜辭以辟害也.' 又孟子云: '三年之喪, 齊疏之服, 饘粥之食, 自天子達於庶人, 三代共之.' 又此記云: '端衰喪車無等.' 大夫與士異者, 大夫以上, 在喪斂時弁絰, 士冠素委皃也. 馬昭答王肅, 引雜記云: '大夫爲其父母兄弟之未爲大夫者之喪服如士服, 是大夫與士喪服不同, 而端衰喪車無等者, 正爲衰之制度, 上下無等, 其服精麤, 則有異也.'"

번역 정현의 주에서 말하길, "대부는 비록 존귀하지만, 자신이 입을 수 있는 복장으로 부모 및 형제에 대한 상복을 착용할 수 없으니, 마치 그들을 뛰어넘는 것처럼 오해를 받기 때문이다. 현재 대부의 상복 예법은 일실되어, 사의 복장과 차이가 나는 점들은 제대로 확인할 수 없다. 『춘추전』에서는 [『좌전』 양공 17년이다.] "제나라 안환자가 죽자 안영은 거친 참최복을 착용하고 저질(苴絰)과 대(帶)를 차고 지팡이를 잡았으며 관구를 신고 미음을 먹었으며 의려(倚廬)에 거처하고 거적을 깔고 짚으로 베개를 삼았다. 그의 가로(家老)는 이것은 대부의 예법이 아니라고 했다. 그러자 안영은 오직 경이라야만 대부라 할 수 있다고 했다.'[1] 이것은 안평중의 겸손함을 나타낸다. 즉 자신이 대부의 신분이 아니기 때문에 부친을 위해서도 사가 착용하는 복장에 따라 상복을 착용했을 뿐이라는 뜻이다. '추최참(麤衰斬)'이라는 것은 그 올이 자최복(齊衰服)과 참최복(斬衰服) 중간에 있는 것이니, 올은 3.5승(升)이지만, 3승은 깁지 않은 것을 뜻한다. 참최복은 3승으로 하는 것을 정식 복장으로 삼지만, 보다 가늘게 만든 경우는 추(麤)에 속한다. 그렇다면 사와 대부가 부친을 위해 상복을 착용할 때 나타나는 차이점은 추최참과 짚을 베개로 삼는 것이다. 모친을 위해 상복을 착용할 때에는 5승의 올을 사용하고 기워서 4승으로 했고, 형제를 위해 상복을 착용할 때에는 6승의 올을 사용하고 기워서 5승으로 했을 것이다. 오직 대부 이상의 계급만이 의례 규정에 따라

---

1) 『춘추좌씨전』「양공(襄公) 17년」: 齊晏桓子卒, 晏嬰麤縗斬, 苴絰・帶・杖, 菅屨, 食鬻, 居倚廬, 寢苫・枕草. 其老曰, "非大夫之禮也." 曰, "唯卿爲大夫."

격식을 갖춰 복식의 꾸밈을 다했을 것이며, 사로부터 그 이하의 계층은 신하가 군주를 위해 착용하는 참최복의 복장으로 자신의 부친에 대해서도 착용을 했으니, 신하로서 군주를 따르는 규정에 맞춰 자최복을 착용하는 것은 그의 모친과 형제를 위해서인데, 이것은 또한 사람들로 하여금 규정을 높여서 시행하도록 독려한 것이다. 대공복(大功服)으로부터 그 이하의 상복은 대부와 사의 복장이 동일하다."라고 했다. 소에서 말하길, "추최참이라는 것은 그 올이 자최복과 참최복 중간에 있다고 했는데, 『의례』「상복(喪服)」편의 첫 장에는 '참최장(斬衰章)'이 나오고, 그 다음 장에는 '소최장(疏衰章)'이 나오는데, '소(疏)'는 곧 추(麤)에 해당한다. 참최는 3승으로 만들고, 추최는 4승으로 만드는데, 추는 3.5승으로 만들지만, 올을 셈하면 오직 3승만 나오기 때문에, 올이 3.5승이지만 3승은 깁지 않은 것을 뜻한다고 말한 것이다. 대부 이상의 계급만이 의례 규정에 따라 격식을 갖춰 복식의 꾸밈을 다했을 것이라고 했는데, 대부로부터 그 이상의 계급은 천자와 제후까지도 포함하여, 덕이 높고 예법대로 갖출 수 있으니, 의례 규정에 따른 복식에도 높이거나 낮춤이 없다. 이것이 바로 꾸밈을 다한다는 뜻이다. 사로부터 그 이하의 계층은 신하가 군주를 위해 착용하는 참최복의 복장으로 자신의 부친에 대해서도 착용을 했으니, 신하로서 군주를 따르는 규정에 맞춰 자최복을 착용하는 것은 그의 모친과 형제를 위해서라고 했는데, 상복의 정밀하고 거친 정도에 있어서 의복은 모두 정규 복장에서 한 등급을 낮추기 때문이다. 현재 부모 및 형제를 위해서 본래 따르게 되는 의례 복식을 낮춰 의복을 착용하니, 이것은 예법을 낮추고 굽히는 것에 해당한다. 사람들로 하여금 규정을 높여서 시행하도록 독려한 것이라고 했는데, 사 자신이 더욱 노력하여 대부의 예법처럼 규정을 더욱 높게 시행하도록 만든 것에 해당한다. 대공복으로부터 그 이하의 상복은 대부와 사의 복장이 동일하다고 했는데, 경문에서는 오직 부모와 형제에 대한 상복 규정 중 사와 대부의 차이점만을 언급했으니, 이것은 대공복으로부터 그 이하의 상복규정은 대부의 규정과 동일함을 나타낸다. 이와 같은 이유는 상복의 수위가 낮고 정감도 상대적으로 낮기 때문에, 상하 계층이 모두 예법대로 따를 수 있다. 『성증론』[2)]을 살펴보면 왕숙은 '증자는 곡을 하고 눈물을 흘리며 슬픔을 드러내는 것, 자최복이나 참최복을 입어서 정감을 드러내는 것, 다른 음식을 먹지 않고 죽만 먹는 것 등은 천자로부터 서인들에 이르기까지 누구나 따르는 공통된 예법이라고 했다.[3] 또 대국(大國)[4]에 속한 경과 천자에게 속한 상사(上士)는 모두 3명(命)의 등급이다. 안평중의 말에서는 오직 경만이 대부가 된다고 했는데, 이것은 제후에게 소속된 경이 천자에게 소속된 대부의 등급이 된다는 뜻으로, 겸손하게 나타낸 말이 아니다. 춘추시대에는 존귀한 자에 대해서 오히려 수위를 낮추고 간략히 하였으니, 상복규정이 결국 무너지게 되었고, 뭇 경들이 정권을 마음대로 하여, 안자가 그것을 싫어했기 때문에 추최(麤衰)를 착용하고 짚으로 베개를 삼았던 것인데, 이것은 당시의 실정에 따르면 수위를 높인 것이 된다. 이러한 까닭으로 안평중은 오직 경만이 대부가 된다고 하여, 둘러말하여 해를 멀리했던 것이다.'라고 했다. 또 『맹자』에서는 '삼년상을 치르며 상복을 입고 미음을 먹는 것은 천자로부터 서인에 이르기까지 공통된 것이며, 삼대(三代)가 모두 따랐다.'[5]라고 했고, 또 이곳 기록에서는 '단최(端衰)와 상거(喪車)는 모두 귀천에 따른 차등이 없다.'[6]라고 했으니, 대부와 사의 차이점은 대부로부터 그 이상의 계층은 상을 치르며 염(斂)을 할 때 변질(弁絰)을

---

2) 『성증론(聖證論)』은 후한(後漢) 때 학자인 왕숙(王肅)의 저작으로, 정현의 학설을 반박하는 내용으로 구성되어 있다. 저서는 이미 산일되어 없어졌으나, 남아 있던 일부 기록들은 수합되어 『옥함산방집일서(玉函山房輯佚書)』에 수록되어 있으며, 청(淸)나라 때 학자인 피석서(皮錫瑞)는 『성증론보평(聖證論補評)』을 저술하였다.

3) 『예기』「단궁상(檀弓上)」: 穆公之母卒, 使人問於曾子曰: "如之何?" 對曰: "申也聞諸申之父曰: '哭泣之哀, 齊・斬之情, 饘粥之食, 自天子達. 布幕, 衛也; 繆幕, 魯也.'"

4) 대국(大國)은 제후국(諸侯國)의 등급 중 하나이다. 제후국을 등급에 따라 구분하면, 대국(大國), 차국(次國), 소국(小國)으로 구분된다. 영토의 크기, 보유할 수 있는 군대의 수, 휘하에 둘 수 있는 신하의 수가 각 등급에 따라 달라진다.

5) 『맹자』「등문공상(滕文公上)」: 三年之喪, 齊疏之服, 飦粥之食, 自天子達於庶人, 三代共之.

6) 『예기』「잡기상(雜記上)」: 祭稱"孝子"・"孝孫", 喪稱"哀子"・"哀孫". 端衰喪車皆無等.

착용하지만, 사는 흰색의 위모관(委貌冠)을 착용한다고 했다. 마소는 왕숙에게 답변을 하며 「잡기」편을 인용해서, '대부가 자신의 부모 및 형제 중 아직 대부가 되지 못한 자를 위해 상복을 착용할 때에는 사의 복장과 동일하게 한다고 했으니, 이것은 대부와 사의 상복에 있어서 동일하지 않은 점을 나타내며, 단최와 상거에는 차등이 없다고 했는데, 상복을 만드는 제도에 있어서 상하 계층에 따른 차등은 없지만, 상복의 정밀하고 거친 정도에 있어서는 차이가 있다는 뜻이다.'"라고 했다.

補註 ○續通解曰: 父母之服, 自天子達於士一也. 而記禮者之言, 乃如此, 當以王肅之言爲正.

번역 ○『속통해』에서 말하길, 부모에 대한 상복은 천자로부터 사에 이르기까지 모두 동일하다. 그런데 『예기』를 기록한 자의 말이 이와 같으니, 왕숙의 말을 정론으로 삼아야 한다.

補註 ○按: 家語記晏嬰此事, 而孔子論之曰: "晏平仲可謂能遠害矣. 不以己之是, 駮人之非. 遜辭以避咎, 義也夫." 王肅說本此.

번역 ○살펴보니, 『공자가어』에서는 안영의 이 일화를 기록했고, 공자는 그 사안을 논의하며, "안평중은 해를 멀리 할 수 있구나. 자신의 옳음을 통해서 남의 잘못을 비판하지 않았으니, 말을 은근히 하여 허물을 피했으니 의롭구나."[7]라고 했는데, 왕숙의 주장은 여기에 근거한 것이다.

---

7) 『공자가어(孔子家語)』「곡례자하문(曲禮子夏問)」: 孔子曰, "晏平仲可謂能遠害矣. 不以己知是駮人之非, 遜辭以避咎, 義也夫."

「잡기상」 11장

참고-集說

大夫適子雖未爲士, 亦得服大夫之服, 則爲士而服大夫服可知矣. 今此所言士, 是①大夫之庶子爲士者也. 庶子卑, 故不敢服尊者之服, 所以止如士服也. 孟子言齊疏之服自天子達, 而此經之文若此, 蓋大夫喪禮亡, 不得聞其說之詳矣.

번역 대부의 적자가 비록 아직 사의 신분이 되지 않았더라도, 대부가 착용하는 상복을 입을 수 있으니, 사가 된 경우에도 대부의 복장을 착용할 수 있음을 알 수 있다. 현재 이곳에서 언급한 사는 대부의 서자 중 사가 된 자를 뜻한다. 서자는 신분이 낮아서 존귀한 자가 착용하는 상복을 감히 입을 수 없기 때문에, 단지 사의 복장과 동일하게 따를 뿐이다. 맹자는 상복을 착용하는 것은 천자로부터 그 이하의 계급이 모두 동일하게 따른다고 했지만,[1] 이곳 경문에 이처럼 기록되어 있으니, 대부의 상례제도가 망실되어 그 자세한 설명에 대해서는 밝힐 수가 없다.

① ○**大夫之庶子爲士者**.

補註 按: 此本鄭註. 疏曰, "知此是大夫庶子爲士者, 若大夫適子, 未仕及爲士, 猶服其父以大夫之服, 卽下文是也."

번역 살펴보니, 이것은 정현의 주에 근거한 것이다. 소에서는 "여기에서 말한 사가 대부의 서자 중 사의 신분인 자를 뜻한다는 사실을 알 수 있는 이유는 만약 대부의 적자라면 비록 아직 관직에 나아가지 않아 사의 신분이 되지 않았다고 하더라도, 여전히 대부의 복장을 착용할 수 있으니, 아래문장에서 말한 내용이 바로 이러한 사실을 나타낸다."라고 했다.

---

1) 『맹자』「등문공상(滕文公上)」: 三年之喪, 齊疏之服, 飦粥之食, 自天子達於庶人, 三代共之.

「잡기상」 13장

참고-經文

①士之子爲大夫, 則其父母弗能主也, 使其子主之, 無子, 則爲之置後.

번역 사의 자식이 대부가 되었다면, 그가 죽었을 때 그의 부모는 자식의 상을 주관할 수 없으며, 죽은 자의 자식을 시켜서 주관하게 하되, 자식이 없는 경우라면, 죽은 자를 위해 후계자를 세운다.

① 士之子[止]置後.

補註 鄭註: "大夫之子, 得用大夫禮, 而士不得也. 置, 猶立也." 疏曰: "其子是大夫適子, 得爲大夫之主, 以其服大夫服故也. 其父是士, 不得主大夫喪, 故云士不得也."

번역 정현의 주에서 말하길, "대부의 자식은 대부의 예법을 쓸 수 있지만 사는 쓸 수 없다."라고 했다. 소에서 말하길, "자식은 대부의 적자가 되기 때문에, 대부의 상을 주관하며 대부의 상복을 착용할 수 있기 때문이다. 부친이 사의 신분이면 대부의 상을 주관할 수 없다. 그렇기 때문에 사는 쓸 수 없다고 했다."라고 했다.

「잡기상」 15장

참고-經文

①如筮, 則史練冠長衣以筮, 占者朝服.

번역 만약 시초점을 치게 된다면, 시초점을 치는 자는 연관과 장의를 착용하고 시초점을 치며, 점괘를 해석하는 자는 조복을 착용한다.

① ○如筮.

補註 鄭註: "筮者, 筮宅也. 謂下大夫若士也." 疏曰: "士喪禮云筮宅卜日."
번역 정현의 주에서 말하길, "서(筮)는 장지에 대해 시초점을 친다는 뜻이다. 하대부와 사의 경우에 해당한다."라고 했다. 소에서 말하길, "『의례』「사상례(士喪禮)」편에서 '장지에 대해서 시초점을 치고, 장례 날짜에 대해서 거북점을 친다.'[1]라고 했다."라고 했다.

참고-集說

筮史, 筮人也. ①練冠, 縞冠也. 長衣, 與深衣制同, 而以素爲純緣. 占者, 審卦爻吉凶之人也. 朝服卑於皮弁服, 以筮輕卜也.

번역 '서사(筮史)'는 시초점을 치는 자이다. '연관(練冠)'은 호관(縞冠)이다. '장의(長衣)'는 심의(深衣)와 제작방법이 동일하지만, 흰색으로 가선을 댄다. '점자(占者)'는 괘와 효를 살펴 길흉을 따지는 사람이다. 조복(朝服)은 피변복보다 상대적으로 낮으니, 시초점이 거북점보다 덜 중시되기 때문이다.

---

1) 『의례』「기석례(旣夕禮)」: 筮宅, 冢人物土. 卜日吉, 告從于主婦.

① **練冠縞冠也.**

補註 鄭註: "練冠長衣, 純凶服也." 疏曰: "練冠, 是小祥以後, 以練爲冠, 都無吉象, 故云純凶服."

번역 정현의 주에서 말하길, "연관과 장의를 착용하는 것은 순전한 흉복의 복장에 해당한다."라고 했다. 소에서 말하길, "연관(練冠)은 소상(小祥) 이후에 착용하는 복장인데, 누인 천을 사용해서 관을 만들며, 여기에는 길함을 상징하는 것이 전혀 없다. 그렇기 때문에 순전한 흉복의 복장이라고 했다." 라고 했다.

補註 ○按: 練冠, 小祥之冠, 縞冠, 大祥之冠. 檀弓, 祥而縞, 玉藻, 縞冠素紕, 旣祥之冠. 陳氏不察甚矣.

번역 ○살펴보니, 연관은 소상 때의 관이고, 호관은 대상 때의 관이다. 『예기』「단궁(檀弓)」편에서는 "대상을 치르고 호관을 쓴다."[2]라고 했고, 『예기』「옥조(玉藻)」편에서는 "호관에 소비(素紕)를 단 것은 상제(祥祭)를 치른 뒤에 쓰는 관이다."[3]라고 했다. 진씨는 잘 찾아보지 않았다.

---

2) 『예기』「단궁상(檀弓上)」: 祥而縞, 是月禫, 徙月樂.

3) 『예기』「옥조(玉藻)」: 縞冠玄武, 子姓之冠也. 縞冠素紕, 旣祥之冠也.

「잡기상」 16장

참고-經文

大夫之喪旣薦馬, ①薦馬者哭踊, 出乃包奠而讀書.

번역 대부의 상을 치를 때, 영구가 장지로 떠나게 되면 수레에 멍에를 맬 말을 끌고 오는데, 그 일이 끝나면 자식은 그 모습을 보고 애통한 마음이 들어 곡을 하고 발을 구르며, 밖으로 나서게 되면 희생물의 고기를 포장해둔 것을 견거(遣車)에 싣고, 사(史)가 영구의 동쪽에 서서 부의를 보내온 사람과 그 물건을 기록한 문서를 읽는다.

① 薦馬者哭踊.

補註 疏曰: 主人見薦馬送行物而哭踊, 故云薦馬者哭踊也.

번역 소에서 말하길, 말을 끌고 오는 것과 장례에 전송할 물건들을 주인이 보고서 곡과 용을 한다는 뜻이다. 그렇기 때문에 "말을 끌고 오는 자가 있어, 그것을 보고 곡을 하고 발을 구른다."라고 한 것이다.

補註 ○按: 此進馬, 雖非主人之自牽, 猶是主人之所進, 故以進馬者爲主人也.

번역 ○살펴보니, 이곳에서 말을 끌고 오는 것은 주인이 직접 끌고 오는 것이 아니더라도 주인에게 끌고 오는 것이다. 그렇기 때문에 말을 끌고 온다는 것을 주인으로 여긴 것이다.

참고-集說

薦, 進也. 駕車之馬, 每車二匹. 按①旣夕禮, 柩初出至祖廟, 設遷祖之奠訖乃薦馬, 至日側祖奠之時又薦馬, 明日設遣奠時又薦馬. 此言旣薦馬, 謂遣奠時也. 馬至則車將行, 故孝子感之而

哭踊. 包奠者, 取遣奠牲之下體包裹而置於遣車以送死者. ②馬至在包奠之前, 而云出乃包奠者, 明包奠爲出之節也. 讀書者, 旣夕云, "書賵於方." 方, 版也, 謂書賵奠賻贈之人名與其物於版, 柩將行, 主人之史於柩東, 西面而讀之, 此③明大夫之禮與士同.

번역 '천(薦)'자는 "나아간다[進]."는 뜻이다. 수레에 멍에를 매는 말은 수레마다 2필이 들어간다. 『의례』「기석례(旣夕禮)」편을 살펴보면, 영구는 최초 조묘(祖廟)로부터 나오는데, 조묘에서 옮기며 바치는 전제(奠祭)의 진설이 끝나면, 곧 말을 끌고 오며, 해가 기울게 되어 조전(祖奠)을 할 때에도 또한 말을 끌고 오고, 다음날 견전(遣奠)을 진설할 때에도 또한 말을 끌고 온다. 이곳에서 "이미 말을 끌고 왔다."라고 한 말은 견전을 치르는 때를 가리킨다. 말이 도착하면 수레는 움직이려고 하기 때문에, 자식은 그에 슬픔을 느껴 곡을 하며 발을 구르게 된다. '포전(包奠)'은 견전을 하며 사용한 희생물의 하체를 가져다가 포장을 하여 견거(遣車)에 싣고 죽은 자를 전송하는 것이다. 말이 도착하는 시기는 포전을 하기 이전이 되는데, "밖으로 나오면 포전을 한다."라고 말한 것은 포전이라는 것이 출발의 기준이 됨을 나타내기 위해서이다. '독서(讀書)'에 대해서 「기석례」편에서는 "방(方)에 부의로 온 것들을 기록한다."[1]라고 했다. '방(方)'은 문서를 뜻하니, 부의를 보내온 사람의 이름과 그 물건을 문서에 기록하고, 영구가 떠나려고 할 때 주인에게 소속된 사(史)가 영구의 동쪽에 서서, 서쪽으로 바라보고 그 문서를 읽는다는 뜻이니, 이것은 대부의 예법이 사의 예법과 동일하다는 점을 나타낸다.

① 旣夕禮.

補註 按: 此卽士喪禮之下篇.

번역 살펴보니, 이것은 『의례』「사상례(士喪禮)」의 하편이다.

② 馬至在包奠之前.

補註 疏曰: 出乃包奠者, 出, 謂馬出. 馬出, 在包奠之前, 而必云出乃包

1) 『의례』「기석례(旣夕禮)」: 書賵於方, 若九, 若七, 若五.

奠者, 明包奠爲出之節, 故言出也.

번역 소에서 말하길, '출내포전(出乃包奠)'이라고 했는데, '출(出)'은 말이 밖으로 나온 것을 뜻한다. 말이 밖으로 나오는 것은 희생물의 고기를 포장하기 이전의 시기가 되는데도, 기어코 "밖으로 나오면 희생물을 포장한다."라고 말한 것은 희생물을 포장하는 것이 출발하는 기점이 됨을 나타낸 것이다. 그렇기 때문에 '출(出)'이라고 말한 것이다.

補註 ○按: 據此, 則馬至之至, 當作出.

번역 ○살펴보니, 이 기록에 근거한다면 '마지(馬至)'에서의 지(至)자는 마땅히 출(出)자로 기록해야 한다.

③ **明大夫之禮與士同**.

補註 鄭註: 嫌與士異, 故記之.

번역 정현의 주에서 말하길, 사의 예법과 차이가 있을 것이라고 오해할 것을 염려했기 때문에 기록한 것이다.

補註 ○按: 士禮, 則有旣夕禮可據故耳.

번역 ○살펴보니, 사의 예법은 「기석례」편이 있어 근거로 삼을 수 있는 것이 있기 때문이다.

「잡기상」 17장

참고-集說

①大宗人·小宗人, 卽大宗伯·小宗伯也. 相, 佐助禮儀也. 命龜, 告龜以②所卜之事也. 作龜, 鑽灼之也.

번역 '대종인(大宗人)'과 '소종인(小宗人)'은 곧 대종백(大宗伯)과 소종백(小宗伯)[1]을 뜻한다. '상(相)'자는 의례의 진행을 돕는다는 뜻이다. '명귀(命龜)'는 거북껍질에게 거북점을 쳐야 하는 사안에 대해서 알린다는 뜻이다. '작귀(作龜)'는 불쏘시개로 그슬린다는 뜻이다.

① ○大宗人[止]小宗伯也.

補註 周禮·肆師: 凡卿大夫之喪, 相其禮. 凡國之大事, 治其禮儀, 以佐宗伯. 凡國之小事, 治其禮儀而掌其事, 如宗伯之禮.

번역 『주례』「사사(肆師)」편에서 말하길, 경과 대부의 상에 대해서는 해당 의례의 진행을 돕는다. 나라의 중대한 사안에 대해서는 해당 의례를 처리하며 종백을 보좌한다. 나라의 소소한 사안에 대해서는 관련 의례를 처리하며 그 사안을 담당하니, 종백이 따르는 예법과 같게 한다.[2]

補註 ○按: 觀此, 則所謂大宗人者, 非宗伯, 乃肆師也. 小宗伯雖有卜葬兆之文, 乃是卜王之葬也. 所謂小宗人, 亦是小宗伯使屬官行之歟.

번역 ○살펴보니, 이것을 보면 '대종인(大宗人)'이라고 하는 자는 종백이 아니며 사사에 해당한다. 『주례』「소종백(小宗伯)」편에 장지로 쓸 묘역을 점

---

1) 소종백(小宗伯)은 대종백(大宗伯)을 보좌하는 관리이다. 『주례』의 체제에 따르면 중대부(中大夫) 2명이 담당을 했다. 수행하는 일은 대체로 대종백과 동일하며, 대종백을 보좌하여 세부적인 절차들을 수행한다.

2) 『주례』「춘관(春官)·사사(肆師)」: 凡卿大夫之喪, 相其禮. 凡國之大事, 治其禮儀, 以佐宗伯. 凡國之小事, 治其禮儀而掌其事, 如宗伯之禮.

친다는 기록이 있지만,[3] 이것은 천자의 장지에 대해 점치는 것을 뜻한다. 따라서 '소종인(小宗人)'이라고 하는 자 또한 소종백의 휘하에 있는 하위관리가 시행했을 것이다.

② 所卜之事.

補註 鄭註: 卜葬及日也.
번역 정현의 주에서 말하길, 장지와 장례를 치르는 날짜에 대해서 거북점을 치는 것이다.

참고-集說

劉氏曰: 大宗人, 或是①都宗人, 小宗人, 或是①家宗人, 掌都家之禮者.

번역 유씨가 말하길, '대종인(大宗人)'은 아마도 도종인(都宗人)[4]이며, '소종인(小宗人)'은 아마도 가종인(家宗人)[5]이니, 채지(采地)로 있는 지역에서 시행되는 예법을 담당하는 자이다.

---

3) 『주례』「춘관(春官)·소종백(小宗伯)」: 卜葬兆, 甫竁, 亦如之.

4) 도종인(都宗人)은 도(都)에서 시행되는 제사 등을 담당하는 관리이다. 『주례』의 체제에 따르면 상사(喪事) 2명이 담당을 했고, 그 휘하에는 중사(中士) 4명이 배속되어 있었으며, 실무를 맡아보는 자로는 부(府) 2명, 사(史) 4명, 서(胥) 4명, 도(徒) 40명이 배속되어 있었다.

5) 가종인(家宗人)은 가(家)에서 시행되는 제사 등을 담당하는 관리이다. 『주례』의 체제에 따르면 상사(喪事) 2명이 담당을 했고, 그 휘하에는 중사(中士) 4명이 배속되어 있었으며, 실무를 맡아보는 자로는 부(府) 2명, 사(史) 4명, 서(胥) 4명, 도(徒) 40명이 배속되어 있었다.

① **都宗人家宗人.**

補註 按: 此皆周禮·宗伯之屬. 本註, "都, 謂王子弟所封公卿所食采邑. 家, 謂大夫所食采邑也." 兩宗人雖掌其都家之禮, 無相喪禮之文. 且大夫之喪, 都宗人似不相干.

번역 살펴보니, 이들은 모두 『주례』 대종백의 휘하에 속한 관리들이다. 본주에서는 "도(都)는 천자의 자제들에게 분봉을 하거나 공과 경이 채읍으로 받는 지역을 뜻한다. 가(家)는 대부가 채읍으로 받는 지역을 뜻한다."라고 했다. 두 종인이 비록 도와 가에서 시행하는 예법을 담당하지만, 상례를 돕는다는 기록이 없다. 또 대부의 상에 대해서 도종인은 아마도 간여를 하지 않았을 것이다.

「잡기상」 19장

참고-經文

夫人①稅衣揄狄, 狄稅素沙.

번역 제후의 부인에 대해 초혼을 할 때에는 세의와 유적을 사용하며, 세의와 유적은 흰색의 안감을 댄다.

① 稅衣揄狄.

補註 鄭註: 招魂用稅衣上至揄狄也. 王后之服六, 惟上公夫人亦有褘衣, 侯·伯夫人自揄狄而下, 子·男夫人自闕狄而下, 卿妻自鞠衣而下, 大夫妻自展衣而下, 士妻稅衣而已.

번역 정현의 주에서 말하길, 초혼을 하며 세의(稅衣)로부터 유적(揄狄)까지를 사용한다는 뜻이다. 왕후의 복장은 여섯 가지인데, 다만 상공의 부인이라야 또한 위의(褘衣)가 포함되고, 후작·백작의 부인은 유적(揄狄)으로부터 그 이하의 복장을 착용하며, 자작·남작의 부인은 궐적(闕狄)으로부터 그 이하의 복장을 착용하고, 경의 처는 국의(鞠衣)로부터 그 이하의 복장을 착용하며, 대부의 처는 전의(展衣)로부터 그 이하의 복장을 착용하고, 사의 처는 세의(稅衣)만 착용할 따름이다.

참고-集說

按①內司服, 六服者, ②褘衣·揄狄·闕狄·鞠衣·展衣·褖衣也.

번역 『주례』「내사복(內司服)」편을 살펴보면, '육복(六服)'이라는 것은 위의(褘衣)·유적(揄狄)·궐적(闕狄)·국의(鞠衣)·전의(展衣)·단의(褖衣)이다.[1)]

① 內司服.

補註 周禮·天官之屬.

번역 『주례』「천관(天官)」에 속해 있는 관리이다.

② 褘衣[止]褖衣.

補註 按: 褖衣, 周禮註, 字或作稅, 則此經稅衣, 卽周禮褖衣也. 又周禮褖衣下有素沙二字, 本註, "六服皆以白縳[柱衍切]爲裏", 與此經同.

번역 살펴보니, '단의(褖衣)'에 대해 『주례』의 주에서는 글자를 세(稅)자로도 기록한다고 했으니, 이곳 경문에서 말한 세의(稅衣)는 『주례』에 나온 단의에 해당한다. 또 『주례』에는 단의(褖衣) 뒤에 소사(素沙)라는 2글자가 기록되어 있는데, 본래의 주에서는 "여섯 가지 복식은 모두 백색으로['縳'자는 '柱(주)'자와 '衍(연)'자의 반절음이다.] 안감을 댄다."라고 했으니, 이곳 경문과 동일하다.

補註 ○又按: 六服, 見玉藻.

번역 ○또 살펴보니, 여섯 가지 복장은 『예기』「옥조(玉藻)」편에도 나온다.

---

1) 『주례』「천관(天官)·내사복(內司服)」: 內司服; 掌王后之六服, 褘衣, 揄狄, 闕狄, 鞠衣, 展衣, 緣衣, 素沙.

「잡기상」 20장

참고-經文

①內子以②鞠衣褒衣素沙. 下大夫以禮衣. 其餘如士. 復西上.

번역 경의 정처에 대해 초혼을 할 때에는 하사받은 국의를 사용하는데, 이 옷에는 백색의 비단으로 안감을 댄다. 하대부의 처에 대해서는 단의(禮衣)를 사용한다. 나머지 복장은 사의 처에 대한 복장인 단의(褖衣)를 함께 사용한다. 초혼을 할 때에는 서쪽을 상등으로 삼는다.

① 內子[止]其餘如士.

補註 按: 此十九字, 古經誤在復諸侯以褒衣之上, 鄭玄始正之.

번역 살펴보니, 19개 글자를 『고경』에서는 "초혼에 있어서, 제후는 포의로 한다."[1]라고 한 문장 앞에 잘못 기재하였는데, 정현이 처음으로 바로잡았다.

② 鞠衣褒衣.

補註 類編曰: 鞠衣, 卽黃色衣內子之上服. 褒衣, 卽君所褒賜服, 如屈狄等也. 註以鞠衣爲褒衣, 恐不然.

번역 『유편』에서 말하길, '국의(鞠衣)'는 황색으로 된 옷으로, 내자가 착용하는 복장 중 상등의 복장에 해당한다. '포의(褒衣)'는 군주가 하사한 복장을 뜻하니, 굴적(屈狄) 등과 같은 것이다. 주에서는 국의를 포의로 여겼는데, 아마도 잘못된 설명인 것 같다.

---

1) 『예기』「잡기상(雜記上)」: 復, 諸侯以褒衣冕服爵弁服.

「잡기상」 21장

참고-經文

大夫①不揄絞屬於池下.

번역 대부는 꿩을 그린 교(絞)를 지(池) 아래에 결속하지 않는다.

① ○不揄絞.

補註 按: 此卽喪大記, 君振容, 大夫不振容者也.

번역 살펴보니, 이것은 『예기』「상대기(喪大記)」편에서 제후는 지(池) 밑에 진용(振容)을 달고,[1] 대부는 지 밑에 진용을 달지 않는다는 말[2]에 해당한다.

참고-集說

此言大夫喪車之飾. 揄, 翟雉也. 絞, 青黃之繒也. ①池, 織竹爲之, 形如籠, 衣以青布. 若諸侯以上則畫揄翟於絞而屬於池之下, 大夫降於人君, 故不揄絞屬於池下也.

번역 이 내용은 대부의 상거(喪車)에 하는 장식을 뜻한다. '유(揄)'는 꿩을 뜻한다. '교(絞)'는 청색과 황색의 비단이다. '지(池)'는 대나무를 짜서 만드는데, 그 모습이 대바구니[籠]와 비슷하며, 청색의 포(布)를 입힌다. 만약 제후 이상의 경우라면, 교(絞)에 꿩을 그려서 지(池) 아래에 결속하는데, 대부는 군주보다 낮추기 때문에 꿩을 그린 교(絞)를 지(池) 아래에 결속할 수 없다.

---

1) 『예기』「상대기(喪大記)」: 振容.

2) 『예기』「상대기(喪大記)」: 大夫畫帷二池, 不振容, 畫荒, 火三列, 黻三列, 素錦褚; 纁紐二, 玄紐二, 齊三采三貝; 黻翣二, 畫翣二, 皆戴綏; 魚躍拂池. 大夫戴, 前纁後玄, 披亦如之.

① 池織竹爲之.

補註 檀弓上: "池視重霤." 疏曰: "重霤者, 以木爲之, 承於屋簷水霤, 入此木中, 又從木中而霤於地, 故謂此木爲重霤. 生時旣屋有重霤以行水, 死時柳車亦象宮室, 而於車覆鼈甲之下, 墻帷之上, 織竹爲之, 形如籠, 衣以靑布, 以承鼈甲, 名之爲池."

번역 『예기』「단궁상(檀弓上)」편에서는 "지(池)를 설치할 때, 그 수치는 생전에 가옥에 설치하던 빗물받이인 중류(重霤)의 숫자에 견주어서 한다."라고 했고, 소에서는 "중류(重霤)는 지붕에 다는 빗물받이인 승류(承霤)를 뜻하는데, 이 나무속으로 빗물이 흐르도록 하고, 또한 나무속을 통해서 땅으로 떨어지도록 한다. 그렇기 때문에 이 나무를 '중류(重霤)'라고 부르는 것이다. 생전에 그가 살던 가옥에는 이미 중류(重霤)를 설치하여 빗물이 떨어지도록 했으니, 그가 죽었을 때 유거(柳車)에도 궁실(宮室)을 본뜨는 점이 있게 되어, 수레 덮개인 별갑(鼈甲)의 아래와 담장처럼 두르게 되는 유(帷) 위에 빗물받이를 달게 되는데, 대나무살을 짜서 만들게 되므로, 그 형태가 대바구니처럼 되고, 청색의 포(布)로 감싸서, 별갑(鼈甲)을 받치게 되는데, 이것을 '지(池)'라고 부른다."라고 했다.

「잡기상」 24장

참고-經文

男子附於王父則配, ①女子附於王母則不配.

번역 남자가 죽어서 조부에게 합사를 하는 경우라면, 조모까지도 함께 배향하고, 여자가 죽어서 조모에게 합사하는 경우라면, 조부는 함께 배향하지 않는다.

① 女子附於[止]不配.

補註 按: 婦祔於祖姑, 亦當然. 家禮祔祭章云"母喪則不設祖考位", 引此經以證之.

번역 살펴보니, 며느리를 조고(祖姑)에게 합사하는 경우에도 이처럼 해야 한다. 『가례』 '부제(祔祭)'장에서는 "모친의 상에서는 조고(祖考)의 신위를 설치하지 않는다."라고 하며 이곳 경문을 인용해서 증명하였다.

참고-集說

男子死而祔祖者, 其祝辭云, "①以其妃配某氏", 是幷祭王母也. 未嫁之女, 及嫁未三月而死, 歸葬女氏之黨者, 其祔於祖母者, 惟得祭祖母, 不祭王父也, 故云祔於王母則不配. 蓋②不言"以某妃配某氏"耳. 有事於尊者可以及卑, 有事於卑者不敢援尊也.

번역 남자가 죽어서 그의 조부에게 합사를 지내는 경우, 그 축사에서는 "아무개 비(妃)를 아무개 씨(氏)에게 배향합니다."라고 말하니, 이것은 조모까지도 함께 제사를 지낸다는 사실을 나타낸다. 아직 시집을 가지 않은 여자 및 시집을 왔지만 아직 3개월이 지나지 않았는데 죽어서, 여자 집안으로 돌려보내어 장례를 치르는 경우,

조모에게 합사를 하는데, 이러한 경우에는 오직 조모만 제사지낼 수 있고, 조부는 제사지낼 수 없다. 그렇기 때문에 "조모에게 합사를 하는 경우라면 배향을 하지 않는다."라고 한 것이다. 아마도 이러한 경우에서는 "아무개 비(妃)를 아무개 씨(氏)에게 배향합니다."라고 말하지 않았을 따름이다. 존귀한 자에게 어떤 일이 발생한 경우에는 미천한 자에게까지 해당 사안이 미칠 수 있지만, 미천한 자에게 어떤 일이 발생한 경우에는 감히 존귀한 자까지 끌어들일 수 없다.

① 以某[1]妃配某氏.

補註 按: 此詳見曾子問註及補註.

번역 살펴보니, 이에 대한 상세한 내용은 『예기』「증자문(曾子問)」편의 주 및 보주에 나온다.

② 不言以某妃配某氏.

補註 按: 此恐直云適于皇祖妣也.

번역 살펴보니, 이러한 경우에는 단지 "황조비에게 나아갑니다."라고 말할 것이다.

---

1) '모(某)'자에 대하여. '모'자는 '기(其)'자의 오자인 것 같다.

「잡기상」 25장

참고-集說

疏曰: 若公子之祖爲君, 公子不敢祔之, 祔於祖之兄弟爲公子者, 不敢①戚君故也.

번역 소에서 말하길, 만약 공자(公子)의 조부가 제후이면, 공자가 죽었을 때 감히 합사를 하지 못하고, 군주인 조부의 형제들 중 공자의 신분인 자에게 합사를 하니, 감히 군주를 친족으로 대할 수 없기 때문이다.

① ○戚君.

補註 大傳文.

번역 『예기』「대전(大傳)」편의 기록이다.[1]

補註 ○按: 戚, 謂親也.

번역 ○살펴보니, '척(戚)'자는 친근하게 대한다는 뜻이다.

---

1) 『예기』「대전(大傳)」: 君有合族之道, 族人不得以其戚戚君, 位也.

「잡기상」 27장

참고-經文

有三年之練冠, 則①以大功之麻易之, 唯杖屨不易.

번역 삼년상을 치르고 있을 때 소상(小祥)을 치렀는데, 갑작스럽게 대공복(大功服)에 해당하는 상이 발생한다면, 대공복에 착용하는 마(麻)로 만든 질(絰)로 소상 때 착용했던 갈(葛)로 만든 질(絰)을 바꾸지만, 지팡이와 신발만은 바꾸지 않는다.

① 以大功之麻易之.

補註 鄭註: "練除首絰, 而腰絰葛, 又不如大功之麻重也. 言練冠·易麻, 互言之也." 疏曰: "麻, 謂絰帶也. 大功言絰帶, 三年練言冠, 是大功冠與絰帶易三年冠及絰帶, 故云互言之也."

번역 정현의 주에서 말하길, "연제(練祭)를 치르게 되면 수질(首絰)을 제거하고, 요질(要絰)은 갈(葛)로 만든 것으로 차니, 또한 대공복에서 모두 마(麻)로 만든 것을 착용하는 것만 못하다. '연관(練冠)'이라는 말과 '마(麻)로 된 것으로 바꾼다.'는 말은 상호 호환이 되도록 나타낸 말이다."라고 했다. 소에서 말하길, "마(麻)는 질(絰)과 대(帶)를 뜻한다. 대공복에 대해서 질(絰)과 대(帶)를 언급했고, 삼년상을 치르며 연제를 치를 때의 복장에 대해 관(冠)을 언급했으니, 이것은 대공복에 착용하는 관(冠)·질(絰)·대(帶)로 삼년상을 치르며 연제를 치를 때 착용한 관(冠)·질(絰)·대(帶)를 바꾸는 것이다. 그렇기 때문에 상호 호환이 되도록 나타낸 말이라고 했다."라고 했다.

補註 ○按: 陳註以此大功爲降服大功者, 蓋本於疏說, 而疏有二義, 此則庾氏之說, 而疏從之. 其所謂三等, 大功雖七升·八升·九升之布, 有細於三年之練, 而以其新喪之重, 故皆易之者, 乃賀瑒之說, 而疏不從也.

번역 ○살펴보니, 진호의 주에서는 여기에서 말한 대공복을 강복을 하여 대공복인 경우라고 했는데, 이것은 소의 주장에 근거한 것이지만, 소에는 두 가지 주장이 나오고, 이러한 설명은 유씨의 주장인데 소에서 그 주장에 따르고 있다. 그리고 3등급이라고 했는데, 대공복이 비록 7승・8승・9승의 포로 만드는 층차가 있지만 삼년상에서 연제를 치르며 착용한 복장보다 가늘고, 새로 발생한 상을 중시하기 때문에 모두 바꾸는 것이라고 하는데, 이것은 하창의 주장이며, 소에서는 그 주장에 따르지 않았다.

참고-集說

大功之服, 爲殤者凡九條, 其長殤皆九月, 中殤皆七月, 皆降服也. 又有降服者六條, 正服者五條, 正服不降者三條, 義服者二條, 皆九月. 詳見儀禮. 此章言居三年之喪, 至練時首絰已除, 故云有三年之練冠也. 當此時忽遭大功之喪, 若是降服, 則其衰七升, ①與降服齊衰葬後之服同, 故以此大功之麻絰, 易去練服之葛絰也. 惟杖屨不易者, 言大功無杖無可改易, 而三年之練, 與大功初喪, 同是繩屨耳.

번역 대공복(大功服)의 규정에 있어서 요절한 자를 위해 착용하는 경우에는 모두 9가지 조목이 있는데, 장상(長殤)의 경우에는 모두 9개월 동안 복상하고, 중상(中殤)의 경우에는 모두 7개월 동안 복상하니, 이 모두는 강복(降服)에 해당한다. 또 강복을 하는 경우에는 6가지 조목이 있고, 정복(正服)을 하는 경우에는 5가지 조목이 있으며, 정복을 하면서 낮추지 않는 경우에는 3가지 조목이 있고, 의복(義服)을 하는 경우에는 2가지 조목이 있는데, 이 모두에 대해서는 9개월 동안 복상한다. 자세한 설명은 『의례』에 나온다. 이곳 문단은 삼년상을 치르고 있으면서 연제(練祭)를 지내는 시기가 되면 머리에 쓰고 있던 수질(首絰)은 이미 제거하게 되므로, "삼년상에서 연관(練冠)을 쓰고 있다."라고 말한 것이다. 그리고 이러한 시기에 갑작스럽게 대공복에 해당하는 상이 발생하여, 강복을 하는 경우와 같다면, 상복은 7승(升)으로 만들어서, 강복을 하며 자최복(齊衰服)을 입고 치르는 상에서 장례를 치른 이후에 착용하는 복장과 동일하게 한다. 그렇기 때문에 대공복의 마(麻)로 만든 질(絰)로 소상(小祥)의 복장에 착용했던 갈(葛)로 만든 질(絰)을 바꾸는 것이다. '유장구불역(惟杖屨不易)'이라는 말은 대공복에는 지팡이가 없어서 복장을 바꾸는 경우가 없으며, 삼년상의 연제 때 착용하는 복장과 대공복의 초상 때 착용하는 복장에 있어서는 동일하게 승구(繩屨)를 신을 따름이라는 뜻이다.

① **與降服[止]服同.**

補註 按: 喪服圖式, 爲母及爲承重祖母三年, 皆謂之降服. 蓋子爲父母, 恩愛本同, 而今爲父斬衰, 爲母降而齊衰故也. 陳註所謂降服齊衰, 指齊衰三年也. 降服齊衰, 葬後之服, 與斬衰練後之服, 升數則雖同, 經文旣云三年之練冠, 則註當曰與斬衰練後之服同, 而反以齊衰葬後之服爲言, 殊涉疏謬. 斬衰練後, 尙易以大功之麻, 則齊衰之輕, 從可知也.

번역 살펴보니, 『상복도식』에서는 모친과 중책을 전승한 조모에 대해 삼년상을 치르는 경우에는 모두 강복이라고 한다고 했다. 자식은 부친과 모친에 대해서 은혜와 친애함이 본래 같지만, 현재 부친을 위해서 참최복을 착용하고 모친을 위해서는 강복을 하여 자최복을 착용하기 때문이다. 진호의 주에서 강복을 하여 자최복을 착용했다는 것은 자최복을 입고 삼년상을 치르는 경우를 가리킨다. 강복을 하여 자최복을 착용하는 경우 장례를 치른 이후의 복장이 참최복의 상에서 연제를 치른 이후의 복장과 승의 수에서 비록 동일하지만, 경문에서는 이미 '삼년지련관(三年之練冠)'이라고 했으니, 주에서도 마땅히 참최복의 상에서 연제를 치른 이후의 복장과 같다고 해야 하는데, 도리어 자최복의 상에서 장례를 치른 이후의 복장이라고 말한 것은 자못 거칠고 잘못된 설명인 것 같다. 참최복의 상에서 연제를 치른 이후에도 오히려 대공복의 마로 된 것으로 바꾼다면, 자최복처럼 그보다 수위가 낮은 상에서도 이러한 규정에 따르게 됨을 알 수 있다.

補註 ○又按: 陳註蓋用疏庾氏說, 而庾以三年之練冠爲母喪旣練, 故於此不言斬, 只言齊, 且欲見其大功新喪之服, 重於齊衰練後服, 故曰與齊衰葬後服同. 陳註上文不明說三年之爲母喪, 而於此云爾, 則疏矣.

번역 ○또 살펴보니, 진호의 주는 아마도 소에 나온 유씨의 주장에 따른 것 같은데, 유씨는 삼년상의 연관을 모친의 상을 치르며 이미 연제를 마친 경우로 여겼다. 그렇기 때문에 이러한 경우에 대해 참최복을 언급하지 않고 단지 자최복이라고만 말한 것이고, 또 대공복의 상이 새로 발생한 상인데, 이것은 자최복의 상에서 연제를 치른 이후의 복장보다 수위가 높다는 것을 드러내고자 했다. 그렇기 때문에 자최복의 상에서 장례를 치른 이후의 복장과 동일하다고 말한 것이다. 진호의 주에서는 앞에서 삼년상이 모친에 대한 상이 된다는 설명을 분명하게 하지 않고, 이 부분에서 이처럼만 말했으니, 설명이 매우 성글다.

「잡기상」 28장

참고-經文

有父母之喪尙功衰, 而①附兄弟之殤則②練冠附, 於殤稱"陽童某甫", 不名神也.

번역 부모의 상이 발생하여 여전히 공최(功衰)[1]를 착용하고 있는데, 소공복(小功服)을 착용하는 형제들 중 요절한 자가 발생하여, 그에 대한 부제(祔祭)를 치르게 되면, 연관(練冠)을 착용하고 부제를 치르고, 요절한 자에 대해서는 '양동(陽童)인 아무개 보(甫)'라고 부르니, 이름으로 부르지 않은 것은 신령으로 대하기 때문이다.

① 附兄弟之殤.

補註 鄭註: "兄弟之殤, 謂大功親以下之殤也." 疏曰: "若大功正服, 則變三年之練. 此著練冠, 故知大功親以下之殤."

번역 정현의 주에서 말하길, "형제 중 요절한 자라고 한 말은 대공복(大功服)을 착용하는 친족으로부터 그 이하의 대상 중 요절한 자를 뜻한다."라고 했다. 소에서 말하길, "만약 대공복을 정복(正服)으로 입는 경우라면, 삼년상에서 착용했던 연제(練祭) 이후의 상복을 바꾸게 된다. 그런데 이곳에서는 연관(練冠)을 착용한다고 했기 때문에, 대공복으로부터 그 이하의 친족 중 요절한 자에 해당함을 알 수 있다."라고 했다.

補註 ○鄭註又曰: "冠而兄爲殤, 謂同年者也. 兄十九而死, 己明年因喪而冠." 疏曰: "此鄭自難, 云弟冠而兄得爲殤者, 謂弟與兄同年十九. 兄

1) 공최(功衰)는 상복(喪服)의 한 종류이다. 참최복(斬衰服)과 자최복(齊衰服)을 입고 치르는 상(喪)에서, 소상(小祥)을 지낸 이후에 착용하는 상복이다. 상복 재질의 거친 정도가 대공복(大功服)과 같기 때문에, '공최'라고 부르게 되었다.

十九而死, 己明年之初, 用父母喪之練節而加冠, 以後始祔兄弟也."

번역 ○정현의 주에서는 또한 "관(冠)을 착용했는데, 형(兄)이 요절을 했다고 하니, 동년배들을 뜻한다. 형의 나이가 19세인데 죽었다면, 본인은 그 다음 해에 상으로 인해 관(冠)을 쓰게 된다."라고 했다. 소에서 말하길, "이것은 정현 스스로 문제점을 지적하여 풀이를 한 것이니, 동생이 관(冠)을 썼고 형이 요절을 했다고 말하는 것은 동생과 형이 모두 19세인 경우에 해당한다. 형의 나이가 19세인데 죽었다면, 본인은 그 다음해 초에 부모의 상에서 연제를 치르는 절차로 인해 관(冠)을 쓰기 때문이니, 그 이후에야 비로소 형제에 대해 부제를 치를 수 있다는 뜻이다."라고 했다.

② 練冠附.

補註 按: 疏以附於殤爲句.

번역 살펴보니, 소에서는 '부어상(附於殤)'을 하나의 구문으로 보았다.

참고-集說

三年喪練後之衰, 升數與大功同, 故云功衰也. 此言居父母之喪, 猶尚身著功衰, 而小功兄弟之殤, 又當祔祭, 則仍用練冠而行禮, 不改服也. 祝辭稱陽童者, ①庶子之殤, 祭於室之白處, 故曰陽童. ①宗子爲殤, 則祭於室之奧, 故稱陰童. 童者, 未成人之稱也. ②今按己是曾祖之適, 與小功兄弟同曾祖, 其死者及其父皆庶人, 不得立祖廟, 故曾祖之適孫爲之立壇而祔之. 若己是祖之適孫, 則大功兄弟之殤, 得祔祖廟, 其小功兄弟之殤, 則祖之兄弟之後也. 今以練冠而祔, 謂小功及緦麻之殤耳. 若正服大功, 則變練冠矣. 某甫者, 爲之立字而稱之, 蓋尊而神之, 則不可以名呼之也.

번역 삼년상을 치르며 연제(練祭)를 지낸 이후의 상복은 그 승(升)의 수가 대공복(大功服)을 만드는 상복의 승(升)과 같다. 그렇기 때문에 그 상복을 '공최(功衰)'라고 부른다. 이 내용은 부모의 상을 치르고 있으며 여전히 자신의 몸에 공최를 걸치고 있는데, 소공복(小功服)에 해당하는 형제 중 요절한 자가 발생하고, 또 마땅히 부제(祔祭)를 치러야 한다면, 곧 연관(練冠)을 착용하고서 해당 의례를 시행하며, 복장을 바꾸지 않는다는 뜻이다. 축사에서 있어서 '양동(陽童)'이라고 지칭하는 것은 서자 중 요절한 자에 대해서는 묘실(廟室) 중에서도 밝은 곳에서 제사를 지내기 때문에, '양동(陽童)'이라고 부른다. 종자(宗子)가 요절을 했다면, 묘실의 그윽한 장소에서 제사를 지내기 때문에, '음동(陰童)'이라고 부른다. '동(童)'은 아직 성인(成人)이 되지 못해서 붙이는 칭호이다. 현재의 상황을 살펴보면, 본인은 증조부의 적자이며, 소공복을 착용하게 되는 형제와는 증조부가 같은 친족인데, 죽은 형제와 그의 부친은 모두 서인의 신분이 되어, 조부의 묘(廟)를 세울 수 없다. 그렇기 때문에 증조부의 적손은 그를 위해 제단을 쌓고 그를 합사하게 된다. 만약 본인이 조부의 적손이라면, 대공복을 착용하게 되는 형제 중 요절한 자에 대해서는 조부의 묘에 합사를 할 수 있는데, 소공복을 착용하게 되는 형제 중 요절한 자에 대해서라면, 조부의 형제에서 파생된 후손이 된다. 현재 연관을 착용하고 합사를 한다고 한 것은 소공복 및 시마복(緦麻服)을 착용하는 자들 중 요절한 자에 대한 내용일 따름이다. 만약 정복(正服)으로 대공복을 착용하는 경우라면, 연관을 바꾸게 된다. '아무개 보(甫)'라는 말은 그를 위해 자(字)를 붙여서 부르는 것이니, 존귀하게 대하며 신령으로 대한다면, 이름으로 그를 부를 수 없기 때문이다.

① 庶子之殤[止]白處[又]宗子爲殤[止]室之奧.

補註 並見曾子問.

번역 둘 모두 『예기』「증자문(曾子問)」편에 나온다.[2]

---

2) 『예기』「증자문(曾子問)」: 孔子曰: 有陰厭, 有陽厭. 曾子問曰: 殤不祔祭, 何謂陰厭・陽厭. 孔子曰: 宗子爲殤而死, 庶子弗爲後也. 其吉祭, 特牲, 祭殤, 不擧, 無肵俎, 無玄酒, 不告利成, 是謂陰厭. 凡殤與無後者, 祭於宗子之家, 當室之白, 尊于東房, 是謂陽厭.

② 今按[止]祔之.

補註 按: 此出於疏說, 而疏作爲之立壇, 而祔小功兄弟之長殤於從祖也, 語意較明.

번역 살펴보니, 이것은 소의 주장에서 도출된 것인데, 소에서는 그를 위해 제단을 만들고 소공복의 형제 중 장상에 해당하는 자는 종조에 부제를 지낸다고 했는데, 그 말과 뜻이 비교적 명확하다.

「잡기상」 29장

참고—經文

凡異居始聞兄弟之喪, 唯以哭對可也. ①其始麻散帶絰.

번역 무릇 다른 지역에 거주하고 있는데 처음 형제의 상 소식을 듣게 된다면, 오직 곡을 하며 부고를 알려온 자를 대해야 옳다. 대공복(大功服) 이상의 관계에 있는 형제를 위해 처음 마(麻)로 만든 요질(要絰)을 착용할 때에는 끝을 매듭짓지 않고 흩트려 놓는다.

① 其始麻散帶絰.

補註 按: 始麻當句.

번역 살펴보니, '시마(始麻)'가 하나의 구문이 되어야 한다.

「잡기상」 30장

참고-經文

未服麻而奔喪, 及主人之未成経也, ①疏者與主人皆成之, 親者終其麻帶経之日數.

번역 다른 지역에 거주하지만 그 거리가 매우 가까워서, 상(喪)의 소식을 접하고 아직 마(麻)로 된 질(経)을 두르지 않은 상태에서 곧바로 분상을 하는 경우, 상가에 도착한 시기가 주인이 아직 소렴(小斂)을 하지 않아서 질(経)을 두르지 않은 시기라면, 관계가 소원한 자는 주인과 함께 성복(成服)을 하고, 관계가 친밀한 자는 본인이 마(麻)로 된 요질(要経)을 차고 그 끝을 흩트려 늘어트리는 기간을 채우고서야 성복을 한다.

① ○疏者與主人皆成之.

補註 鄭註: "疏者及主人之節則用之, 其不及, 亦自用其日數." 疏曰: "疏者若及主人之節, 則與主人同成服. 若不及主人之節, 則奔喪之後, 至三日而成服也."

번역 정현의 주에서 말하길, "관계가 소원한 자는 주인이 따르는 절차에 따라 해당 예법을 사용하며, 그 기간에 도착하지 못했을 때에도 스스로 그 기간에 따라 예법을 적용한다."라고 했다. 소에서 말하길, "관계가 소원한 자가 만약 주인이 규정에 따르는 시기에 도착을 했다면, 주인과 함께 성복(成服)을 한다. 만약 주인이 규정에 따르는 시기에 도착하지 못했을 때에는 분상을 한 이후 3일이 지나서야 성복을 한다."라고 했다.

「잡기상」 31장

참고-經文

①主妾之喪, 則自祔, 至於練祥, 皆使其子主之, 其殯祭, 不於正室.

번역 정처의 지위를 대신했던 첩이 죽으면 부군은 그녀의 상을 주관하니, 이러한 경우라면 부군이 직접 부제(祔祭)를 지내지만, 소상(小祥)이나 대상(大祥)의 경우라면 모두 그녀의 자식으로 하여금 그 상을 주관하도록 하고, 또 그녀는 정처보다 낮으므로, 그녀에 대해 빈소를 차리거나 그곳에서 제사를 지낼 때에는 모두 정실(正室)에서 치르지 않는다.

① ○主妾之喪則自祔.

補註 鄭註: 祔自爲之者, 以其祭於祖廟.

번역 정현의 주에서 말하길, 부제(祔祭)에 대해 직접 그 일을 주관하는 것은 조묘(祖廟)에서 제사를 지내기 때문이다.

補註 ○按: 陳註以自祔爲句者, 本此. 然妾之所祔, 乃妾祖姑也, 何足自主之乎? 疏以小記妾無妾祖姑者, 祔於女君, 爲自主其祔之證. 而但小記所論, 不得已之權也, 不當以彼證此也. 陽村曰, "自祔至於練祥爲一句, 蓋主妾之喪者, 至卒哭而已." 此說恐是.

번역 ○살펴보니, 진호의 주에서는 '자부(自祔)'에서 구문을 끊었는데, 이것은 이 기록에 근거한 것이다. 그러나 첩에 대해 부제를 지내는 대상은 조부의 첩인데, 어떻게 직접 주관할 수 있겠는가? 소에서는 『예기』「상복소기(喪服小記)」에서 "첩에 대해서 만약 첩조고가 없는 경우라면 여군에게 부제를 치르는 것도 괜찮다."[1]라고 한 말을 부제를 직접 주관하는 것의 증거로 여겼

---

1) 『예기』「상복소기(喪服小記)」: 妾無妾祖姑者, 易牲而祔於女君可也.

다. 그러나 「상복소기」에서 논의한 것은 부득이해서 시행하는 권도에 해당하는 것이니, 그 기록을 가지고 이곳의 기록을 증명해서는 안 된다. 양촌은 "자부지어련상(自祔至於練祥)이 하나의 구문이 되니, 첩의 상을 주관하는 자는 졸곡에 이르면 끝내기 때문이다."라고 했는데, 이 주장이 아마도 옳은 것 같다.

「잡기상」 33장

참고-經文

①女君死, 則妾爲女君之黨服, 攝女君, 則不爲先女君之黨服.

번역 여군이 이미 죽었더라도, 첩은 여군의 친족을 위해서 상복을 착용한다. 그러나 첩이 여군의 지위를 대신하게 되면, 지위가 보다 존귀해진 것이므로, 이전 여군의 친족을 위해서 상복을 착용하지 않는다.

① ○女君死[止]女君之黨服.

補註 疏曰: 賀瑒云, "雖是徒從而抑妾, 故爲女君黨服, 防覬覦也."

번역 소에서 말하길, 하창은 "비록 이것은 도종(徒從)[1]에 해당하지만 첩에 대해서 억누르기 때문에, 여군의 친족을 위해서 상복을 착용하니, 첩이 분수에 넘치는 욕망을 품는 것을 방지하기 위해서이다."라고 했다.

補註 ○類編曰: 此是徒從死而猶服, 則其於所從亡則已之義, 安在哉? 一云, 死, 謂始死葬前, 所從亡則已, 亦指葬後也.

번역 ○『유편』에서 말하길, 이것은 도종을 하게 만든 대상이 죽었는데도 여전히 상복을 착용하는 것이니, 도종을 하게 만든 대상이 죽으면 그친다는 도

---

1) 도종(徒從)은 공허하게 남을 따라서 친속 관계가 없는 자에 대해 상복을 착용한다는 뜻이다. '도(徒)'자는 "공허하다[空]."는 뜻이다. 이러한 경우에는 네 가지가 있는데, 첫 번째는 첩이 여군(女君)의 친족[黨]을 위한 경우이고, 두 번째는 자식이 모친을 따라서, 모친의 군모(君母)에 대해 상복을 착용하는 경우이며, 세 번째는 첩의 자식이 군모(君母)의 당(黨)을 위한 경우이고, 네 번째는 신하가 군주를 따라서 군주의 당(黨)을 위해 상복을 착용하는 경우이다. 이러한 네 가지 도종의 경우, 오직 여군(女君)에 대한 경우만, 여군이 비록 죽더라도, 첩은 여전히 여군의 당(黨)을 위해서 상복을 착용한다. 나머지 세 가지 도종의 경우, 따르는 자가 이미 죽었다면, 관계를 끝나서 상대방을 위해 상복을 착용하지 않는다.

의는 어디로 갔단 말인가? 일설에 사(死)은 이제 막 죽어서 장례를 치르기 이전이라고 하고, 도종을 하게 만든 대상이 죽으면 그친다는 것은 또한 장례를 치른 이후를 가리킨다고도 설명한다.

「잡기상」 36장

참고-經文

凡主兄弟之喪, ①雖疏亦虞之.

번역 무릇 형제의 상을 주관하게 되면, 비록 관계가 소원한 자일지라도 또한 우제(虞祭)와 부제(祔祭)를 치러준다.

① ○雖疏亦虞之.

補註 喪服小記: "大功者主人之喪, 有三年者則必爲之再祭." 疏曰: "雜記云, '凡主兄弟之喪, 雖疏亦虞之', 謂無三年及期者也."

번역 『예기』「상복소기(喪服小記)」편에서는 "본래 대공복(大功服)을 입어야 하는 친족인데, 특별한 사정 때문에 남의 상을 주관하게 된 경우, 죽은 자의 가족 중 삼년상을 치러야 하는 자가 있다면, 반드시 그들을 위해서 소상과 대상의 제사를 시행한다."[1]라고 했고, 소에서는 "「잡기」편에서는 '형제의 상을 주관하게 되면, 비록 관계가 소원한 자일지라도 또한 우제와 부제를 치러준다.'라고 했는데, 삼년상이나 기년상을 치를 자가 없는 경우를 뜻한다."라고 했다.

참고-集說

小功緦麻, 疏服之兄弟也. 彼無親者主之, 而己主其喪, 則當爲之①畢虞祔之祭也.

---

1) 『예기』「상복소기(喪服小記)」: 大功者主人之喪, 有三年者則必爲之再祭, 朋友虞祔而已.

번역 소공복(小功服)이나 시마복(緦麻服)은 사이가 소원한 친족을 위해 착용하는 상복이다. 상대에게 상을 주관할 친족이 없어서, 본인이 그 상을 주관하게 된다면, 마땅히 죽은 자를 위해서 우제(虞祭)와 부제(祔祭)의 제사를 마쳐야 한다.

① 畢虞祔之祭也.

補註 按: 此本鄭註. 疏曰, "經云虞, 而註連言祔者, 以祔與虞相近, 故連言之."

번역 살펴보니, 이것은 정현의 주에 근거한 것인데, 소에서는 "경문에서는 '우(虞)'라고만 말했는데, 정현의 주에서 연이어 '부(祔)'까지도 언급한 이유는 부제(祔祭)와 우제(虞祭)를 치르는 기간은 서로 연접해 있기 때문에, 연이어서 언급한 것이다."라고 했다.

「잡기상」 41장

참고-經文

爲妻, ①父母在, 不杖, 不稽顙.

번역 처를 위해 장례를 주관할 경우, 부모가 모두 생존해 계시다면, 지팡이를 잡지 않고, 빈객에게 절을 할 때에도 이마가 땅에 닿도록 절을 하지 않는다.

① 父母在不杖不稽顙.

補註 按: 此雖兼言母, 下文單言母在不稽顙, 而不言不杖, 則母在爲妻杖, 可知.

번역 살펴보니, 이곳에서는 모친까지도 함께 언급했지만, 아래문장에서 "모친이 생존해 계시면 이마가 땅에 닿도록 절을 하지 않는다."[1]라고 했고, 지팡이를 잡지 않는다는 말은 하지 않았으니, 모친이 생존해 계시면 죽은 처에 대해서 지팡이를 잡는다는 사실을 알 수 있다.

---

1) 『예기』「잡기상(雜記上)」: 母在, 不稽顙. 稽顙者, 其贈也拜.

「잡기상」 42장

참고-經文

①母在, 不稽顙. 稽顙者, 其贈也拜.

번역 적장자가 자신의 처를 위해 상을 치를 때, 부친은 이미 돌아가신 상태이고, 모친만 생존해 계시다면, 빈객에게 절을 할 때 이마를 땅에 닿도록 하지 않는다. 이마를 땅에 닿도록 절을 하는 경우는 물건을 보내온 자에 대해 감사를 표하는 절에서만 한다.

① ○母在[止]其贈也拜.

補註 鄭註: 言獨母在, 於贈, 拜, 得稽顙, 則父在, 贈, 拜, 不得稽顙.
번역 정현의 주에서 말하길, 모친만 생존해 계신 경우에는 물건을 보내온 자에게 절을 할 때, 이마를 땅에 닿도록 할 수 있다는 뜻이니, 부친이 생존해 계신 경우라면, 물건을 보내온 자에게 절을 할 때에도 이마를 땅에 닿도록 할 수 없다.

참고-集說

贈, 謂人以物來贈己助喪事也. 母在雖不稽顙, ①惟拜謝此贈物之人, 則可以稽顙, 故云稽顙者其贈也拜. 一說, 贈, 謂以物送別死者, 卽旣夕禮所云"②贈用制幣"也.

번역 '증(贈)'은 다른 사람이 어떤 사물을 가지고 찾아와서 자신에게 증여를 하여 상사의 일을 돕도록 한 것을 뜻한다. 모친이 생존해 계실 때 비록 이마를 땅에 닿도록 절을 하지 않지만, 오직 이러한 물건을 보내온 자에 대해서 감사를 표하며 절을 하게 되면, 이마를 땅에 닿도록 절을 할 수 있다. 그렇기 때문에 "이마를 땅에 닿도록 절을 하는 것은 물건을 보내온 경우에 절을 하는 것이다."라고 말한 것이다. 일설에는 '증(贈)'은 별도로 죽은 자를 위해서 보내온 물건이니, 곧 『의례』「기석례(旣夕禮)」편에서 "증(贈)에는 제폐(制幣)를 사용한다."[1]고 한 기록이 이것을 뜻한다고 주장한다.

① **惟拜謝[止]可以稽顙.**

補註 類編曰: 若於弔客不稽顙, 而於贈物拜稽, 則不以輕弔而重財乎? 贈, 恐是君贈幣也.

번역 『유편』에서 말하길, 만약 조문객에게 절을 하며 이마를 땅에 닿도록 하지 않고, 물건을 보내온 자에게 절을 하며 이마를 땅에 닿도록 한다면, 조문을 경시하고 재물을 중시하는 일이 아니겠는가? '증(贈)'자는 아마도 군주가 보낸 예물일 것이다.

補註 ○按: 旣夕禮, 柩行至邦門, 公使宰夫贈玄纁束. 類編說, 蓋指此.

번역 ○살펴보니, 『의례』「기석례(旣夕禮)」에서는 영구가 나라의 문에 당도하게 되면 군주가 재부를 시켜 현색과 훈색의 비단 1속을 보내준다고 했다. 『유편』의 주장은 아마도 이것을 가리키는 것 같다.

② **贈用制幣.**

補註 按: 此卽葬時贈玄纁也. 旣夕禮幣下有'玄纁束'三字.

번역 살펴보니, 이것은 장례를 치를 때 현색과 훈색의 비단을 보내준다는 뜻이다. 「기석례」편에는 '폐(幣)'자 뒤에 '현훈속(玄纁束)'이라는 세 글자가 기록되어 있다.

---

1) 『의례』「기석례(旣夕禮)」: 主人哭, 踊無筭, 襲, 贈用制幣玄纁束, 拜稽顙, 踊如初.

「잡기상」 43장

참고-經文

①違諸侯之大夫不反服, ①違大夫之諸侯不反服.

번역 제후의 신하였지만, 그를 떠나서 다른 나라의 대부에게 찾아가 그를 섬기게 된다면, 본국의 제후가 죽었을 때, 본국으로 돌아가 제후에 대한 상복을 착용하지 않는다. 또 대부를 섬겼었지만, 그를 떠나 제후를 섬기는 신하가 되었다면, 이러한 경우에도 이전의 대부가 죽었을 때 그에게 돌아가서 상복을 착용하지 않는다.

① 違諸侯之大夫[又]違大夫之諸侯.

補註 按: 諺讀之大夫之諸侯皆著伊吐, 誤.

번역 살펴보니, 『언독』에서는 '지대부(之大夫)'와 '지제후(之諸侯)' 뒤에 모두 이[伊]토를 붙였는데 잘못되었다.

참고-集說

違, 去也. 己本是國君之臣, 今去國君而往爲他國大夫之臣, 是自尊適卑, 若舊君死, 己不反服. 以仕於卑臣, 不可反服於前之尊君也. 本是大夫之臣, 今去而仕爲諸侯之臣, 是自卑適尊. 若反服卑君, 則爲新君之恥矣, 故亦不反服. 若新君與舊君等, ①乃爲舊君服也.

번역 '위(違)'자는 "떠나다[去]."는 뜻이다. 자신이 본래 자기 나라의 신하였는데, 현재는 본국을 떠나 다른 나라의 대부에게 가서 그의 신하가 되었으니, 이것은 존귀한 자로부터 상대적으로 미천한 자에게 간 것으로, 만약 본국의 제후가 죽었다면, 본인은 본국으로 돌아가서 제후에 대한 상복을 착용하지 않으니, 미천한 신하를 섬기므로, 이전에 섬겼던 존귀한 군주에 대해서 돌아가 상복을 착용할 수 없기 때문이다. 본래는 대부의 신하였는데, 현재 그를 떠나 제후의 신하가 되었다면, 이것은 미천한 자로부터 존귀한 자에게 간 것이다. 만약 제후보다 미천한 주군을 위해 돌아가서 상복을 착용한다면, 새로 섬긴 제후에 대해서는 치욕이 된다. 그렇기 때문에 이러한 경우에도 돌아가서 상복을 착용하지 않는다. 만약 새로 섬긴 주군과 이전에 섬겼던 주군의 등급이 같다면, 옛 주군을 위해서 상복을 착용한다.

① *乃爲舊君服.*

補註 喪服, 爲舊君, 齊衰三年.

번역 『의례』「상복(喪服)」편에서는 옛 군주를 위해서는 자최복으로 삼년간 복상한다고 했다.

「잡기상」 44장

참고-經文

喪冠條屬, 以別吉凶. 三年之練冠①亦條屬, 右縫. 小功以下左.

번역 상을 치를 때 쓰는 관(冠)에는 한 가닥의 노끈을 연결하여 관의 테두리인 무(武)와 갓끈인 영(纓)으로 삼아, 이를 통해 길흉을 구별한다. 삼년상에서 소상(小祥)을 치를 때 쓰는 관에도 한 가닥의 노끈을 연결해서 이처럼 하는데, 주름을 접어 꿰맨 것은 우측을 향하도록 한다. 소공복(小功服)으로부터 그 이하의 상복에서는 주름을 접어 꿰맨 것이 좌측을 향하도록 한다.

① 亦條屬右縫.

補註 疏曰: 雖微入吉, 亦猶條屬, 與凶冠不異也. 過小祥猶條屬, 故縫猶嚮右也.

번역 소에서 말하길, 비록 그 시기가 조금 더 길한 시기로 접어들었더라도, 또한 여전히 한 가닥의 노끈을 연결하는 것은 흉사에 쓰는 관과 차이를 두지 않기 때문이다. 소상(小祥)을 지나게 되더라도 여전히 한 가닥의 노끈을 연결하기 때문에 꿰맨 방향은 여전히 우측으로 가도록 한다.

「잡기상」 45장

참고-集說

①緦服之縷, 其麤細與朝服十五升之布同, 而縷數則半之. 治其縷, 不治其布, 冠與衰同是此布也, 但爲纓之布則加以灰澡治之耳, 故曰緦冠繰纓. 繰, 讀爲澡. 大功以上服重, 初死麻帶散垂, 至成服乃絞. 小功以下, 初死卽絞也.

번역 시마복(緦麻服)을 제작할 때 사용하는 명주는 거칠고 조밀한 정도가 조복(朝服)을 만들 때 사용하는 15승(升)의 포(布)와 동일하지만, 명주의 가닥수는 절반이 된다. 명주는 다듬지만 포(布)는 다듬지 않는데, 관(冠)과 상복은 모두 이러한 포(布)를 사용하게 된다. 다만 갓끈에 사용하는 포(布)를 만들 때에는 포(布)를 잿물에 씻어서 가공하는 공정이 추가될 따름이다. 그렇기 때문에 "시마복(緦麻服)의 관에는 잿물에 씻은 갓끈을 사용한다."라고 말한 것이다. '조(繰)'자는 '조(澡)'자로 풀이한다. 대공복(大功服)으로부터 그 이상의 상복은 수위가 높고, 어떤 자가 이제 막 죽었을 때에는 마(麻)로 만든 대(帶)를 차고 그 끝을 흩트려 늘어트리며,[1] 성복(成服)을 하게 된 뒤에야 매듭을 짓는다. 소공복(小功服)으로부터 그 이하의 상복을 착용할 때에는 어떤 자가 이제 막 죽었을 때부터 곧바로 매듭을 짓는다.

① ○緦服之縷[止]不治其布.

補註 按: 此詳見間傳註.

번역 살펴보니, 이것에 대한 상세한 내용은 『예기』「간전(間傳)」편의 주에 나온다.

---

1) 『예기』「잡기상」: 凡異居始聞兄弟之喪, 唯以哭對可也. 其始麻散帶絰.

「잡기상」 46장

참고-集說

朝服精細, 全用十五升布爲之, 去其半, 則七升半布也. 用爲緦服. 緦云者, 以其縷之細如絲也. 若以此布而加灰以澡治之, 則謂之錫, 所謂弔服之錫衰也. 錫者, 滑易之貌. 緦服不加灰治也. 朝服一千二百縷終幅, 緦之縷細與朝服同, 但其布終幅止六百縷而疏. 故儀禮云, "①有事其縷無事其布曰緦."

번역 조복(朝服)을 만들 때의 천은 정밀하고 가늘어서 모두 15승(升)의 포(布)를 사용해서 만드는데, 그 절반을 덜어내게 되면 7.5승의 포가 된다. 이것을 사용해서 시마복(緦麻服)을 만든다. '시(緦)'라고 한 말은 그 실의 가늘기가 명주실과 같기 때문이다. 만약 이러한 포를 사용해서 만들고 다시 잿물에 담갔다가 가공하게 되면 그것을 '석(錫)'이라고 부르니, 조복(弔服)으로 사용되는 '석최(錫衰)'에 해당한다. '석(錫)'자는 매끄러운 모양을 뜻한다. 시마복은 잿물에 담그는 공정을 가미하지 않는다. 조복(朝服)은 1,200가닥의 실로 종폭이 되도록 하는데, 시마복의 실 가늘기는 조복(朝服)의 경우와 동일하지만, 포의 종폭은 단지 600가닥에 그쳐서 성글다. 그렇기 때문에 『의례』에서는 "실에 가공을 하지만 그것으로 만든 포(布)에 가공을 함이 없다면 '시(緦)'라고 부른다."라고 한 것이다.

① ○有事[止]曰緦.

補註 喪服傳文. 又見間傳.

번역 『의례』「상복(喪服)」편의 전문에 해당한다.[1] 또한 『예기』「간전(間傳)」편에도 나온다.[2]

---

1) 『의례』「상복(喪服)」: 緦麻三月者, 傳曰, 緦者, 十五升抽其半, 有事其縷, 無事其布曰緦.

2) 『예기』「간전(間傳)」: 斬衰三升, 齊衰四升・五升・六升, 大功七升・八升・九升, 小功十升・十一升・十二升, 緦麻十五升去其半. 有事其縷, 無事其布, 曰緦. 此哀之發於衣服者也.

補註 ○按: 有事其縷, 無事其布, 謂煮治其縷而後織, 織成則不更鍛洗其布, 卽製緦服也. 陳註引此者, 以明緦服之不加灰也.

번역 ○살펴보니, 실에 가공을 하지만 포에 가공을 하지 않는다는 말은 실을 삶아서 가공을 한 이후에 직조를 하고, 직조를 하여 완성을 했다면 포를 재차 불리거나 세척하지 않고, 곧바로 사마복으로 만든다는 뜻이다. 진호의 주에서 이 문장을 인용한 것은 시마복에 잿물을 물들이는 가공작업이 들어가지 않음을 밝히기 위해서이다.

「잡기상」 47장

참고-經文

諸侯相襚以後路與冕服, ①先路與褒衣不以襚.

번역 제후가 서로에게 물건을 보낼 때에는 후로(後路)와 다음 등급의 면복(冕服)을 사용하며, 선로(先路)와 포의(褒衣)는 물건을 보내는 용도로 사용하지 않는다.

① 先路與褒衣不以襚.

補註 類編曰: 先路褒衣, 是君賜之命服, 故不敢以相襚. 註說似未然.

번역 『유편』에서 말하길, 선로와 포의는 군주가 하사한 명(命)의 등급에 따른 의복의 부류이다. 그렇기 때문에 감히 이것으로 서로 수(襚)를 하지 않는 것이다. 주의 설명은 아마도 잘못된 것 같다.

「잡기상」 48장

참고—經文

①遣車視牢具, 疏布輤, 四面有章, 置於四隅. 載粻, 有子曰, "非禮也, 喪奠脯醢而已."

번역 견거(遣車)의 수량은 사용되는 희생물의 수에 견주며, 거친 포(布)를 사용하여 덮개를 만들고, 네 방면에는 가림막이 있으며, 외관(外棺)의 네 모퉁이에 둔다. 곡식을 싣는 것에 대해, 유자(有子)는 "비례에 해당한다. 상을 치르며 견전(遣奠)을 치를 때에는 포와 육장을 사용할 따름이다."라고 했다.

① ○遣車.

補註 按: 遣車制小, 詳見檀弓下補註.

번역 살펴보니, 견거는 작게 제작하니, 자세한 설명은 『예기』「단궁하(檀弓下)」편의 보주에 나온다.

「잡기상」 49장

참고-集說

祭, 吉祭也. ①卒哭以後爲吉祭, 故祝辭稱"孝子"或"孝孫". 自虞以前爲凶祭, 故稱哀. 端, 正也. 端衰, 喪服上衣也. 吉時玄端服, 身與袂同以二尺二寸爲正, 喪衣亦如之, 而綴六寸之衰於胸前, 故曰端衰也. 喪車, 孝子所乘惡車也. 此二者, 皆無貴賤之差等.

번역 '제(祭)'자는 길제(吉祭)를 뜻한다. 졸곡(卒哭)을 한 이후로부터 지내는 제사는 길제로 여긴다. 그렇기 때문에 축사에서는 '효자(孝子)' 또는 '효손(孝孫)'이라고 지칭한다. 우제(虞祭)로부터 그 이전은 흉제(凶祭)로 여긴다. 그렇기 때문에 '애(哀)'라고 지칭한다. '단(端)'자는 정폭을 뜻한다. '단최(端衰)'는 상복의 상의를 뜻한다. 길한 때의 현단복(玄端服)은 몸통 부위와 소매 부분을 모두 2척(尺) 2촌(寸)으로 하는 것을 정폭으로 삼는데, 상복의 상의 또한 이처럼 만들고, 6촌으로 만든 상복 부분을 가슴 앞에 단다. 그렇기 때문에 '단최(端衰)'라고 부른다. '상거(喪車)'는 자식이 타게 되는 악거(惡車)를 뜻한다. 이 두 가지는 모두 귀천에 따른 차등이 없다.

① ○卒哭以後爲吉祭.

補註 按: 儀禮及家禮, 皆於祔祭始稱孝子, 故沙溪之論, 以自祔稱孝爲是.

번역 살펴보니, 『의례』와 『가례』에서는 모두 부제를 치를 때 비로소 효자라고 지칭한다. 그렇기 때문에 사계의 의론에서는 부제부터 효자라고 지칭하는 것은 옳다고 여겼다.

「잡기상」 51장

참고-集說

冕, 絺冕也. 祭於公, 助君之祭也. 弁, 爵弁也. 祭於己, 自祭其廟也. 冠, 玄冠也. 助祭爲尊, 自祭爲卑, 故冠服有異也. ①儀禮少牢, "上大夫自祭用玄冠." 此云弁而祭於己者, 此大夫指孤而言也. 記者以士之親迎用弁, 以爲可以弁而祭於己, 然親迎之弁, 暫焉攝用耳, 祭有常禮, 不可紊也.

번역 '면(冕)'은 치면(絺冕)을 뜻한다. '제어공(祭於公)'은 군주의 제사를 돕는다는 뜻이다. '변(弁)'은 작변(爵弁)을 뜻한다. '제어기(祭於己)'는 자신의 묘(廟)에서 직접 제사를 지낸다는 뜻이다. '관(冠)'은 현관(玄冠)을 뜻한다. 군주의 제사를 돕는 것은 존귀한 일이고, 직접 자신의 묘(廟)에서 제사를 지내는 것은 상대적으로 미천한 일이다. 그렇기 때문에 관(冠)과 복장에도 차이가 생긴다. 『의례』「소뢰궤식례(少牢饋食禮)」편에서는 "상대부(上大夫)는 직접 제사를 지낼 때 현관을 사용한다."라고 했고, 이곳에서는 작변을 착용하고 자신의 묘(廟)에서 제사를 지낸다고 했으니, 여기에서 말한 '대부(大夫)'는 고(孤)를 가리켜서 한 말이다. 『예기』를 기록한 자는 사가 친영(親迎)을 하며 작변을 착용하니, 이를 통해 작변을 착용하고서 자신의 묘(廟)에서 제사를 지낼 수도 있다고 여겼다. 그러나 친영을 하며 착용했던 작변을 사용하는 것은 잠시 다른 것을 대신해서 사용할 따름이며, 제사에서는 항상된 예법이 있으니, 문란하게 만들 수 없다.

① ○儀禮・少牢.

補註 按: 此指少牢饋食禮, 卽諸侯之卿大夫祭其祖禰之禮.

번역 살펴보니, 이것은 「소뢰궤식례」편을 가리키니, 제후에게 소속된 경과 대부가 자신의 조묘와 녜묘에서 제사를 지내는 예법에 해당한다.

「잡기상」 52장

참고-集說

暢, 鬱鬯也. 椈, 柏也. 檮鬱鬯者, 以柏木爲臼, 梧木爲杵. 柏香芳而梧潔白, 故用之. 牲體在鑊, 用枇升之以入鼎, 又以枇自鼎載之入俎, 主人擧肉之時, 執事者則以畢助之擧. 此二器, ①吉祭以棘木爲之, 喪祭則用桑木. 畢之柄與末加刋削, 枇亦必然也.

번역 '창(暢)'은 울창주를 뜻한다. '국(椈)'은 측백나무[柏]를 뜻한다. 울창주의 재료가 되는 울금초를 찧을 때에는 측백나무로 절구[臼]를 만들고, 오동나무[梧]로 공이[杵]를 만든다. 측백나무는 향긋한 냄새가 나고 오동나무는 희고 깨끗하기 때문에 사용한다. 희생물의 몸체가 가마솥[鑊]에 있을 때에는 비(枇)를 이용해 건져서 솥[鼎]에 담고, 또 비(枇)를 이용해서 정(鼎)으로부터 도마[俎]에 올리니, 주인이 고기를 들어 올릴 때, 일을 맡아보는 자는 필(畢)을 이용해서 들어 올리는 일을 돕는다. 이 두 기물은 길제(吉祭)에서는 가시나무를 이용해서 만드는데, 상제(喪祭)인 경우라면 뽕나무를 이용해서 만든다. 필(畢)의 자루와 끝은 깎아내는 공정을 더하니, 비(枇) 또한 반드시 이처럼 만든다.

① ○吉祭以棘木爲之.

補註 疏曰: 云吉祭用棘者, 特牲記云"枇用棘心", 是也. 若吉時畢亦用棘.

번역 소에서 말하길, 길제(吉祭)인 경우라면 비(枇)는 가시나무를 사용해서 만든다고 했는데, 『의례』「특생궤식례(特牲饋食禮)」편의 기문에서 "비(枇)는 가시나무의 단단한 목심을 사용해서 만든다."[1]라고 한 말이 이러한 사실을 나타낸다. 길한 때에 사용하는 것이라면 또한 가시나무로 만든다.

---

1) 『의례』「특생궤식례(特牲饋食禮)」: 鉶芼用苦若薇, 皆有滑, 夏葵, 冬荁. 棘心匕, 刻.

「잡기상」 53장

참고-經文

率帶, 諸侯大夫皆五采, ①士二采.

번역 시신에게 옷을 입힌 뒤 결속하는 율대(率帶)의 경우, 제후와 대부는 모두 다섯 가지 채색을 넣어서 장식을 하고, 사는 두 가지 채색을 넣어서 장식을 한다.

① 士二采.

補註 鄭註: 士以朱綠.

번역 정현의 주에서 말하길, 사는 주색과 녹색으로 장식한다.

참고-集說

率, 與繂同, ①死者著衣畢而加此帶, 謂之繂者, 但禢帛邊而熨殺之, 不用箴線也, 以五采飾之. 士喪禮緇帶. 此二采, 天子之士也.

번역 '율(率)'자는 동아줄을 뜻하는 '율(繂)'자와 같으니, 죽은 자에 대해 의복을 모두 입힌 뒤에는 이러한 띠를 이용해서 묶게 되므로, 이것을 '율(繂)'이라고 부르는데, 비단의 가장자리를 접고 붙여서 줄이게 되며, 바느질을 하지 않고, 다섯 가지 채색으로 장식을 한다. 『의례』「사상례(士喪禮)」편에서는 치대(緇帶)를 사용한다고 했다. 따라서 이곳에서 두 가지 채색을 한다고 한 것은 천자에게 소속된 사 계층을 뜻한다.

① 死者[止]加此帶.

補註 疏曰: 知襲尸之大帶者, 以吉時大帶, 唯有朱綠玄華, 無五采. 此上連枇·畢用禁之下，故知此亦喪之大帶也.

번역 소에서 말하길, 시신에게 습(襲)을 할 때 사용하는 큰 띠에 해당한다는 사실을 알 수 있는 이유는 길한 시기에 사용하는 큰 띠에는 오직 주색과 녹색으로 만들거나 현색과 황색으로 만든 것만 있고, 다섯 가지 채색이 들어간 것은 없기 때문이다. 이 문장은 앞에 나온 '비(枇)'와 '필(畢)'을 뽕나무로 만든다고 했던 문장 뒤에 연결되어 있으니, 이 내용 또한 상을 치를 때 사용하는 큰 띠에 해당함을 알 수 있다.

「잡기상」 54장

참고-經文

醴者, 稻醴也. 甕甒①筲衡實②見間, 而后③折入.

번역 단술은 쌀로 빚은 단술로 준비한다. 식초나 장을 담는 옹(甕), 단술을 담는 무(甒), 서직(黍稷)을 담는 소(筲), 이것들을 받치는 틀인 항(桁)은 관 밖에 씌운 간(見)과 외관(外棺) 사이에 채우고, 그런 뒤에 항석(抗席)을 받치는 절(折)을 외관 위에 올린다.

① 筲衡.

補註 陸音: 衡, 戶剛反, 又戶庚反.

번역 육덕명의 『음의』에서 말하길, '衡'자는 '戶(호)'자와 '剛(강)'자의 반절음이고, 또한 '戶(호)'자와 '庚(경)'자의 반절음도 된다.

② 見間.

補註 按: 陸云, "見, 音間厠之間." 陳註音諫者本此, 而旣夕禮, "乃窆, 藏器於旁, 加見", 音曰, "見, 賢遍反." 註云, "謂之見者, 加此則棺柩不復見矣." 今當以儀禮爲正.

번역 살펴보니, 육덕명은 "'見'자의 음은 '간측(間厠)'이라고 할 때의 '間'자이다."라고 했다. 진호의 주에서 그 음이 '諫(간)'이라고 한 것은 여기에 근거한 것인데, 『의례』「기석례(旣夕禮)」편에서는 "곧 하관을 하면 그 측면에 기물들을 부장하고, '見'을 씌운다."[1]라고 했고, 그 음에 대해서는 "'見'자는 '賢(현)'자와 '遍(편)'자의 반절음이다."라고 했고, 주에서는 "이것을 '현(見)'이라

---

1) 『의례』「기석례(旣夕禮)」: 藏器于旁, 加見, 藏苞·筲于旁. 加折卻之. 加抗席覆之. 加抗木. 實土三, 主人拜鄕人. 卽位. 踊, 襲, 如初.

고 부르는 것은 이것을 씌우게 되면 관이 다시 드러나지 않기 때문이다."라고 했다. 마땅히 『의례』의 기록을 정론으로 삼아야 한다.

③ 折入.

補註 按: 既夕禮, 加見後, 藏苞筲, 加折, 卽此也.

번역 살펴보니, 「기석례」편에서 현(見)을 씌우고 난 뒤 포(苞)와 소(筲)를 매장하고 절(折)을 씌운다고 한 것이 바로 이것에 해당한다.

「잡기상」 59장

참고-經文

君若載而后弔之, 則主人東面而拜, 門右北面而踊, ①出待, 反而后奠.

번역 군주가 찾아와서 신하의 상에 조문을 하는데, 만약 그 시점이 관을 이미 영구에 실어둔 때라고 한다면, 상주는 수레의 서쪽에서 동쪽을 바라보며 군주에게 절을 하고, 묘문(廟門) 안의 우측에서 북쪽을 바라보며 발을 구르고, 군주의 조문이 끝나면 문밖으로 나가 기다려서 군주를 전송하고, 다시 되돌아온 이후에는 전제사를 진설하여 그 사실을 아뢴다.

① ○**出待反而后奠.**

補註 按: 以陳註觀之, 出待爲一句, 反而后奠爲一句. 古註疏亦然, 而諺讀六字通作一句, 誤.

번역 살펴보니, 진호의 주에 따라 보면 '출대(出待)'가 하나의 구문이고, '반이후전(反而后奠)'이 하나의 구문이다. 옛 주와 소에서도 이처럼 풀이했는데, 『언독』에서는 여섯 글자를 하나의 구문으로 보았으니, 잘못되었다.

補註 ○又按: 喪大記, "士則出俟于門外, 命之反奠乃反奠", 與此章同意.

번역 ○또 살펴보니, 『예기』「상대기(喪大記)」편에서는 "사의 경우라면 상주는 먼저 문밖으로 나가서 기다리고, 군주가 다른 사람을 시켜 상주에게 되돌아가서 전제사를 지내라고 명령하면 그제야 되돌아가서 전제사를 지낸다."[1]라고 했는데, 이곳 문장의 뜻과 같다.

---

1) 『예기』「상대기(喪大記)」: 大夫則奠可也; 士則出俟于門外, 命之反奠乃反奠. 卒奠, 主人先俟于門外. 君退, 主人送于門外, 拜稽顙.

「잡기상」 60장

참고-經文

子羔之襲也, 繭衣裳與①稅衣纁袡爲一, 素端一, ②皮弁一, 爵弁一, 玄冕一. ③曾子曰, "不襲婦服."

번역 공자의 제자 자고가 죽었을 때, 그에 대한 습(襲)을 했는데, 상의와 하의가 연결된 솜옷을 입히고 그 겉옷으로 단의(褖衣)에 진홍색의 가선을 댄 옷을 입혀서, 이것을 한 벌로 삼았고, 상하의를 모두 흰색으로 만든 소단(素端) 한 벌을 입혔으니, 이것이 두 번째로 껴입히는 옷이며, 포(布)로 된 상의와 흰색의 옷감으로 만든 하의로 된 피변복(皮弁服) 한 벌을 입혔으니, 이것이 세 번째로 껴입히는 옷이고, 현색의 상의와 진홍색의 하의로 된 작변복(爵弁服) 한 벌을 입혔으니, 이것이 네 번째로 껴입히는 옷이며, 현색의 상의와 진홍색의 하의에 보(黼) 무늬를 새기는 현면복(玄冕服) 한 벌을 입혔으니, 이것이 다섯 번째로 껴입히는 옷이었다. 증자는 그것을 살펴보고, 부인이 입는 진홍색의 가선을 댄 옷이 포함되어서, "남자에게는 부인의 옷을 습(襲)하지 않는다."라고 비판했다.

① ○稅衣.

補註 鄭註: 稅衣, 若玄端而連衣裳者也.

번역 정현의 주에서 말하길, '단의(稅衣)'는 현단복(玄端服)과 같지만 상의와 하의가 연결된 옷이다.

② 皮弁一爵弁一玄冕一.

補註 鄭註: 禮以冠名服, 此襲其服, 非襲其冠.

번역 정현의 주에서 말하길, 예법에 있어서는 관(冠)의 명칭으로 그 복장을 부르니, 이 내용은 해당 의복을 습(襲)하는 것이지, 해당 의복의 관(冠)을 습하는 것이 아니다.

③ **曾子曰不襲婦服.**

補註 鄭註: "曾子譏襲婦服而已. 玄冕, 又大夫服, 未聞子羔曷爲襲之." 疏曰: "鄭意以曾子但譏婦服, 不譏其著玄冕之服, 是子羔合著玄冕. 子羔爲大夫, 無文, 故云未聞子羔曷爲襲之."

번역 정현의 주에서 말하길, "증자는 부인의 의복을 습했다는 것을 기롱했을 따름이다. '현면(玄冕)'은 또한 대부의 복장인데, 자고에 대해 어떻게 이 복장을 이용해 습하게 되었는지에 대해서는 그 이유를 들어보지 못했다."라고 했다. 소에서 말하길, "정현의 의도는 증자가 단지 부인의 복장을 입힌 것에 대해 기롱을 했을 따름이라는 뜻이지, 현면(玄冕)의 복장을 입힌 것에 대해 기롱을 하지 않았다는 의미이다. 이것은 자고에 대해서 마땅히 현면을 입혀야 한다는 사실을 나타낸다. 그런데 자고가 대부가 되었다는 기록이 없으므로, 정현은 자고에 대해 어떻게 이 복장을 습하게 되었는지에 대해서는 그 이유를 들어보지 못했다고 말한 것이다."라고 했다.

참고-集說

子羔, 孔子弟子高柴也. 襲, 以衣斂尸也. 繭衣裳, 謂衣裳相連而綿爲之著也. 稅衣, 黑色. 纁, 絳色帛. 袡, 裳下緣也. 繭衣襲故①用褖衣爲表, 合爲一稱, 故云繭衣裳與稅衣纁袡爲一. 素端一, 第二稱也. 賀氏云, "衣裳並用素爲之." 皮弁一, 第三稱也. 皮弁之服, 布衣而素裳. 爵弁一, 第四稱也. 其服玄衣而纁裳. 玄冕一, 第五稱也. 其服玄衣纁裳, 衣無文而裳刺黻, 大夫之上服也. 婦服, 指纁袡而言. 曾子非之, 以其不合於禮也.

번역 '자고(子羔)'는 공자의 제자인 고시(高柴)이다. '습(襲)'은 옷으로 시신을 감싼다는 뜻이다. '견의상(繭衣裳)'은 상의와 하의가 서로 연결되어 있는데, 솜을 그 속에 넣은 것을 뜻한다. '단의(稅衣)'는 흑색으로 된 옷이다. '훈(纁)'은 진홍색의 비단이다. '염(袡)'은 하의 밑단에 댄 가선이다. 솜옷으로 습(襲)을 했기 때문에 단의(褖衣)를 겉옷으로 삼고, 둘을 합쳐 1칭(稱)으로 삼은 것이다. 그렇기 때문에 “상의와 하의가 연결된 솜옷과 단의에 진홍색으로 가선을 댄 옷을 한 벌로 삼다.”라고 한 것이다. “소단(素端)이 한 벌이다.”는 말은 두 번째로 껴입히는 옷을 뜻한다. 하씨는 “상의와 하의를 모두 흰색의 옷감으로 만들기 때문이다.”라고 했다. “피변(皮弁)이 한 벌이다.”는 말은 세 번째로 껴입히는 옷을 뜻한다. 피변복은 포(布)로 상의를 만들고 흰색의 옷감으로 하의를 만든다. “작변(爵弁)이 한 벌이다.”는 말은 네 번째로 껴입히는 옷을 뜻한다. 그 복장은 현색의 상의에 진홍색의 하의가 된다. “현면(玄冕)이 한 벌이다.”는 말은 다섯 번째로 껴입히는 옷을 뜻한다. 그 복장은 현색의 상의와 진홍색의 하의가 되는데, 상의에는 무늬가 없지만 하의에는 보(黼) 무늬를 새기며, 대부가 착용하는 상등의 복장이다. ‘부복(婦服)’은 진홍색으로 가선을 댄 것을 가리켜서 한 말이다. 증자가 비판을 했던 것은 그것이 예법에 맞지 않았기 때문이다.

① 用褖衣爲表.

補註 按: 褖衣, 卽稅衣也. 男子褖衣, 與婦人褖衣制同, 而但不纁衻耳, 詳見檀弓上補註.

번역 살펴보니, ‘단의(褖衣)’는 곧 수의(稅衣)에 해당한다. 남자의 단의는 여자의 단의와 만드는 방식이 동일하지만, 진홍색으로 가선을 대지 않을 따름이며, 자세한 내용은 『예기』「단궁상(檀弓上)」편의 보주에 나온다.

「잡기상」 61장

참고-經文

爲君使而死, 公館復, 私館不復. 公館者, ①公宮與公所爲也. 私館者, 自卿大夫以下之家也.

번역 군주를 위해 사신으로 다른 나라에 갔는데, 그곳에서 죽게 되면, 그 장소가 공관(公館)일 경우에는 초혼을 하지만, 사관(私舘)일 경우에는 초혼을 하지 않는다. '공관(公館)'이라는 것은 찾아간 나라의 제후가 궁실에 마련한 숙소와 군주가 궁실 밖에 별도로 마련한 숙소이다. '사관(私舘)'이라는 것은 경이나 대부로부터 그 이하의 계층이 소유한 집이다.

① 公宮與公所爲也.

補註 陽村曰: 曾子問云, "公館與公所爲曰公館也", 此云, "公館者, 公宮與公所爲也", 此章蓋誤. 夫私館不復, 卿大夫以下之家, 猶不可復, 況公宮乎?

번역 양촌이 말하길, 『예기』「증자문(曾子問)」편에서는 "본래의 공관(公館)과 군주가 임시로 별도의 장소에 마련한 곳을 공관(公館)이라고 부른다."[1] 라고 했는데, 이곳에서는 "공관(公館)은 공궁(公宮)과 군주가 궁실 밖에 별도로 마련한 곳이다."라고 했으니, 이 장의 내용이 잘못된 것 같다. 사관(私館)에서 초혼을 하지 않으므로, 경과 대부 이하의 집에서도 오히려 초혼을 할 수 없는데, 하물며 공궁에서 할 수 있겠는가?

---

1) 『예기』「증자문(曾子問)」: 曾子問曰: 爲君使而卒於舍, 禮曰, 公館復, 私館不復, 凡所使之國, 有司所授舍, 則公館已, 何謂私館, 不復也. 孔子曰: 善乎, 問之也. 自卿大夫士之家曰私館, 公館與公所爲曰公館, 公館復, 此之謂也.

「잡기상」 62장

참고-經文

①公七踊, 大夫五踊, 婦人居間; 士三踊, 婦人皆居間.

번역 제후의 상에서 용(踊)을 하게 되면 7차례 하고, 대부의 상에서 용(踊)을 하게 되면 5차례 하는데, 부인이 용(踊)을 할 때에는 먼저 용(踊)을 하는 상주와 뒤에 용(踊)을 하는 빈객 중간에 한다. 또 사의 상에서 용(踊)을 하게 되면 3차례 하는데, 부인은 모두 상주와 빈객 중간에 용(踊)을 한다.

① ○公七踊.

補註 按: 天子九踊, 見檀弓下補註.

번역 살펴보니, 천자의 상에서는 용을 9차례 하게 되니, 자세한 내용은 『예기』「단궁하(檀弓下)」편의 보주에 나온다.

참고-集說

國君五日而殯, 自死至大斂凡七次踊者. 始死, 一也. 明日襲, 二也. 襲之明日之朝, 三也. 又明日之朝, 四也. 其日旣小斂, 五也. 小斂明日之朝, 六也. 明日大斂時, 七也. 大夫三日而殯, 凡五次踊者. 始死, 一也. 明日襲之朝, 二也. 明日之朝, 及小斂, 四也. 小斂之明日大斂, 五也. 士二日而殯, 凡三次踊者. 始死, 一也. 小斂時, 二也. 大斂時, 三也. 凡踊, 男子先踊, 踊畢而婦人乃踊, 婦人踊畢, 賓乃踊, 是婦人居主人與賓之中間, 故云居間也. 然記者固云動尸擧柩, 哭踊無數, 而此乃有三五七之限者, 此以禮經之常節言, 彼以哀心之泛感言也. 又所謂無數者, ①不以每踊三跳, 九跳爲三踊之限也.

번역 제후는 죽은 이후 5일째에 빈소를 마련하니, 죽었을 때로부터 대렴(大斂)을 할 때까지 모두 7차례 용(踊)을 한다. 이제 막 죽었을 때 하는 것이 첫 번째 용(踊)이다. 그 다음날 습(襲)을 하며 하는 것이 두 번째 용(踊)이다. 습(襲)을 한 다음날 아침에 하는 것이 세 번째 용(踊)이다. 또 그 다음날 아침에 하는 것이 네 번째 용(踊)이다. 그날 소렴(小斂)을 마친 뒤에 하는 것이 다섯 번째 용(踊)이다. 소렴을 한 다음날 아침에 하는 것이 여섯 번째 용(踊)이다. 다음날 대렴을 할 때 하는 것이 일곱 번째 용(踊)이다. 대부는 죽은 이후 3일째에 빈소를 마련하니, 모두 5차례 용(踊)을 한다. 이제 막 죽었을 때 하는 것이 첫 번째 용(踊)이다. 다음날 습(襲)을 하는 아침에 하는 것이 두 번째 용(踊)이다. 그 다음날 아침과 소렴을 할 때 하는 것이 세 번째와 네 번째 용(踊)이다. 소렴을 한 다음날 대렴을 할 때 하는 것이 다섯 번째 용(踊)이다. 사는 죽은 이후 2일째에 빈소를 마련하니, 모두 3차례 용(踊)을 한다. 이제 막 죽었을 때 하는 것이 첫 번째 용(踊)이다. 소렴을 할 때 하는 것이 두 번째 용(踊)이다. 대렴을 할 때 하는 것이 세 번째 용(踊)이다. 무릇 용(踊)에 있어서 남자가 먼저 용(踊)을 하고, 용(踊)하는 것이 끝나면 부인이 곧 용(踊)을 하며, 부인이 용(踊)하는 것을 끝내면 빈객이 용(踊)을 하니, 이것은 부인이 하는 용(踊)이 주인과 빈객이 하는 용(踊) 중간에 있다는 것을 나타낸다. 그렇기 때문에 "사이에 있다."라고 말한 것이다. 그런데 『예기』「문상(問喪)」편에서는 진실로 "시신을 운반하고 영구를 움직일 때 하는 곡(哭)과 용(踊)에는 정해진 수치가 없다."[1] 고 했는데, 이곳에서는 3 · 5 · 7 등의 제한이 있다고 했다. 그 이유는 이곳 내용은 『예경』에 기록된 항상된 규정을 기준으로 말한 것이며, 「문상」편은 범범히 느끼게 되는 애통한 마음에 기준을 두어 말했기 때문이다. 또 이른바 "정해진 수치가 없다."는 말은 매번 용(踊)을 할 때 세 차례 발을 구르게 되어, 아홉 차례 발을 구르는 것으로 세 차례 용(踊)을 하는 제한으로 삼지 않는다는 뜻이다.

① 不以每踊[止]之限.

補註 疏曰: 每踊輒三者, 三爲九而謂爲一也.

번역 소에서 말하길, 매번 용(踊)을 할 때에는 번번이 3차례 하게 되니, 용(踊)을 3차례 하게 되어 9차례 발을 구르게 되고, 이것을 1번이라고 부른다.

---

1) 『예기』「문상(問喪)」: 三日而斂, 在牀曰尸, 在棺曰柩. <u>動尸舉柩, 哭踊無數</u>. 惻怛之心, 痛疾之意, 悲哀志懣氣盛, 故袒而踊之, 所以動體安心下氣也.

補註 ○按: 曾子問及此篇下文, 踊三者三, 觀此, 則每踊時有三踊之節, 三跳爲一踊, 又三跳爲一踊, 又三跳爲一踊. 三踊畢, 則是爲成踊一次也.

번역 ○살펴보니, 『예기』「증자문(曾子問)」편과 「잡기상」의 아래문장에서는 용은 3번씩 3번 한다고 했는데, 이를 통해 살펴보면 매번 용을 할 때에는 3용의 절차가 있으니, 3번 발 구르는 것은 1용이 되고, 재차 3번 발 구르는 것은 1용이 되며, 재차 3번 발 구르는 것은 1용이 된다. 이처럼 3용을 마치게 되면 이것은 성용(成踊)의 한 차례를 마친 것이 된다.

「잡기상」 63장

참고-經文

公襲卷衣一, 玄端一, 朝服一, 素積一, 纁裳一, 爵弁二, 玄冕一, 褒衣一, ①朱綠帶, 申加大帶於上.

번역 공작에 대해 습(襲)을 할 때에는 곤의(袞衣)가 한 벌이고, 현단(玄端)이 한 벌이며, 조복(朝服)이 한 벌이고, 소적(素積)이 한 벌이며, 훈상(纁裳)이 한 벌이고, 작변(爵弁)이 두 벌이며, 현면(玄冕)이 한 벌이고, 포의(褒衣)가 한 벌인데, 옷을 입힌 뒤에는 주색과 녹색으로 채색한 띠를 채우고, 그 위에 대대(大帶)를 거듭 채운다.

① **朱綠帶.**

補註 疏曰: 此帶既非革帶, 又非大帶, 秖是衣之小帶也.

번역 소에서 말하길, 여기에서 말한 대(帶)는 혁대(革帶)를 뜻하는 것이 아니며, 또한 대대(大帶)를 뜻하는 것도 아니니, 단지 옷에 착용하는 작은 띠일 따름이다.

「잡기상」 66장

참고-經文

魯人之贈也, 三玄二纁, ①廣尺, 長終幅.

번역 현재 노나라 사람들이 증(贈)을 보낼 때에는 3단의 현색 비단과 2단의 분홍색 비단을 사용하는데, 그 너비는 1척(尺)이고 길이는 1폭(幅)으로, 예법에 맞지 않는다.

① ○廣尺長終幅.

補註 按: 此經內廣字, 與此同義者, 皆云去聲. 長字, 此及下篇韠長三尺之長, 皆云去聲, 並本於陸音.

번역 살펴보니, 경문에 나오는 '광(廣)'자 중에서 이곳에 나온 광(廣)자의 뜻과 같은 것들에 대해서는 모두 '거성(去聲)'이라는 『음주』를 붙였다. 또 '장(長)'자의 경우 이곳 기록과 「잡기하(雜記下)」편에서 "슬갑의 길이는 3척(尺)이다."[1]라고 했을 때의 장(長)자에 대해서는 모두 '거성(去聲)'이라는 『음주』를 붙였는데, 모두 육덕명의 『음의』에 근거한 것이다.

참고-集說

贈, 以物送別死者於椁中也. 旣夕禮曰, "①贈用制幣玄纁束", 一丈八尺爲制. 今魯人雖用玄與纁, 而短狹如此, 則非禮矣, 故記者譏之. 幅之度二尺二寸.

번역 '증(贈)'은 물건을 보내 외관(外棺) 안에 넣어 죽은 자를 전송하는 것이다. 『

1) 『예기』「잡기하(雜記下)」: 韠長三尺, 下廣二尺, 上廣一尺, 會去上五寸. 紕以爵韋六寸, 不至下五寸. 純以素, 紃以五采.

의례』「기석례(旣夕禮)」편에서는 “증(贈)으로 제폐(制幣)인 현색과 분홍색 1속(束)[2]을 사용한다.”[3]라고 했는데, 1장(丈) 8척(尺)의 길이로 제단을 한 것이다. 현재 노(魯)나라 사람들은 비록 현색과 분홍색의 비단을 사용하지만, 그 길이와 폭이 이처럼 짧고 좁으니, 비례가 된다. 그렇기 때문에 『예기』를 기록한 자가 기롱을 한 것이다. 1폭(幅)의 치수는 2척 2촌(寸)이다.

① **贈用制幣玄纁束.**

補註 按: 旣夕之文止此, 束謂十端也.

번역 살펴보니, 「기석례」편의 기록은 여기에서 끝나며, ‘속(束)’은 10단을 뜻한다.

---

2) 속(束)은 견직물을 헤아리는 단위이다. 1‘속’은 10단(端)을 뜻하는데, 1단의 길이는 1장(丈) 8척(尺)이 되며, 2단이 합쳐서 1권(卷)이 되므로, 10단은 총 5필이 된다. 『주례』「춘관(春官)·대종백(大宗伯)」편에는 “孤執皮帛.”이라는 기록이 있고, 이에 대한 가공언(賈公彦)의 소(疏)에서는 “束者十端, 每端丈八尺, 皆兩端合卷, 總爲五匹, 故云束帛也.”라고 풀이했다.

3) 『의례』「기석례(旣夕禮)」: 主人哭, 踊無筭, 襲, 贈用制幣玄纁束, 拜稽顙, 踊如初.

「잡기상」 47장

참고-集說

此言列國遣使弔喪之禮. 弔者, 君所遣來之使也. 介, 副也. 門西, 主國大門之西也. 西上者, 介非一人, 其長者在西, 近正使也. 西於門, 不敢當門之中也. 主孤西面, 立於阼階之下也. 相者受命, 相禮者受主人之命也. 如何不淑, 慰問之辭, 言何爲而罹此凶禍也. 須, 待也. 凶禮不出迎, 故云須矣. 主人升堂, 由阼階而升也. 降反位, 降階而出復門外之位也. ①曲禮云, "升降不由阼階", 謂平常無弔賓時耳.

번역 이 내용은 제후국에서 사신을 파견하여 상사(喪事)에 조문하는 예법을 뜻한다. '조자(弔者)'는 군주가 파견하여 찾아온 사신을 뜻한다. '개(介)'는 부관[副]을 뜻한다. '문서(門西)'는 찾아간 제후국의 대문 서쪽을 뜻한다. '서상(西上)'이라는 말은 개(介)는 한 사람이 아니며, 그 중 수장에 해당하는 자가 서쪽에 위치하여, 정식 사신과 가까이 위치한다는 뜻이다. "문의 서쪽에 위치한다."는 말은 감히 문의 중앙에 있을 수 없기 때문이다. "조문을 받는 나라의 고(孤)가 서쪽을 바라본다."는 말은 동쪽 계단 아래에 서 있다는 뜻이다. '상자수명(相者受命)'은 의례 절차를 돕는 자가 주인의 명령을 받았다는 뜻이다. '여하불숙(如何不淑)'은 위로하며 안부를 묻는 말이니, 어찌하여 이와 같은 불행을 당했느냐는 뜻이다. '수(須)'자는 "기다린다[待]."는 뜻이다. 흉례를 치를 때에는 대문 밖으로 나와서 맞이하지 않는다. 그렇기 때문에 기다린다고 했다. '주인승당(主人升堂)'은 동쪽 계단을 통해 올라간다는 뜻이다. '강반위(降反位)'는 계단으로 내려와서 밖으로 나가 다시 문밖의 자리로 돌아간다는 뜻이다. 『예기』「곡례(曲禮)」편에서는 "오르거나 내려갈 때에는 부친이 사용하던 동쪽 계단을 이용하지 않는다."[1]라고 했는데, 평상시 조문하는 빈객이 없는 경우를 뜻할 따름이다.

---

1) 『예기』「곡례상(曲禮上)」: 居喪之禮, 毁瘠不形, 視聽不衰. 升降, 不由阼階, 出入, 不當門隧.

① ○曲禮云[止]無弔賓時耳.

補註 按: 此出於疏說, 而但曲禮疏曰, “若祔祭以後, 卽得升阼階. 然雜記云, ‘弔者入, 主人升堂西面’, 而下云, ‘旣葬, 蒲席’, 則升堂西面, 未葬也, 此未葬得升阼階者, 敬異國之賓也”, 與此不同. 若依此章疏義, 則升降不由阼, 只謂平常之禮, 而若有弔賓, 雖未葬, 亦由阼也. 若依曲禮疏義, 則升降不由阼, 乃未葬前之禮, 雖受賓弔亦然. 而雜記所云升堂西面, 只以異國之賓故也, 與此不相合, 可疑.

번역 살펴보니, 이것은 소의 주장에서 도출된 것인데, 「곡례」편의 소에서는 “만약 부제(祔祭)를 지낸 이후라고 한다면, 동쪽 계단을 통해서 오르내릴 수가 있게 된다. 그런데 「잡기」편에서는 ‘조문객이 들어서면, 주인은 당에 올라가서 서쪽을 바라본다.’[2]라고 하였고, 그 아래문장에서는 ‘이미 장례를 치렀으면, 부들자리를 깔아둔다.’[3]라고 하였으니, 당에 올라가서 서쪽을 바라본다는 것은 아직 장례를 치르지 않았기 때문이며, 이곳에서 아직 장례를 치르기도 전에 동쪽 계단을 이용할 수 있는 이유는 다른 나라에서 찾아온 조문객들을 공경하기 위해서이다.”라고 했으니, 이곳의 내용과 일치하지 않는다. 만약 이곳 문장에 대한 소의 주장에 따른다면, 당에 오르고 내릴 때 동쪽 계단을 이용하지 않는 것은 단지 평상시 때의 예를 뜻하며, 만약 조문으로 찾아온 빈객이 있다면, 비록 장례를 치르지 않았더라도 동쪽 계단을 이용한다. 만약 「곡례」편의 소 주장에 따른다면, 당에 오르고 내릴 때 동쪽 계단을 이용하지 않으니, 이것은 장례를 치르기 이전의 예법에 해당하며, 비록 빈객의 조문을 받더라도 이처럼 한다. 그리고 「잡기」편에서 당에 올라가서 서쪽을 바라본다고 한 것은 그 대상이 단지 다른 나라에서 찾아온 빈객이기 때문이니, 이곳의 내용과 서로 맞지 않아 의문스럽다.

補註 ○又按: 家禮輯覽援士喪禮及此章, 辨晳甚詳. 結之曰, “始死拜賓, 在西階下東面, 小斂以後, 就東階下西面.” 然則曲禮升降不由阼階, 謂

---

2) 『예기』「잡기상(雜記上)」: <u>弔者入, 主人升堂, 西面</u>. 弔者升自西階, 東面.

3) 『예기』「잡기상(雜記上)」: 含者坐委于殯東南, 有葦席, <u>旣葬蒲席</u>. 降出反位.

平常無弔賓時者, 明矣. 今見曲禮上補註.

번역 ○또 살펴보니, 『가례편람』에서는 『의례』「사상례(士喪禮)」편과 이곳 문장을 가져다가 매우 소상하게 분석을 하였다. 그리고 결론을 내리며, "어떤 자가 이제 막 죽었을 때 빈객에게 절을 할 때에는 서쪽 계단 밑에서 동쪽을 바라보게 되며, 소렴을 치른 이후에는 동쪽 계단 밑으로 나아가 서쪽을 바라보게 된다."라고 했다. 그렇다면 「곡례」편에서 당에 오르고 내릴 때 동쪽 계단을 이용하지 않는다고 한 것은 평상시 조문객이 없을 때를 뜻한다는 사실이 명백하다. 자세한 내용은 「곡례상」편의 보주에 나온다.

「잡기상」 68장

참고-集說

此言列國致含之禮. 含玉之形制如璧. 舊註云, 分寸大小未聞. 坐委, 跪而致之也. 未葬之前, 設葦席以承之, 旣葬, 則設蒲席承之. 鄰國有遠近, 故有葬後來致含者. 降出反位, 謂含者委璧訖, 降階而復門外之位也. 上文弔者爲正使, ①此含者乃其介耳. 凡初遭喪, 則主人不親受, 使大夫受於殯宮. 此遭喪已久, 故嗣子親受之, 然後宰夫取而藏之也. 朝服, 吉服也. 執玉不麻, 故著朝服. 以在喪不可純變吉, 故仍其喪屨. 坐取璧, 亦跪而取之也. 以東, 藏於內也. ②疏云, "宰, 謂上卿. 夫字衍."

번역 이 내용은 제후국끼리 서로에게 함(含)을 하는 예법을 뜻한다. 함옥(含玉)[1]의 형태와 제작 방법은 벽(璧)과 같다. 옛 주석에서는 치수와 크기에 대해서는 들어보지 못했다고 했다. '좌위(坐委)'는 무릎을 꿇고 물건을 전한다는 뜻이다. 아직 장례를 치르기 이전에는 위석(葦席)을 깔아두어서 받치게 하는데, 장례를 치른 뒤라면 포석(蒲席)을 깔아두어서 받치게 한다. 이웃 제후국들 사이에는 거리에 차이가 있었기 때문에 장례를 치른 뒤에 찾아와서 함옥을 바치는 경우가 있다. "내려와서 밖으로 나가 자리로 되돌아간다."는 말은 함옥을 바치는 자가 무릎을 꿇고 함옥을 바치는 일이 끝나면, 계단을 통해 내려와서 다시 문밖의 자리로 되돌아간다는 뜻이다. 앞 문장에서 말한 조문하는 자는 정식 사신을 뜻하므로, 이곳에서 함옥을 바치는 자는 곧 그의 부관이 될 따름이다. 무릇 최초 상을 당하게 되면, 상주는 직접 함옥을 받지 않고, 대부를 시켜서 빈소에서 그것을 받게 한다. 이곳의 내용은 상을 당한 뒤 이미 오랜 시간이 지났기 때문에, 제후의 지위를 계승하는 적장자가 직접 그것을 받고, 그런 뒤에 재부(宰夫)가 그것을 가져가서 보관한다. '조복(朝服)'은 길한 때 착용하는 복장이다. 옥을 든 자는 마(麻)로 된 복장을 착용하지 않

---

1) 함옥(含玉)은 고대의 상례에서, 죽은 자의 입에 넣는 옥을 뜻한다. 『주례』「천관(天官)·대재(大宰)」편에는 "大喪, 贊贈玉·含玉."이라는 기록이 있고, 이에 대한 정현의 주에서는 "含玉, 死者口實. 天子以玉."이라고 풀이했다.

기 때문에[2] 조복을 착용하는 것이다. 상을 치르는 도중이므로 길한 복장으로 완전히 바꿀 수 없기 때문에, 곧 상을 치를 때 신는 신발을 착용한다. '좌취벽(坐取璧)' 또한 무릎을 꿇고서 물건을 가져간다는 뜻이다. "동쪽으로 간다[以東]."는 말은 안에 보관한다는 뜻이다. 공영달의 소에서는 "재(宰)는 상경(上卿)이다. '부(夫)'자는 연문으로 기록된 글자이다."라고 했다.

① ○此含者爲其介耳.

補註 疏曰: 弔者, 旣爲上客, 賵者是上介, 則此含者・襚者當是副介・末介. 但含・襚於死者爲切, 故在先陳之.

번역 소에서 말하길, 조문을 온 자는 이미 지위가 높은 빈객이고, 또 봉(賵)을 하는 자는 상개(上介)라고 했으니,[3] 이곳에 나오는 '함자(含者)'와 '수자(襚者)'는 마땅히 부개(副介)나 말개(末介)에 해당한다. 다만 함(含)과 수(襚)는 죽은 자에 대해서 긴요한 물건을 전달하는 것이기 때문에, 먼저 진술한 것이다.

② 疏云宰[止]夫字衍.

補註 下文, "凡將命者, 宰擧璧與圭, 宰夫擧襚." 鄭註, "此云宰擧璧與圭, 則上文宰夫朝服, 衍夫字."

번역 아래문장에서는 "무릇 상사에서 물건을 전하며 명령을 전달하게 되면, 재(宰)는 벽(璧)과 규(圭)를 들게 되고, 재부(宰夫)는 수의를 들게 된다."[4]라고 했고, 정현의 주에서는 "이곳에서는 재(宰)가 벽(璧)과 규(圭)를 든다고 했으니, 앞에서 재부(宰夫)가 조복(朝服)을 착용한다."[5]라고 했을 때의

---

2) 『예기』「잡기하(雜記下)」: 麻者不紳, 執玉不麻, 麻不加於采.

3) 『예기』「잡기상(雜記上)」: 上介賵, 執圭將命曰, "寡君使某賵." 相者入告, 反命曰, "孤須矣." 陳乘黃大路於中庭, 北輈, 執圭將命. 客使自下由路西, 子拜稽顙, 坐委於殯東南隅, 宰擧以東.

4) 『예기』「잡기상(雜記上)」: 凡將命, 鄕殯將命, 子拜稽顙, 西面而坐委之. 宰擧璧與圭, 宰夫擧襚, 升自西階, 西面坐取之, 降自西階.

'부(夫)'자는 연문으로 들어간 글자이다."라고 했다.

5) 『예기』「잡기상(雜記上)」: 含者執璧將命曰, "寡君使某含." 相者入告, 出曰, "孤某須矣." 含者入, 升堂致命, 子拜稽顙. 含者坐委於殯東南, 有葦席, 旣葬蒲席. 降, 出, 反位. 宰夫朝服即喪屨, 升自西階, 西面坐取璧, 降自西階, 以東.

「잡기상」 69장

참고-經文

襚者曰, "寡君使某襚." 相者入告, 出曰, "孤某須矣." 襚者執冕服, 左執領, 右執要, 入, 升堂致命, 曰"寡君使某襚." 子拜稽顙, 委衣於殯東. 襚者①降, 受爵弁服於門內霤將命, 子拜稽顙如初. 受皮弁服於中庭, 自西階受朝服, 自堂受玄端將命, 子拜稽顙皆如初. 襚者降, 出, 反位. 宰夫五人擧以東, 降自西階, 其擧亦西面.

번역 이웃 제후국에 상이 발생하여, 신하를 파견해 수의(襚衣)를 전달하는 경우, 수의를 전달하는 자는 "저희 군주께서 아무개인 저를 사신으로 보내셔서 수의를 바치게 했습니다."라고 한다. 의례를 돕는 자가 안으로 들어가서 그 사실을 아뢰고, 밖으로 나와서 "저희 상주이신 아무개께서 기다리고 계십니다."라고 말한다. 수의를 전달하는 자는 면복(冕服)을 들고 가는데, 좌측 손으로 옷깃을 잡고 우측 손으로 허리부분을 잡으며, 그것을 들고 안으로 들어가 당에 올라가서 명령을 전달하니, "저희 군주께서 아무개인 저로 하여금 수의를 바치게 했습니다."라고 한다. 그러면 세자는 절을 하며 이마가 땅에 닿도록 하고, 빈소의 동쪽에 의복을 진열해둔다. 수의를 전달하는 자가 내려가서 문안의 처마에서 작변복(爵弁服)을 받아가지고 와서 의복을 건네며 명령을 전달하면, 세자는 절을 하며 이마를 땅에 닿도록 하니 처음 의복을 받았을 때처럼 한다. 또 수의를 전달하는 자가 마당에서 피변복(皮弁服)을 받아가지고 와서 의복을 건네며 명령을 전달하고, 서쪽 계단으로부터 조복(朝服)을 받아가지고 와서 의복을 건네며 명령을 전달하며, 당으로부터 현단(玄端)을 받아가지고 와서 의복을 건네며 명령을 전달하면, 세자는 절을 하며 이마가 땅에 닿도록 하니, 이 모두에 대해서 의복을 처음 받았을 때처럼 한다. 그런 뒤 수의를 전달하는 자는 내려가서 밖으로 나가 자신의 자리로 되돌아간다. 재부(宰夫) 5명은 각각 한 벌의 의복을 들고 동쪽으로 가니, 서쪽 계단을 통해서 내려가며, 그 의복을 들 때에도 또한 수의를 전달하는 자처럼 서쪽을 바라보게 된다.

① 降受爵弁[止]內霤將命.

補註 按: 陳註取爵弁服以進, 至門之內霤而將命云者, 誤矣. 疏曰, "其服重者, 謂冕服, 使執之而入, 爵弁受於內霤, 皮弁受於中庭, 朝服受於西階, 玄端受於堂." 其義儘通.

번역 살펴보니, 진호의 주에서 "작변복(爵弁服)을 가지고 나아가서 문의 안쪽에 있는 처마에 이르러 명령을 전달한다."라고 말한 것은 잘못된 설명이다. 소에서는 "의복 중에서도 중대한 것은 면복을 뜻하는데, 사신이 들고서 들어가며, 작변복은 문안의 처마에서 받고, 피변복은 마당에서 받으며, 조복은 서쪽 계단에서 받고, 현단복은 당에서 받는다."라고 했는데, 그 뜻이 잘 통한다.

補註 ○又按: 門內霤, 卽初位之門內霤下也. 重者遠受, 輕者近受. 且下文宰夫五人, 擧以東, 降自西階. 若於內霤中庭將命, 則寧有可降之階乎? 陳註之誤無疑矣.

번역 ○또 살펴보니, '문내류(門內霤)'라는 것은 최초 서게 되는 곳의 문 안쪽 처마 밑을 뜻한다. 중요한 것은 멀리에서 받고, 덜 중요한 것은 가까기에서 받는다. 또 아래문장에서 "재부(宰夫) 5명은 각각 한 벌의 의복을 들고 동쪽으로 가니, 서쪽 계단을 통해서 내려간다."라고 했다. 만약 안쪽 처마와 마당에서 명령을 전달한다면 어떻게 내려갈 수 있는 계단이 있겠는가? 진호의 주가 잘못되었다는 것은 의심할 바 없다.

「잡기상」 70장

참고-經文

上介賵, 執圭將命曰, "寡君使某賵." 相者入告, 反命曰, "孤須矣." 陳乘黃大路於中庭, ①北輈, 執圭將命. 客使②自下由路西, 子拜稽顙, 坐委於殯東南隅, 宰舉以東.

번역 이웃 제후국에 상이 발생하여, 신하를 파견해 봉(賵)을 하는 경우, 상개(上介)가 봉(賵)을 하니, 그는 규(圭)를 잡고 명령을 전달하며, "저희 군주께서 아무개인 저를 사신으로 보내셔서 봉(賵)을 하도록 했습니다."라고 한다. 의례를 돕는 자가 안으로 들어가서 그 사실을 아뢰고, 다시 밖으로 나와서 명령을 전달하며, "저희 상주께서 기다리고 계십니다."라고 말한다. 마당에 네 필의 황색 말과 수레를 진열하며, 수레의 끌채가 북쪽을 향하도록 하고, 봉(賵)을 전달하는 자는 규(圭)를 들고 명령을 전달한다. 봉(賵)을 전달하는 자의 하위 관리들은 말을 이끌고서 수레의 서쪽에 놓아두고, 세자가 절을 하며 이마가 땅에 닿도록 하며, 빈소의 동남쪽 모퉁이에 놓아두게 하고, 재(宰)가 그것들을 끌고서 동쪽으로 간다.

① ○北輈.

補註 按: 車前後兩端橫木收斂所載者曰軫, 從前軫以前稍曲而上至衡, 則向下鉤之橫衡於其下者曰輈, 亦曰轅. 其形穹窿上曲, 如屋之梁, 故詩曰梁輈. 衡, 車軛也. 軛, 轅端橫木, 駕馬領者.

번역 살펴보니, 수레의 앞뒤 양쪽 끝단에 가로로 나무를 대서 싣는 물건을 지탱하도록 하는 것을 진(軫)이라 부르고, 앞의 진(軫)으로부터 앞으로 조금 굽어서 위로 형(衡)에 이르면, 밑으로 굽어있는 가로대가 그 밑에 수평으로 놓여있으니 이것을 주(輈)라 부르고 또 원(轅)이라고도 부른다. 그 모습이 활처럼 휘어 위로 굽어 있는데 이것은 지붕의 들보와 같기 때문에 『시』에서는 양주(梁輈)[1]라고 불렀다. '형(衡)'은 수레의 액(軛)을 뜻한다. 액(軛)은 끌채의 끝단에 가로로 된 나무로 말의 목에 멍에를 매는 곳이다.

② **自下由路西.**

補註 鄭註: "自, 率也. 下, 謂馬也, 馬在路之下, 覲禮曰, '路下四亞之.'" 疏曰: "自率也者, 案爾雅·釋詁文, 率, 自也. 展轉其訓, 是自得爲率也. 喪禮車馬以賜主人, 故路在東, 統於主人也. 若尋常吉禮, 車馬爲賓而設, 則路在馬西."

번역 정현의 주에서 말하길, "자(自)자는 이끈다는 뜻이다. 하(下)자는 말을 뜻하니, 말은 수레의 밑에 있기 때문으로, 『의례』「근례(覲禮)」편에서는 '수레에 매는 네 필의 말은 수레의 동쪽에 둔다.[2]'라고 했다."라고 했다. 소에서 말하길, "자(自)자가 이끈다는 뜻이라고 했는데, 『이아』「석고(釋詁)」편의 문장을 살펴보면, '솔(率)자는 자(自)자의 뜻이다.'[3]라고 했다. 그 뜻이 전환되어 자(自)자가 솔(率)자의 뜻이 될 수 있는 것이다. 상례에서 수레와 말을 주인에게 주기 때문에 수레는 동쪽에 두니, 주인에게 통솔되기 때문이다. 만약 일반적으로 시행하는 길례의 경우라면, 수레와 말은 빈객을 위해 진열하여 수레는 말의 서쪽에 있게 된다."라고 했다.

補註 ○覲禮: "路先設西上, 路下四亞之." 註: "路下四, 謂乘馬也. 亞之, 次車而東."

번역 ○『의례』「근례(覲禮)」편에서는 "수레는 먼저 설치하여 서쪽 끝에 놓아두고, 수레에 매는 말 4필은 수레 다음의 동쪽에 놓아둔다."라고 했고, 주에서는 "노하사(路下四)는 4필의 말을 뜻한다. '아지(亞之)'는 수레 다음으로 동쪽에 둔다는 뜻이다."라고 했다.

---

1) 『시』「진풍(秦風)·소융(小戎)」: 小戎俴收, 五楘梁輈, 游環脅驅, 陰靷鋈續, 文茵暢轂, 駕我騏馵. 言念君子, 溫其如玉. 在其板屋, 亂我心曲.

2) 『의례』「근례(覲禮)」: 天子賜侯氏以車服. 迎于外門外, 再拜. 路先設西上, 路下四亞之, 重賜無數, 在車南.

3) 『이아』「석고(釋詁)」: 遹·遵·率·循·由·從, 自也. 遹·遵·率, 循也.

참고-集說

①陸氏曰: 孤須矣, 從此盡篇末, 皆無某字, 有者非.

번역 육씨가 말하길, '고수의(孤須矣)'라고 했는데, 이곳 구문부터 편의 끝까지 모두 '모(某)'자를 기록하지 않았으니, '모(某)'자를 기록한 판본은 잘못된 기록이다.

① **陸氏曰[止]者非.**

補註 按: 此出陸音, 其義未詳. 古經及通解皆有某字.

번역 살펴보니, 이것은 육덕명의 『음의』에 근거한 것인데, 그 뜻에 대해서는 잘 모르겠다. 『고경』과 『통해』에서는 모두 '모(某)'자를 기록하고 있다.

「잡기상」 73장

참고-經文

①上客臨曰, "寡君有宗廟之事, 不得承事, 使②一介老某③相執綍." 相者反命曰, "孤須矣." ④臨者入門右, 介者皆從之, 立于其左東上. ⑤宗人納賓, 升受命于君. 降曰, "孤敢辭吾子之辱. 請吾子之復位." 客對曰, "寡君命某毋敢視賓客, 敢辭." 宗人反命曰, "孤敢固辭吾子之辱. 請吾子之復位." 客對曰, "寡君命某毋敢視賓客, 敢固辭." 宗人反命曰, "孤敢固辭吾子之辱. 請吾子之復位." 客對曰, "寡君命使臣某毋敢視賓客, 是以敢固辭. 固辭不獲命, 敢不敬從." 客立于門西, 介立于門左東上. 孤降自阼階拜之, 升, 哭, 與客⑥拾踊三. 客出, 送于門外拜稽顙.

번역 상등의 빈객이 곡(哭)에 임하며 "저희 군주께서는 종묘(宗廟)의 일이 있으셔서 직접 그 일을 받들지 못하셔서, 일개 노신인 아무개인 저를 시켜서 상엿줄을 잡는 일을 돕도록 하셨습니다."라고 말한다. 그러면 의례를 돕는 자가 안으로 들어가서 그 사실을 아뢰고, 다시 밖으로 나와서 명령을 전달하며, "저희 상주께서 기다리고 계십니다."라고 말한다. 조문객은 문으로 들어가서 우측으로 가고, 조문객을 따라온 개(介)들은 모두 그를 따르게 되어, 그의 좌측에 서 있게 되는데, 서열에 따라 동쪽 끝에서부터 차례대로 정렬한다. 종인(宗人)은 빈객을 안으로 들이고자 하여, 먼저 당(堂)으로 올라가 군주에게 조문객을 안으로 들이라는 명령을 받는다. 그런 뒤 당하(堂下)로 내려와서 "저희 상주께서 감히 그대께서 욕되게 행동하심을 사양하고자 하십니다. 그대께 본래의 빈객 자리로 되돌아가기를 청합니다."라고 말한다. 조문객은 대답을 하며, "저희 군주께서는 아무개인 저에게 명령하시며 감히 빈객처럼 행동하지 말라고 하셨으니, 감히 상주의 청을 사양하고자 합니다."라고 말한다. 종인은 안으로 들어가서 그 사실을 아뢰고, 다시 밖으로 나와서 명령을 전달하며 "상주께서 감히 그대께서 욕되게 행동하심을 재차 사양하고자 하십니다. 그대께 본래의 빈객 자리로 되돌아가기를 청합니다."라고 말한다. 조문객은 대답을 하며, "저희 군주께서는 아무개인 저에게 명령하시며 감히 빈객처럼 행동하지 말라고 하셨으니, 감히 상주의 청을 재차 사양하고자 합니다."라고 말한다. 종인은 안으로 들어가서 그 사실을 아뢰고, 다시 밖으로 나와서 명령을 전달하며 "상주께서 감히 그대께서 욕되게 행동하심을 진실로 사양하고자 하십니다. 그대께 본래의 빈객 자리로 되돌아가기를 청합니다."라고 말한다. 조문객은 대답을 하며, "저희 군주께서는 사신 아무개인 저에게 명령하시며 감히 빈객처럼 행동하지 말라고 하셔서, 이러한 이유로 감히 거듭 사양을 하고자 합니다. 거듭 사양을 했음에도 그대 군주께서 명령을 거두지 않으시니, 감히 공경스럽게 따르지 않을 수 있겠습니까."라고 말한다. 조문객이 문의 서쪽에 서 있게 되면, 조문객을 따라온 개(介)들은 문의 좌측에 서 있으며 서열에 따라 동쪽 끝에서부터 차례대로 정렬한다. 상주가 동쪽 계단을 통해 내려와서 조문객에게 절을 하고, 다시 올라가서 곡을 한 뒤에 조문객과 번갈아가며 세 차례 용(踊)을 한다. 조문객이 밖으로 나가면, 상주는 문밖으로 나가서 그를 전송하며, 절을 하며 이마를 땅에 댄다.

① **上客臨.**

補註 按, 臨字, 去聲者哭也. 此如字者, 鄭註, "臨視也, 言欲入視喪所不足, 而給助之, 謙也."

번역 살펴보니, '임(臨)'자의 거성은 곡을 한다는 뜻이다. 이곳에서 글자대로 풀이한다고 했고, 정현의 주에서는 "임(臨)은 살펴본다는 뜻이다. 들어가서 상사를 치르는 일에 부족한 것들을 살펴서 돕고자 한다는 뜻으로, 겸사로 쓴 말이다."라고 했다.

② **一介老.**

補註 疏曰: 一介者, 言己使來, 唯有一人爲介, 謙辭耳.

번역 소에서 말하길, '일개(一介)'라는 말은 자신이 사신으로 찾아왔는데, 오직 한 사람만을 '개(介)'로 삼았다는 뜻으로, 겸사로 쓴 말일 뿐이다.

補註 ○按: 此一介老, 與大學一介臣, 左傳一介行李同義. 介與个·箇通, 疏說恐誤.

번역 ○살펴보니, 여기에서 '일개로(一介老)'라고 한 말은 『대학』에서 '한 명의 신하'[1]라고 말하고, 『좌전』에서 '한 명의 행인'[2]이라고 한 말과 뜻이 같다. 개(介)자는 개(个)자 및 개(箇)자와 통용되니, 소의 주장은 아마도 잘못된 것 같다.

③ **相執紼.**

補註 疏曰: 其實爲哭而來, 謙言助執紼耳.
번역 소에서 말하길, 실제로는 곡을 하기 위해 찾아온 것이니, 상엿줄 잡는 일을 돕는다고 겸손하게 말했을 뿐이다.

④ **臨者入門右.**

補註 疏曰: 前四禮, 客皆在門西, 此在門東者, 四禮皆是奉君命而行, 此臨是私禮故也.
번역 소에서 말하길, 앞에서 말한 네 가지 예법에서는 빈객이 모두 문의 서쪽에 있다고 했는데, 이곳에서 문의 동쪽에 있다고 한 것은 앞의 네 가지 의례는 모두 군주의 명령을 받들어서 시행하는 것이고, 이곳에서 '임(臨)'이라고 한 것은 개인적인 의례이기 때문이다.

⑤ **宗人納賓.**

補註 按: 此下當著爲乙士伊吐.
번역 살펴보니, 이 구문 뒤에는 마땅히 할새[爲乙士伊]토를 붙여야 한다.

---

1) 『대학』「전(傳) 10장」: 秦誓曰, "若有一个臣, 斷斷兮, 無他技, 其心休休焉, 其如有容焉. 人之有技, 若己有之. 人之彦聖, 其心好之, 不啻若自其口出, 寔能容之, 以能保我子孫黎民, 尙亦有利哉! 人之有技, 媢嫉以惡之. 人之彦聖, 而違之, 俾不通, 寔不能容, 以不能保我子孫黎民, 亦曰殆哉!"

2) 『춘추좌씨전』「양공(襄公) 8년」: 知武子使行人子員對之曰, "君有楚命, 亦不使一個行李告于寡君, 而卽安于楚. 君之所欲也, 誰敢違君? 寡君將帥諸侯以見于城下. 唯君圖之."

⑥ **拾踊三.**

補註 按: 拾踊, 與大射拾發, 投壺拾投同義, 謂更迭爲之也.

번역 살펴보니, '겁용(拾踊)'은 『의례』「대사의(大射儀)」편의 '겁발(拾發)'[3] 및 『예기』「투호(投壺)」편의 '겁투(拾投)'[4]와 뜻이 같으니, 번갈아가며 시행한다는 의미이다.

---

3) 『의례』「대사의(大射儀)」: 上射既發, 挾矢, 而後下射射, 拾發以將乘矢.

4) 『예기』「투호(投壺)」: 左右告矢具, 請拾投. 有入者, 則司射坐而釋一筭焉. 賓黨於右, 主黨於左.

「잡기상」 74장

참고-經文

①其國有君喪, 不敢受弔.

번역 자신의 나라에 군주의 상이 발생했고, 자신에게도 상이 발생한 상황이라면, 자신의 상에서는 감히 다른 나라에서 찾아온 빈객의 조문을 받지 않는다.

① ○其國[止]不敢受弔.

補註 疏曰: 以義斷恩.

번역 소에서 말하길, 의(義)에 따라 은정을 재단하기 때문이다.

「잡기상」 75장

참고-經文

外宗房中南面, 小臣鋪席, 商祝鋪絞紟衾, ①士盥於盤北, 擧遷尸於斂上. 卒斂宰告, 子馮之踊, 夫人東面坐馮之興踊.

번역 외종(外宗)[1]은 방안에서 남쪽을 바라보며, 소신은 자리를 깔고, 상축은 시신을 묶는 끈인 교(絞), 홑이불인 금(紟), 이불인 금(衾) 등을 펼치며, 사는 대야의 북쪽에서 손을 씻고, 염(斂)을 하는 곳 위로 시신을 들어서 옮긴다. 염(斂)하는 일이 끝나서 재(宰)가 그 사실을 아뢰면, 자식은 시신에 매달리고 용(踊)을 하며, 부인은 동쪽을 바라보고 앉아 있다가 시신에 매달리고 일어나서 용(踊)을 한다.

① ○士盥于盤北.

補註 按: 北字, 喪大記作上士二字.

번역 살펴보니, '북(北)'자를 『예기』「상대기(喪大記)」편에서는 상사(上士) 2글자로 기록했다.[2]

1) 외종(外宗)은 고모 및 자매 등의 딸자식을 뜻한다.

2) 『예기』「상대기(喪大記)」 : 君將大斂, 子弁絰, 卽位于序端; 卿大夫卽位于堂廉楹西, 北面東上; 父兄堂下北面; 夫人·命婦尸西, 東面; 外宗房中南面. 小臣鋪席, 商祝鋪絞·紟·衾·衣, 士盥于盤上, 士擧遷尸于斂上. 卒斂, 宰告, 子馮之踊, 夫人東面亦如之.

「잡기상」 76장

참고-經文

士喪有與天子同者三: 其終夜燎, 及①乘人, 專道而行.

번역 사의 상에는 천자의 상과 동일한 점이 세 가지 있다. 첫 번째는 영구를 옮기는 날 밤부터 아침까지 불을 피우는 것이며, 두 번째는 사람들로 하여금 영구를 끄는 줄을 잡도록 하는 것이고, 세 번째는 영구를 움직일 때 그 길을 전적으로 사용하며 이동하는 것이다.

① ○乘人.

補註 按: 陳註使人執引云者, 本於鄭註, 而疏曰, "乘人, 謂人引車不用馬也."
번역 살펴보니, 진호의 주에서 사람들로 하여금 영구를 끄는 줄을 잡도록 한다고 말한 것은 정현의 주에 근거한 것이고, 소에서는 "사람들이 영구를 끌게 되어, 말을 사용하지 않는다는 뜻이다."라고 했다.

補註 ○陸音: 乘, 繩證反.
번역 ○육덕명의 『음의』에서 말하길, '乘'자는 '繩(승)'자와 '證(증)'자의 반절음이다.

禮記補註卷之二十

『예기보주』 20권

「잡기하(雜記下)」 제21편

「잡기하」 3장

참고-經文

如三年之喪, 則旣潁, ①其練祥皆行.

번역 만약 삼년상이 겹치게 된다면, 갈(葛)로 만든 질(絰)로 허리에 차고 있던 마(麻)로 만든 질을 바꾸게 되면, 이전에 발생한 상에 대해서 소상(小祥)과 대상(大祥)의 제사를 모두 시행한다.

① 其練祥皆行.

補註 疏曰: 庾氏云, "後喪旣潁, 前喪練·祥皆行, 若後喪旣殯, 得爲前喪虞祔." 未知然否.

번역 소에서 말하길, 유씨는 "뒤에 당한 상에 대해서 이미 경(潁)으로 된 질을 찼고, 이전 상에 대해서 소상(小祥)과 대상(大祥)을 모두 시행했는데, 만약 뒤에 당한 상에서 이미 빈소를 차린 뒤라면, 전에 당한 상에 대해서 우제(虞祭)와 부제(祔祭)를 치를 수 있다."라고 했다. 그러나 과연 그러한지 아닌지는 잘 모르겠다.

참고-集說

前喪後喪, 俱是三年之服, 其後喪旣受葛之後, 得爲前喪行練祥之禮也. 旣潁者, 旣虞受服之時, ①以葛絰易要之麻絰也. 潁, 草名. 無葛之鄕以潁代.

번역 앞서 발생한 상과 뒤에 발생한 상이 모두 삼년복을 착용해야 하는 상인데, 뒤에 발생한 상에 있어서 이미 갈(葛)로 만든 상복을 받은 이후라면, 이전 상에 대해서 연상(練祥)의 의례를 시행할 수 없다. '기경(旣潁)'이라는 것은 이미 우제(虞祭)를 치르고서 새로운 상복을 받았을 때, 갈로 만든 질(絰)로 허리에 차고 있던 마(麻)로 만든 질을 바꾼다는 뜻이다. '경(潁)'은 풀이름이다. 갈이 생산되지 않는 지역에서는 경으로 대체하게 된다.

① *以葛絰易要之麻絰.*

補註 按: 禮旣虞卒哭, 絰帶, 並易以葛. 而陳註每言只易要絰, 誤矣. 詳見檀弓上補註.

번역 살펴보니, 예법에 따르면 우제와 졸곡을 마치면 질과 대는 모두 갈로 된 것으로 바꾼다. 그런데 진호의 주에서는 매번 요질을 바꾼다고만 말했으니 잘못된 설명이다. 자세한 내용은 『예기』「단궁상(檀弓上)」편의 보주에 나온다.

참고-大全

①<u>山陰陸氏曰: 凡喪服皆麻, 練而葛, 蓋禫而後潁, 潁, 吉服也. 知然者, 潁黼衣錦尙絅, 知之也. 三年重服, 故雖當旣潁, 其練祥猶行. 鄭氏謂未沒喪者, 已練祥矣. 鄕當父母之喪, 未練祥也, 然則旣潁, 在禫之後明矣.</u>

번역 산음육씨가 말하길, 무릇 상복은 모두 마(麻)로 만드는데, 소상(小祥)을 치르게 되면 갈(葛)로 된 것으로 바꾸고, 아마도 담제(禫祭)를 치른 뒤에는 경(潁)으로 된 것으로 바꾸었을 것이니, 경(潁)으로 만든 것은 길복(吉服)에 해당한다. 이러한 사실을 알 수 있는 이유는 수를 놓은 홑옷,[1] 비단 옷을 입고 홑옷을 덧입는다[2]고

---

1) 『의례』「사혼례(士昏禮)」: 女從者畢袗玄, 纚・笄・被<u>潁黼</u>, 在其後.

했으므로, 이러한 사실을 알 수 있다. 삼년상이 겹쳤기 때문에 비록 마땅히 길복으로 갈아입어야 하지만, 소상과 대상(大祥)에 대해서는 여전히 시행하는 것이다. 정현은 아직 상을 끝내지 못한 것은 이미 소상과 대상의 제사를 치렀다는 뜻이라고 했다. 이전에 부모의 상을 당했는데, 아직 소상과 대상을 치르지 않았으므로, 길복으로 바꾸게 된다는 것은 담제를 치른 이후가 됨이 분명하다.

① **山陰陸氏曰[止]明矣.**

補註 按: 葛乃旣虞卒哭之所受, 見於儀禮及此經, 而今以練而葛爲言, 大誤.
번역 살펴보니, 갈로 된 것은 우제와 졸곡을 치른 뒤에 받게 되는 것이니, 『의례』와 이곳 경문에 나타난다. 그런데 이곳에서는 연제를 치르고서 갈로 된 것을 받는다고 말했으니, 매우 잘못된 설명이다.

補註 ○又按: 鄭玄云, "無葛之鄕, 去麻則用潁." 然則或葛或潁, 均是虞卒哭之所受, 而陸氏謂禫而後潁, 亦誤.
번역 ○또 살펴보니, 정현은 "갈이 생산되지 않는 지역에서는 마로 된 것을 제거하게 되면 경으로 만든 것을 사용한다."라고 했다. 그렇다면 갈로 된 것을 착용하거나 경으로 된 것을 착용하는 것은 모두 우제와 졸곡을 치르고서 받는 것인데, 육씨는 담제를 치른 뒤에 경으로 된 것을 착용한다고 했으니, 이 또한 잘못된 설명이다.

補註 ○又按: 陸云, "鄭氏謂未沒喪者已練祥矣." 恐鄭意, 蓋謂上文未沒喪云者, 乃是已練祥, 故止言除喪, 此章則是未練祥, 而又遭喪者, 故云練祥皆行也. 陸氏引此, 以證旣潁之在禫後, 亦誤.
번역 ○또 살펴보니, 육씨는 "정현은 아직 상을 끝내지 못한 것은 이미 소상과 대상의 제사를 치렀다는 뜻이다."라고 했는데, 아마도 정현의 의중은 다음과 같았을 것이니, 앞 문장에서 "아직 상을 끝내지 못했다."라고 말한 것은 이미 소상과 대상을 치른 것이다. 그렇기 때문에 단지 제상(除喪)이라고만

2) 『중용』「33장」: 詩曰, "衣錦尙絅." 惡其文之著也. 故君子之道, 闇然而日章.

말한 것이다. 이곳 문장의 내용은 소상과 대상을 아직 끝내지 않았는데, 재차 상을 당한 경우이다. 그렇기 때문에 소상과 대상을 모두 시행한다고 말했다. 그런데 육씨는 이 문장을 인용하여, 경으로 된 것을 받는 것이 담제를 치른 이후가 됨을 증명하였으니, 이 또한 잘못된 설명이다.

補註 ○又按: 上文未沒喪章, 鄭註, "除服, 謂祥祭之服也." 以此觀之, 已練祥矣之祥字, 恐衍. 疏說亦以旣練解之, 無祥字.

번역 ○또 살펴보니, 앞 문장에서 아직 상을 끝내지 않았다고 한 문장에 대해, 정현의 주에서는 "'제복(除服)'은 상제(祥祭)를 치를 때 착용하는 복장을 뜻한다."라고 했다. 이를 통해 살펴보면, '이련상의(已練祥矣)'라고 했을 때의 상(祥)자는 아마도 연문인 것 같다. 소의 설명에서도 기련(旣練)으로 풀이하여 상(祥)자를 기록하지 않았다.

「잡기하」 6장

참고-經文

①大夫士將與祭於公, 旣視濯而父母死, 則猶是與祭也. 次於異宮, 旣祭, 釋服出公門外, 哭而歸, 其他如奔喪之禮. 如未視濯, 則使人告, 告者反而后哭.

번역 대부와 사가 군주의 제사에 참여하게 되어, 제사에 사용되는 기물들의 세척상태를 감독하고 살펴보았는데, 부모가 돌아가셨다면, 그대로 남아서 군주의 제사에 참여한다. 그러나 이러한 경우에는 다른 장소에 머물게 되고, 제사가 끝나면 그 복장을 벗고서 공문(公門) 밖으로 나가고, 그곳에서 곡을 한 뒤 자신의 집으로 되돌아가는데, 다른 사안들은 부모에 대해 분상(奔喪)을 할 때의 예법처럼 한다. 만약 아직 기물들의 세척상태를 감독하지 않은 상황이라면, 다른 사람을 시켜서 자신의 부모가 돌아가신 사정을 아뢰게 하고, 아뢰러 갔던 자가 되돌아온 이후에 자신의 부모에 대해서 곡을 한다.

① 大夫士將與祭於公章.

補註 玄石曰: 此在後世難行, 五禮儀有致齋聞朞以上喪並聽免之文.

번역 현석이 말하길, 이것은 후세에 시행하기 어려운 부분이니, 『오례의』에는 치재를 하고 있는데, 기년복 이상의 상에 대한 소식을 접하게 되면 모두 면직을 허락한다는 기록이 있다.

「잡기하」 7장

참고-集說

①既宿謂祭前三日. 將致祭之時, 旣受宿戒, 必與公家之祭, 以期以下之喪服輕故也. 如同宮則次於異宮者, 謂此死者是己同宮之人, 則旣宿之後, 出次異宮, 亦以吉凶不可同處也.

번역 '기숙(旣宿)'은 제사 3일전을 뜻한다. 장차 제사를 치르려고 할 때 이미 숙계(宿戒)[1]를 받았다면, 반드시 군주의 제사에 참여하니, 기년복(期年服)으로부터 그 이하의 상복은 수위가 낮기 때문이다. "만약 같은 집에 살고 있는 자의 상이 발생했다면, 다른 숙소에 머문다."고 했는데, 이때 죽은 자가 자신과 같은 집에 살고 있는 사람이라면, 이미 숙계를 한 뒤라도 밖으로 나와서 다른 숙소에 머물게 된다는 뜻이니, 이 또한 길례와 흉례를 같은 장소에서 치를 수 없기 때문이다.

① ○旣宿謂[止]旣受宿戒.

補註 按: 此全用疏文, 而致祭, 疏作致齊, 恐是.

번역 살펴보니, 이것은 전적으로 소의 기록에 따른 것인데, '치제(致祭)'를 소에서는 치제(致齊)로 기록했고, 아마도 소의 기록이 옳은 것 같다.

---

1) 숙계(宿戒)는 제사에 참여하기 전 재계를 하는 것을 뜻한다. 고대에는 제사를 시행할 때, 1차적으로 10일 전에 재계를 하고, 2차적으로 3일 전에 재계를 하는데, 2차적으로 실시하는 재계를 '숙계'라고 부른다.

「잡기하」 9장

참고-大全

①清江劉氏曰: 按喪不宜有異居, 然則昆當作兄, 兄弟或不同居矣. 喪服曰, 小功以下爲兄弟.

번역 청강유씨가 말하길, 내가 생각하기에 상을 치르는 중에 다른 곳에 거주하는 곤제(昆弟)를 위해 상을 치르는 일은 마땅히 있을 수 없다. 따라서 '곤(昆)'자는 마땅히 '형(兄)'자로 기록해야 하니, 형제 중 간혹 같은 집에 살고 있지 않은 자에 해당한다. 『의례』「상복(喪服)」편에서는 "소공복(小功服)으로부터 그 이하의 상복을 착용하는 관계는 형제(兄弟)가 된다."[1]라고 했다.

① ○清江劉氏曰[止]爲兄弟.

補註 按: 鄭註有"父母之喪, 而在異宮者, 疾病或歸者也." 據此, 則昆字, 不必改.

번역 살펴보니, 정현의 주에는 "부모의 상을 치르는데 다른 곳에 거주하는 이유는 질병이 발생했거나 시집을 갔다가 되돌아온 경우이다."라는 기록이 있다. 이 말에 근거해보면 '곤(昆)'자에 대해서 반드시 고칠 필요는 없다.

---

1) 『의례』「상복(喪服)」: 傳曰, 小功以下爲兄弟. 朋友皆在他邦, 袒免, 歸則已.

「잡기하」 10장

참고-集說

①散, 栗也. 等, 階也. 吉祭則涉級聚足, 喪祭則栗階, 二祥之祭, 吉禮宜涉級聚足, 而栗階者, 以有兄弟之喪, 故略威儀也. 燕禮云, "栗階不過二等." 蓋始升猶聚足, 連步至二等, 則左右足各一發而升堂也. 雖虞祔亦然者, 謂主人至昆弟虞祔時而行父母祥祭, 則與執事者亦皆散等也.

번역 '산(散)'자는 율(栗)자의 뜻이다. '등(等)'자는 계(階)자의 뜻이다. 길제(吉祭)의 경우라면 계단에 오를 때 한 칸을 오르게 되면 양발을 모으게 되는데, 상제(喪祭)를 치르게 되면 율계(栗階)[1]를 한다. 소상(小祥)과 대상(大祥) 때의 제사는 길례에 따라 마땅히 계단을 오르며 한 칸마다 양발을 모아야 하는데도 율계를 하는 것은 형제의 상이 발생했기 때문에, 예법에 따른 행동거지를 간략히 하는 것이다. 『의례』「연례(燕禮)」편에서는 "율계에서는 계단의 두 칸을 오르지 않는다."[2]라고 했다. 무릇 처음 계단에 오를 때에는 여전히 발을 모으지만, 연속하여 두 번째 칸에 오르게 되면 좌측과 우측발이 각각 한 칸씩을 밟으며 당에 오르게 된다. "비록 우제(虞祭)와 부제(祔祭)의 경우라도 이처럼 한다."는 말은 상주가 곤제의 우제와 부제를 치른 뒤에 부모에 대한 소상 및 대상의 제사를 지내게 된다면, 일을 맡아보는 자와 함께 모두들 율계를 한다는 뜻이다.

① ○散栗也.

補註 燕禮: "栗階." 註: "栗, 蹙也."

---

1) 율계(栗階)는 계단을 오르는 방법 중 하나이다. 두 발을 모으지 않고, 좌우의 발을 교차하며 한 칸씩 성큼 성큼 올라가는 것이다. 『의례』「연례(燕禮)」편에는 "凡公所辭皆栗階. 凡栗階, 不過二等"이라는 기록이 있는데, 이에 대해 정현의 주에서는 "其始升, 猶聚足連步; 越二等, 左右足各一發而升堂."이라고 풀이했다.

2) 『의례』「연례(燕禮)」: 凡公所辭皆栗階. 凡栗階, 不過二等. 凡公所酬, 旣拜, 請旅侍臣. 凡薦與羞者, 小膳宰也, 有內羞.

번역 『의례』「연례(燕禮)」편에서는 '율계(栗階)'라고 했고, 주에서는 "율(栗) 자는 재촉하다는 뜻이다."라고 했다.

「잡기하」 11장

참고-經文

自諸侯達諸士, 小祥之祭, 主人之酢也嚌之, ①衆賓兄弟則皆啐之. 大祥主人啐之, 衆賓兄弟皆飮之可也.

번역 제후로부터 사에 이르기까지 소상(小祥)의 제사를 지낼 때, 상주가 돌린 술잔을 받게 되면 입에 대고, 빈객 무리들과 형제들은 모두 술을 마신다. 대상(大祥)의 제사에서 상주가 술을 마신다면, 빈객 무리들과 형제들은 모두 술을 마셔도 괜찮다.

① 衆賓兄弟則皆啐之.

補註 疏曰: 衆賓及兄弟也, 以差輕, 故啐之.

번역 소에서 말하길, 빈객 무리들과 형제들을 뜻하니, 차등적으로 관계가 낮아지기 때문에 술을 마시는 것이다.

「잡기하」 13장

참고-經文

子貢問喪. 子曰, "①敬爲上, 哀次之, 瘠爲下. 顔色稱其情, 戚容稱其服."

번역 자공이 부모의 상을 치르는 일에 대해서 물어보았다. 그러자 공자는 "공경함에 따르는 것이 상등이고, 슬픔에 따르는 것이 그 다음이며, 몸을 해치는 것이 하등이다. 안색은 해당하는 정감에 알맞게 해야 하고, 수척해진 모습은 해당하는 상복에 알맞게 해야 한다."라고 했다.

① ○敬爲上.

補註 楊梧曰: 喪本尙哀, 此言敬爲上者, 稍不敬, 則哀忘之矣. 持喪之敬, 正所以全哀也.

번역 양오가 말하길, 상에서는 본래 슬퍼하는 것을 높이는데, 이곳에서는 공경을 가장 상등의 것이라고 말했다. 그 이유는 조금이라도 공경하지 못한다면 슬퍼함을 잊어버리기 때문이다. 따라서 상에서 공경함을 유지하는 것은 바로 슬퍼하는 마음을 온전히 하는 방법이다.

참고-集說

問喪, 問居父母之喪也. 附於身, 附於棺者, 皆欲其必誠必信, 故曰敬爲上. 子游言喪致乎哀而止, 先儒謂而止二字, 微有過於高遠而簡略細微之弊. 此言哀次之可見矣. ①毁瘠不形, 不勝喪, 乃比於不慈不孝, 故曰瘠爲下也. 齊斬之服固有重輕, 稱其情, 稱其服, 則中於禮矣.

번역 ‘문상(問喪)’은 부모의 상을 치르는 일에 대해서 물어보았다는 뜻이다. 시신의 몸에 직접 닿고 관에 직접 닿는 것들에 대해서는 모두 성심과 신의를 다하고자 하기 때문에 “공경이 상등이 된다.”라고 말한 것이다. 자유는 “상을 치를 때에는 슬픔을 지극히 할 따름이다.”[1]라고 했는데, 선대 학자들은 ‘이지(而止)’라는 두 글자에 대해서, 너무 고원하여 간략하고 자질구레한 폐단이 있는 것 같다고 했다. 이곳에서 “슬픔이 그 다음이다.”라고 한 말을 통해서 확인할 수 있다. 몸이 수척해지고 훼손되어 더 이상 지탱할 수 없어 상을 치를 수 없게 되면, 자애롭지 못하고 효도를 하지 못한 것과 비견되기 때문에, “몸을 해치는 것이 하등이 된다.”라고 말한 것이다. 자최복(齊衰服)과 참최복(斬衰服)에는 진실로 경중의 차이가 있으니, 해당하는 정감에 알맞게 하고 해당하는 상복을 착용한다면, 예법에 알맞게 된다.

① 毁瘠不形[止]不孝[又]不勝喪.

補註 並曲禮上文.

번역 이 모두는 『예기』「곡례상(曲禮上)」편의 기록이다.

---

1) 『논어』「자장(子張)」: 子游曰, “喪致乎哀而止.”

「잡기하」 16장

참고-集說

少連, 見論語. 三日, 親始死時也. 不怠, 謂哀痛之切, 雖不食而能自力以致其禮也. 三月, 親喪在殯時也. 解, 與懈同, 倦也. 或讀如本字, 謂①寢不脫絰帶也. 憂, 謂憂戚憔悴.

번역 '소련(少連)'에 대해서는 『논어』에 나온다.[1] '삼일(三日)'은 부모가 이제 막 죽었을 때를 뜻한다. "태만하지 않았다."는 말은 애통한 마음이 간절하여, 비록 음식을 먹지 않았더라도 스스로 힘을 다해 예법대로 치를 수 있다는 뜻이다. '삼개월[三月]'은 부모의 시신이 빈소에 있는 때를 뜻한다. '해(解)'자는 해(懈)자와 같으니, "게으르다[倦]."는 뜻이다. 혹은 글자 그대로 읽어서 침소에서 질(絰)과 대(帶)를 벗지 않는 뜻이라고도 한다. '우(憂)'는 근심하여 초췌해진다는 뜻이다.

① ○寢不脫絰帶.

補註 喪服傳文.

번역 『의례』「상복(喪服)」편의 전문이다.[2]

補註 ○按: 此乃未葬時之禮, 故或說如此, 然欠長.

번역 ○살펴보니, 이것은 아직 장례를 치르기 이전의 예법이다. 그렇기 때문에 아마도 이처럼 설명한 것 같지만 뛰어나진 못하다.

---

1) 『논어』「미자(微子)」: 逸民, 伯夷, 叔齊·虞仲·夷逸·朱張·柳下惠·少連. 子曰, "不降其志, 不辱其身, 伯夷·叔齊與!" 謂柳下惠少連, 降志辱身矣, 言中倫, 行中慮, 其斯而已矣. 謂虞仲夷逸, 隱居放言, 身中淸, 廢中權. 我則異於是, 無可無不可.

2) 『의례』「상복(喪服)」: 寢不說絰帶.

「잡기하」 17장

참고-經文

三年之喪, 言而不語, 對而不問. ①廬堊室之中, 不與人坐焉. 在堊室之中, 非時見乎母也不入門.

번역 삼년상을 치를 때에는 자기 스스로 자신이 처리해야 할 일을 말하지만, 남과 함께 논의하지는 않고, 대답은 하지만 스스로 묻지는 않는다. 의려(倚廬)와 악실(堊室)에 있을 때에는 남과 함께 앉지 않는다. 악실에 있을 때에는 때에 따라 모친을 뵙는 일이 아니라면, 중문(中門)으로 들어가지 않는다.

① 廬堊室.

補註 按: 父母之喪居倚廬, 小祥而居堊室, 見喪大記及間傳.

번역 살펴보니, 부모의 상을 치를 때에는 의려에 머물고 소상을 치르게 되면 악실에 머무니, 『예기』「상대기(喪大記)」[1] 및 「간전(間傳)」[2]편에 나온다.

참고-集說

言, 自言己事也. 語, 爲人論語也. 倚廬及堊室, 說見前篇. 時見乎母, 謂①有事行禮之時而入見母也. 非此則不入中門.

---

1) 『예기』「상대기(喪大記)」: 父母之喪, 居倚廬, 不塗, 寢苫枕凷, 非喪事不言. 君爲廬, 宮之. 大夫・士, 襢之. / 『예기』「상대기」: 既練, 居堊室, 不與人居. 君謀國政, 大夫・士謀家事. 既祥, 黝堊. 祥而外無哭者, 禫而內無哭者, 樂作矣故也.

2) 『예기』「간전(間傳)」: 父母之喪, 居倚廬, 寢苫枕塊, 不稅絰帶. 齊衰之喪, 居堊室, 芐翦不納. 大功之喪, 寢有席. 小功緦麻, 牀可也. 此哀之發於居處者也. / 『예기』「간전」: 父母之喪, 既虞卒哭, 柱楣翦屛, 芐翦不納. 期而小祥, 居堊室, 寢有席. 又期而大祥, 居復寢. 中月而禫, 禫而牀.

번역 ‘언(言)’은 자신이 처리해야 할 일을 스스로 말한다는 뜻이다. ‘어(語)’는 남과 논의를 한다는 뜻이다. 의려(倚廬)와 악실(堊室)에 대한 설명은 앞에 나온다. “때때로 모친을 뵙니다.”는 말은 어떤 사안에 따라 관련 의례를 시행할 때 들어가서 모친을 뵙는다는 뜻이다. 이러한 경우가 아니라면 중문(中門)으로 들어가지 않는다.

① 有事行禮之時.

補註 按: 時字, 恐不當如此解.

번역 살펴보니, ‘시(時)’자에 대해서는 아마도 이처럼 해석해서는 안 될 것이다.

「잡기하」 18장

참고-集說

疏衰, 齊衰也. ①齊衰有三年者, 有期者, 有三月者. 凡喪次, 斬衰居倚廬, 齊衰居堊室. 大功有帷帳, 小功緦麻有牀第. 廬嚴者, 謂倚廬乃哀敬嚴肅之所, 服輕者不得居.

번역 '소최(疏衰)'는 자최복(齊衰服)이다. 자최복을 입는 경우에는 삼년상을 치를 때가 있고, 기년상을 치를 때가 있으며, 삼개월상을 치를 때가 있다. 무릇 상을 치르며 머무는 임시 숙소에 있어서, 참최복(斬衰服)을 착용했을 때에는 의려(倚廬)에 머물고, 자최복을 착용했을 때에는 악실(堊室)에 머문다. 대공복(大功服)을 착용했을 때에는 휘장과 장막을 치며, 소공복(小功服)과 시마복(緦麻服)을 착용했을 때에는 평상과 대자리가 있게 된다. '여엄자(廬嚴者)'는 의려는 애통함과 공경함을 나타내어 엄숙해야 할 장소이니, 수위가 낮은 상복을 착용한 경우에는 거처할 수 없다는 뜻이다.

① ○齊衰有三年者.

補註 按: 父母之喪廬堊之法, 大記·間傳詳之. 此疏亦曰疏衰, 謂期親以下, 而陳註混擧三年, 誤.

번역 살펴보니, 부모의 상을 치르며 의려나 악실에 머무는 법도에 대해서는 『예기』「상대기(喪大記)」편과 「간전(間傳)」편에서 상세히 설명을 하였다. 이곳에 나온 '소(疏)'자 또한 소최를 말하며 기년복을 착용하는 친속으로부터 그 이하의 경우를 말한다. 그런데 진호의 주에서는 삼년상을 치르는 경우도 혼용하여 설명하였으니 잘못된 설명이다.

「잡기하」 19장

참고-經文

①妻視叔父母, 姑姊妹視兄弟, 長中下殤視成人.

번역 처의 상을 치르며 나타내는 슬픔은 숙부나 숙모의 상을 치를 때에 준하고, 고모 및 자매의 상을 치를 때에는 형제의 상을 치를 때에 준하며, 장상(長殤)·중상(中殤)·하상(下殤)의 상을 치를 때에는 성인(成人)이 죽었을 때에 준한다.

① 妻視叔父母章.

補註 疏曰: 此謂哀戚輕重, 妻居廬而杖, 抑之視叔父母, 姑·姊妹出適, 服輕, 進之視兄弟, 長·中·下殤服降, 上視其成人也.

번역 소에서 말하길, 이것은 슬픔의 경중을 뜻하며, 처를 위해 상을 치를 때에는 의려에 머물며 지팡이를 잡게 되니, 그녀에 대한 규정을 억눌러서 숙부모에 대한 경우에 준하도록 하는 것이며, 고모와 자매 중 다른 집으로 시집을 간 경우에는 상복의 수위가 낮으므로, 그녀들에 대한 규정을 진작시켜서 형제에 대한 경우에 준하도록 하는 것이고, 장상·중상·하상을 한 자에 대해서는 상복의 수위가 강등되는데, 위로 올려 성인에 대한 경우에 준하도록 하는 것이다.

「잡기하」 20장

참고-大全

①長樂黃氏曰: 內除外除, 皆言日月已竟, 服重者, 則外雖除, 而內未除, 服輕者, 則不唯外除, 而內亦除也, 所以不同.

번역 장락황씨가 말하길, '내제(內除)'[1]와 '외제(外除)'[2]는 모두 기한이 이미 끝난 경우를 뜻하니, 수위가 높은 상복을 착용한 경우 외적으로 비록 상복을 제거하더라도, 내적으로 그 마음을 거두지 못한 것이며, 수위가 낮은 상복을 착용한 경우 단지 외적으로만 상복을 제거하는 것이 아니라, 내적으로도 그 마음 또한 거두는 것이다. 이것이 바로 그 차이점이다.

① ○長樂黃氏曰[止]不同.

補註 續通解本文曰: 鄭註, "內除, 日月未竟而哀已殺", 若日月未竟而哀先殺, 則是不能終其喪也. 註說失之.

번역 『속통해』의 본문에서 말하길, 정현의 주에서는 "기한이 아직 끝나지 않았는데도 슬픔이 이미 줄어든 것이다."라고 했다. 그런데 기한이 아직 끝나지도 않았는데 슬픔이 앞서 줄어들게 된다면 이것은 상을 제대로 끝낼 수 없는 것이다. 그러므로 주의 설명은 잘못되었다.

---

1) 내제(內除)는 외제(外除)와 상반되는 말이다. 형제(兄弟)의 상(喪)을 치를 때, 상복(喪服)을 아직 제거하지 않았지만, 마음에는 슬퍼하는 마음이 감소해감을 뜻한다.

2) 외제(外除)는 내제(內除)와 상반되는 말이다. 부모의 상(喪)을 치를 때, 상복(喪服)을 점진적으로 제거하게 되더라도, 마음에는 여전히 슬퍼하는 마음이 있다는 것을 뜻한다.

「잡기하」 23장

참고-集說

疏曰: 祥祭之時, 主人除服之節, 於夕爲期, 謂於祥祭前夕, ①預告明日祭期也. 朝服, 謂主人著朝服, 緇衣素裳, 其冠, 則縞冠也. 祥因其故服者, 謂明旦祥祭時, 主人②因著其前夕故朝服也. 又曰: 此據諸侯卿大夫言之, 從祥至吉, 凡服有六: 祥祭, 朝服縞冠, 一也. 祥訖, 素縞麻衣, 二也. 禫祭, 玄冠黃裳, 三也. 禫訖, 朝服綅冠, 四也. 踰月吉祭, 玄冠朝服, 五也. 旣祭, 玄端而居, 六也.

번역 소에서 말하길, 대상(大祥)의 제사를 지내게 될 때 상주가 복장을 제거하는 규범에서는 저녁에 기약을 하니, 대상의 제사를 지내기 전날 저녁에 미리 다음날 제사를 지낼 계획에 대해서 미리 알린다는 뜻이다. '조복(朝服)'은 상주가 조복을 착용한다는 뜻으로, 치의(緇衣)에 흰색의 하의를 착용하며, 그때 착용하는 관(冠)은 호관(縞冠)이다. "대상에서는 옛 복장에 따른다."라고 했는데, 다음날 아침 대상의 제사를 지낼 때, 상주는 그 전날 저녁에 착용했던 옛 복장인 조복에 따른다는 뜻이다. 또 말하길, 이것은 제후에게 소속된 경과 대부를 기준으로 한 말이니, 대상으로부터 길제(吉祭)를 치를 때까지, 그 복장에는 모두 여섯 가지가 있다. 대상의 제사에서는 조복에 호관을 착용하니, 이것이 첫 번째 복장이다. 대상의 제사를 끝내면 소호(素縞)에 마의(麻衣)를 착용하니, 이것이 두 번째 복장이다. 담제(禫祭)를 치를 때에는 현관(玄冠)과 황색의 하의를 착용하니, 이것이 세 번째 복장이다. 담제를 끝내면 조복에 침관(綅冠)을 착용하니, 이것이 네 번째 복장이다. 그 달을 건너서 길제를 치르며 현관에 조복을 착용하니, 이것이 다섯 번째 복장이다. 제사를 끝내면 현단(玄端)을 착용하고 거처하니, 이것이 여섯 번째 복장이다.

① ○**預告明日祭期.**

補註 按: 預告者, 是告新主耶, 抑告先祖耶.

번역 살펴보니, 미리 알린다는 것은 새롭게 만든 신주에게 알리는 것이며,

그것이 아니라면 선조에게 알리는 뜻일 것이다.

② **因著其前夕故朝服.**

補註 按: 祥因其故服, 雖是朝服, 而但練所受衰服, 當有變除之節, 恐當先服衰入哭, 然後除之改著朝服縞冠以行祭.

번역 살펴보니, 대상을 치를 때 옛 복장에 따르며 비록 이것이 조복이라 하더라도 연제에서 받게 되는 상복에 있어서도 마땅히 바꾸고 제거하는 절차가 있다. 따라서 이전에 입던 상복을 착용하고 들어가서 곡을 하고, 그런 뒤에 그 복장을 제거하고 조복과 호관으로 고쳐 입은 뒤에 제사를 시행해야 할 것이다.

「잡기하」 24장

참고-經文

①子游曰: 既祥, 雖不當縞者, 必縞然後反服.

번역 자유가 말하길, "대상(大祥)을 치른 이후 찾아온 조문객이 있다면, 비록 호관(縞冠)을 착용하는 때가 아니더라도, 반드시 호관을 착용한 뒤에 조문을 받는다. 그런 뒤에는 대상 이후 착용하는 소호(素縞)와 마의(麻衣)로 다시 갈아입는다."라고 했다.

① **子游曰[止]縞然後反服.**

補註 農巖曰: 既祥, 雖不當縞者云云, 此似指並有喪者而言也. 據上疏祥祭朝服縞冠, 祥訖, 素縞麻衣, 此所謂縞, 卽素縞麻衣也. 蓋凡並有喪者, 後喪未除而行前喪祥祭, 則祭時固當著朝服縞冠, 而祭訖, 又須暫著素縞麻衣, 以備變除之節, 然後乃反喪服也. 子游之意, 不從祭時爲言, 而必曰既祥者, 蓋恐人以此一節, 與方祭時有間而略之, 故特言之耳. 其曰不當縞者, 言後喪或穎或練, 不當服素縞麻衣也. 此意極明白, 註說迂晦難通, 不可從也.

번역 농암이 말하길, "대상을 치른 이후 비록 호관을 착용하는 때가 아니다."라는 등의 말을 했는데, 이것은 아마도 상이 연이어 발생한 경우를 가리켜 말한 것 같다. 앞에 나온 소의 기록에 근거해보면, 상제에는 조복과 호관을 착용하고, 상제가 끝나면 소호에 마의를 착용한다고 했는데, 여기에서 말한 '호(縞)'라는 것은 바로 소호에 마의를 착용하는 것에 해당한다. 무릇 상이 연이어 발생한 경우 뒤에 발생한 상에서 아직 상복을 제거하지 않았는데, 이전에 발상한 상의 상제를 치르게 된다면, 제사를 지낼 때에는 마땅히 조복에 호관을 착용해야 하고, 제사가 끝나게 되면 곧바로 소호에 마의를 착용하여 상복을 바꾸고 제거하는 절차에 따라야 하며, 그런 뒤에야 다시 본래의 상복을 입어야 한다. 자유의 의도는 제사를 지내는 때에 따라 말한 것이 아닌데도, 기어코 '기상(旣祥)'이라고 말했는데, 그 이유는 아마도 사람들이 이러한 절차에 대해 제사를 지내려고 할 때와 간극이 있어 생략하리라 염려했기 때문에 특별히 말한 것일 뿐이다. 그리고 '부당호(不當縞)'라고 한 말은 뒤에 발생한 상이 우제나 연제에 해당할 때에는 소호에 마의를 착용해서는 안 된다는 뜻이다. 이 의미는 지극히 명백한데도 주의 주장은 우활하며 불분명하여 이해하기가 어려우니 그 주장에 따라서는 안 된다.

補註 ○按: 小註陸氏, 已見此意, 舊說之誤, 無疑.

번역 ○살펴보니, 소주에서 육씨는 이미 이러한 뜻을 드러내고 있으니, 옛 주장이 잘못되었다는 것에 대해서는 의심할 바가 없다.

補註 ○類編曰: 祥祭之朝服縞冠, 以祭奪情, 祭後則素縞麻衣, 反凶於祭時所著. 而今於旣祥之後, 釋素縞之衣, 而以祥服縞冠受弔, 則輕重失宜.

번역 ○『유편』에서 말하길, 상제에서 조복과 호관을 착용하는 것은 제사를 통해서 정감을 털어내기 위해서이고, 제사를 지낸 이후 소호에 마의를 착용하면 이것은 도리어 제사를 지낼 때 착용했던 것보다 흉한 복장이 된다. 그런데 지금 상제를 마친 이후 소호의 복장을 벗고 상제 때의 호관을 착용하고 조문을 받는다면 이것은 복장의 경중이 마땅함을 잃은 것이다.

참고-集說

①疏曰: 旣祥, 謂大祥後有來弔者, 雖不當縞, 謂不正當祥祭縞冠之時也. 必縞然後反服者, 主人必須著此祥祭縞冠以受弔者之禮, 然後反服大祥後素縞麻衣之服也.

번역 소에서 말하길, '기상(旣祥)'은 대상(大祥)을 치른 이후 찾아온 조문객이 있는 경우를 뜻하며, "비록 호관(縞冠)을 착용하는 경우에 해당하지 않는다."라는 말은 대상의 제사에서 호관을 착용해야 하는 때에 해당하지 않는다는 말이다. "반드시 호관을 착용한 뒤에야 복장을 되돌린다."라는 말은 주인은 반드시 대상의 제사 때 쓰는 호관을 착용하고서 조문을 받는 예법에 따라야 하며, 그런 뒤에는 대상 이후 착용하는 소호(素縞)와 마의(麻衣)의 복장으로 다시 갈아입는다는 뜻이다.

① **疏曰[止]服也.**

補註 鄭註: "謂有以喪事贈賵來者, 雖不及時, 猶變服, 服祥祭之服以受之, 重其禮也. 其於此時始弔者, 則衛將軍文子之爲之是矣. 反服, 反素縞麻衣也." 疏曰云云, 本文"雖不當縞謂"下有"來弔者旣晩"五字. 又曰: "若今始來弔者, 雖禫祭除喪之後, 猶練冠而受弔, 衛將軍文子之子是也. 明此來者, 則是先已來, 今重至, 故主人著縞冠, 輕於練冠也."

번역 정현의 주에서 말하길 "상사를 치르며 증(贈)[1]이나 봉(賵) 등을 가지고 찾아온 조문객이 있을 때, 비록 해당 시기에 도착하지 못했지만, 여전히 복장을 바꾸니, 대상(大祥)의 제사 때 착용하는 복장을 입고서 조문을 받는 것은 그 예법을 중시여기기 때문이라는 뜻이다. 이 시기에 처음으로 조문을 받는 경우라면, 위나라 장군이었던 문자에 대해 했던 행동처럼 해야 한다. '반복(反服)'은 소호(素縞)와 마의(麻衣)로 다시 갈아입는다는 뜻이다."라고 했다. 소에서는 그에 대해서 설명하며 "비록 호관(縞冠)을 착용하는 경우에 해당하지 않는다는 말은 다음을 뜻한다."라고 했고 그 뒤에 "찾아와 조문하는 자가 이미 늦게 도착한 것이다."라는 말이 있다. 또 "만약 이제 처음으로 찾아와서 조문을 하는 경우라면 비록 담제를 치르고서 상을 끝낸 뒤라 하더라도 여전히 연관(練冠)을 착용하고서 조문을 받으니, 위나라 장군이었던 문자의 자식이 행동했던 경우와 같다. 여기에서 찾아왔다고 하는 자는 이전에 이미 왔었던 자임을 나타내며, 현재 거듭 찾아온 것이기 때문에 상주가 호관(縞冠)을 착용하는 것이니, 연관보다는 덜 중요한 복장이기 때문이다."라고 했다.

---

1) 증(贈)은 상사의 일을 돕도록 부의로 보내온 물건을 뜻한다. 죽은 자를 위해 보내온 물건으로, 외관(外棺) 안에 함께 부장하는 것을 뜻하기도 하며, 부의를 범칭하는 용어로도 사용된다.

「잡기하」 25장

참고-集說

疏曰: 此明士有喪, 大夫及士來弔之禮. 士有喪當袒之時, 而大夫來弔, 蓋斂竟時也, 雖當主人踊時, 必絶止其踊而出拜此大夫. 反, 還也. 改, 更也. 拜竟而反還先位, 更爲踊而始成踊, 尊大夫之來, 新其事也. 乃襲者, 踊畢乃襲初袒之衣也. 於士旣事成踊襲者, 旣, 猶畢也, 若當主人有大小斂諸事而士來弔, 則主人畢事而成踊, 踊畢而襲, 襲畢乃拜之, ①拜之而止, 不更爲之成踊也.

번역 소에서 말하길, 이 내용은 사에게 상이 발생했을 때, 대부 및 사가 찾아와서 조문을 할 때의 예법을 나타내고 있다. 사가 상을 치르며 마땅히 단(袒)을 해야 하는 때, 대부가 찾아와서 조문을 한 것이니, 무릇 염(斂)[1]을 끝냈을 때에는 비록 주인이 용(踊)을 해야 하는 때라고 하더라도, 반드시 용(踊)하던 것을 멈추고 밖으로 나와서 찾아온 대부에게 절을 해야 한다. '반(反)'자는 "되돌아간다[還]."는 뜻이다. '개(改)'자는 다시[更]라는 뜻이다. 절을 끝내고서 앞서 위치하던 자리로 되돌아가고 다시 용(踊)을 하여, 비로소 용(踊)의 절차를 마치니, 대부가 찾아온 사실을 존귀하게 여겨서, 그 일을 새롭게 만들기 때문이다. '내습(乃襲)'은 용(踊)을 끝내면 최초 단(袒)을 했던 옷을 습(襲)[2]한다는 뜻이다. "사에 대해서는 그 일을 마치며 용(踊)을 끝내고서 습(襲)을 한다."라고 했는데, '기(旣)'자는 "마치다[畢]."는 뜻으로, 만약 주인에게 대렴(大斂)과 소렴(小斂) 등의 여러 사안이 있을 때, 사가 찾아와서 조문을 한다면, 주인은 그 일을 끝내고 용(踊)의 절차를 마치며, 용(踊)을 끝내고서 습(襲)을 하고, 습(襲)하는 일이 끝나면 그에게 절을 하며, 절을 하고서

---

1) 염(斂)은 시신에 옷을 입혀서 관에 안치하는 것을 뜻한다.

2) 습(襲)은 고대에 의례를 시행할 때 하는 복장 방식 중 하나이다. 겉옷으로 안에 입고 있던 옷들을 완전히 가리는 방식이다. 한편 '습'은 비교적 성대한 의식 때 시행하는 복장 방식으로도 사용되어, 안에 있고 있는 옷을 드러내지 않음으로써, 공경의 뜻을 표하기도 했다.

그치니, 다시금 그를 위해 용(踊)의 절차를 마무리 짓지 않는다.

① ○拜之而止[止]成踊也.

補註 按: 不改成踊, 對反改成踊而言. 疏說止字爲之字, 微有病.

번역 살펴보니, 고쳐서 용의 절차를 마무리하지 않는다는 것은 고쳐서 용의 절차를 마무리하지 않는다는 것을 반대로 해서 말한 것이다. 소의 설명에서 '지(止)'라고 한 것과 '위지(爲之)'라고 한 것에는 작은 병폐가 있다.

「잡기하」 26장

참고-經文

①上大夫之虞也少牢, 卒哭成事附皆太牢. 下大夫之虞也犆牲, 卒哭成事附皆少牢.

번역 상대부가 우제(虞祭)를 치를 때에는 소뢰(少牢)를 사용하고, 졸곡(卒哭)을 하여 길사를 완성하는 때와 부제(祔祭)를 치를 때에는 태뢰(太牢)를 사용한다. 하대부가 우제를 치를 때에는 특생(特牲)을 사용하고, 졸곡을 하여 길사를 완성하는 때와 부제를 치를 때에는 소뢰를 사용한다.

① 上大夫之虞章.

補註 疏曰: 上大夫平常吉祭, 少牢. 虞依平常禮, 故少牢. 卒·祔二祭皆大, 並加一等, 故大牢也. 下大夫吉祭用少牢, 今虞祭降一等, 用犆牲. 卒哭·祔, 則依平常吉祭也.

번역 소에서 말하길, 상대부는 평상시 길제를 치를 때 그 예법에서는 소뢰를 사용한다. 우제는 평상시의 예법에 의거해서 치르기 때문에 소뢰를 사용한다. 졸곡과 부제라는 두 제사는 모두 중대한 제사이기 때문에 모두 한 등급을 올리게 된다. 그래서 모두 태뢰를 사용한다. 하대부는 길제를 치를 때 소뢰를 사용한다. 현재 우제를 치르며 한 등급을 낮추기 때문에 특생을 사용한다. 졸곡과 부제의 경우라면 평상시 치르는 길제의 예법에 따른다.

補註 ○按: 此指諸侯之大夫·士也, 見曲禮下註.

번역 ○살펴보니, 이것은 제후에게 소속된 대부와 사에 대한 내용을 가리키며, 자세한 내용은 『예기』「곡례하(曲禮下)」편의 주에 나온다.

「잡기하」 27장

참고-經文

祝稱卜葬虞, 子孫曰"哀", 夫曰"乃", ①兄弟曰"某卜葬其兄", 弟曰"伯子某".

번역 장례를 치르는 날짜에 대해 거북점을 칠 때에는 축사에서 다음과 같이 지칭한다. 자식이 부친을 위해 거북점을 치거나 손자가 조부를 위해 거북점을 치는 경우라면, '애(哀)'라고 말하여, "애자(哀子)인 아무개가 부친 아무개 보(甫)의 장례에 대해서 거북점을 칩니다."라고 말하거나 "애손(哀孫)인 아무개가 조부 아무개 보(甫)의 장례에 대해서 거북점을 칩니다."라고 말한다. 남편이 아내를 위해 거북점을 치는 경우라면, '내(乃)'라고 말하여, "내(乃)인 아무개가 처 아무개 씨(氏)의 장례에 대해서 거북점을 칩니다."라고 말한다. 형을 위해 동생이 거북점을 치는 경우라면, "아무개가 형 아무개의 장례에 대해서 거북점을 칩니다."라고 말한다. 형이 동생을 위해 거북점을 치는 경우라면, "아무개가 동생 아무개의 장례에 대해서 거북점을 칩니다."라고 말한다.

① ○兄弟曰[止]伯子某.

補註 陽村曰: 陳註謂弟爲兄則曰, "某卜葬其兄伯子某", 愚謂上文旣曰某卜葬其兄, 則是弟爲兄也. 又其上曰哀·曰乃之類, 皆是卜者自稱之辭, 此曰伯子某者, 亦是兄之自稱也. 言兄於葬弟, 則曰伯子某卜葬其弟也. 但上文子孫曰·夫曰·兄弟曰者, 是指卜葬者言, 此弟曰者, 是指所葬言, 爲異耳. 然上旣以兄弟總之, 而先言葬兄之事, 故其下變文, 以言葬弟之事也.

번역 양촌이 말하길, 진호의 주에서는 동생이 형을 위해 거북점을 치는 경우라면 "아무개가 형인 맏아들 아무개의 장례에 대해서 거북점을 칩니다."라고 말한다고 했는데, 내가 생각하기에 앞의 문장에서는 이미 "아무개가 형 아무개의 장례에 대해서 거북점을 칩니다."라고 했으므로, 이것은 동생이 형을 위해 점을 치는 경우에 해당한다. 또 그 앞에서는 '애(哀)'라고 부르며 '내

(乃)'라고 부른다는 부류가 나오는데, 이 모두는 거북점을 치는 자가 스스로를 지칭하며 하는 말이고, 이곳에서 '백자모(伯子某)'라고 한 것은 또한 형이 스스로를 지칭하는 말이다. 즉 형이 동생의 장례에 대해서 점을 치는 경우라면 "맏아들 아무개가 동생의 장례에 대해서 거북점을 칩니다."라고 말한다는 뜻이다. 다만 앞 문장에서는 '자손왈(子孫曰)'이라고 했고 '부왈(夫曰)'이라고 했으며 '형제왈(兄弟曰)'이라고 했는데, 이것은 장례에 대해 거북점을 치는 자를 가리켜 말한 것이고, 이곳에서 '제왈(弟曰)'이라고 한 것은 장례를 치르게 되는 자를 가리켜서 말한 것으로, 이러한 차이점이 있을 따름이다. 그러므로 앞에서 이미 '형제(兄弟)'라는 말로 총괄을 했고, 앞서 형의 장례를 치르는 사안에 대해서 언급을 했기 때문에 그 뒤의 문장에서는 문장을 변화시켜 동생의 장례를 치르는 사안을 언급한 것이다.

補註 ○類編曰: 卜葬其兄句誤, 當連下文讀. '伯子某'下添'弟某'二字, 則尤明. 雖無二字, 亦通.

번역 ○『유편』에서 말하길, '복장기형(卜葬其兄)'에서 구문을 끊어 해석하는 것은 잘못된 설명이니, 마땅히 뒤의 문장과 연결해서 풀이해야 한다. '백자모(伯子某)'라는 말 뒤에 '제모(弟某)'라는 두 글자를 덧붙이면 그 뜻이 더욱 명확해진다. 비록 이 두 글자가 기록되어 있지 않더라도 그 뜻은 통한다.

補註 ○按: 陳註本於古註疏, 而固可疑. 類編·陽村說, 皆通, 陽村較長, 而但伯子乃尊稱之辭, 恐非自道之言也.

번역 ○살펴보니, 진호의 주는 옛 주와 소의 주장에 근거한 것이지만 진실로 의심스러운 대목이다. 『유편』과 양촌의 주장은 모두 통용되지만, 양촌의 주장이 비교적 더 뛰어나다. 다만 백자(伯子)는 존칭의 말이 되니, 아마도 스스로를 가리켜 하는 말은 아닐 것이다.

「잡기하」 28장

참고–經文

古者貴賤皆杖. ①叔孫武叔②朝見輪人以其杖關轂而輠輪者, 於是有爵而後杖也.

번역 고대에는 신분에 상관없이 모두 상례를 치르며 지팡이를 사용했다. 그런데 어느 날 숙손무숙이 조회에 참여했다가 수레바퀴를 만드는 사람이 상례 때 사용하는 지팡이를 이용해서 바퀴통에 꿥고 바퀴를 회전시키는 모습을 보았다. 그 일로 인해 서인(庶人)들이 상례를 치르며 지팡이를 사용하지 못하도록 했으니, 이 시기부터 작위를 가진 자만이 지팡이를 사용하게 되었다.

① ○叔孫武叔.

補註 鄭註: 魯大夫, 叔孫州仇也.

번역 정현의 주에서 말하길, 노나라 대부인 숙손주구(叔孫州仇)이다.

② 朝見輪人.

補註 按: 朝, 謂趍朝時也. 諺讀不句, 非.

번역 살펴보니, '조(朝)'자는 조회를 하러 가는 때를 뜻한다. 『언독』에서는 구문을 끊지 않았는데 잘못되었다.

「잡기하」 30장

참고-集說

①<u>冒, 說見王制</u>. 襲, 沐浴後以衣衣尸也. 則形者, 言尸雖已著衣, 若不設冒, 則尸象形見, 爲人所惡, 是以襲而設冒也. ②<u>后字衍</u>.

번역 '모(冒)'는 그 설명이 『예기』「왕제(王制)」편에 나온다. '습(襲)'은 시신을 목욕시킨 이후 옷을 이용해서 시신의 몸에 옷을 입히는 것이다. '칙형(則形)'은 시신에게 비록 이미 옷을 입혔더라도, 만약 모(冒)를 사용하지 않는다면, 시신의 형체가 노출되어, 사람들이 꺼리게 된다는 뜻이다. 이러한 까닭으로 습(襲)을 하며 모(冒)를 사용하는 것이다. '후(后)'자는 연문으로 들어간 글자이다.

① ○冒說見王制.

補註 按: 此卽六十歲制章註.

번역 살펴보니, 이것은 "60세 때 관을 미리 제작해둔다."[1]는 장의 주에 해당한다.

② 后字衍.

補註 按: 此本鄭註, 而沙溪曰: "襲畢設冒, 后字非衍", 此說恐是.

번역 살펴보니, 이것은 정현의 주에 근거한 것이지만 사계는 "습을 마친 뒤에 모를 설치하니, 후(后)자는 연문이 아니다."라고 했다. 아마도 이 주장이 옳은 것 같다.

---

1) 『예기』「왕제(王制)」: 六十歲制, 七十時制, 八十月制, 九十日修, 唯絞紟衾冒, 死而后制.

「잡기하」 36장

참고-經文

三年之喪雖功衰不弔, 自諸侯達諸士, ①如有服而將往哭之, 則服其服而往.

번역 삼년상을 치르고 있을 때, 비록 소상(小祥)을 끝내서 공최(功衰)로 갈아입은 상태라 하더라도 남의 상에 찾아가서 조문을 하지 않으니, 이러한 규정은 제후로부터 사에 이르기까지 모두 통용된다. 그러나 만약 자신과 상복관계에 있는 친족이 죽게 되어, 그에게 찾아가 곡을 하게 되면, 자신이 입고 있던 공최를 벗고, 해당하는 상복을 착용하고 찾아간다.

① 如有服[止]而往.

補註 疏曰: 皇氏云, "此文雖在功衰之下, 實通夜喪也. 假令初喪而有五屬之親死, 則亦暫服五服之服而往彼哭也."

번역 소에서 말하길, 황간은 "이곳 문장이 비록 공최(功衰)로부터 그 이하의 상복을 착용한 경우에 해당하지만, 실제로는 초상의 경우까지도 통괄한다. 가령 초상을 치르고 있는데, 오속(五屬)[1]에 해당하는 친족이 죽었다면, 또한 잠시 오복(五服) 중 해당하는 상복을 착용하고 찾아가서 그에 대한 곡을 한다."라고 했다.

---

1) 오속(五屬)은 서로를 위해 상복(喪服)을 입어야 하는 친족을 뜻한다. 상복은 참최복(斬衰服), 자최복(齊衰服), 대공복(大功服), 소공복(小功服), 시마복(緦麻服)이 있는데, 친족들은 각각의 친소(親疎) 관계에 따라 위의 다섯 가지 상복을 착용하게 되므로, '오속'이라고 부른다.

참고-集說

疏曰: ①小祥後衰與大功同, 故曰功衰. 如有五服之親喪而往哭, 不著己之功衰, 而依彼親之節以服之也. 不弔與往哭二者, 貴賤皆同之.

번역 소에서 말하길, 소상(小祥)을 치른 이후의 상복 수위는 대공복(大功服)의 수위와 동일하다. 그렇기 때문에 그때의 상복을 '공최(功衰)'라고 부른다. 만약 오복(五服)의 관계에 있는 친족이 죽어서 그에게 찾아가 곡을 할 때에는 자신의 공최를 착용하지 않고, 상대방 친족에 대한 규범에 따라서 해당 복장을 착용한다. 조문을 하지 않는다는 사안과 가서 곡을 한다는 사안은 신분의 등급에 상관없이 모두 동일하게 따른다.

① 小祥後衰與大功同.

補註 按: 此雖通言齊斬, 而其實齊衰三年, 則自卒哭後, 其衰已七升, 與大功初喪同.

번역 살펴보니, 이것은 비록 자최복과 참최복의 경우까지도 통괄해서 말한 것이지만, 실제로는 자최복을 착용하고 삼년상을 치르게 되는 경우이니, 졸곡이후에 그 상복은 이미 7승의 것을 착용하게 되어 대공복의 상에서 초상 때 착용하는 복장의 승수와 같아진다.

「잡기하」 37장

참고-經文

①期之喪, 十一月而練, 十三月而祥, 十五月而禫. 練則弔.

번역 기년상(期年喪)을 치를 때, 11개월이 지나면 소상(小祥)을 치르며, 13개월이 지나면 대상(大祥)을 치르고, 15개월이 지나면 담제(禫祭)를 치른다. 소상을 치르면 집을 벗어나 조문을 할 수 있다.

① 期之喪[止]而禫.

補註 按: 此十八字, 古經誤在"三年之喪雖功衰不弔"之上. 鄭玄始正之.
번역 살펴보니, 여기에 나온 18개 글자를 『고경』에서는 "삼년상을 치르고 있을 때, 비록 공최(功衰)로 갈아입은 상태라 하더라도 남의 상에 찾아가서 조문을 하지 않는다."[1]라는 구문 앞에 잘못 기록하였는데, 정현이 처음으로 바로잡았다.

참고-集說

①鄭氏曰: 凡齊衰十一月, 皆可以出弔. 又曰: 此爲父在爲母.

번역 정현이 말하길, 무릇 자최복(齊衰服)의 상에서 11개월이 지나면 모두 집밖으로 나가 조문을 할 수 있다. 또 말하길, 이것은 부친이 생존해 계실 때 모친의 상을 치르는 경우이다.

---

1) 『예기』「잡기하(雜記下)」: 三年之喪雖功衰不弔, 自諸侯達諸士, 如有服而將往哭之, 則服其服而往.

① **鄭氏曰[止]出弔.**

補註 鄭註本文: 父在爲母功衰, 可以弔人者, 以父在, 故輕於出也. 然則凡齊衰十一月, 皆可以出矣.

번역 정현의 주 본문에서 말하길, 부친이 생존해 계실 때 모친에 대해 상을 치르며 공최(功衰)를 착용했다면, 남에 대해서 조문을 할 수 있으니, 부친이 생존해 계시기 때문에 밖으로 나가 조문을 할 수 있는 시기에 대해 경감시키는 것이다. 그렇다면 무릇 자최복을 착용하고 11개월이 지나게 되면, 모두 밖으로 나가 조문을 할 수 있다.

補註 ○按: 期之喪十一月而練者, 唯父在爲母, 及夫爲妻, 而今云凡齊衰十一月, 皆可以出弔, 豈謂凡期喪, 雖無練者, 至十一月, 皆倣有練者而出弔耶?

번역 ○살펴보니, 기년상에서 11개월이 되어 연제를 치르는 경우는 오직 부친이 생존해 계실 때 모친의 장례를 치르는 경우와 남편이 아내의 장례를 치르는 경우에만 해당하는데, 지금 "무릇 자최복을 착용하고 11개월이 지나게 되면, 모두 밖으로 나가 조문을 할 수 있다."라고 말한다면, 기년상에서 비록 연제를 치르지 않은 자라 하더라도 11개월이 되면 모두 연제를 치른 자가 밖으로 나가 조문을 할 수 있는 경우에 따른다고 할 수 있겠는가?

「잡기하」 39장

참고-經文

①期之喪未葬, 弔於鄕人, 哭而退, 不聽事焉. 功衰弔, 待事不執事.

번역 자최복(齊衰服)을 입고 지팡이를 잡지 않는 기년상(期年喪)을 치르고 있을 경우, 아직 장례를 끝내지 않았더라도, 마을 사람에 대해서는 조문을 할 수 있지만, 조문을 하게 되면 곡을 하고 물러나며, 상주가 해당 절차를 끝낼 때까지 기다리지 않는다. 공최(功衰)를 착용한 뒤 조문을 하게 되면, 해당 절차를 끝낼 때까지 기다릴 수 있지만, 그 일들에 대해서는 직접 맡아서 처리할 수 없다.

① 期之喪[止]鄕人.

補註 鄭註: "謂爲姑姊妹無主, 殯不在己族者." 疏曰: "大功旣葬, 始弔人. 今此期喪未葬, 已得弔人, 明知此期服輕, 故知是姑姊妹無主, 殯不在己族者也. 女未廟見, 反葬女氏之黨. 此姑·姊妹已於他族成婦日久, 但夫旣蚤死, 故殯在夫族."

번역 정현의 주에서 말하길, "고모 및 자매들 중 상주를 맡을 자가 없고, 빈소가 자신의 족인들 집에 있지 않은 경우를 뜻한다."라고 했다. 소에서 말하길, "대공복의 상에서 이미 장례를 치른 뒤에는 비로소 남에 대해 조문을 할 수 있다. 현재 이곳 경문에서는 기년상에서 아직 장례를 치르지 않았다고 했는데, 이미 남에 대해서 조문을 할 수 있다고 했으니, 이곳의 상황은 기년복 중에서도 수위가 낮은 경우임을 알 수 있다. 그렇기 때문에 이 상황이 고모와 자매 중 상주가 없고 빈소가 자신의 친족 집에 없는 경우에 해당함을 알 수 있다. 여자가 아직 묘(廟)에서 알현을 하지 않았는데 그녀가 죽었으므로 여자 집안의 친족에게 되돌려 보내 장례를 치른다. 이곳에서 고모와 자매라고 한 자들은 이미 다른 종족에게 시집을 간 것이 오랜 기간이 지난 경우이며, 다만 남편이 일찍 죽었기 때문에 빈소가 남편의 친족 집에 차려져 있는 것이다."라고 했다.

補註 ○按: 陳註本此, 蓋以此章與上章相違, 故曲爲之解. 然經文只言期之喪, 未見其爲姑·姊妹無主者之朞服. 且疏所謂此期服輕者, 亦未可曉. 本服爲大功, 猶當比同於上章旣葬大功之禮, 況已服期, 而其處喪之禮, 反輕於本服大功乎? 此皆註疏不通處也. 愚意, 上章旣葬大功弔哭者, 言尋常出弔之禮. 此章則爲是鄕人, 故其禮加厚, 雖期喪未葬, 猶可弔也. 功衰弔待事不執事, 似亦指弔於鄕人也. 功衰, 謂期喪旣葬也. 上云弔哭而退不聽事, 雖主言於大功, 而大功猶如此, 則期喪未葬不弔人, 可以互明. 下云未葬弔鄕人, 雖主言於期喪, 而期喪猶如此, 則大功未葬弔鄕人, 亦可以互明.

번역 ○살펴보니, 진호의 주는 이러한 주장에 근거한 것인데, 이곳 문장과 앞의 문장은 그 뜻이 서로 위배되기 때문에 억지로 이처럼 해석을 한 것이다. 그러나 경문에서는 기년상이라고만 했고, 고모나 자매들 중 상주를 맡을 자가 없는 경우에 기년복을 착용한다는 뜻은 나타나지 않는다. 또 소에서 말한 것처럼 이곳의 상황이 기년복 중에서도 수위가 낮은 경우라고 한 말 또한 이해하기 어렵다. 본래의 복장이 대공복이 되는 경우에는 오히려 앞 문장에서 말한 것처럼 대공복의 상에서 장례를 치른 뒤의 예법에 비견해서 동일하게 따라야 하는데, 하물며 이미 기년복을 착용하고 있으면서 상을 처리하는 예법이 어찌 본래의 복장이 대공복인 경우보다 낮을 수 있겠는가? 이러한 것들은 모두 주와 소에서 그 뜻이 통하지 않는 부분이다. 내가 생각하기에 앞 문장에서 대공복의 상에서 장례를 마쳤다면 찾아가서 조문을 하고 곡을 한다[1]고 했는데, 이것은 일반적으로 밖으로 나가 조문을 하는 예법을 말한 것이다. 이곳 문장의 경우는 마을 사람에 대한 것이기 때문에 그 예법을 융성하게 한 것이니, 비록 기년상에서 아직 장례를 치르지 않았더라도 오히려 조문을 할 수 있는 것이다. "공최를 착용한 뒤 조문을 하게 되면, 해당 절차를 끝낼 때까지 기다릴 수 있지만 그 일들에 대해서는 직접 맡아서 처리할 수

---

1) 『예기』「잡기하(雜記下)」: 旣葬大功, 弔哭而退, 不聽事焉.

없다."라고 했는데, 아마도 이 또한 마을 사람에게 조문하는 경우를 가리키는 것 같다. '공최(功衰)'는 기년상에서 장례를 치른 이후의 복장을 뜻한다. 앞 문장에서 조문을 하여 곡을 하고 물러나며 상주가 해당 절차를 끝낼 때까지 기다리지 않는다고 했는데, 비록 대공복의 경우를 위주로 말한 것이지만, 대공복의 경우에도 오히려 이와 같다면, 기년상에서 아직 장례를 치르지 않았다면 남에게 조문을 하지 않는다는 것 또한 그 뜻을 미루어서 밝혀낼 수 있다. 또 아래문장에서 아직 장례를 치르지 않았는데 마을 사람에게 조문을 한다고 했는데, 이것이 비록 기년상을 위주로 말한 것이지만, 기년상의 경우에도 오히려 이와 같다면, 대공복의 상에서 아직 장례를 치르지 않았는데 마을 사람에게 조문을 한다는 것 또한 그 뜻을 미루어서 밝혀낼 수 있다.

「잡기하」 42장

참고-經文

弔非從主人也, 四十者執綍. ①鄕人五十者從反哭, 四十者待盈坎.

번역 상사에 조문을 하는 일은 온갖 일들을 돕기 위함이지, 단순히 상주를 따르는 것만이 아니다. 따라서 40세 이하의 자들은 힘이 장성하므로, 힘을 많이 쓰는 상엿줄 잡는 일을 해야 한다. 같은 마을 사람들 중 50세가 된 자는 쇠약해지는 나이가 되므로, 상주를 따라서 반곡(反哭)을 하고, 40세인 자들은 무덤에 흙 채우는 일이 끝날 때까지 기다린 뒤에야 물러간다.

① ○鄕人五十[止]盈坎.

補註 鄭註: 非鄕人者, 長少皆反.

번역 정현의 주에서 말하길, 같은 마을 사람이 아니라면, 연장자든 젊은이든 모두 되돌아간다.

補註 ○旣夕禮: "實土三, 主人拜鄕人." 註: "謝其勤勞."

번역 ○『의례』「기석례(旣夕禮)」에서 말하길, "흙을 세 차례 떠서 넣으면 주인은 마을 사람들에게 절을 한다."[1]라고 했고, 주에서는 "그들의 노고에 대해 감사를 표하는 것이다."라고 했다.

---

1) 『의례』「기석례(旣夕禮)」: 實土三, 主人拜鄕人.

「잡기하」 44장

참고-經文

①有服, 人召之食不往. 大功以下旣葬適人, 人食之, 其黨也食之, 非其黨弗食也.

번역 자신이 상복을 착용하고 있다면, 남이 식사에 초대를 하더라도 가지 않는다. 만약 대공복(大功服)으로부터 그 이하의 상복을 착용하고 있고, 이미 장례를 치른 상태라면, 상대의 초대에 응하여 찾아가는데, 남이 식사를 대접할 때, 그가 자신의 친족이라면 그 음식을 먹지만, 자신의 친족이 아니라면 음식을 먹지 않는다.

① ○有服人召之食.

補註 按: 此下諺讀吐, 誤.

번역 살펴보니, 이곳 구문 뒤에 『언독』에서는 토를 붙였는데 잘못되었다.

「잡기하」 45장

참고-經文

①<u>功衰, 食菜果</u>, ②<u>飮水漿, 無鹽酪</u>. ③<u>不能食食, 鹽酪可也</u>.

번역 공최(功衰)를 착용했다면 채소와 과일을 먹고, 물과 음료를 마시되, 소금이나 낙(酪) 등의 재료는 첨가하지 않는다. 만약 음식을 제대로 먹을 수 없는 상태라면, 소금이나 낙 등을 첨가해도 괜찮다.

① ○功衰食菜果.

補註 按: 功衰, 謂三年喪, 小祥後衰也. 見上文功衰不弔註.

번역 살펴보니, '공최(功衰)'라는 것은 삼년상에서 소상을 치른 뒤의 상복을 뜻한다. 앞 문장에서 "공최를 착용하고 조문을 하지 않는다."고 했던 문장의 주에 나온다.

② 飮水漿無鹽酪.

補註 按: 此謂只飮水漿而無鹽酪耳, 非謂始飮水漿也.

번역 살펴보니, 이것은 단지 물과 음료를 마실 뿐이며 소금이나 낙 등을 먹지 않는다는 뜻일 뿐이니, 처음으로 물과 음료를 마신다는 뜻이 아니다.

③ 不能食食鹽酪可也.

補註 類編曰: 不能食當句.

번역 『유편』에서 말하길, '불능식(不能食)'에서 구문을 끊어야만 한다.

참고-集說

功衰, 斬衰齊衰之末服也. ①酪, 說文乳漿也.

번역 '공최(功衰)'는 참최복(斬衰服)과 자최복(齊衰服)의 상에서 말미에 착용하는 복장이다. '낙(酪)'에 대해서 『설문』에서는 우유 등을 걸쭉하게 만든 것이라고 했다.

① 酪說文乳漿也.

補註 類編曰: 註云, "酪, 乳漿", 義不長. 禮運以爲醴酪, 註酪醋也. 鄭云酢截也.

번역 『유편』에서 말하길, 주에서는 "낙(酪)은 우유 등을 걸쭉하게 만든 것이다."라고 했는데, 그 풀이가 뛰어나지 못하다. 『예기』「예운(禮運)」편에서는 "이로써 술과 낙(酪)을 만들었다."[1]라고 했고, 주에서는 "낙(酪)은 식초를 뜻한다."라고 했다. 정현의 주에서는 식초 등의 조미료라고 했다.

補註 ○按: 酢古醋字, 截音再, 酢漿也.

번역 ○살펴보니, '초(酢)'의 고자는 초(醋)자이고, '截'자의 음은 再(재)이며, 신맛을 내는 음료이다.

참고-大全

藍田呂氏曰: ①功衰, 亦卒哭之喪服. 間傳, 父母之喪, 旣虞卒哭, 疏食水飮, 不食菜果, 與此文正合. 疏食水飮, 其飮不加鹽

---

1) 『예기』「예운(禮運)」: 後聖有作, 然後修火之利, 范金合土, 以爲臺榭宮室牖戶. 以炮, 以燔, 以亨, 以炙, 以爲醴酪. 治其麻絲, 以爲布帛. 以養生送死, 以事鬼神上帝, 皆從其朔.

酪, 故曰飮水漿, 無鹽酪也. 不能食食, 鹽酪可也者, 喪大記不能食粥, 羹之以菜可也. 蓋人有所不能, 亦不可勉也.

번역 남전여씨가 말하길, '공최(功衰)' 또한 졸곡(卒哭)을 치른 뒤에 착용하는 상복이다. 『예기』「간전(間傳)」편에서는 "부모의 상에 대해서 우제(虞祭)를 치르고 졸곡을 하면, 거친 밥을 먹고 물을 마시되 채소와 과일은 먹지 않는다."[2]고 하여, 이곳의 내용과 일치한다. 거친 밥을 먹고 물을 마시지만, 마시는 것에 대해서는 소금이나 낙(酪)을 첨가하지 않는다. 그렇기 때문에 "물과 음료를 마시며, 소금이나 낙(酪)이 없다."라고 말한 것이다. "음식을 제대로 먹지 못하면 소금이나 낙(酪)을 첨가해도 괜찮다."라고 했는데, 『예기』「상대기(喪大記)」편에서는 "미음을 제대로 먹지 못하면, 국에 채소를 첨가해도 괜찮다."[3]라고 했다. 무릇 사람에게 어쩔 수 없는 점이 있으면 또한 억지로라도 하지 않으면 안 된다.

① 功衰亦卒哭之喪服.

補註 按: 齊衰三年者, 卒哭後, 衰已七升, 與大功同, 而練服, 同前斬衰, 則卒哭後, 六升, 至練始七升. 功衰者, 總言齊·斬練後也. 間傳云, "卒哭, 不食菜果", 此云功衰食菜果, 功衰之爲練後明矣. 何以曰與此文正合也?

번역 살펴보니, 자최복을 입고 삼년상을 치르는 경우에는 졸곡을 치른 뒤에 상복은 이미 7승의 것이 되어 대공복의 경우와 승수가 같고, 연제의 복장은 이전 참최복의 경우와 동일하게 된다면, 졸곡을 치른 뒤에는 6승의 것이 되고, 연제를 치르게 되어야만 비로소 7승의 것이 된다. 따라서 '공최(功衰)'라는 것은 자최복과 참최복에서 연제를 치른 이후에 대해 총괄적으로 말한 것

---

2) 『예기』「간전(間傳)」: 父母之喪, 旣虞卒哭, 疏食水飮, 不食菜果. 期而小祥, 食菜果. 又期而大祥, 有醯醬. 中月而禫, 禫而飮醴酒. 始飮酒者先飮醴酒, 始食肉者先食乾肉.

3) 『예기』「상대기(喪大記)」: 不能食粥, 羹之以菜可也. 有疾, 食肉飮酒可也. 五十不成喪, 七十唯衰麻在身.

이다. 『예기』「간전(間傳)」편에서 "졸곡을 하면 채소와 과일은 먹지 않는다."라고 했고, 이곳에서는 공최를 착용하면 채소와 과일을 먹는다고 했으니, 공최라는 것이 연제를 치른 이후의 복장임이 명백하다. 그런데 어찌하여 이곳의 문장과 부합한다고 말할 수 있겠는가?

「잡기하」 46장

참고-經文

①孔子曰: 身有瘍則浴, 首有創則沐, 病則飲酒食肉. 毁瘠爲病, 君子弗爲也. 毁而死, 君子謂之無子.

번역 공자는 "몸에 종기가 생기면 목욕을 하고, 머리에 부스럼이 생기면 머리를 감으며, 몸이 쇠약해져서 병이 생기면 술도 마시고 고기도 먹는다. 몸이 수척해지고 상해서 병이 생기는 것을 군자는 하지 않는다. 몸이 매우 수척해져서 죽게 되는 것을 군자는 자식을 없게 만드는 자라고 평가한다."라고 말했다.

① 孔子曰身有瘍章.

補註 按: 此章已見曲禮上, 而末端稍異, 註所引是也.

번역 살펴보니, 이 문장은 이미 『예기』「곡례상(曲禮上)」편에 나오는데[1] 끝부분이 조금 다르니, 주에서 인용하고 있는 것이 그 내용에 해당한다.

---

1) 『예기』「곡례상(曲禮上)」: 居喪之禮, 頭有創則沐, 身有瘍則浴, 有疾則飮酒食肉, 疾止復初. 不勝喪, 乃比於不慈不孝.

「잡기하」 49장

참고-經文

疏衰之喪旣葬, 人請見之則見, 不請見人. 小功請見人可也. 大功不以執摯, 唯父母之喪, ①不辟涕泣而見人.

번역 자최복(齊衰服)의 상을 치를 때 이미 장례를 끝냈는데, 남이 만나보기를 청하게 되면 만나보지만, 본인이 남에 대해서 만나보기를 청하지 않는다. 소공복(小功服)의 상에서는 남에 대해 만나보기를 청해도 괜찮다. 대공복(大功服)의 상에서는 폐물을 가져가서 만나보지 않고, 오직 부모의 상에서만 눈물을 훔치지 않고 남을 만나본다.

① ○不辟涕泣而見人.

補註 鄭註: 至哀無飾也.

번역 정현의 주에서 말하길, 애통함이 지극하여 자신을 꾸미지 않는다는 뜻이다.

「잡기하」 50장

참고-經文

①三年之喪, 祥而從政. 期之喪, 卒哭而從政. 九月之喪, 旣葬而從政. 小功緦之喪, 旣殯而從政.

번역 삼년상을 치르는 경우에는 대상(大祥)을 끝내고서 부역에 참여한다. 기년상(期年喪)을 치르는 경우에는 졸곡(卒哭)을 하고서 부역에 참여한다. 대공복(大功服)의 상을 치르는 경우에는 장례를 끝내고서 부역에 참여한다. 소공복(小功服)과 시마복(緦麻服)의 상에서는 빈소를 차린 뒤에 부역에 참여한다.

① ○三年之喪祥而從政章.

補註 按: 類編此章及王制之文, 從政, 皆訓以從仕之義. 又曰: "期大功葬而從政. 緦小功, 殯而從政, 如今服制出仕之例." 又曰: "庶人三年不從力役, 似無此理." 可備一義.

번역 살펴보니, 『유편』에서 기록한 이 문장과 『예기』「왕제(王制)」편의 기록에 있어서, '종정(從政)'은 모두 관직에 복무한다는 뜻으로 풀이했다. 또 "기년상과 대공복의 상에서는 장례를 치르고서 관직에 복무한다. 시마복과 소공복의 상에서는 빈소를 차리고서 관직에 복무하는데, 오늘날 복상제도에서 관직에 나아가는 용례와 같다."라고 했고, 또 "서인들은 삼년 동안 부역에 참여하지 않는다고 하는데, 아마도 이러한 이치는 없을 것이다."라고 했는데, 나름의 의미가 갖춰져 있다.

「잡기하」 51장

참고-集說

哀痛之極, 無復音節, 所謂①哭不偯也.

번역 애통함이 극심하여 재차 절도에 따라 음을 맞출 수 없으니, 이른바 "곡을 할 때에는 격식을 맞춰 울지 않는다."는 뜻이다.

① ○哭不偯.

補註 本篇下文.

번역 「잡기하」편의 아래문장에 나오는 말이다.[1]

---

1) 『예기』「잡기하」: 童子哭不偯, 不踊, 不杖, 不菲, 不廬.

「잡기하」 52장

참고-集說

卒哭以前, 猶以生禮事之, 故不諱其名. 卒哭後, 則事以鬼道, 故諱其名而不稱也. 此專言父之所諱, 則子亦不敢不諱, 故曰子與父同諱也. ①父之祖父母伯父叔父及姑等於己小功以下, 本不合諱, 但以父之所諱, 己亦從而諱也. 若父之兄弟及姊妹, 己自當諱, 不以從父而諱也. 又按不逮事父母, 則不諱王父母, 謂庶人. 此所言, 以父是士, 故從而諱也.

번역 졸곡(卒哭)을 치르기 이전에는 여전히 살아계실 때의 예법에 따라 섬긴다. 그렇기 때문에 이름에 대해서 피휘를 하지 않는다. 졸곡을 치른 뒤라면, 귀신에 대한 도리로써 섬긴다. 그렇기 때문에 이름에 대해서는 피휘를 하여 지칭하지 않는다. 이곳 내용은 부친이 피휘를 하는 대상에 대해서는 자식 또한 감히 피휘를 하지 않을 수 없음을 전적으로 언급하고 있다. 그렇기 때문에 "자식은 부친과 피휘를 동일하게 한다."라고 말한 것이다. 부친의 조부모 · 백부 · 숙부 및 고모 등은 자신에 대해서 소공복(小功服)으로부터 그 이하의 관계에 있으므로, 본래는 피휘를 하는 것에 합당하지 않다. 그러나 부친이 피휘를 하는 대상이기 때문에 본인 또한 그에 따라서 피휘를 한다. 만약 부친의 형제 및 자매 등에 대해서라면 본인은 마땅히 피휘를 해야 하니, 부친을 따라서 피휘를 하는 것이 아니다. 또 살펴보면 부모를 섬기는 자가 아니라면 조부모의 이름을 피휘하지 않는데,[1] 이것은 서인들에 대한 경우이다. 이곳에서 언급한 내용은 부친이 사의 신분인 경우이다. 그렇기 때문에 그에 따라서 피휘를 한다.

① ○父之祖父母[止]以下.

補註 喪服齊衰三月曾祖父母, 傳曰: "何以齊衰三月也? 小功者, 兄弟之服也, 不敢以兄弟之服服至尊也." 疏曰: "至親以期斷, 加隆故三年, 是

---

1) 『예기』「곡례상(曲禮上)」: 逮事父母, 則諱王父母, 不逮事父母, 則不諱王父母.

本爲父期, 則祖大功, 曾祖小功, 高祖緦."

번역 『의례』「상복(喪服)」편의 자최삼월장에서는 증조부모에 대해서 자최복을 입고 삼개월상을 치른다고 했고, 전문에서는 "어찌하여 자최복으로 삼개월상을 치르는가? 소공복은 형제에 대한 상복이니, 감히 형제에 대한 상복으로 지극히 존귀한 자에 대해 복상할 수 없기 때문이다."라고 했다.[2] 소에서는 "지극히 친근한 대상에 대해서는 기년으로 기간을 한정하지만 융성하게 치르기 때문에 삼년상으로 치르는 것이다. 따라서 본래 부친을 위해서 기년상을 치르게 된다면, 조부를 위해서는 대공복의 상이 되고, 증조부를 위해서는 소공복의 상이 되며, 고조부를 위해서는 시마복의 상이 된다."라고 했다.

補註 ○按: 陳註以父之祖父母爲小功以下者, 出於古疏, 蓋是推本之意歟.

번역 ○살펴보니, 진호의 주에서는 부친의 조부모를 소공복 이하의 관계가 된다고 했는데, 이것은 옛 소의 주장에서 도출된 것이니, 아마도 그 근원을 미루어보려는 뜻인 것 같다.

---

2) 『의례』「상복(喪服)」: 曾祖父母. 傳曰, 何以齊衰三月也? 小功者, 兄弟之服也, 不敢以兄弟之服服至尊也.

「잡기하」 53장

참고-經文

母之諱宮中諱, 妻之諱不擧諸其側, ①與從祖昆弟同名則諱.

번역 모친이 피휘를 하는 이름에 대해서는 집안에서 피휘를 하고, 처가 피휘를 하는 이름에 대해서는 그녀의 주변에서 피휘를 하는데, 만약 모친 및 처가 피휘하는 이름이 때마침 자신의 종조 곤제들과 이름이 같은 경우라면, 다른 장소라 하더라도 피휘를 한다.

① 與從祖[止]則諱.

補註 按: 註疏以爲從祖昆弟於父輕不合諱, 而與母妻之親同名重累則諱之, 可疑.

번역 살펴보니, 주와 소에서는 종조의 곤제는 부친보다 덜 중요하여 피휘를 하는 것이 합당하지 않다고 여겼는데, 모친 및 첩의 친족과 이름이 같아 겹치는 경우라면 피휘를 한다고 하니, 의문스러운 내용이다.

「잡기하」 54장

참고-經文

以喪冠者, ①雖三年之喪可也. 旣冠於次入哭踊, 三者三, 乃出.

번역 상으로 인해 관(冠)을 쓰게 된 경우에는 비록 그 상이 삼년상이라도 가능하다. 상중에 머무는 임시숙소에서 관을 쓰고 그 일이 끝나면 빈소로 들어가서 곡(哭)과 용(踊)을 하는데, 용을 하며 세 번씩 세 차례 반복하면 곧 밖으로 나와 임시숙소로 간다.

① ○雖三年之喪可也.

補註 鄭註: "始遭喪, 以其冠月, 則喪服因冠. 非其冠月, 則待變除卒哭而冠." 疏曰: "以曾子問云, '將冠子未及期日而有齊衰·大功之喪, 則因喪服而冠.' 言未及期日, 則明及月, 可知. 以此言之, 知冠月則可冠也. 夏小正二月綏多士女, 是冠用二月. 假令正月遭喪, 則二月不得因喪而冠, 必待變除受服之節乃可冠矣."

번역 정현의 주에서 말하길, "처음 상을 접하게 되었는데, 그 시점이 관례를 치르는 달이라면 상복을 착용함에 따라서 관을 쓴다. 그 시기가 관례를 치르는 달이 아니라면 복장을 제거하고 졸곡을 할 때까지 기다린 뒤에 관례를 치른다."라고 했다. 소에서 말하길, "『예기』「증자문(曾子問)」편에서 '만일 자식에게 관례를 시행하려고 하는데, 관례를 시행하려고 계획했던 날짜가 아직 되지도 않아서 자최복·대공복의 상이 발생하면, 상복을 입어야 하기 때문에 관을 쓴다.'[1]라고 했기 때문이다. 아직 계획했던 날짜가 되지 않았다

1) 『예기』「증자문(曾子問)」: 如將冠子, 而未及期日, 而有齊衰·大功·小功之喪, 則因喪服而冠. 除喪, 不改冠乎. 孔子曰: 天子賜諸侯·大夫冕弁服於大廟, 歸設奠, 服賜服, 於斯乎, 有冠醮, 無冠醴. 父沒而冠, 則已冠, 埽地而祭於禰, 已祭而見伯父·叔父, 而後饗冠者.

고 했다면, 관례를 치르는 달이 되었다는 것을 알 수 있다. 이를 통해 말을 해보면, 관례를 치르는 달에 해당하면 상으로 인해 관을 쓰게 된다는 사실을 알 수 있다. 『대대례기』「하소정(夏小正)」편을 살펴보면 2월 항목에 대해 '편안하게 안주하게 해주어, 백성들 중 대다수가 관례를 치르고 장가를 들게 한다.'[2]라고 했는데, 이것은 2월에 관례를 치렀다는 사실을 나타낸다. 가령 정월에 상을 당하게 된다면, 2월에는 상으로 인해 관을 쓸 수 없고, 반드시 상복을 제거하고 새로운 복장을 받는 절차를 끝낼 때까지 기다린 뒤에야 관례를 치를 수 있다."라고 했다.

補註 ○按: 曾子問泛言齊衰·大功之喪, 而此云雖三年之喪可也, 所謂三年指齊衰三年歟. 曾問註曰, "斬衰則不可." 蓋孔子只說齊衰·大功故耳.

번역 ○살펴보니, 『예기』「증자문(曾子問)」편에서는 자최복과 대공복의 상에 대해서 범범하게 말한 것인데, 이곳에서는 비록 삼년상이라도 가능하다고 했다. 따라서 여기에서 말한 삼년상이라는 것은 자최복을 착용하고 삼년상을 치르는 경우를 뜻할 것이다. 「증자문」편의 주에서는 "참최복의 경우라면 불가하다."라고 했다. 아마도 공자는 단지 자최복과 대공복의 경우만을 설명했기 때문일 것이다.

---

2) 『대대례기』「하소정(夏小正)」: 綏多女士.

「잡기하」 55장

참고-經文

①大功之末可以冠子, 可以嫁子. ②父小功之末, 可以冠子, 可以嫁子, 可以取婦. 己雖小功旣卒哭, 可以冠取妻, 下殤之小功則不可.

번역 본인이 대공복(大功服)의 상을 치르고 있는데 상복을 제거하려고 하는 때라면, 자식에게 관례(冠禮)를 치러줄 수 있고 자식을 시집보낼 수 있다. 부친이 소공복(小功服)의 상을 치르고 있는데 상복을 제거하려고 하는 때라면, 자식에게 관례를 치러줄 수 있고 자식을 시집보낼 수 있으며 며느리를 들일 수 있다. 본인이 비록 소공복의 상을 치르고 있더라도 이미 졸곡(卒哭)을 했다면, 관례를 치르거나 아내를 들일 수 있지만, 하상(下殤)을 당한 자에 대한 소공복의 상을 치르고 있다면 해서는 안 된다.

① ○大功之末章.

補註 陽村曰: 嫁女行禮在於婿家, 故大功之末猶可嫁也. 取婦行禮在己之家, 故小功之末乃可取婦, 亦可自取妻也.

번역 양촌이 말하길, 딸을 시집보내며 시행하는 의례는 사위의 집에서 시행하기 때문에 대공복의 상에서 그 끝에 다다르게 되면 딸을 시집보낼 수 있다. 며느리를 받아들이며 시행하는 의례는 자신의 집에서 시행하기 때문에 소공복의 상에서 그 끝에 다다르게 되어야만 며느리를 받아들일 수 있고, 또한 본인이 부인을 맞이할 수도 있다.

② 父小功之末.

補註 按: 此父字, 恐因冠子嫁子之子字, 而形出, 且與下文己雖小功自冠取妻作對.

번역 살펴보니, 이곳의 '부(父)'자는 아마도 관자(冠子)나 가자(嫁子)라고 했을 때의 '자(子)'자로 인해서 기록한 것 같고, 또한 뒤의 문장에서 본인이 비록 소공복의 상을 치르고 있더라도 스스로 관례를 치르거나 부인을 맞이할 수 있다고 한 것과 대비가 된다.

참고-集說

末, 服之將除也. ①舊說, 以末爲卒哭後. 然大功卒哭後, 尙有六月, 恐不可言末. 小功旣言末, 又言卒哭, 則末非卒哭明矣. 下文父小功之末, 則上文大功之末, 是據己身而言. 舊說, 父及己身俱在大功之末, 或小功之末, 恐亦未然. 下殤之小功, 自期服而降, 以本服重, 故不可冠娶也.

번역 '말(末)'자는 상복을 장차 제거하려는 때를 뜻한다. 옛 학설에서는 '말(末)'자를 졸곡(卒哭) 이후라고 여겼다. 그러나 대공복(大功服)의 상에서 졸곡을 치른 뒤라면 여전히 6개월의 복상기간이 남게 되므로, 아마도 이것을 '말(末)'이라고 부를 수는 없을 것 같다. 또 소공복(小功服)의 상에 대해서 이미 '말(末)'이라고 말했는데, 그 뒤에서는 재차 '졸곡(卒哭)'이라고 말했으니, '말(末)'자는 졸곡이 아님이 분명하다. 아래문장에서 "부친이 소공복을 착용하는 상의 말미에 있다."라고 말했으니, 앞 문장에서 "대공복을 착용하는 상의 말미에 있다."라고 한 말은 자신을 기준으로 한 말이다. 옛 학설에서는 부친과 자신이 모두 대공복의 상에서 말미에 있거나 소공복의 상에서 말미에 있는 것으로 여겼는데, 아마도 이 또한 그렇지 않을 것이다. 하상(下殤)을 당한 자의 소공복은 본래 기년복(期年服)에서 강복(降服)을 한 경우인데, 본래의 복장은 수위가 높기 때문에, 관례(冠禮)를 치르거나 아내를 들일 수 없다.

① 舊說以末[止]明矣.

補註 按: 末與卒哭變文以互明也, 舊說不可違也. 若曰服之將除, 則未知以何月爲限節乎? 且己雖小功旣卒哭, 猶可自冠取妻, 而父有小功, 必待服之將除, 始可以冠子・取婦, 似無是理.

번역 살펴보니, '말(末)'자와 '졸곡(卒哭)'은 문장을 변화시켜 그 뜻을 상호 드러내도록 한 것이니, 옛 학설이 잘못되었다고 할 수 없다. 만약 상복을 장차 제거하려고 한다고 말한다면 몇 개월을 기한으로 삼았는지를 알 수 없지 않겠는가? 또 본인이 소공복의 상에서 졸곡을 마쳤을 때 본인이 관례를 치르거나 아내를 들일 수 있지만, 부친에게 소공복의 상이 발생했다면 반드시 복장을 제거하려고 할 때까지 가다린 뒤에야 비로소 자식에게 관례를 치러주고 며느리를 들일 수 있다고 한다면, 아마도 이러한 이치는 없을 것이다.

「잡기하」 56장

참고-集說

弁絰之服, 弔服也. 首著素弁而加以一股環絰, 其服有三等, ①錫衰·緦衰·疑衰也. 侈, 大也. 袂之小者, 二尺二寸, 此三尺三寸.

번역 변질(弁絰)의 복장은 조문할 때의 복장이다. 머리에 흰색의 변(弁)을 쓰고 그곳에 한 가닥으로 둥글게 꼰 질(絰)을 두르는데, 그 복장에는 세 등급이 있으니, 석최(錫衰)[1]·시최(緦衰)·의최(疑衰)[2]이다. '치(侈)'자는 "크게 한다[大]."는 뜻이다. 소매 중 작은 것은 둘레가 2척(尺) 2촌(寸)인데, 이 복장의 소매는 3척 3촌으로 만든다.

① ○錫衰緦衰疑衰.

補註 周禮·春官·司服: "王爲三公·六卿錫衰, 爲諸侯緦衰, 爲大夫·士疑衰, 其首服皆弁絰." 註: "錫衰, 麻之滑易者, 十五升去其半, 有事其布, 無事其縷. 緦衰, 亦十五升去其半, 有事其縷, 無事其布. 疑衰, 十四升衰. 疑之言擬也. 擬於吉."

번역 『주례』「춘관(春官)·사복(司服)」에서는 "천자는 삼공과 육경을 위해서 석최를 착용하고, 제후를 위해서 시최를 착용하며, 대부·사를 위해서 의최를 착용하고, 머리에는 모두 변질을 착용한다."[3]라고 했고, 주에서는 "석최는 마 중에서도 매끄럽게 다듬은 것이며, 15승에서 반을 줄이는데, 포에 대해서는 공정을 하지만 실에 대해서는 공정을 하지 않는다. 시최 또한 15승

---

1) 석최(錫衰)는 가는 베로 만든 옷으로, 일종의 상복(喪服)에 해당한다. 천자의 경우, 삼공(三公)이나 육경(六卿)의 상(喪)에 착용했던 복장이다.

2) 의최(疑衰)는 길복(吉服)에 가까운 복장으로, 일종의 상복(喪服)에 해당한다. 천자의 경우, 대부(大夫)나 사(士)의 상(喪)에 착용했던 복장이다.

3) 『주례』「춘관(春官)·사복(司服)」: 王爲三公六卿錫衰, 爲諸侯緦衰, 爲大夫士疑衰, 其首服皆弁絰.

에서 반을 줄이는데, 실에 대해서는 공정을 하지만 포에 대해서는 공정을 하지 않는다. 의최는 14승으로 만든다. '의(疑)'자는 비기다는 뜻이니, 길복에 비긴다는 뜻이다."라고 했다.

「잡기하」 57장

참고-經文

①父有服, ②宮中子不與於樂. 母有服, 聲聞焉, 不擧樂. 妻有服, 不擧樂於其側. 大功將至, 辟琴瑟. 小功至, 不絶樂.

번역 부친이 상복을 착용하고 있다면, 부친과 같은 건물에 거주하는 자식은 밖에서라도 음악을 연주하는 일에 참여하지 않고 음악도 듣지 않는다. 모친이 상복을 착용하고 있다면, 소리가 들리는 곳에서는 음악을 연주하지 않는다. 처가 상복을 착용하고 있다면, 그녀의 주변에서는 음악을 연주하지 않는다. 대공복(大功服)을 착용하고 있는 자가 자신의 집으로 찾아오게 된다면, 금슬(琴瑟) 등의 악기를 보이지 않도록 치워둔다. 소공복(小功服)을 착용하고 있는 자가 찾아올 때에는 음악을 멈추지 않는다.

① 父有服.

補註 類編曰: 有服, 恐指重服也. 若是輕服, 則下云"小功至不絶樂", 言小功服輕, 猶可聽樂, 則父有功緦之服, 子不與樂, 不以過乎? 註云"如重服, 則子亦有服", 亦未思也. 如祖父母喪旣練, 子雖除服, 父尙持衰, 何可言子亦有服乎?

번역 『유편』에서 말하길, '유복(有服)'은 아마도 수위가 높은 상복을 가리키는 것 같다. 만약 수위가 낮은 상복이라면 아래문장에서 "소공복을 착용하고 있는 자가 찾아올 때에는 음악을 멈추지 않는다."라고 했고, 이것은 소공복은 수위가 낮아서 음악을 들을 수 있다는 뜻이라면, 부친이 소공복이나 시마복을 착용했을 때 자식이 음악을 들을 수 없다면 너무 지나친 일이 아닌가? 주에서는 "만약 수위가 높은 상복을 착용했다면, 자식 또한 상복을 착용하게 된다."라고 했는데, 이 또한 깊이 생각해보지 못한 설명이다. 예를 들어 조부모의 상에서 연제를 치르게 되면 자식이 비록 상복을 제거했더라도 부친은 여전히 상복을 착용하고 있는데, 어떻게 자식 또한 상복을 착용하고 있다고 말할 수 있겠는가?

補註 ○按: 如從祖祖父母·從祖伯叔父母喪, 五月之後, 己則除服, 而父尙持朞大功之服, 從父兄弟, 九月之後亦然.

번역 ○살펴보니, 예를 들어 종조조부모 및 종조백숙부모 등의 상에서 5개월이 지난 이후라면 본인은 상복을 제거하게 되지만 부친은 여전히 기년복과 대공복의 상복을 착용하고 있고, 종부형제의 상에서 9개월이 지난 시점 또한 이와 같다.

② 宮中子不與於樂.

補註 類編曰: 異宮, 可以聽樂. 惟祖父母之期, 則子雖除服, 縞冠玄武, 不可與樂.

번역 『유편』에서 말하길, 다른 건물에 거주하는 경우라면 음악을 들을 수 있다. 다만 조부모의 상에서 1년이 지나게 되면 자식은 비록 상복을 제거했지만 호관에 현무(玄武)[1]를 달고 있어서 음악을 들을 수 없다.

참고-大全

①長樂陳氏曰: 父有服, 宮中子不得與於聞樂, 況擧樂乎? 母有服, 不得以擧樂, 雖聲聞焉, 可也. 妻有服, 不擧樂於其側, 不於其側, 雖擧之, 可也. 母殺於父, 而妻又殺於母也. 樂不止於琴瑟, 琴瑟, 特常御者而已. 大功之親有服將至, 則雖辟, 琴瑟, 可也. 未至則不辟矣. 小功之親有服, 雖至, 不絶樂.

번역 장락진씨가 말하길, 부친이 상복을 착용했을 때, 같은 건물에 살고 있는 자식은 음악을 듣는 일에 참여할 수 없는데, 하물며 음악을 연주할 수 있겠는가? 모친이 상복을 착용하고 있을 때에는 음악을 연주할 수 없지만, 그 소리를 듣는 것은 괜찮

1) 현무(玄武)는 검은색으로 만든 관(冠)의 테두리를 뜻하다.

다. 처가 상복을 착용하고 있을 때, 그녀의 주변에서 음악을 연주할 수 없지만, 그녀의 주변이 아니라면 비록 연주하더라도 괜찮다. 모친에 대해서는 부친보다 낮추고, 처에 대해서는 또한 모친보다도 낮춘다. 음악을 연주하는 것은 금슬(琴瑟)에만 그치지 않지만, '금슬(琴瑟)'이라고 말한 것은 항상 연주하게 되는 것을 특별히 제시한 것일 뿐이다. 대공복(大功服)의 관계에 있는 친족이 상복을 착용하고 찾아오게 된다면, 비록 다른 악기들은 치워두지만, 금슬은 괜찮다. 그가 찾아오지 않았을 때라면 치워두지 않는다. 소공복(小功服)의 관계에 있는 친족이 상복을 착용하고 있을 때, 그가 찾아오더라도 음악을 멈추지 않는다.

① **長樂陳氏曰[止]不絶樂.**

補註 按: 此解大功·小功, 爲大功之親·小功之親者, 大誤.

번역 살펴보니, 여기에서 '대공(大功)'과 '소공(小功)'이라는 말을 대공복의 관계에 있는 친족과 소공복의 관계에 있는 친족으로 풀이했는데, 매우 잘못된 해석이다.

「잡기하」 58장

참고-經文

姑姊妹其夫死而夫黨無兄弟, 使夫之族人主喪. 妻之黨, 雖親弗主. 夫若無族矣, 則①前後家, 東西家. 無有, 則里尹主之. 或曰, "主之而②附於夫之黨."

번역 출가를 한 고모와 자매가 죽었는데, 그녀의 상을 주관할 수 있는 남편도 없고 자식도 없으며, 남편의 집안에 남편의 형제도 없다면, 남편의 친족으로 하여금 그녀의 상을 주관하도록 한다. 처의 친족은 비록 친밀한 자이지만, 상을 주관할 수 없다. 남편에게 만약 친족도 없는 경우라면, 앞뒤 또는 좌우의 이웃이 상을 주관한다. 그마저도 없다면 마을의 수장이 상을 주관한다. 혹자는 "처의 친족이 그녀의 상을 주관하되 남편의 조고(祖姑)에게 부제(祔祭)를 지낸다."라고 했지만, 이것은 잘못된 주장이다.

① 前後家東西家.

補註 按: 諺讀前後家下吐, 當移於東西家下.

번역 살펴보니, 『언독』에서는 '전후가(前後家)' 뒤에 토를 붙였는데, '동서가(東西家)'라는 구문 뒤로 토를 옮겨야만 한다.

② 附於夫之黨.

補註 鄭註: 夫之黨, 其祖姑也.

번역 정현의 주에서 말하길, 남편의 친족은 조고(祖姑)를 뜻한다.

「잡기하」 59장

참고-經文

麻者不紳, 執玉不麻, ①麻不加於采.

번역 상복과 질(絰)을 차고 있는 자는 길복에 착용하는 대대(大帶)를 두르지 않고, 옥을 들고 있는 자는 질(絰)을 두를 수 없으며, 질(絰)은 채색된 옷에 차지 않는다.

① ○麻不加於采.

補註 鄭註: 謂弁絰者必服弔服也.

번역 정현의 주에서 말하길, 변질(弁絰)을 쓸 때에는 반드시 조복(弔服)을 착용한다는 뜻이다.

참고-集說

疏曰: 按聘禮, "己國君薨, 至於主國, 衰而出", 註云, "可以凶服將事, 蓋受主君小禮, 得以凶服, 若①聘享大事, 則必吉服也."

번역 소에서 말하길, 『의례』「빙례(聘禮)」편을 살펴보면, "자기 나라의 군주가 죽었는데, 빙문으로 찾아간 나라에 도착하게 되면, 사신은 상복을 착용하고 나간다."[1)] 라고 했고, 정현의 주에서는 "흉복을 착용하고 일을 맡아볼 수 있으니, 무릇 빙문한 나라의 군주로부터 옥을 받는 것은 작은 예법에 해당하므로, 흉복을 착용할 수 있다. 만약 빙문과 예물을 바치는 중대한 사안이라면, 반드시 길복을 착용한다."라고 했다.

---

1) 『의례』「빙례(聘禮)」: 聘君若薨于後, 入竟則遂. 赴者未至, 則哭于巷, 衰于館. 受禮, 不受饗食. 赴者至, 則衰而出. 唯稍受之.

① **聘享大事則必吉服.**

補註 聘禮: "赴者未至, 則哭于巷, 衰于館. 受禮, 不受饗食. 赴者至, 則衰而出. 唯稍受之." 疏曰: "主人所歸禮, 則賓可以凶服受之, 其正行聘享, 則著吉服, 故雜記云, '執玉不麻.'"

번역 『의례』「빙례(聘禮)」편에서 말하길, "부고를 알리는 자가 아직 도착하지 않았다면 마을의 문에서 곡을 하고 숙소에서만 상복을 입는다. 본래의 예식에 따른 음식을 받지만 향례와 사례의 음식은 받지 않는다. 부고를 알리는 자가 도착하게 되면 상복을 입고 밖으로 나간다. 다만 곡식만 받는다."라고 했고, 소에서는 "주인이 보낸 정규 예식의 음식이라면 빈객은 흉복을 착용하고 받을 수 있는데, 빙향의 의례를 시행하게 되면 길복을 착용한다. 그렇기 때문에 「잡기」편에서는 '옥을 들고 있는 자는 질(絰)을 두를 수 없다.'"라고 했다.

「잡기하」 60장

참고-集說

①國有大祭祀, 則喪者不敢哭. 然朝奠夕奠之時, 自卽其阼階下之位, 而因仍禮節之故事以行也.

번역 나라에 큰 제사가 있으면 상을 치르는 자는 감히 곡을 할 수 없다. 그러나 아침에 올리는 전제사와 저녁에 올리는 전제사 때에는 스스로 동쪽 계단 밑의 자리로 나아가서, 예절에 따른 옛 일대로 그 의례를 시행한다.

① ○國有大祭[止]不敢哭.

補註 郊特牲: 郊祭之日, 喪者不敢哭.

번역 『예기』「교특생(郊特牲)」편에서 말하길, 교제사를 지내는 날에 상을 치르고 있는 자는 감히 곡을 할 수 없다.[1)]

---

1) 『예기』「교특생(郊特牲)」: 祭之日, 王皮弁以聽祭報, 示民嚴上也. 喪者不哭, 不敢凶服, 汜埽反道, 鄕爲田燭, 弗命而民聽上.

「잡기하」 62장

참고-經文

孔子曰: "伯母叔母疏衰, 踊不絶地. 姑姊妹之大功, 踊絶於地. 如知此者, ①由文矣哉! 由文矣哉!"

번역 공자가 말하길, "백모와 숙모에 대해 자최복(齊衰服)을 착용할 경우, 상복의 수위가 높더라도 그녀들에 대한 정감이 낮으므로, 용(踊)을 할 때에는 땅에서 발을 떼지 않는다. 반면 고모와 자매에 대해 대공복(大功服)을 착용할 경우, 상복의 수위가 낮더라도 그녀들에 대한 정감이 높으므로, 용(踊)을 할 때에는 땅에서 발을 뗀다. 이와 같은 사실을 아는 자라면, 예법의 형식을 제대로 지킬 수 있을 것이다! 예법의 형식을 제대로 지킬 수 있을 것이다!"라고 했다.

① 由文矣哉.

補註 類編曰: 此言由於情, 不由於文. 註恐不然.

번역 『유편』에서 말하길, 이 문장은 정감에서 비롯되는 것이지 격식에서 비롯되는 것이 아니라는 뜻이다. 따라서 주의 설명은 아마도 잘못된 것 같다.

「잡기하」 63장

참고-經文

①泄柳之母死, 相者由左; 泄柳死, 其徒由右相. 由右相, 泄柳之徒爲之也.

번역 설류의 모친이 돌아가셨을 때, 의례의 진행을 돕는 자는 좌측에 위치해서 도왔다. 그런데 설류가 죽었을 때, 그의 무리들은 우측에 위치하여 일을 도왔다. 우측에서 일을 돕는 비례는 설류의 무리들이 처음으로 시행했다.

① ○泄柳.

補註 鄭註: 泄柳, 魯穆公時賢人也.

번역 정현의 주에서 말하길, '설류(泄柳)'는 노나라 목공 때의 현자이다.

補註 ○按: 泄柳見孟子.

번역 ○살펴보니, '설류(泄柳)'는 『맹자』에 나온다.[1]

---

1) 『맹자』「공손추하(公孫丑下)」: 曰, 坐! 我明語子. 昔者魯繆公無人乎子思之側, 則不能安子思, 泄柳·申詳無人乎繆公之側, 則不能安其身. / 『맹자』「등문공하(滕文公下)」: 孟子曰, 古者不爲臣不見. 段干木踰垣而辟之, 泄柳閉門而不納, 是皆已甚, 迫, 斯可以見矣.

「잡기하」 65장

참고-經文

①士三月而葬, 是月也卒哭. 大夫三月而葬, 五月而卒哭. 諸侯五月而葬, 七月而卒哭. 士三虞, 大夫五, 諸侯七.

번역 사는 3개월이 지나서 장례를 치르며, 장례를 치른 달에 졸곡(卒哭)을 한다. 대부는 3개월이 지나서 장례를 치르고, 5개월이 지나서 졸곡을 한다. 제후는 5개월이 지나서 장례를 치르고, 7개월이 지나서 졸곡을 한다. 사는 3차례 우제(虞祭)를 치르고, 대부는 5차례 치르며, 제후는 7차례 치른다.

① ○士三月而葬章.

補註 按: 檀弓疏引此文, 曰: "約此, 天子七月而葬, 九月而卒哭."

번역 살펴보니, 『예기』「단궁(檀弓)」편의 소에서는 이곳 문장을 인용하며, "이를 요약해보면 천자는 7개월이 지나서 장례를 치르고 9개월이 지나서 졸곡을 한다."라고 했다.

補註 ○又按: 如此則大夫以上, 虞與卒哭之間太曠, 此與變而之吉祭, 必於是日也接之義有異, 可疑.

번역 ○또 살펴보니, 만약 이처럼 한다면 대부 이상의 계급은 우제와 졸곡 사이의 기간이 너무 큰데, 이것과 "변례를 따라 길제로 접어들 때에는 반드시 그 사이에 걸리는 강일(剛日)마다 제사를 지낸다."[1]라는 것과 차이가 생기니 의문스러운 내용이다.

---

1) 『예기』「단궁하(檀弓下)」: 其變而之吉祭也, 比至於祔, 必於是日也接, 不忍一日末有所歸也.

「잡기하」 68장

참고-經文

升正柩, 諸侯①執綍五百人, 四綍皆銜枚, 司馬執鐸, 左八人, 右八人, 匠人執羽葆御柩. 大夫之喪, 其升正柩也, ②執引者三百人, 執鐸者左右各四人, 御柩以茅.

번역 장례를 치르기 위해 영구를 조묘(祖廟)의 당(堂) 위로 올리고 위치를 바르게 잡을 때, 제후의 경우에는 상엿줄을 잡는 자가 500명이며, 상여에 매달린 4개의 상엿줄에 각각 고르게 분포하여 위치하고 모두들 입에 재갈을 물어서 떠들지 않으며, 사마(司馬)는 목탁을 들고서 그들에 대해 호령을 하는데, 좌측에 8명이 위치하고, 우측에 8명이 위치하여, 좌우에서 영구를 둘러싸게 되며, 장인(匠人)은 깃털로 만든 보(葆)를 잡고서 영구를 인도하게 된다. 대부의 상이라면, 영구를 당에 올려서 위치를 바로잡을 때, 상엿줄을 잡는 자는 300명이며, 목탁을 들고 좌우에 위치하는 자는 각각 4명씩이고, 영구를 인도할 때에는 모(茅)로써 한다.

① ○執綍五百人四綍.

補註 按: 五百人下當著是五吐, 四綍下當著是尼吐, 諺吐未善.

번역 살펴보니, '오백인(五百人)'이라는 구문 뒤에는 마땅히 이오[是五]토를 붙여야 하고, '사발(四綍)'이라는 구문 뒤에는 마땅히 이니[是尼]토를 붙여야 하니, 『언독』의 토는 옳지 못하다.

② 執引者三百人.

補註 鄭註: 廟中曰綍, 在塗曰引, 互言之. 大夫 · 士二綍.

번역 정현의 주에서 말하길, 묘(廟)에 있을 때에는 '발(綍)'이라 부르고, 길에 있을 때에는 '인(引)'이라 부르니, 상호 호환이 되도록 말한 것이다. 대부와 사는 모두 2개의 발(綍)을 달게 된다.

참고—集說

升正柩者, 將葬柩朝祖廟, 升西階, 用①輁軸載柩于兩楹間而正之也. 柩有四紼. 枚形似箸, 兩端有小繩, 銜于口而繫于頸後, 則不能言, 所以止喧譁也. 五百人皆用之. 司馬十六人執鐸, 分居左右夾柩, 以號令於衆也. 葆形如蓋, 以羽爲之. 御柩者, 在柩車之前, 若道塗有低昂傾虧, 則以所執者爲抑揚左右之節, 使執紼者知之也. 引, 卽紼, 互言之耳. 茅, 以茅爲麾也.

번역 '승정구(升正柩)'라는 말은 장례를 치르려고 하여 영구를 조묘(祖廟)에 알현시키며 서쪽 계단으로 올리는데, 공축(輁軸)을 사용해서 양쪽 기둥 사이에 영구를 올리고 위치를 바로잡는다. 영구에는 4개의 발(紼)이 달려 있다. '매(枚)'는 그 모습이 대나무로 만든 통과 유사하며, 양쪽 끝에는 작은 새끼줄이 달려 있어서, 입에 재갈처럼 물리고서 목 뒤에서 묶게 되면 말을 할 수 없으니, 시끄럽게 떠드는 것을 그치게 하는 도구이다. 500명의 사람들은 모두 이것을 사용하여 입에 문다. 사마(司馬) 16명은 목탁[鐸]을 잡고, 좌우로 나뉘어 양쪽에서 영구를 둘러싸니, 이들을 통해 많은 사람들을 호령한다. '보(葆)'는 그 모습이 뚜껑[蓋]과 유사한데, 깃털로 만든다. 영구를 인도하는 자는 영구를 실은 수레 앞에 위치하니, 만약 길에 낮아지거나 높아지는 등의 굴곡이 있다면, 손에 든 것을 좌우로 낮추거나 올리는 기준으로 삼아, 상엿줄을 잡고 있는 자로 하여금 그 사실을 인지하도록 한다. '인(引)'은 곧 발(紼)에 해당하니, 상호 호환이 되도록 말한 것일 뿐이다. '모(茅)'는 띠풀로 만든 일종의 깃발이다.

① 輁軸.

補註 字彙: 輁軸, 所以支柩.

번역 『자휘』에서 말하길, '공축(輁軸)'은 관을 지탱해주기 위한 것이다.

「잡기하」 69~70장

참고—經文

①孔子曰: 管仲鏤簋而朱紘, 旅樹而反坫, 山節而藻梲, 賢大夫也, 而②難爲上也. 晏平仲祀其先人, 豚肩不揜豆, 賢大夫也, 而②難爲下也. 君子上不僭上, 下不偪下.

번역 공자는 "관중은 궤(簋)에 조각을 해서 장식을 하고 면류관의 끈을 주색으로 달았으며, 여수(旅樹)를 설치하고 반점(反坫)을 두었으며, 두공에 산을 조각하고 단주에 수초풀을 그렸으니, 현명한 대부였다고 하더라도, 윗사람에게 참람되게 군 자이다. 안평중은 조상에게 제사를 지내며, 너무 작은 희생물을 사용해서 돼지의 어깨부위가 두(豆)조차 가릴 수 없을 정도였으니, 현명한 대부였다고 하더라도, 아랫사람을 핍박하는 자이다. 군자는 위로 윗사람에게 참람되게 굴지 않고, 아래로 아랫사람을 핍박하지 않는다."라고 말했다.

① 孔子曰管仲鏤簋章.

補註 按: 此章連下章, 與禮器文小有異同, 而訓解已詳於禮器補註, 宜參考. 旅樹反坫, 見郊特牲.

번역 살펴보니, 이곳 문장[1]과 바로 뒤에 나오는 문장[2]은 『예기』「예기(禮器)」편의 기록[3]과 다소 차이점이 있는데, 자세한 풀이는 「예기」편의 보주에 기록해 두었으니 참고해야만 한다. 여수와 반점에 대해서는 그 설명이 『예기』「교특생(郊特牲)」편[4]에 나온다.

---

1) 『예기』「잡기하」: 孔子曰, 管仲鏤簋而朱紘, 旅樹而反坫, 山節而藻梲, 賢大夫也, 而難爲上也.

2) 『예기』「잡기하」: 晏平仲祀其先人, 豚肩不揜豆, 賢大夫也, 而難爲下也. 君子上不僭上, 下不偪下.

3) 『예기』「예기(禮器)」: 管仲鏤簋朱紘, 山節藻梲, 君子以爲濫矣. 晏平仲祀其先人, 豚肩不揜豆, 澣衣濯冠以朝, 君子以爲隘矣.

② **難爲上也[又]難爲下也.**

補註 按: 難爲上, 言上之人爲其所僭逼, 難乎居上也. 難爲下, 言下之人以其降逼, 故無以爲別, 難乎居下也.

번역 살펴보니, '난위상(難爲上)'은 위에 있는 사람은 그의 참람됨과 핍박을 받아서 위에 있기가 어렵다는 뜻이다. '난위하(難爲下)'는 아래에 있는 사람은 그가 낮추고 줄임으로 인해서 구별할 것이 없게 되어 아래에 있기가 어렵다는 뜻이다.

참고-集說

鏤簋, 簋有雕鏤之飾也. 紘, ①冕之飾, 天子朱, 諸侯青, 大夫士緇. 旅, 道也. 樹, 屛也. 立屛當所行之路以蔽內外也. 反坫, 反爵之坫也. 土爲之, 在兩楹間. 山節, 刻山於柱頭之②斗拱也. 藻, 水草. 藻梲, 畫藻於梁上之短柱也. 難爲上, 言僭上也.

번역 '누궤(鏤簋)'는 궤(簋)에 조각을 새겨서 장식한 것이 있다는 뜻이다. '굉(紘)'은 면류관의 장식인데, 천자는 주색으로 하며 제후는 청색으로 하고 대부와 사는 검은색으로 한다. '여(旅)'는 길을 뜻한다. '수(樹)'는 병풍을 뜻한다. 지나다녀야 하는 길에 병풍을 세워서 안과 밖을 가리는 것이다. '반점(反坫)'은 술잔을 돌려놓는 받침대이다. 흙을 쌓아서 만들게 되는데, 양쪽 기둥 사이에 설치한다. '산절(山節)'은 기둥 끝의 두공에 산의 모양으로 조각을 하는 것이다. '조(藻)'는 수초이다. '조절(藻梲)'은 들보 위의 단주에 수초풀을 그린 것이다. '난위상(難爲上)'은 윗사람에게 참람되게 군다는 뜻이다.

① **冕之飾.**

補註 按: 飾, 宜代以系字.

4) 『예기』「교특생(郊特牲)」: 臺門而旅樹, 反坫, 繡黼丹朱中衣, 大夫之僭禮也.

번역 살펴보니, '식(飾)'자는 마땅히 계(系)자로 교체해야 한다.

② 斗拱.

補註 拱, 當作栱.

번역 '공(拱)'자는 공(栱)자로 기록해야 한다.

참고-集說

大夫祭用少牢, 不合用豚①肩, 在俎不在豆. 此但喩其極小, 謂倂豚兩肩亦不能掩豆耳. 難爲下, 言偪下也.

번역 대부의 제사에서는 소뢰(少牢)를 사용하니, 돼지의 어깨 부위를 사용하는 것은 합당하지 않으며, 도마에 올려두고 두(豆)에 올려두지 않는다. 이 말은 단지 희생물이 매우 작았음을 비유한 것이니, 돼지의 양쪽 어깨 부위를 합쳐도 두(豆) 전체를 가릴 수 없을 정도로 작았다는 뜻이다. '난위하(難爲下)'는 아랫사람을 핍박한다는 뜻이다.

① ○肩在俎[止]掩豆耳.

補註 按: 疏本文, 掩豆耳下有"不謂豚在豆也"六字.

번역 살펴보니, 소의 본문에는 '엄두이(掩豆耳)'라는 구문 뒤에 "실제로 돼지를 두에 올렸다는 뜻이 아니다[不謂豚在豆也]."라는 여섯 글자가 더 기록되어 있다.

「잡기하」 71장

참고-集說

三年之喪, 父母之喪也. 女嫁者爲父母期, 此以本親言也. 踰封, 越疆也. 言國君夫人奔父母之喪, 用諸侯弔禮, 主國待之, 亦用待諸侯之禮. 闈門, 非正門, 宮中往來之門也. 側階, 非正階, ①東房之房階也. ②此皆異於女賓. 主國君在阼階上, 不降迎也. 奔喪, 謂哭踊髽麻之類.

번역 '삼년지상(三年之喪)'은 부모의 상을 뜻한다. 여자가 시집을 가게 되면 자신의 부모를 위해서 기년상(期年喪)을 치르는데, '삼년지상(三年之喪)'은 본래의 친족 관계에 따라 말한 것이다. '유봉(踰封)'은 국경을 넘어간다는 뜻이다. 즉 제후의 부인이 부모의 상에 분상(奔喪)을 하게 되면 제후가 조문하는 예법을 사용하고, 상을 당한 나라에서 그녀를 대할 때에도 또한 제후를 대하는 예법을 사용한다는 뜻이다. '위문(闈門)'[1]은 정문이 아니니, 건물 안에서 왕래할 때 사용하는 문이다. '측계(側階)'는 정식 계단이 아니니, 동쪽 방(旁)에 있는 방의 계단이다. 이러한 내용들은 모두 여자 빈객의 경우와 차이를 보인다. 상을 당한 나라의 군주는 동쪽 계단 위에 있고, 내려가서 그녀를 맞이하지 않는다. '분상(奔喪)'은 곡(哭)과 용(踊) 및 머리를 트는 방식인 좌(髽)와 마(麻)를 이용해 질(絰)을 만드는 부류를 뜻한다.

① ○東房之房階也.

補註 按: 此用疏說, 而本文房階作旁階.

번역 살펴보니, 이것은 소의 주장에 따른 것인데, 소의 본문에서는 '방계(房階)'를 방계(旁階)로 기록했다.

---

1) 위문(闈門)은 궁실(宮室)이나 종묘(宗廟)의 측면에 있는 작은 문을 뜻한다.

② **此皆異於女賓.**

補註 按: 此本鄭註, 而疏曰, "夫人弔於大夫·士, 主人出迎於門外. 夫人入, 升堂卽位, 是女賓入自大門, 升自正階. 今此不然, 是不自同於女賓. 以女子子是父母之親, 不可同於女賓之疏也."

번역 살펴보니, 이것은 정현의 주에 근거한 것인데, 소에서는 "부인이 대부와 사에 대해서 조문을 하게 되면, 상주는 문밖으로 나와서 맞이한다. 부인이 들어가게 되면 당에 올라가서 자리로 나아가니, 이것은 여자 빈객이 들어갈 때에는 대문을 이용하고, 당으로 올라갈 때에는 정식 계단을 이용한다는 사실을 나타낸다. 현재 이곳 문장에서 이처럼 하지 않는다고 한 것은 딸은 스스로 여자 빈객과 동일하게 따르지 않는다는 사실을 나타낸다. 딸은 부모의 자식이니, 관계가 소원한 여자 빈객과 동일하게 따를 수 없다."라고 했다.

「잡기하」 73장

참고—經文

君子有三患: 未之聞, 患弗得聞也. 旣聞之, 患弗得學也. 旣學之, 患弗能行也. 君子有五恥: 居其位無其言, 君子恥之. 有其言無其行, 君子恥之. 旣得之而又失之, 君子恥之. 地有餘而民不足, 君子恥之. ①衆寡均而倍焉, 君子恥之.

번역 군자에게는 세 가지 근심이 있다. 앎에 대해 아직 듣지 못했을 때에는 듣지 못하게 될까를 근심한다. 이미 들었다면, 그것을 배우지 못하게 될까를 근심한다. 이미 배웠다면, 그것을 시행하지 못하게 될까를 근심한다. 군자에게는 다섯 가지 치욕이 있다. 해당 지위에 있으면서도, 지위에 걸맞은 좋은 말을 한 적이 없다면, 군자는 이것을 치욕스럽게 생각한다. 좋은 말을 했지만, 그것을 시행함이 없다면, 군자는 이것을 치욕스럽게 생각한다. 덕을 갖췄다고 하여 이미 해당 지위를 얻었는데, 재차 덕이 없다는 이유로 물러나게 된다면, 군자는 이것을 치욕스럽게 생각한다. 채지로 받은 땅이 넓은데도 백성들이 충분히 모여들지 않는다면, 군자는 이것을 치욕스럽게 생각한다. 임무를 부여받은 양이 상대와 균등한데도 상대의 공적이 자신보다 배가 된다면, 군자는 이것을 치욕스럽게 생각한다.

① 衆寡均而倍焉.

補註 按: 家語而下有"人功"二字, 倍下有"已"字.

번역 살펴보니, 『가어』에는 '이(而)'자 뒤에 인공(人功)이라는 두 글자가 더 기록되어 있고, '배(倍)'자 뒤에 이(已)자가 기록되어 있다.

「잡기하」 74장

참고-集說

周禮①校人六馬, 曰②種馬·戎馬·齊馬·道馬·田馬·駑馬, 駑馬, 其最下者. 下牲, 如常祭用太牢者, 降用少牢; 少牢者降用特牲; 特豕者降用特豚之類. 以年凶, 故貶損也. 王制云, "凡祭豐年不奢, 凶年不儉", 與此不同, 未詳.

번역 『주례』「교인(校人)」편에서는 여섯 종류의 말은 '종마(種馬)'·'융마(戎馬)'·'제마(齊馬)'·'도마(道馬)'·'전마(田馬)'·'노마(駑馬)'라고 했으니,[1] '노마(駑馬)'라는 것은 가장 하급의 말이다. '하생(下牲)'의 경우, 만약 일상적인 제사 때 태뢰(太牢)를 사용하는 자라면, 등급을 낮춰서 소뢰(少牢)를 사용하는 것이고, 소뢰를 사용하는 자라면, 등급을 낮춰 특생(特牲)을 사용하는 것이며, 한 마리의 돼지를 사용하는 자라면 등급을 낮춰 한 마리의 새끼 돼지를 사용하는 부류와 같다. 흉년이기 때문에 줄이고 덜어내는 것이다. 그런데 『예기』「왕제(王制)」편에서는 "무릇 제사를 지냄에 있어서, 풍년에는 사치하지 않고, 흉년에도 너무 검소하게 하지 않는다."[2]라고 하여, 이곳의 기록과 동일하지 않은데, 그 이유에 대해서는 자세히 모르겠다.

① ○校人.

補註 夏官之屬.

번역 『주례』「하관(夏官)」에 속해 있는 관리이다.

---

1) 『주례』「하관(夏官)·교인(校人)」: 辨六馬之屬: 種馬一物, 戎馬一物, 齊馬一物, 道馬一物, 田馬一物, 駑馬一物.

2) 『예기』「왕제(王制)」: 喪祭, 用不足曰暴, 有餘曰浩. 祭, 豊年不奢, 凶年不儉.

② **種馬[止]駑馬.**

補註 周禮本註: 種, 謂上善似母者. 玉路駕種馬, 戎路駕戎馬, 金路駕齊馬, 象路駕道馬, 田路駕田馬, 駑馬給宮中之役. 田路, 卽木路也.

번역 『주례』의 주에서 말하길, '종(種)'은 가장 좋은 것으로 어미와 유사하다는 뜻이다. 옥로에는 종마에 멍에를 매고, 융로[3]에는 융마에 멍에를 매며, 금로에는 제마에 멍에를 매고, 상로에는 도마에 멍에를 매며, 전로에는 전마에 멍에를 매고, 노마는 궁중에서 시행되는 노역에 사용한다. '전로(田路)'는 목로에 해당한다.

---

3) 융로(戎路)는 군주가 군중(軍中)에 있을 때 타던 수레이다. 전쟁용 수레를 범칭하는 용어로도 사용된다. 『주례』「춘관(春官) · 거복(車僕)」편에는 "車僕, 掌戎路之萃."라는 기록이 있는데, 이에 대한 정현의 주에서는 "戎路, 王在軍所乘也."라고 풀이했다. 한편 고대의 천자가 사용하던 5종류의 수레 중에는 혁로(革輅)라는 것이 있었다. '혁로'는 전쟁용으로 사용했던 수레인데, 간혹 제후의 나라에 순수(巡守)를 갈 때 사용하기도 하였다. 가죽으로 겉을 단단하게 동여매서 고정시키고, 옻칠만 하고, 다른 장식을 하지 않았기 때문에, '혁로'라고 부르는 것이다. 『주례』「춘관(春官) · 건거(巾車)」편에는 "革路, 龍勒, 條纓五就, 建大白, 以卽戎, 以封四衛."라는 기록이 있고, 이에 대한 정현의 주에서는 "革路, 鞔之以革而漆之, 無他飾."이라고 풀이했다.

「잡기하」 77장

참고-經文

①張而不弛, 文武弗能也. 弛而不張, 文武弗爲也. 一張一弛, 文武之道也.

번역 공자가 말하길, "계속 당기기만 하고 느슨하게 풀어주지 않는다면, 그러한 백성들은 문왕과 무왕이라 할지라도 다스릴 수 없다. 느슨하게 풀어주기만 하고 당기지 않는다면, 그러한 일에 대해서는 문왕과 무왕이라 할지라도 하지 않았다. 때로 당기고 때로 풀어주는 것이 바로 문왕과 무왕의 도이다."라고 했다.

① 張而[止]弗爲也.

補註 按: 此訓小註吳說是. 陳註解弗爲則得之, 而解不能則失之.

번역 살펴보니, 이 문장에 대한 풀이는 소주에 나온 오씨의 주장이 옳다. 진호의 주에서 '불위(弗爲)'를 풀이한 것은 옳지만, '불능(不能)'을 풀이한 것은 옳지 않다.

補註 ○又按: 不弛·不張下, 皆當著隱吐, 文武下, 皆當著刀吐, 言雖文武之敎令, 不能强民之所不堪, 雖文武之德澤, 亦不一任其民之安逸也.

번역 ○또 살펴보니, '불이(不弛)'와 '부장(不張)'이라는 구문 뒤에는 모두 은[隱]토를 붙여야 하고, '문무(文武)'라는 말 뒤에는 모두 도[刀]토를 붙여야 하니, 비록 문왕과 무왕의 교령이라 하더라도 백성들이 감당할 수 없는 것을 억지로 시킬 수 없고, 비록 문왕과 무왕의 은덕이라 하더라도 또한 전적으로 백성들을 안일하게 만들어서는 안 된다는 뜻이다.

참고-集說 張, 張弦也. 弛, 落弦也. 孔子以弓喩民, 謂弓之爲器, 久張而不弛, 則力必絶; 久弛而不張, 則體必變. 猶民久勞苦而不休息, 則其力憊; 久休息而不勞苦, 則其志逸. 弓必有時而張, 有時而弛, 民必有時而勞,

有時而息. 文武弗能, 言雖文王武王, 亦不能爲治也. 一於逸樂則不可, 故言文武弗爲.

번역 '장(張)'자는 시위를 당긴다는 뜻이다. '이(弛)'자는 시위를 푼다는 뜻이다. 공자는 활을 통해서 백성들에 대한 사안을 비유했으니, 활이라는 기구는 오래도록 당기기만 하고 풀어주지 않는다면 반드시 탄력이 끊어지게 되고, 오래도록 풀어두기만 하고 당기지 않는다면 반드시 몸체가 틀어지게 된다. 이것은 마치 백성들이 오래도록 수고롭게 일만하고 휴식을 취하지 않는다면 고단하게 되고, 오래도록 휴식만 취하고 수고롭게 일을 하지 않는다면 뜻이 나태해지는 것과 같다는 뜻이다. 활은 반드시 때에 따라 당기기도 하고 또 때에 따라 풀어주기도 해야 하니, 백성들에 대해서도 반드시 때에 따라 수고롭게 일을 시키고 때에 따라 휴식을 시켜야 한다. '문무불능(文武弗能)'이라는 말은 비록 문왕이나 무왕이라 할지라도 그들을 다스릴 수가 없다는 뜻이다. 한결같이 태만하게 놀기만 한다면 불가하다. 그렇기 때문에 문왕과 무왕이 하지 않았던 것이다.

참고-大全 臨川吳氏曰: 使民常勞, 則民將不堪, 上之人不能强民之從也, 故曰文武弗能. 使民久逸, 則民將廢業, 上之人不爲此以縱民之惰也, 故曰文武弗爲.

번역 임천오씨가 말하길, 백성들로 하여금 항상 수고롭게만 한다면 백성들은 감당할 수 없게 되며, 위정자도 억지로 백성들을 따르게 할 수 없기 때문에, "문왕과 무왕도 다스릴 수 없다."라고 말한 것이다. 백성들로 하여금 오래도록 쉬게만 한다면, 백성들은 자신의 과업을 버리게 되며, 위정자도 이처럼 시행하여 백성들이 게으르도록 내버려둘 수 없기 때문에, "문왕과 무왕도 할 수 없다."라고 말한 것이다.

「잡기하」 78장

참고–經文

孟獻子曰: "正月日至, 可以有事於上帝; ①七月日至, 可以有事於祖." 七月而禘, 獻子爲之也.

번역 맹헌자는 "정월 동지일에는 상제에게 교(郊)제사를 지낼 수 있고, 7월 하지일에는 조상에게 체(禘)제사를 지낼 수 있다."라고 했다. 7월에 체제사를 지내는 것은 맹헌자가 그처럼 했다.

① ○七月日至[止]於祖.

補註 按: 註疏以爲獻子以兩月日至相對, 故欲祭祖廟與天相對, 此言非也. 凡大祭宜用首時, 魯之宗廟猶以夏家之孟月, 明堂位季夏六月以禘禮祀周公, 是夏之孟月也.

번역 살펴보니, 주와 소에서는 맹헌자가 두 달의 동지와 하지가 서로 대비가 되기 때문에 조묘에 대한 제사를 하늘에 대한 제사와 상대가 되도록 하고자 했다고 여겼는데, 이 말은 잘못된 설명이다. 성대한 제사는 마땅히 각 계절의 첫 달에 지내야 하니, 노나라의 종묘제사도 여전히 하나라 때의 맹월에 지냈다. 『예기』「명당위(明堂位)」편에서 계하 6월에 체제사의 예법으로 주공에게 제사를 지냈다고 했는데,[1] 이것은 하나라 때의 맹월에 해당한다.

---

1) 『예기』「명당위(明堂位)」: 季夏六月, 以禘禮祀周公於大廟, 牲用白牡.

「잡기하」 79장

참고-集說

疏曰: 天子命畿外諸侯夫人. 若畿內諸侯夫人及卿大夫之妻, 則①玉藻註云, "天子諸侯命其臣, 后夫人亦命其妻也."

번역 소에서 말하길, 천자는 수도 밖에 머무는 제후들의 부인에 대해서 명령을 하여 허락을 한다. 만약 천자의 수도 안에 머무는 제후들의 부인과 경 및 대부의 아내에 대해서라면, 『예기』「옥조(玉藻)」편에 대한 정현의 주에서 "천자와 제후는 그들의 신하에게 명령을 내리니, 왕후와 부인들 또한 그녀들의 휘하에 있는 처들에게 의복에 대한 명령을 내릴 수 있다."라고 했다.

① ○**玉藻註云[止]妻也.**

補註 按: 此出王后褘衣章註.

번역 살펴보니, 이것은 왕후의 위의(褘衣)에 대한 문장[1]의 주에서 도출된 것이다.

---

1) 『예기』「옥조(玉藻)」: 王后褘衣, 夫人揄狄, 君命屈狄.

「잡기하」 80장

참고-經文

①外宗爲君夫人, 猶內宗也.

번역 외종(外宗)이 제후와 그의 부인을 위해 상복(喪服)을 착용하는 것은 내종(內宗)의 경우와 같다.

① 外宗爲君[止]宗也.

補註 鄭註: 皆謂嫁於國中者也. 爲君服斬, 夫人齊衰, 不敢以其親服服至尊也. 外宗, 謂姑·姊妹之女, 舅之女及從母皆是也. 內宗, 五屬之女也. 其無服而嫁於諸臣者, 從爲夫之君, 嫁於庶人, 從爲國君.

번역 정현의 주에서 말하길, 이들은 모두 같은 나라 안에서 시집을 간 자들을 뜻한다. 군주를 위해서는 참최복(斬衰服)을 착용하고, 부인을 위해서는 자최복(齊衰服)을 착용하니, 감히 친족에 따른 복장으로 지극히 존귀한 자에 대해서 복상할 수 없기 때문이다. '외종(外宗)'은 고모 및 자매의 딸자식과 외숙의 딸자식 및 종모(從母)가 모두 여기에 해당한다. '내종(內宗)'은 오속(五屬)에 속한 친족들의 딸자식이다. 그들 중 상복관계가 없고 뭇 신하들에게 시집을 간 여자들은 남편을 따라서 남편의 군주에 대한 상복을 착용하고, 서인에게 시집을 간 경우에는 남편을 따라서 그 나라의 군주에 대한 상복을 착용한다.

補註 ○按: 須先看鄭註, 後看疏說, 文義方明, 故引之.

번역 ○살펴보니, 우선 정현의 주를 보고 그 이후에 소의 주장을 보아야만 문장의 뜻이 분명해진다. 그렇기 때문에 이곳에서 정현의 주를 인용해둔 것이다.

참고-集說

疏曰: 外宗者, 謂君之姑姊妹之女, 及舅之女, 及從母皆是也. 內宗者, 君五屬內之女. 內宗爲君服斬衰, 爲夫人齊衰. 此云猶內宗也, 則齊斬皆同. 君夫人者, 是國人所稱號. 此外宗, 謂嫁在國中者. 若國外, 當云諸侯也. ①古者大夫不外娶, 故君之姑姊妹嫁於國內大夫爲妻, 是其正也. ②諸侯不內娶, 故舅女及從母不得在國中. 凡內外宗, 皆據有爵者, 其無服而嫁於諸臣, 從爲夫之君者, 內外宗皆然. 若嫁於庶人, 則亦從其夫爲國君服齊衰三月者, 亦內外宗皆然.

번역 소에서 말하길, '외종(外宗)'은 군주의 고모 · 자매가 낳은 딸자식, 외숙의 딸자식, 종모(從母)[1] 등이 모두 여기에 해당한다. '내종(內宗)'은 군주의 오속(五屬)에 속한 친족의 딸자식을 뜻한다. 내종은 군주를 위해서 참최복(斬衰服)을 착용하고, 그의 부인을 위해서 자최복(齊衰服)을 착용한다. 이곳에서는 "내종과 같다."라고 했으니, 참최복을 착용한다는 것은 모두 동일하다. '군(君)'과 '부인(夫人)'은 그 나라의 사람들이 지칭하는 호칭이다. 이곳에서 '외종(外宗)'이라고 말한 자들은 같은 나라 안에서 시집을 간 여자들을 뜻한다. 만약 다른 나라로 시집을 간 경우라면 마땅히 '제후(諸侯)'라고 불러야 한다. 고대의 대부들은 다른 나라에서 아내를 맞이하지 않았다. 그렇기 때문에 군주의 고모 · 자매 등이 같은 나라에 살고 있는 대부에게 시집을 가서 그들의 아내가 되었으니, 이것은 정식 규범에 해당한다. 제후는 국내에서 아내를 맞이하지 않는다. 그렇기 때문에 외숙의 딸 및 종모 등은 국내에 있을 수가 없다. 무릇 내종과 외종은 모두 작위를 가지고 있는 자를 기준으로 말한 것이니, 상복관계가 없고 뭇 신하들에게 시집을 간 여자들은 남편을 따라 남편의 군주를 위해서 상복을 착용하니, 내종과 외종이 모두 이러하다. 만약 서인에게 시집을 간 여자라면, 또한 그녀의 남편을 따라서 그 나라의 군주를 위해서 자최복(齊衰服)을 3개월 동안 착용하니, 이 또한 내종과 외종이 모두 이처럼 따른다.

---

1) 종모(從母)는 모친의 자매인 이모를 뜻한다.

① 古者大夫不外娶.

補註 按: 疏本文, 此句上有"外宗, 謂姑·姊妹之女, 舅之女及從母皆是也"者十八字.

번역 살펴보니, 소의 본문에는 이 구문 앞에 "외종은 군주의 고모·자매의 딸자식 및 외숙의 딸자식과 종모가 모두 여기에 해당한다."라는 말이 기록되어 있다.

② 諸侯不內娶.

補註 按: 疏本文, 是其正也之下有"曰君之舅女及從母在國中者, 非正也. 所以非正者, 以諸侯不內取故也." 陳註引疏說而刪略之, 文義欠明, 故補之.

번역 살펴보니, 소의 본문에는 '기정야(其正也)'라는 구문 뒤에 "군주의 외숙 딸과 군주의 종모가 같은 나라에 있는 것은 정식 규범이 아니다. 정식 규범이 되지 않는 이유는 제후는 같은 나라에서 아내를 맞이하지 않기 때문이다."라는 말이 기록되어 있는데, 진호의 주에서는 소의 주장을 인용하면서 이 부분을 삭제하여 문장의 뜻이 다소 불분명하게 되었다. 그렇기 때문에 그 내용을 보충한 것이다.

참고-集說

①又按儀禮喪服疏云, "外宗有三: 周禮②外宗之女有爵, 通卿大夫之妻, 一也. 雜記註, 謂君之姑·姊妹之女·舅之女·從母皆是, 二也. ③若姑之子婦, 從母之子婦, 其夫是君之外親, 爲君服斬, 其婦亦名外宗, 爲君服期, 三也. 內宗有二: 周禮內女之有爵, 謂同姓之女悉是, 一也. 雜記註, 君之五屬之內女, 二也."

번역 또한 『의례』「상복(喪服)」편의 소를 살펴보면, "외종(外宗)에는 세 종류가 있다. 『주례』에서는 외종의 여자 중 작위를 가지고 있는 자이니, 이들은 경과 대부의 아내들과 함께 첫 번째 부류가 된다. 『예기』「잡기」편에 대한 정현 주에서는 군주의 고모·자매의 딸자식, 외숙의 딸자식, 종모 등이 모두 여기에 해당한다고 했으니, 이것이 두 번째 부류이다. 고모의 아들 부인, 종모의 아들 부인과 같은 경우, 그녀들의 남편은 군주의 외친이 되어 군주를 위해 참최복(斬衰服)을 착용하니, 그들의 부인 또한 외종이라고 부르며, 군주를 위해서 기년복(期年服)을 착용한다. 이것이 세 번째 부류이다. 내종(內宗)에는 두 종류가 있다. 『주례』에서는 내녀(內女) 중 작위를 가진 자라고 했는데, 천자와 동성인 여자들이 모두 여기에 해당하여, 첫 번째 부류가 된다. 「잡기」편의 주에서 군주의 오속(五屬)에 속한 내녀라고 했으니, 두 번째 부류가 된다."라고 했다.

① 又按儀禮·喪服疏云.

補註 按: 此乃服問君爲天子三年章疏也. 勉齋收入於喪服傳, 故云喪服疏, 而實非喪服本疏也.

번역 살펴보니, 이것은 『예기』「복문(服問)」편에서 "제후는 천자를 위해서 참최복을 입고 삼년상을 치른다."[2]라고 했던 문장의 소에 해당한다. 면재가 「상복」편의 전문에 이것을 삽입하였기 때문에 「상복」편에 대한 소라고 말한 것이지만, 실제로는 「상복」편에 있는 본래의 소가 아니다.

② 外宗之女有爵[止]之妻.

補註 周禮·春官: "內宗, 凡內女之有爵. 外宗, 凡外女之有爵者." 註云: "內女, 王同姓之女, 謂之內宗也. 有爵, 其嫁於大夫及士者. 外女, 王諸姑姊妹之女, 謂之外宗." 疏曰: "鄭於外宗, 不解有爵者, 已於內宗註訖, 此亦可知也."

번역 『주례』「춘관(春官)」에서는 "내종(內宗)은 내녀 중에서도 작위를 가진 자이다. 외종(外宗)은 외녀 중에서도 작위를 가진 자이다."[3]라고 했고, 주에

---

2) 『예기』「복문(服問)」: 君爲天子三年, 夫人如外宗之爲君也. 世子不爲天子服.

서는 "'내녀(內女)'는 천자와 동성인 여자들로, 이들을 '내종(內宗)'이라고 부른다. 작위를 가졌다는 것은 그녀들 중 대부나 사에게 시집을 간 여자를 뜻한다. '외녀(外女)'는 천자의 고모 및 자매들의 딸자식으로, 이들을 '외종(外宗)'이라고 부른다."라고 했으며, 소에서는 "정현은 외종에 대해서 작위를 가졌다는 말을 풀이하지 않았는데, 그 내용은 내종에 대한 주에서 이미 설명했으니, 여기에서도 작위를 가진 경우임을 알 수 있다."라고 했다.

補註 ○按: 以此觀之, 此疏外宗之女有爵, 當作外女之有爵. "通卿大夫之妻"六字, 不在周禮, 蓋此疏自以意解之云, 通卿及大夫之妻, 皆爲有爵也. 大夫下, 亦當依本註, 有士字.
번역 ○살펴보니, 이를 통해 보면 이곳 소의 기록에서 '외종지녀유작(外宗之女有爵)'이라고 한 말은 마땅히 외녀지유작(外女之有爵)이라고 기록해야 한다. 또 '통경대부지처(通卿大夫之妻)'라는 말은 『주례』에 기록되어 있지 않은데, 아마도 이곳 소의 기록은 그 의미에 따라 풀이해서 경과 대부의 처들도 모두 작위를 가진 자가 된다고 말한 것이다. '대부(大夫)'라는 말 뒤에도 본래의 주에 따라서 사(士)자가 기록되어야 한다.

③ 若姑之子婦[止]三也.

補註 按: 服問, "夫人如外宗之爲君也." 註, "外宗, 君外親之婦也. 其夫與諸侯爲兄弟服斬, 妻從服期. 諸侯爲天子服斬, 夫人亦從服期"云, 故疏解之如此, 先言周禮之外宗, 次言雜記之外宗, 次言服問本章之外宗也.
번역 살펴보니, 『예기』「복문(服問)」편에서는 "제후의 부인은 제후의 외종이 제후를 위해 기년상(期年喪)을 치르는 것과 동일하게, 천자를 위해서 기년상을 치른다."[4]라고 했고, 주에서는 "'외종(外宗)'은 군주의 외가 친족에 속

---

3) 『주례』「춘관종백(春官宗伯)」: 內宗, 凡內女之有爵者. 外宗, 凡外女之有爵者.
4) 『예기』「복문(服問)」: 君爲天子三年, 夫人如外宗之爲君也. 世子不爲天子服.

하는 부인들을 뜻한다. 그녀의 남편이 제후와 형제가 되어, 남편은 제후를 위해 참최복(斬衰服)을 착용하며, 처는 종복(從服)[5]을 하여 기년복(期年服)을 착용한다. 제후는 천자를 위해서 참최복을 착용하고, 제후의 부인 또한 종복을 하여 기년복을 착용한다."라고 했다. 그렇기 때문에 소의 풀이가 이와 같아서, 먼저 『주례』에 나온 외종에 대해 말하고, 그 다음으로 『예기』「잡기(雜記)」편에 나온 외종에 대해 말하며, 그 다음으로 「복문」편의 본장에 나오는 외종에 대해 말한 것이다.

---

5) 종복(從服)은 고대에 상복(喪服)을 착용했던 여섯 가지 방식 중 하나이다. '종복'은 남을 따라서 상복을 착용한다는 뜻으로, '종복'에도 속종(屬從)·도종(徒從)·종유복이무복(從有服而無服)·종무복이유복(從無服而有服)·종중이경(從重而輕)·종경이중(從輕而重)이라는 경우가 있다. '속종'은 친속 관계에 따라 상복을 착용하는 경우이다. '도종'은 공허하게 남을 따라서 친속 관계가 없는 자에 대해 상복을 착용하는 경우이다. '종유복이무복'은 상복을 착용해야 하는 자를 따라서 상복을 착용해야 하지만 실제로 상복을 착용하지 않는 경우이다. '종무복이유복'은 상복을 착용하지 않아야 하는 자를 따라서 상복을 착용하지 않지만 실제로 상복을 착용하는 경우이다. '종중이경'은 수위가 높은 상복을 입는 자를 따라서 상복을 착용하지만, 수위가 낮은 상복을 착용하는 경우이다. '종경이중'은 수위가 낮은 상복을 입는 자를 따라서 상복을 착용하지만, 수위가 높은 상복을 착용하는 경우이다.

「잡기하」 81장

참고-經文

①廐焚, 孔子拜鄕人爲火來者. 拜之, 士壹, 大夫再, 亦相弔之道也.

번역 공자의 마구간에 화재가 발생하였다. 그 소식을 듣고 화재로 인해 향인들이 찾아와서 위로의 뜻을 표하니, 공자는 그들에게 절을 하였다. 절을 할 때 사에 대해서는 한 번 했고, 대부에 대해서는 두 번 했으니, 이것은 또한 서로에 대해 조문하는 도이다.

① 廐焚章.

補註 家語曰: 孔子爲大司寇, 國廐焚, 子退朝而之火所, 鄕人有自爲火來者, 則拜之, 士一, 大夫再. 子貢曰, "敢問何也?" 孔子曰, "其來者亦相弔之道也. 吾爲有司, 故拜之."

번역 『가어』에서 말하길, 공자가 대사구가 되었는데, 나라의 마구간에 화재가 발생하여, 공자는 퇴조한 뒤에 불이 난 곳으로 갔다. 마을 사람들 중에는 화재로 인해 찾아온 자들이 있었는데, 공자는 그들에게 절을 하며 사에 대해서는 한 번 했고 대부에 대해서는 두 번 했다. 자공이 "감히 묻습니다, 어찌하여 그처럼 하신 겁니까?"라고 묻자 공자는 "찾아온 자들에 대해서는 또한 서로 조문하는 도가 있다. 나는 유사의 직무를 맡았기 때문에 그들에게 절을 한 것이다."라고 대답했다.

참고-集說

鄭氏曰: ①宗伯職曰, 以弔禮哀禍災.

번역 정현이 말하길, 『주례』「종백(宗伯)」편의 직무 기록에서는 "조문의 예법에 따라 재앙에 대해 애도를 표한다."라고 했다.

① 宗伯[止]禍灾.

補註 周禮 · 大宗伯文.

번역 『주례』「대종백(大宗伯)」편의 기록이다.[1)]

1) 『주례』「춘관(春官) · 대종백(大宗伯)」: 以弔禮哀禍災.

「잡기하」 82장

참고-經文

①孔子曰: "管仲遇盜取二人焉, 上以爲公臣, 曰, '其所與遊辟也, 可人也.' 管仲死, 桓公使爲之服." ②宦於大夫者之爲之服也, 自管仲始也, 有君命焉爾也.

번역 공자는 "예전에 관중은 도적떼를 만난 적이 있었는데, 그 중 두 사람을 선별하여 군주의 신하로 천거했다. 그리고 '이 사람들은 어울렸던 자들이 나쁜 사람들이었기 때문에 도적이 되었던 것일 뿐이다. 본래는 좋은 사람들이다.'라고 했다. 관중이 죽자 환공은 그 두 사람으로 하여금 관중을 위해 상복을 착용하도록 시켰다."라고 했다. 대부를 섬기는 자들이 죽은 대부를 위해서 상복을 착용했던 것은 관중으로부터 시작되었으니, 군주의 명령에 따라 그처럼 되었을 뿐이다.

① 孔子曰管仲遇盜章.

補註 按: 家語子夏問曰, "官於大夫, 旣升於公, 反爲之服, 禮歟?" 孔子答之如此.

번역 살펴보니, 『가어』에서는 자하가 "대부에게서 벼슬을 했지만 이미 군주에게 천거가 되었는데 도리어 그를 위해 상복을 착용하는 것이 예법에 맞습니까?"라고 질문하자 공자가 이와 같이 대답했다.

② 宦於大夫[止]之服.

補註 宦, 古經·家語皆作官.

번역 '환(宦)'자를 『고경』과 『가어』에서는 모두 관(官)자로 기록했다.

補註 ○疏曰: 依禮仕宦於大夫升爲公臣, 不合爲大夫服. 今此從管仲爲始.

번역 ○소에서 말하길, 예법에 따르면 대부에게서 벼슬을 했다가 제후의 신하로 천거된 자들이 이전 대부를 위해 상복을 착용하는 것은 적합하지 않다.

현재의 이와 같은 일들은 관중으로부터 시작되었다.

참고-集說

管仲遇群盜，簡取二人而薦進之，使爲公家之臣，且曰，爲其所與交遊者是邪僻之人，故相誘爲盜爾．此二人本是堪可之人，可任用也．其後管仲死，桓公使此二人爲管仲服．記者言①仕於大夫而爲之服自此始，以君命不可違也．蓋於禮②違大夫而之諸侯，不爲大夫反服，桓公之意，蓋不忘管仲之擧賢也．

번역 관중은 도적떼를 만났는데, 그 중 두 사람을 선별하여 천거를 했고, 그들을 군주의 신하로 삼았으며, 또 "그가 함께 어울렸던 자들이 사악한 자들이기 때문에, 그들의 꾐에 넘어가서 도적이 되었을 따름이다. 이 두 사람은 본래 적합하고 좋은 사람들이니 등용할 수 있다."고 했다. 그 후 관중이 죽자 환공은 이 두 사람으로 하여금 관중을 위해 상복을 착용하도록 했다. 『예기』를 기록한 자는 대부를 섬기는 자들이 대부를 위해서 상복을 착용한 것은 이로부터 시작되었으며, 군주의 명령을 위배할 수 없었기 때문이라고 한 것이다. 무릇 예법에서는 대부를 떠나 제후에게 간 신하는 되돌아가 대부를 위해 상복을 착용하지 않는다고 했는데, 환공의 의중은 아마도 관중이 현명한 자를 등용시킨 것을 잊을 수 없었기 때문일 것이다.

① 仕於大夫而爲之服.

補註 按: 仕上宜添嘗字看.

번역 살펴보니, '사(仕)'자 앞에는 마땅히 상(嘗)자를 덧붙여서 보아야 한다.

② 違大夫之諸侯.

補註 上篇文.

번역 「잡기상」편의 기록이다.[1)]

---

1) 『예기』「잡기상(雜記上)」: 違諸侯之大夫不反服, 違大夫之諸侯不反服.

「잡기하」 83장

참고-經文

①過而擧君之諱, 則起. 與君之諱同, 則稱字.

번역 실수로 군주의 피휘를 말하게 되면 자리에서 일어난다. 신하의 이름이 군주의 피휘와 동일하다면, 자(字)를 지칭한다.

① **過而擧君[止]稱字.**

補註 楊梧曰: 言當坐時, 人有過而稱君諱者, 則起立. 臣名有與君諱同者, 則稱字. 此皆謂適他國者.

번역 양오가 말하길, 앉아 있을 때 잘못을 범하여 군주의 피휘를 지칭하는 자가 있다면 자리에서 일어나 서 있게 된다는 뜻이다. 신하의 이름 중에 군주의 피휘와 동일한 경우가 있다면 그의 자를 지칭한다. 이러한 규정들은 모두 다른 나라에 갔었을 때를 뜻한다.

補註 ○陽村曰: 與君之諱同者, 是謂古人之名也. 隣國之臣名同者, 亦然.

번역 ○양촌이 말하길, 군주의 피휘와 동일하다는 것은 옛 사람의 이름을 가리킨다. 이웃 나라의 신하들 중 그 이름이 군주의 피휘와 동일한 경우에도 이처럼 한다.

補註 ○按: 過字雖屬他人, 當以過誤之義看.

번역 ○살펴보니, '과(過)'자가 비록 다른 사람에게 해당하는 내용이더라도 마땅히 이 글자는 과오를 범한다는 뜻으로 보아야만 한다.

補註 ○又按: 我國之臣, 其先世有與當諱同者, 則子孫於帳籍世系變名稱字云.

번역 ○또 살펴보니, 우리나라의 신하에게 있어서도 선조 중 마땅히 피휘를 해야 하는 글자와 이름이 동일한 경우가 있다면, 그의 자손들은 호적이나 가계도에 있어서 그의 이름을 바꿔 자를 지칭해야만 한다.

「잡기하」 84장

참고-經文

①內亂不與焉, 外患弗辟也.

번역 내란에는 간여하지 않고, 외환에는 피하지 않는다.

① ○內亂不與焉.

補註 鄭註: "春秋公子友如陳葬原仲. 傳曰, '君子辟內難而不辟外難.'" 疏曰: "引春秋者, 莊二十七年, 公羊傳文."

번역 정현의 주에서 말하길, "『춘추』에서는 노나라 공자 우가 진나라로 가서 원중을 장사지냈다고 했다.[1] 그리고 전문에서는 '군자는 내란에 대해서는 피하지만 외란에 대해서는 피하지 않는다.'[2]"라고 했다. 소에서 말하길, "정현이 『춘추』를 인용했는데, 이것은 장공 27년에 대한 『공양전』의 기록이다."라고 했다.

補註 ○按: 如子路與於衛輒之難, 亦在所當戒也.

번역 ○살펴보니, 예를 들어 자로가 위첩의 난리에 간여를 했던 것 또한 마땅히 경계해야할 바이다.

---

1) 『춘추』「장공(莊公) 27년」: 秋, 公子友如陳, 葬原仲.

2) 『춘추공양전』「장공(莊公) 27년」: 原仲者何? 陳大夫也, 大夫不書葬, 此何以書. 通乎季子之私行也. 何通乎季子之私行. 辟內難也. 君子辟內難, 而不辟外難.

「잡기하」 85장

참고-經文

贊大行曰: "圭, 公九寸, 侯伯七寸, 子男五寸, 博三寸, 厚半寸, ①剡上左右各寸半, 玉也. 藻三采六等."

번역 「찬대행」에서 말하길, "규(圭)에 있어서 그 크기의 경우 공작은 9촌(寸)으로 하며, 후작 · 백작은 7촌으로 하고 자작 · 남작은 5촌으로 하며, 너비는 3촌으로 하고 두께는 0.5촌으로 하며 위의 좌우측은 깎아내니 각각 1.5촌으로 하는데, 이들은 모두 옥으로 만든다. 옥구슬 장식은 3가지 색깔을 넣고 6줄로 만든다."라고 했다.

① ○剡上[止]玉也.

補註 疏曰: 玉也者, 謂五等諸侯, 圭璧俱以玉爲之.

번역 소에서 말하길, 옥이라고 한 것은 다섯 등급의 제후들이 사용하는 규와 벽은 모두 옥으로 만든다는 뜻이다.

補註 ○按: 各寸半當句, 玉也又當句, 諺吐誤.

번역 ○살펴보니, '각촌반(各寸半)'은 마땅히 하나의 구문이 되며, '옥야(玉也)'라는 것 또한 하나의 구문이 되어야 하니, 『언독』의 토는 잘못되었다.

참고-集說

贊大行, 古禮書篇名也. 其書必皆①贊說大行人之職事, 今記者引之, 故云贊大行曰. 子男執璧, 非圭也, 記者失之. 博三寸, 圭也. 厚半寸, 圭璧各厚半寸也. 剡上, 削殺其上也. 藉玉者以韋衣板, 而藻畫朱白蒼三色爲六行, 故曰藻三采六等也.

번역 '찬대행(贊大行)'은 고대『예서』의 편명이다. 그 기록은 분명 대행인의 직무 기록에 대해서 보충 설명을 하는 내용일 것인데, 현재『예기』를 기록한 자가 인용을 했기 때문에 '찬대행왈(贊大行曰)'이라고 기록했다. 자작과 남작은 벽(璧)을 들게 되니 규(圭)가 아니므로, 이것은 기록한 자가 잘못 기술한 것이다. "너비가 3촌(寸)이다."라는 말은 규(圭)에 해당한다. "두께가 0.5촌이다."는 말은 규와 벽은 각각 그 두께를 0.5촌으로 만든다는 뜻이다. '섬상(剡上)'은 위를 깎아낸다는 뜻이다. 옥을 받치는 깔개는 나무판에 가죽으로 옷을 입히고 옥구슬 장식에는 주색 · 백색 · 청색의 세 색깔로 채색을 하여 여섯 줄로 만든다. 그렇기 때문에 "조(藻)에는 세 가지 채색을 하고 여섯 줄로 만든다."라고 말한 것이다.

① 贊說大行人之職事.

補註 疏曰: 周禮 · 秋官有大行人, 職掌諸侯五等之禮.

번역 소에서 말하길,『주례』「추관(秋官)」에는 대행인이라는 관리가 있는데, 그의 직무는 제후들에 대해서 다섯 등급에 따른 예법을 담당한다.

「잡기하」 87장

참고—經文

成廟則釁之, 其禮祝宗人宰夫雍人, 皆爵弁純衣. 雍人拭羊, 宗人祝之, 宰夫北面于①碑南東上. 雍人擧羊升屋自中, 中屋南面刲羊, 血流于前乃降. 門夾室皆用雞, 先門而後夾室. 其衈皆於屋下, ②割雞, 門當門, 夾室中室. 有司皆鄕室而立, 門則有司當門北面. 旣事, 宗人告事畢, 乃皆退. 反命于君曰, "釁某廟事畢." 反命于寢, 君南鄕于門內朝服, 旣反命乃退.

번역 종묘(宗廟)를 처음으로 완성하게 되면 피칠을 하게 되는데, 그 예법은 다음과 같다. 축(祝) · 종인(宗人) · 재부(宰夫) · 옹인(雍人)은 모두 작변(爵弁)과 순의(純衣)를 착용한다. 옹인은 양을 씻고 종인은 축문을 아뢰며, 재부는 희생물을 매어둔 말뚝의 동쪽 끝에 위치하여 북쪽을 바라본다. 옹인이 양을 들고서 가운데를 통해 지붕으로 올라가고, 지붕 가운데 위치하여 남쪽을 바라보며 양을 갈라서 그 피가 앞쪽으로 흐르도록 한 뒤에 내려온다. 묘문과 협실에 대해서 피칠을 할 때에는 모두 닭을 사용하는데, 묘문에 대해서 먼저 시행하고, 그 이후에 협실에 대해서 시행한다. 피칠을 할 때에는 먼저 희생물의 귀 측면에 있는 털을 뽑아서 신에게 바치는데, 이 모두는 지붕 아래에서 하게 되고, 닭을 가를 때 묘문에 피칠을 하게 되면 문의 지붕 가운데에서 하고, 협실에 피칠을 하게 되면 협실 지붕의 가운데에서 한다. 일을 담당하는 자들은 모두 협실을 바라보고 서 있게 되고, 묘문에 대해서 피칠을 하게 되면 일을 담당하는 자들은 묘문 쪽을 향하여 북쪽을 바라보게 된다. 그 일들이 끝나면, 종인은 재부에게 그 사안이 모두 끝났다고 아뢰고, 곧 물러난다. 재부는 군주에게 가서 보고를 하니, "아무개 묘(廟)에 대해 피칠하는 일이 모두 끝났습니다."라고 말한다. 돌아가서 보고를 할 때에는 군주가 있는 노침(路寢)에서 하게 되는데, 군주는 문 안쪽에서 남쪽을 바라보며 조복을 착용한 상태에서 보고를 받고, 보고하는 일이 끝나면 곧 물러난다.

① 碑南東上.

補註 鄭註: 居上者, 宰夫也. 宰夫, 攝主也.

번역 정현의 주에서 말하길, 여기에서 말한 관리들 중 가장 높은 자는 재부(宰夫)이다. 재부는 주인의 일을 대신 시행하는 자이다.

② **割鷄[止]中室.**

補註 按: 諺吐未精, 當改之曰, "割鷄爲乙士伊, 門隱, 當門爲古, 夾室隱, 中室乎代."

번역 살펴보니, 『언독』의 토는 정확하지 못하니, 마땅히 "割鷄할새[爲乙士伊] 門은[隱] 當門하고[爲古] 夾室은[隱] 中室호대[乎代]"라고 고쳐야 한다.

補註 ○又按: 此章與大戴·諸侯釁廟同, 而有少異. 今入續通解.

번역 ○또 살펴보니, 이 문장은 『대대례기』「제후흔묘」편과 동일한데 작은 차이가 있다. 현재는 『속통해』에 수록되어 있다.

「잡기하」 88장

참고-經文

①路寢成, 則考之而不釁. 釁屋者, 交神明之道也.

번역 노침(路寢)을 완성하면, 연회를 베풀며 낙성식을 하지만, 지붕에 피칠은 하지 않는다. 지붕에 피칠을 하는 것은 신명과 교감하는 도이기 때문이다.

① ○路寢成則考之.

補註 類編曰: 考, 卽考室之考, 成也. 其禮則爲酒食以落之.

번역 『유편』에서 말하길, '고(考)'자는 고실(考室)이라고 할 때의 고자로 완성한다는 뜻이다. 그 예법에 따르면 술과 음식을 마련해서 그것을 뿌린다.

참고-集說

疏曰: 考之者, 謂盛饌以落之. 庾蔚云, "①落, 謂與賓客燕會, 以酒食澆落之, 卽歡樂之義也."

번역 소에서 말하길, '고지(考之)'는 성찬을 차려서 낙성식을 한다는 뜻이다. 유울은 "'낙(落)'은 빈객과 함께 연회를 베풀어, 음주를 하며 건물을 완성한 것에 대해 축하를 하는 것이니, 기쁨과 즐거움을 나누는 뜻에 해당한다."라고 했다.

① 落謂[止]歡樂之義.

補註 按: 落, 卽左傳所謂願與諸侯落之, 及此疏所引檀弓晉大夫發焉者是也. 楊梧謂發與落, 皆有始意者, 良是. 周頌訪落之落, 亦始意, 此云歡樂之義者, 恐未瑩.

번역 살펴보니, '낙(落)'자의 뜻은 『좌전』에서 "제후들과 낙성식을 하고자 원했다."[1]라고 한 것과 이곳 소에서 인용하고 있는 「단궁」편의 "진나라 대부들이 예물을 보내 축하했다."[2]라고 한 말에 해당한다. 양오는 발자와 낙자에는 모두 시작한다는 의미가 있다고 했는데 옳은 말이다. 『시』「주송(周頌)·방락(訪落)」편의 낙자 또한 시작한다는 의미인데, 이곳에서 기쁨과 즐거움을 나누는 뜻이라고 한 말은 분명하지 못한 것 같다.

---

1) 『춘추좌씨전』「소공(昭公) 7년」: 楚子成章華之臺, 願與諸侯落之.

2) 『예기』「단궁하(檀弓下)」: 晉獻文子成室, 晉大夫發焉. 張老曰: "美哉輪焉! 美哉奐焉! 歌於斯, 哭於斯, 聚國族於斯." 文子曰: "武也得歌於斯, 哭於斯, 聚國族於斯, 是全要領以從先大夫於九京也." 北面再拜稽首. 君子謂之善頌·善禱.

「잡기하」 90장

참고-經文

①諸侯出夫人, 夫人比至于其國, 以夫人之禮行. 至以夫人入, 使者將命曰, "寡君不敏, 不能從而事社稷宗廟, 使使臣某敢告于執事." 主人對曰, "寡君固前辭不教矣, 寡君敢不敬須以俟命." 有司官陳器皿, 主人有司亦官受之.

번역 제후가 자신의 부인을 내치면, 내쳐진 부인이 자신의 본국에 도착할 때까지 사신이 함께 따라가며 제후의 부인이었을 때의 예법에 따라서 행차를 한다. 그 나라에 도착해서도 제후의 부인이었을 때의 예법에 따라 들어가고, 사신이 명령을 전달하며, "저희 군주께서 민첩하지 못하여 부인과 함께 종묘와 사직을 섬기지 못했습니다. 그래서 사신인 저 아무개를 시켜서 감히 일을 맡아보는 자에게 이러한 사실을 아룁니다."라고 말한다. 그러면 부인의 본국에서는 사신이 나와서 "저희 군주께서는 진실로 이전에 혼인을 할 때에도 제대로 가르치지 못했다고 사양을 하였었는데, 저희 군주께서 어떻게 감히 불경스럽게 여식을 기다리게 하여 되돌아오라는 군주의 명을 기다리게 하겠습니까."라고 대답한다. 그러면 부인과 함께 왔던 사신은 실무자를 시켜서 부인이 시집을 올 때 가져왔던 기물들을 진열하고, 부인의 나라에서도 실무자를 시켜서 또한 그것들을 받아들인다.

① 諸侯出夫人[止]受之.

補註 通解曰: 此諸侯禮也.

번역 『통해』에서 말하길, 이것은 제후에 대한 예법이다.

「잡기하」 91장

참고-經文

①妻出, 夫使人致之曰, "某不敏, 不能從而共粢盛, 使某也敢告於侍者." 主人對曰, "某之子不肖, 不敢辟誅, 敢不敬須以俟命." 使者退, 主人拜送之. ②如舅在則稱舅, 舅沒則稱兄, 無兄則稱夫. 主人之辭曰, "某之子不肖." ③如姑姊妹亦皆稱之.

번역 경이나 대부로부터 그 이하의 계층이 아내를 내치면, 남편은 사람을 시켜서 그녀를 배웅하며 말을 전달하니, "아무개는 민첩하지 못하여 아내와 함께 제사를 시행하지 못했습니다. 그래서 아무개를 시켜서 감히 시중을 드는 자에게 이러한 사실을 아룁니다."라고 말한다. 그러면 아내의 집에서는 "아무개의 여식이 불초하니, 감히 책임을 피하지 않겠습니다. 어떻게 감히 불경스럽게 여식을 기다리게 하여 돌아오라는 명령을 기다리겠습니까."라고 대답한다. 심부름을 왔던 자가 물러가게 되면, 아내의 집에서는 절을 하며 그를 전송한다. 만약 남편의 부친이 살아계신 경우라면, 말을 전달할 때 부친의 이름으로 하고, 부친이 돌아가신 경우라면, 남편의 형 이름으로 하며, 형도 없는 경우라면, 직접적으로 남편의 이름으로 한다. 아내의 집에서 대답하는 말에서는 "아무개의 여식이 불초합니다."라고 말한다. 고모나 자매의 경우 또한 모두 이처럼 지칭한다.

① ○妻出[止]拜送之.

補註 通解曰: 此卿·大夫以下禮也.

번역 『통해』에서 말하길, 이것은 경과 대부로부터 그 이하의 계층에 대한 예법이다.

② 如舅在[止]稱兄.

補註 鄭註: 命當由尊者出. 唯國君不稱兄.

번역 정현의 주에서 말하길, 명령은 마땅히 존귀한 자로부터 나와야 한다.

오직 제후에게 있어서만 형을 지칭하지 않는다.

③ 姑姊妹亦皆稱之.

補註 按: 家禮昏禮, 女家受采, 辭曰: "某之子若妹姪孫惷愚, 又不能教", 姑妹則不云惷愚, 又不能教, 與此異者, 豈不肖比惷愚不敎差輕故歟? 抑有罪而出與受采時不同, 當深自引咎故歟.

번역 살펴보니, 『가례』에서는 혼례에서 여자 집안에서 납채를 받을 때, "아무개의 여식 또는 여동생이나 조카딸 또는 손녀는 어리석고 또 제대로 가르침을 받지 못했습니다."라고 말하는데, 고모나 누이에 대한 경우라면 "어리석고 또 제대로 가르치지 못했습니다."는 말을 하지 않는다고 하여 이곳과 차이를 보이는데, 불초한 것을 어리석고 제대로 가르침을 받지 못했다는 것과 비교해보면 보다 가볍기 때문이 아니겠는가? 그것이 아니라면 죄를 지어 쫓겨난 것은 납채를 받을 때와는 다르니 스스로 깊이 자책해야만 하기 때문일 것이다.

補註 ○通解曰: 如舅在主人之辭此兩節, 通禮也.

번역 ○『통해』에서 말하길, 시아비가 생존해 있는 경우와 주인이 하는 말 등 이러한 두 문단은 모든 계층에게 통용되는 예법이다.

「잡기하」 92장

참고-經文

①孔子曰, "吾食於少施氏而飽, 少施氏食我以禮. 吾祭, 作而辭曰, '疏食不足祭也.' 吾飧, 作而辭曰, '疏食也, 不敢以傷吾子.'"

번역 공자는 "나는 일찍이 소시씨의 집에서 식사 대접을 받았는데, 배불리 먹을 수가 있었다. 소시씨는 나에게 예법에 따라 식사를 대접했다. 내가 음식에 대한 제사를 지내려고 하자, 그는 자리에서 일어나 사양을 하며, '보잘것없는 음식들이니 제사를 지내기에는 부족합니다.'라고 말했다. 그리고 내가 식사를 끝내고 밥에 물을 말자, 그는 자리에서 일어나서 사양을 하며, '보잘것없는 음식이니 억지로 드셔서 그대가 탈이 나도록 할 수 없습니다.'"라고 말했다.

① ○孔子曰吾食於少施章.

補註 按: 玉藻孔子食於季氏章補註, 宜叅考.

번역 살펴보니, 『예기』「옥조(玉藻)」편에서 공자가 계씨의 집에서 식사 대접을 받았다고 한 문장[1]의 보주를 참고해야만 한다.

補註 ○又按: 小註張子說極好.

번역 ○또 살펴보니, 소주에 나온 장자의 주장은 매우 옳다.

참고-大全 張子曰: 後世唯務簡便, 至如賓主相與爲禮安然不動, 復何相勸相敬之意? 但以酒食相與醉飽而已. 古人必自進籩豆几席酌酒而拜, 所以致其敬也. 末世雖宗廟之享父母之養, 禮意猶有所闕. 孔子食於少施氏而飽, 少施氏有禮也. 食於季氏, 孔子雖欲行禮, 季氏必是不知, 故不

---

1) 『예기』「옥조(玉藻)」: 孔子食於季氏, 不辭, 不食肉而飧.

辭, 不食肉而飧. 凡禮必施之於知禮者, 若爲不知禮, 亦難行.

번역 장자가 말하길, 후세에는 오직 간단하고 편리한 것에만 치중하여, 빈객과 주인이 서로 의례를 시행할 때에도 편안하게 있으며 움직이지 않는 지경에 이르렀는데, 재차 서로 권면하고 서로 공경하는 뜻이 생기겠는가? 단지 술과 음식을 빌미로 만나 취하고 배만 부르게 될 따름이다. 고대 사람들은 반드시 변(籩)·두(豆)·궤(几)·석(席)을 진설하고 술을 따라줄 때에도 절을 했으니, 공경함을 지극히 하기 위해서이다. 그러나 말세에 이르러 종묘제사 및 부모를 봉양하는 일에 있어서도 예법과 뜻에 오히려 소홀함이 생겨났다. 공자가 소시씨의 집에서 식사를 대접받음에 배불리 먹었는데, 그것은 소시씨가 예법을 갖췄기 때문이다. 반면 계씨에게서 식사를 대접받을 때에는 공자가 비록 예법대로 시행하려고 했지만, 계씨는 분명 그것을 알지 못했을 것이다. 그렇기 때문에 사양도 하지 않고, 고기도 먹지 않은 채 밥에 물을 말았다고 했다. 무릇 예법은 반드시 예법을 알고 있는 자에게 시행해야 하니, 만약 예법을 알지 못하는 자에게 시행한다면, 시행 자체가 어렵다.

「잡기하」 95장

참고-集說

疏曰: 十五許嫁而笄, 若未許嫁, 至二十而笄, 以成人禮言之. 婦人執其禮者, 十五許嫁而笄, 則主婦及女賓爲笄禮, 主婦爲之著笄, 女賓以醴禮之. 未許嫁而笄者, 則婦人禮之, 無主婦女賓不備儀也. 燕則鬈首者, 謂旣笄之後, 尋常在家燕居, 則去其笄而分髮爲鬌紒也. 此爲未許嫁, 故雖已笄, ①猶爲少者處之.

번역 소에서 말하길, 딸이 15세 때 혼인이 약속되면 계례(笄禮)를 치러주고, 만약 혼인이 약속되지 않았는데 20세가 된다면 계례를 치러서, 성인(成人)이 따라야 하는 예법을 말해준다. "부인이 그 예법을 주관한다."는 말은 딸이 15세 때 혼인이 약속되어 계례를 치르게 되면, 주부 및 여자 빈객들이 계례를 시행한다는 뜻으로, 주부는 그녀에게 비녀를 꽂아주고, 여자 빈객은 단술을 통해 그녀를 예우하게 된다. 아직 혼인이 약속되지 않았지만 나이가 차서 계례를 시행하게 된다면, 부인이 그 의례를 담당하며, 주부 및 여자 빈객이 없으니, 예법대로 모두 갖출 수 없기 때문이다. '연즉권수(燕則鬈首)'라는 말은 이미 계례를 치른 뒤, 평상시 집에서 한가롭게 거처할 때라면, 비녀를 제거하여 머리카락을 갈라서 묶는다는 뜻이다. 이것은 아직 혼인이 약속되지 않은 경우이다. 그렇기 때문에 비록 이미 계례를 치렀다고 하더라도 여전히 아이 때처럼 처신하는 것이다.

① ○猶爲少者處之.

補註 按: 通解亦載此疏, 而爲作以.

번역 살펴보니, 『통해』에도 이곳 소의 문장이 수록되어 있는데, '위(爲)'자를 이(以)자로 기록했다.

「잡기하」 96장

참고-經文

韠長三尺, ①下廣二尺, 上廣一尺, ②會去上五寸. ③紕以爵韋六寸, 不至下五寸. ④純以素, 紃以五采.

번역 슬갑의 길이는 3척(尺)이고, 하단의 폭은 2척이며, 상단의 폭은 1척이고, 꿰맨 곳이 모인 지점은 상단에서 5촌(寸)이 떨어진 지점이다. 슬갑의 측면 가선은 6촌의 길이인 적흑색의 가죽으로 만드는데, 밑으로 5촌의 지점까지는 내리지 않는다. 하단의 가선은 흰색의 끈을 사용하고, 장식으로 다는 끈은 다섯 가지 채색의 끈을 사용한다.

① 下廣二尺上廣一尺.

補註 疏曰: 下廣上狹, 象天地數也.

번역 소에서 말하길, 하단은 폭이 넓고 상단은 좁으니, 천지의 수를 상징한다.

② 會去上五寸.

補註 鄭註: "會, 謂領上縫也, 領之所用蓋與紕同." 疏曰: "紕, 旣用爵韋, 會之所用無文, 會·紕同類, 故知會之所用與紕同也. 會去上五寸者, 謂此縫去韠上畔廣五寸, 謂會上下廣五寸."

번역 정현의 주에서 말하길, "'회(會)'는 상단의 꿰맨 부분으로, 상단을 꿰맬 때 사용하는 것은 아마도 비(紕)에 사용하는 것과 같았을 것이다."라고 했다. 소에서 말하길, "비(紕)에 대해서는 이미 적흑색의 가죽을 사용한다고 했고, 회(會)에 사용하는 것에 대해서는 기록된 문장이 없으며, 회(會)와 비(紕)는 같은 종류이기 때문에, 회(會)에 사용하는 것이 비(紕)에 사용하는 것과 같다는 사실을 알 수 있다. 꿰맨 곳이 모인 지점은 상단에서 5촌(寸)이 떨어진 지점이라고 했는데, 이러한 봉합 지점은 슬갑의 상단에서 폭 5촌(寸)

이 떨어진 지점에 있다는 뜻으로, 상하의 폭이 5촌인 지점에 회(會)가 있다는 의미이다."라고 했다.

③ 紕以爵韋六寸.

補註 鄭註: "在旁曰紕, 紕六寸者, 中執之, 表裏各三寸也." 疏曰: "謂會縫之下, 韠之兩邊, 紕以爵韋闊六寸倒襵之, 兩廂各三寸."

번역 정현의 주에서 말하길, "측면에 하는 가선을 '비(紕)'라고 부르고, 비는 6촌이라고 했는데, 가운데를 잡게 되면 겉과 안이 각각 3촌이 된다."라고 했다. 소에서 말하길, "회(會)인 봉합된 부분 아래로 슬갑의 양쪽 측면에 다는 것을 뜻하는데, 비(紕)는 적흑색의 가죽으로 만들며 그 너비는 6촌이 되고 뒤집어서 붙이는데, 양쪽 측면에서 각각 3촌을 붙인다."라고 했다.

④ 純以素.

補註 鄭註: "在下曰純. 素, 生帛也. 純・紕所不至者五寸, 與會去上同." 疏曰: "謂紕所不至之處, 橫純之以生帛, 此帛上下各闊五寸也. 與會去上同者, 純之上畔去韠下畔五寸, 會之下畔去韠上畔五寸, 以其俱五寸, 故云與會去上同."

번역 정현의 주에서 말하길, "하단에 하는 가선을 '순(純)'이라고 부른다. '소(素)'는 갓 직조한 비단이다. 순(純)과 비(紕)가 미치지 않는 곳이 5촌 지점이니, 회(會)가 위로부터 떨어진 지점과 동일하다."라고 했다. 소에서 말하길, "비(紕)가 미치지 못하는 지점에는 가로로 갓 직조한 비단을 대며, 이 비단은 상하의 너비가 각각 5촌이다. 회(會)가 위로부터 떨어진 지점과 동일하다고 했는데, 순(純)의 상단부는 슬갑의 하단에서 5촌이 떨어져 있고, 회(會)의 하단부는 슬갑의 상단에서 5촌이 떨어져 있으니, 둘 모두 5촌이 떨어져 있기 때문에 회(會)가 위로부터 떨어진 지점과 동일하다고 말했다."라고 했다.

禮記補註卷之二十一

『예기보주』 21권

「상대기(喪大記)」 제22편

補註 陸曰: 鄭云, "記人君以下始死·小斂·大斂·殯葬之大事."

번역 육덕명이 말하길, 정현은 "군주로부터 그 이하의 계층에 있어서, 처음 죽었을 때, 소렴(小斂), 대렴(大斂), 빈소를 만들고 장례를 치르는 중대한 사안을 기록했기 때문이다."라고 했다.

「상대기」 1장

참고-經文

疾病, 外內皆埽. 君大夫徹縣, 士去琴瑟. 寢東首於北牖下. 廢牀, 徹褻衣, ①加新衣, 體一人. 男女改服. 屬纊以俟絶氣. 男子不死於婦人之手, 婦人不死於男子之手.

번역 병이 위독하게 되면, 그 집의 사람들은 그가 거처하는 곳 안팎을 모두 청소한다. 위독한 자가 군주나 대부의 경우라면, 걸어두는 악기들을 치우고, 사의 경우라면, 금슬(琴瑟)을 치운다. 침(寢)에서는 북쪽 들창 아래에 병자를 옮겨두는데, 땅바닥에 두며 머리를 동쪽으로 둔다. 그가 거의 죽을 지경이 되면, 침상을 치우고, 속옷을 치우며, 새로운 복장을 입히는데, 사지를 들 때 양팔과 양다리를 각각 한 사람씩 붙잡는다. 집안의 남자와 여자들은 모두 복장을 갈아입는다. 병자의 입과 코에 솜을 대서 그의 숨이 끊어지는 것을 살핀다. 남자는 여자의 손에서 죽지 않고, 여자는 남자의 손에서 죽지 않는다.

① 加新衣.

補註 鄭註: 所加者, 新朝服, 明其終於正也.

번역 정현의 주에서 말하길, 입히게 되는 옷은 새로 마련한 조복(朝服)으로, 그가 올바름에 따라 생을 마감했음을 드러내는 것이다.

「상대기」 2장

참고-集說

諸侯與夫人皆有三寢, 君正者曰路寢, 餘二曰小寢. 夫人一正寢, 二小寢, 卒當於正處也. 大夫妻曰命婦, 而云世婦者, 世婦乃國君之次婦, 其尊卑與命婦等, 故兼言之. ①內子, 卿妻也. 下室, 燕處之所. 又燕寢亦曰下室也. 士之妻皆死于寢, 謂士與其妻, 故云皆也. 士喪禮云死于適室, 此云寢, 寢室通名也.

번역 제후와 그의 부인은 모두 3개의 침(寢)을 가지게 되는데, 군주의 정침을 '노침(路寢)'이라고 부르고, 나머지 2개는 '소침(小寢)'이라고 부른다. 부인도 1개의 정침과 2개의 소침을 가지는데, 죽을 때에는 정침에서 죽게 된다. 대부의 아내는 명부(命婦)[1]라고 부르는데, '세부(世婦)'라고 말한 이유는 세부는 곧 제후에게 있는 첩 중 정부인 다음 서열이 되어, 신분이 명부와 동일하기 때문에 그 둘을 포함해서 말한 것이다. '내자(內子)'는 경의 처이다. '하실(下室)'은 한가롭게 머무는 장소이다. 또한 연침(燕寢)을 '하실(下室)'이라고도 부른다. '사지처(士之妻)'는 모두 침(寢)에서 죽는다고 했는데, 사와 그의 처에게 해당하기 때문에 '모두[皆]'라고 말한 것이다. 『의례』「사상례(士喪禮)」편에서는 "적실(適室)에서 죽는다."[2]라고 했는데, 이곳에서는 '침(寢)'이라고 했으니, 침(寢)과 실(室)은 통용되는 명칭이다.

① ○內子卿妻也.

補註 按: 小註云, "內子, 大夫之正妻", 與此異者, 諸侯之上大夫, 卽卿故歟.
번역 살펴보니, 소주에서는 "내자는 대부의 정처이다."라고 하여 이곳과 차이를 보이는데, 제후에게 소속된 상대부는 곧 경에 해당하기 때문일 것이다.

---

1) 명부(命婦)는 고대 봉호(封號)를 부여받은 여자들을 뜻한다. 궁중에 머물며 비(妃)나 빈(嬪)의 신분을 가진 여자들은 내명부(內命婦)라고 부르고, 신하의 처가 된 자들은 외명부(外命婦)라고 부른다.

2) 『의례』「사상례(士喪禮)」: 士喪禮. 死于適室, 幠用斂衾.

참고-大全

臨川吳氏曰: 此記止是記君大夫士與其正妻死處, 不及其次妻. 世婦, 謂大夫之正妻, 非言諸侯次婦, 以其名稱與諸侯次婦同, 故注疏因而言其死處也. 天子適后之次稱夫人, 故諸侯以天子之次婦爲適妻之稱, 諸侯適夫人之次稱世婦, 故大夫以諸侯之次婦爲適妻之稱, ①遽降一等也. 內子, 卽大夫之正妻, 未受夫人所命, 則未可稱世婦, 故但稱內子. 內子, 蓋已命未命之通稱, 世婦亦內子也.

번역 임천오씨가 말하길, 이곳 기록에서는 단지 제후 · 대부 · 사 및 그들의 정부인에 대해서 죽는 장소만을 기록했고, 그들의 첩에 대해서는 언급을 하지 않았다. 따라서 '세부(世婦)'는 대부의 정부인을 뜻하는 말이며 제후의 첩을 뜻하는 말이 아닌데, 그 명칭은 제후의 첩과 통용이 되기 때문에, 정현의 주와 공영달의 소에서 그에 따라 그녀들의 죽는 장소까지도 언급한 것이다. 천자의 정부인 다음 서열의 첩은 '부인(夫人)'이라고 부르기 때문에, 제후의 경우에는 천자의 첩에 대한 명칭으로 정부인에 대한 칭호로 삼는 것이고, 제후의 정부인 다음 서열의 첩은 '세부(世婦)'라고 부르기 때문에, 대부는 제후의 첩에 대한 명칭으로 정부인에 대한 칭호로 삼는 것이니, 차례대로 한 등급씩 낮춘 것이다. '내자(內子)'는 대부의 정처를 뜻하는데, 아직 부인으로부터 정식 명령을 받지 못했다면 '세부(世婦)'라고 지칭할 수 없기 때문에 단지 내자(內子)라고 부르는 것이다. '내자(內子)'는 아마도 이미 명령을 받았거나 아직 명령을 받지 못했을 때 통용되는 명칭일 것이니, 세부(世婦) 또한 내자(內子)가 된다.

① 遽降一等.

補註 遽, 當作遞.

번역 '거(遽)'자는 마땅히 체(遞)자로 기록해야 한다.

「상대기」 3장

참고-集說

復, 始死升屋招魂也. 虞人, 掌林麓之官. 階, 梯也. 狄人, 樂吏之賤者. 死者封疆內若有林麓, 則使虞人設梯以升屋. 其官職卑下不合有林麓者, 則使狄人設之. ①以其掌設簨簴, 或便於此.

번역 ‘복(復)’은 어떤 자가 이제 막 죽었을 때 지붕에 올라가서 초혼을 한다는 뜻이다. ‘우인(虞人)’은 산림을 관장하는 관리이다. ‘계(階)’는 사다리를 뜻한다. ‘적인(狄人)’은 음악을 담당하는 관리 중에서도 신분이 낮은 자이다. 죽은 자가 받은 영지 안에 산림이 있는 경우라면, 우인을 시켜서 사다리를 설치하여 지붕에 올라가게 된다. 그가 맡은 관직과 직무가 낮아서 산림을 소유하기에 적합하지 않다면, 적인을 시켜서 설치한다. 그는 악기를 매다는 틀인 순거(簨簴)[1]를 담당하니, 아마도 이러한 일을 처리하는데 유용했기 때문일 것이다.

① ○以其掌設簨虡.

補註 疏曰: 簨虡, 階梯之類, 故狄人設階.

번역 소에서 말하길, 순거(簨虡)는 계단의 부류가 된다. 그렇기 때문에 적인이 계단을 설치한다.

---

1) 순거(簨簴)는 종(鍾)이나 경(磬)을 매다는 도구이다. 가로로 받치는 것을 순(簨)이라고 부르며, 비늘을 가진 짐승으로 장식을 한다. 세로로 받치는 것을 거(虡)라고 부르며, 털이 짧은 짐승이나 깃털을 가진 짐승으로 장식을 한다. 순(簨)은 큰 나무판으로 만들게 되어, ‘업(業)’이라고도 부른다. 『예기』「명당위(明堂位)」편에는 “夏后氏之龍簨簴, 殷之崇牙, 周之壁翣.”이라는 기록이 있고, 이에 대한 정현의 주에서는 “簨虡, 所以縣鍾·磬也. 橫曰簨, 飾之以鱗屬; 植曰虡, 飾之以臝屬·羽屬. 簨以大版爲之, 謂之業.”이라고 풀이했다.

「상대기」 4장

참고-經文

小臣復, 復者朝服. 君以卷, 夫人以屈狄, 大夫以玄赬, 世婦以襢衣, 士以爵弁, 士妻以稅衣, 皆升自東榮, 中屋履危, 北面三號, 捲衣投于前, 司服受之, ①降自西北榮.

번역 주군을 가까이 모시는 자가 초혼을 하는데, 초혼을 하는 자는 조복(朝服)을 착용한다. 군주에 대해 초혼을 하면 곤복(卷服)을 사용해서 흔들고, 군주의 부인에 대해서는 굴적(屈狄)을 사용하며, 대부에 대해서는 현정(玄赬)을 사용하고, 세부(世婦)에 대해서는 단의(襢衣)를 사용하며, 사에 대해서는 작변(爵弁)을 사용하고, 사의 처에 대해서는 세의(稅衣)를 사용하는데, 모든 경우에 있어서 초혼을 하는 자는 동쪽 처마를 통해서 지붕으로 올라가고, 지붕에 올라가서는 지붕 중앙의 등마루를 밟고서, 북쪽을 향한 뒤 세 차례 부르게 되고, 그 일이 끝나면 옷을 말아서 앞으로 던지니, 사복(司服)이 밑에서 그 옷을 받으며, 초혼을 했던 자는 내려갈 때 서북쪽 처마를 통해서 내려간다.

① 降自西北榮.

補註 疏曰: 復是求生, 故從東榮而上. 求旣不得, 不忍虛從所求不得之道還, 故自陰幽而下也.

번역 소에서 말하길, 초혼을 할 때에는 살아나기를 구하기 때문에 동쪽 처마를 통해서 올라간다. 살아나기를 구했는데도 얻지 못했으니, 차마 공허하게 구한 것을 얻지 못했던 길을 통해 되돌아올 수 없다. 그렇기 때문에 음(陰)과 그윽함에 해당하는 장소를 통해서 내려온다.

참고-集說

小臣, 君之近臣也. 君以衮, 謂上公用衮服也. 循其等而用之, 則侯伯用鷩冕之服, 子男用毳冕之服, 上公之夫人用褘衣, 侯伯夫人用揄狄, 子男夫人用屈狄. 此言君以衮, 擧上以見下也. 夫人以屈狄, 擧下以知上也. 赬, 赤色. ①玄赬, 玄衣纁裳也. 世婦, 大夫妻, 言世婦者, 大夫妻②與世婦同用襢衣也. 褘衣而下六服, 說見前篇. 爵弁, 指爵弁服而言, 非用弁也. 六冕則以衣名冠, 四弁則以冠名衣也. 榮, 屋翼也. 天子諸侯屋皆四注, 大夫以下, 但前簷後簷而已. 翼, 在屋之兩頭, 似翼, 故名屋翼也. 中屋, 當屋之中也. 履危, 立于高峻之處, 蓋屋之脊也. 三號者, 一號於上, 冀魂自天而來. 一號於下, 冀魂自地而來. 一號於中, 冀魂自天地四方之間而來. 其辭則皐某復也. 皐, 長聲也. 三號畢, 乃捲斂此衣自前投而下, 司服者以篋受之, 復之小臣, 卽自西北榮而下也.

번역 '소신(小臣)'은 군주를 가까이에서 모시는 신하이다. '군이곤(君以衮)'이라는 말은 상공(上公)에 대해서는 곤복(衮服)을 사용한다는 뜻이다. 그 등급에 따라서 사용을 한다면, 후작과 백작에 대해서는 별면(鷩冕)의 복장을 사용하고, 자작과 남작에 대해서는 취면(毳冕)의 복장을 사용하며, 상공의 부인에 대해서는 위의(褘衣)를 사용하고, 후작과 백작의 부인에 대해서는 유적(揄狄)을 사용하며, 자작과 남작의 부인에 대해서는 굴적(屈狄)을 사용한다. 이곳에서 "군주에 대해서 곤복을 사용한다."라고 한 말은 상위의 것을 제시하여 그 이하의 내용도 나타낸 것이다. 또 "부인에 대해서는 굴적을 사용한다."라고 한 말은 하위의 것을 제시하여 그 이상의 내용도 나타낸 것이다. '정(赬)'자는 적색을 뜻한다. '현정(玄赬)'은 현색의 상의와 분홍색의 하의를 뜻한다. '세부(世婦)'는 대부의 처인데, 세부(世婦)라고 말한 것은 대부의 처와 군주의 세부가 동일하게 단의(襢衣)를 사용하기 때문이다. 위의(褘衣) 이하의 여섯 가지 복식에 대해서는 앞 편에 그 설명이 나온다. '작변(爵弁)'은 작변복(爵弁服)을 가리켜서 한 말이니, 실제로 변(弁)을 착용한다는 뜻이 아니다. 육면(六冕)에 대해서는 옷에 따라서 관(冠)의 명칭을 부르며, 사변(四弁)[1]에 대해서는 관(冠)에 따라서 옷의 명칭을 부른다. '영(榮)'은 지붕에 날개처럼 달린 처마를 뜻한다. 천자와 제후의 궁실 지붕에는 모두 사면에 빗물을 흘러내리도록 하는 처마가 있고, 대부로부터 그 이하의 계층은 단지 앞과 뒤에만 처마가 있을 따름이다. '익(翼)'은 지붕의 양쪽 끝단에 있는데, 그 모습이 날개와 같기 때문에 '옥익(屋翼)'이라고 부른다. '중옥(中屋)'은 지붕 중에서도 가운데 있다는 뜻이다. '이위(履危)'는 가장 높은 곳에 서 있다는 뜻으로, 지붕의 등마루를 뜻한다. '삼호(三號)'라고 했는데, 위에 대해 한 차례 불러서 혼(魂)이 하늘로부터 다시 오기를 기대하는 것이다. 또 아래에 대해 한 차례 불러서 혼이 땅으로부터 다시 오기를 기대하는 것이다. 중간에 대해 한 차례 불러서 혼이 천지와 사방의 사이에서 다시 오기를 기대하는 것이다. 그때 하는 말에 있어서는 "아아! 아무개여 돌아오소서."[2] 라고 한다. '고(皐)'자는 소리를 길게 내빼는 말이다. 세 차례 부르는 일이 끝나면, 사용한 옷을 말아서 앞으로 던져 밑으로 떨어지게 하고, 의복을 담당하는 사복(司服)이 상자를 이용해서 그것을 받고, 초혼을 했던 소신은 곧 서북쪽 처마를 통해서 밑으로 내려온다.

---

1) 사변(四弁)은 천자가 착용하는 여섯 종류의 변복(弁服)을 가리킨다. 전쟁이나 군대와 관련된 일을 처리할 때에는 위변복(韋弁服)을 착용하는데, 무두질한 가죽으로 변(弁) 및 상의와 하의를 만든 복장이다. 조정에 참관하여 신하들에게 정무를 보고받을 때에는 피변복(皮弁服)을 착용하는데, 가죽으로 만든 변(弁)과 15승(升)의 백색 포(布)로 만든 상의 및 흰색의 옷감에 주름을 잡아 만든 하의를 착용한다. 사냥과 관련된 일을 처리할 때에는 관변복(冠弁服)을 착용하는데, 관변(冠弁)은 위모(委貌)를 뜻하며, 치포(緇布)로 만든 상의와 흰색 옷감에 주름을 잡아 만든 하의를 착용한다. 흉사와 관련된 일에는 복변복(服弁服)을 착용하는데, 복변(服弁)은 상관(喪冠)을 뜻하며, 복장은 참최복(斬衰服)이나 자최복(齊衰服)에 해당한다. 『주례』「춘관(春官)·사복(司服)」편에는 "凡兵事, 韋弁服. 眡朝, 則皮弁服. 凡甸, 冠弁服. 凡凶事, 服弁服."이라는 기록이 있고, 이에 대한 정현의 주에서는 "韋弁, 以韎韋爲弁, 又以爲衣裳. …… 視朝, 視內外朝之事. 皮弁之服, 十五升白布衣, 積素以爲裳. …… 甸, 田獵也. 冠弁, 委貌, 其服緇布衣, 亦積素以爲裳. …… 服弁, 喪冠也. 其服, 斬衰·齊衰."라고 풀이했다.

2) 『의례』「사상례(士喪禮)」: 升自前東榮, 中屋, 北面, 招以衣, 曰, "皐某復!" / 『예기』「예운(禮運)」: 及其死也, 升屋而號, 告曰, "皐某復!" 然後飯腥而苴孰. 故天望而地藏也, 體魄則降, 知氣在上. 故死者北首, 生者南鄉, 皆從其初.

① 玄禎玄衣纁裳.

補註 疏曰: 大夫招魂用玄冕以玄衣纁裳, 故云玄禎.

번역 소에서 말하길, 대부에 대해서 초혼을 할 때에는 현면(玄冕)을 착용하여, 현색의 상의와 분홍색의 하의를 사용한다. 그렇기 때문에 '현정(玄禎)'이라고 말한 것이다.

② 與世婦同用禮衣.

補註 按: 世婦, 本諸侯次婦之名, 故此註云然. 見上文君夫人卒於路寢章註及小註.

번역 살펴보니, '세부(世婦)'는 본래 제후의 첩 명칭이다. 그렇기 때문에 이곳 주석에서 이처럼 말한 것이다. 앞에서 "제후와 그의 부인이 노침에서 죽었다."[3]라고 한 문장의 주와 소주에 나온다.

3) 『예기』「상대기」: 君夫人卒於路寢, 大夫世婦, 卒於適寢. 內子未命, 則死於下室, 遷尸于寢. 士之妻, 皆死于寢.

「상대기」 5장

참고-集說

①說見曾子問及雜記.

번역 자세한 설명은 『예기』「증자문(曾子問)」 및 「잡기(雜記)」편에 나온다.

① ○說見曾子問及雜記.

補註 按: 私館不復以上, 見曾子問, 左轂而復以上, 見雜記上.

번역 살펴보니, "사관에서는 초혼을 하지 않는다."라고 한 문장으로부터 그 앞의 내용은 「증자문」편에 나오고,[1] "좌측 수레바퀴 위로 올라가서 초혼을 한다."라고 한 문장으로부터 그 앞의 내용은 「잡기」편에 나온다.[2]

---

1) 『예기』「증자문(曾子問)」: 曾子問曰: 爲君使而卒於舍, 禮曰, 公館復, 私館不復, 凡所使之國, 有司所授舍, 則公館已, 何謂私館, 不復也. 孔子曰: 善乎, 問之也. 自卿大夫士之家曰私館, 公館與公所爲曰公館, 公館復, 此之謂也.

2) 『예기』「잡기상(雜記上)」: 爲君使而死, 公館復, 私館不復. 公館者, 公宮與公所爲也. 私館者, 自卿大夫以下之家也.

「상대기」 6장

참고-經文

①復衣不以衣尸, 不以斂. 婦人復, 不以袡. 凡復男子稱名, 婦人稱字. ②唯哭先復, 復而後行死事.

번역 초혼을 했던 옷으로는 시신에 대해 습(襲)을 하지 않고, 염(斂)을 하지 않는다. 부인에 대해 초혼을 할 때에는 시집을 올 때 착용했던 복장을 사용하지 않는다. 무릇 초혼을 할 때 남자의 경우라면 이름을 부르고, 여자의 경우라면 자(字)를 부른다. 어떤 자가 죽었을 때 곡을 하지만 우선 초혼을 하고, 초혼을 끝낸 뒤에 장례를 치르는 절차로 넘어간다.

① 復衣不以衣尸.

補註 鄭註: 復者, 庶其生也, 若以其衣襲斂, 是用生施死, 於義相反.

번역 정현의 주에서 말하길, 초혼을 하는 것은 그가 살아나기를 바라기 때문인데, 만약 이 옷으로 습(襲)과 염(斂)을 하게 된다면, 살아있는 자가 사용하는 것을 죽은 자에게 적용한 것이니, 도의에 위배된다.

② 唯哭先復[止]死事.

補註 鄭註: 氣絶則哭, 哭而復, 復而不蘇, 可以爲死事.

번역 정현의 주에서 말하길, 숨이 끊어지면 곡을 하고, 곡을 한 뒤에는 초혼을 하며, 초혼을 했는데도 다시 소생하지 않으면, 장례의 절차를 진행할 수 있다.

참고-大全

嚴陵方氏曰: 稅與袡, 皆謂之①緣衣. 或以復, 或以不復者, 蓋祭之緣衣, 則謂之稅, 嫁之緣衣, 則謂之袡, 此其所以異. 復各以死者之祭服, 以其求於神故也.

번역 엄릉방씨가 말하길, '세(稅)'와 '염(袡)'은 모두 '단의(褖衣)'라고 부른다. 어떤 경우에는 이 옷으로 초혼을 한다고 했고, 또 어떤 경우에는 이 옷으로 초혼을 하지 않는다고 했다. 그 이유는 제사 때의 단의를 '세(稅)'라고 부르고, 시집올 때의 단의를 '염(袡)'이라고 불렀기 때문이니, 이것이 차이를 보이는 이유이다. 초혼을 할 때에는 각각 죽은 자가 제사 때 착용했던 복장을 이용하니, 이 옷을 통해서 신령이 귀의하기를 구하기 때문이다.

① 緣衣.

補註 緣, 當作褖, 下二緣同.

번역 '연(緣)'자는 마땅히 단(褖)자로 기록해야 하니, 뒤에 나오는 2개의 연자도 이와 같다.

「상대기」 8장

참고-經文

旣正尸, 子坐于東方, 卿大夫父兄子姓立于東方, 有司庶士哭于堂下北面, 夫人坐于西方, 內命婦姑姊妹子姓立于西方, 外命婦率外宗①哭于堂上北面.

번역 군주의 시신을 들창 아래로 옮기고 머리를 남쪽으로 두게 되면, 자식은 동쪽에 앉고, 경과 대부 및 부형과 그 자손들은 동쪽에 서 있으며, 유사(有司)와 여러 사들은 당하에서 곡을 하며 북쪽을 바라보고, 부인(夫人)은 서쪽에 앉으며, 내명부 및 군주의 고모 및 자매와 여손자들은 서쪽에 서 있고, 외명부는 외종을 이끌고 당상에서 곡을 하고 북쪽을 바라본다.

① **哭于堂上北面.**

補註 疏曰: 婦人無堂下位.

번역 소에서 말하길, 부인에게는 당하의 자리가 없기 때문이다.

참고-集說

此言國君之喪. 正尸, 遷尸於牖下南首也. 姓, 猶生也. 子姓, 子所生, 謂衆子孫也. 內命婦, 子婦世婦之屬. 姑姊妹, 君之姑姊妹也. 子姓, 君女孫也. 外命婦, 卿大夫之妻也. ①外宗, 謂姑姊妹之女.

번역 이 내용은 제후의 상을 뜻한다. '정시(正尸)'는 들창 아래로 시신을 옮기고 머리를 남쪽으로 둔다는 뜻이다. '성(姓)'자는 "낳는다[生]."는 뜻이다. '자성(子姓)'은 자식이 낳은 대상으로, 뭇 자손들을 뜻한다. '내명부(內命婦)'는 자식의 부인 및 세부(世婦) 등을 뜻한다. '고자매(姑姊妹)'는 군주의 고모 및 자매를 뜻한다. '자성(子姓)'은 군주의 여손자를 뜻한다. '외명부(外命婦)'는 경과 대부의 처를 뜻한다. '외종(外宗)'은 고모와 자매의 딸을 뜻한다.

① 外宗謂姑姊妹之女.

補註 按: 此本鄭註, 而疏曰, "不云舅之女及從母之女者, 外宗中兼之, 略可知也."

번역 살펴보니, 이것은 정현의 주에 근거한 것인데, 소에서는 "외삼촌의 딸 및 종모의 딸에 대해서 언급하지 않은 것은 외종에 포함되기 때문이니, 간략히 기록했다는 사실을 알 수 있다."라고 했다.

「상대기」 9장

참고-經文

①<u>大夫之喪, 主人坐于東方, 主婦坐于西方, 其有命夫命婦則坐, 無則皆立</u>. 士之喪, 主人父兄子姓皆坐于東方, 主婦姑姊妹子姓皆坐于西方. 凡哭尸于室者, 主人二手承衾而哭.

번역 대부의 상에서 상주는 동쪽에 앉고, 주부는 서쪽에 앉으며, 친족 중 작위를 가진 남자나 여자가 있을 경우라면 앉고 작위가 없다면 모두 서 있게 된다. 사의 상에서 상주, 부친 및 형의 항렬과 자손들은 모두 동쪽에 앉고, 주부, 고모와 자매 및 여손자들은 모두 서쪽에 앉는다. 무릇 실(室)에서 시신에 대해 곡을 할 때, 상주는 두 손으로 시신을 덮고 있는 이불을 붙잡고 곡을 한다.

① 大夫之喪[止]無則皆立.

補註 疏曰: "凡此哭者, 尊者坐, 卑者立. 君喪, 子及夫人坐, 大夫之喪, 主人·主婦·命夫·命婦皆坐. 君喪, 卿·大夫皆立, 大夫之喪, 非命夫·命婦者皆立是也. 此云尊卑, 非謂對死者爲尊卑也. 成服之後, 則尊於死者坐, 卑於死者立也." 又曰: "此大夫之喪, 不顯父·兄·子姓及姑·姊妹哭位者, 約上文君喪及下文士喪, 略可知也."

번역 소에서 말하길, "무릇 이처럼 곡을 하는 자들 중에서 존귀한 자는 자리에 앉고 미천한 자는 서 있게 된다고 했다. 군주의 상에서 자식과 부인이 앉게 되고, 대부의 상에서 주인과 주부 및 작위를 가진 남자와 여자가 모두 앉게 된다. 군주의 상에서 경과 대부는 모두 서 있고, 대부의 상에서 작위를 가진 남자나 여자가 아닌 자들은 모두 서 있게 된다. 여기에서 말한 '존비(尊卑)'는 죽은 자와 비교했을 때의 존비를 뜻하는 말이 아니다. 성복을 한 이후라면 죽은 자보다 존귀한 자는 자리에 앉고, 죽은 자보다 미천한 자는 서 있게 된다."라고 했다. 또 말하길, "여기에서 말한 대부의 상에서는 부친 및 형의 항렬과 자손들 그리고 고모 및 자매 등에 대해서 곡하는 자리를 나타내지 않았는데, 앞에 나온 군주의 상 내용과 뒤에 나오는 사의 상 내용을 간추려 보면, 대략적으로 알 수 있기 때문이다."라고 했다.

「상대기」 10장

참고-經文

①君之喪, 未小斂, 爲寄公國賓出. 大夫之喪, 未小斂, 爲君命出. 士之喪, 於大夫, 不當斂則出.

번역 군주의 상에서 아직 소렴(小斂)을 하지 않았다면, 상주는 찾아온 기공(寄公)이나 국빈(國賓)을 위해서 밖으로 나가서 맞이한다. 대부의 상에서 아직 소렴을 하지 않았다면, 상주는 군주의 명령을 가지고 찾아온 사신을 위해서 밖으로 나가서 맞이한다. 사의 상에서 대부가 조문을 왔는데, 상주가 소렴을 하는 때가 아니라며 밖으로 나가서 맞이한다.

① ○君之喪[止]則出.

補註 鄭註: "父母始死悲哀, 非所尊不出也. 出者, 或至庭, 或至門." 疏曰: "或至庭者, 謂世子迎寄公及國賓, 士迎大夫也, 故下文云降自西階, 又云不逆於門外, 是也. 或至門者, 謂大夫於君命, 下文云迎於寢門外, 是也. 士於大夫, 雖與小斂相逼, 若不當斂之時尙爲大夫出, 未小斂之前, 爲大夫出可知也." 又曰: "未襲之前, 唯士爲君命出, 其餘不出."

번역 정현의 주에서 말하길, "부모에 대한 초상 때에는 비통함이 극심하므로, 존귀한 자가 아니라면 밖으로 나가서 맞이하지 않는다. '출(出)'은 마당까지 도착했을 때 나가는 것이나 문까지 도착했을 때 나가는 것을 뜻한다." 라고 했다. 소에서 말하길, "혹은 마당까지 도착했을 때 나가는 것이라고 했는데, 이것은 세자가 기공(寄公)과 국빈(國賓)을 맞이하고, 사가 밖으로 나와서 대부를 맞이하는 경우를 뜻한다. 그렇기 때문에 아래문장에서 '서쪽 계단을 통해서 내려간다.'고 말한 것이고, 또 '문밖에서 맞이하지는 않는다.'라고 한 것이다. 혹은 문까지 도착했을 때 나가는 것이라고 했는데, 대부가 군주의 명을 받들고 온 사신을 대하는 경우를 뜻한다. 그렇기 때문에 아래문장에서 '침문(寢門) 밖에서 그를 맞이한다.'라고 한 것이다. 사는 대부에 비해서, 비록 소렴까지의 시간이 더욱 촉박하지만, 염(斂)을 해야 할 때가 아니라면 오히려 대부를 위해서 밖으로 나오므로, 만약 아직 소렴을 치르기 이전이라면 대부를 위해서 밖으로 나온다는 사실을 알 수 있다."라고 했다. 또 말하길, "습(襲)을 하기 이전에는 오직 사만이 군주의 명령을 받들고 온 사신을 위해 밖으로 나오고, 나머지 경우에는 나오지 않는다."라고 했다.

「상대기」 11장

참고—經文

凡主人之出也, 徒跣扱衽拊心, 降自西階. 君拜寄公國賓于位. 大夫於君命, 迎于寢門外, 使者升堂致命, 主人拜于下. ①士於大夫親弔則與之哭, 不逆於門外.

번역 무릇 상주가 빈객을 맞이하기 위해 밖으로 나올 때에는 맨발을 하며 심의(深衣)의 앞자락을 허리띠에 꽂고 가슴을 두드리며, 서쪽 계단을 통해서 당하로 내려간다. 군주의 상에 있어서 기공(寄公)과 국빈(國賓)에게 절을 할 때에는 그들의 자리를 향해서 한다. 대부의 상에서 군주의 명을 받들고 온 사신에 대해서는 침문(寢門) 밖에서 그를 맞이하고, 사신이 당으로 올라가서 명령을 전달하면, 상주는 당하에서 절을 한다. 사의 상에서 대부가 직접 조문을 오게 되면, 상주는 그와 함께 곡을 하지만, 문밖에서 그를 맞이하지는 않는다.

① ○士於大夫[止]之哭.

補註 疏曰: 士喪, 大夫親來弔, 立西階下東面, 主人則降自西階, 南面拜之. 拜訖, 卽位西階下, 與大夫俱哭.

번역 소에서 말하길, 사의 상에서 대부가 직접 찾아와 조문을 하게 되면 서쪽 계단 아래에 서서 동쪽을 바라보게 되고, 상주는 서쪽 계단을 통해 내려가서 남쪽을 바라보며 절을 한다. 절이 끝나면 서쪽 계단 밑의 자리로 나아가서 대부와 함께 곡을 한다.

「상대기」 13장

참고-經文

小斂, 主人卽位于戶內, 主婦東面乃斂. 卒斂, 主人馮之踊, 主婦亦如之. ①主人袒, 說髦, 括髮以麻. 婦人髽, 帶麻②于房中. ③徹帷, 男女④奉尸夷于堂, 降拜.

번역 소렴(小斂)을 치르게 되면, 상주는 방문 안쪽의 자리로 나아가고, 주부는 동쪽을 바라보고서 곧 소렴을 시행한다. 소렴을 끝내면 상주는 시신을 부여잡고 용(踊)을 하며, 주부 또한 이처럼 한다. 주부는 단(袒)을 하고, 다팔머리를 풀며, 마(麻)를 이용해서 머리카락을 묶는다. 부인은 좌(髽)의 방식으로 머리를 틀고, 방안에서 마(麻)로 된 허리띠를 찬다. 당에 쳤던 휘장을 걷고, 상주와 주부 및 남녀의 친족들은 시신을 받들어서 당으로 옮기고, 상주는 당하로 내려와서 빈객에게 절을 한다.

① ○主人袒說髦.

補註 鄭註: 士旣殯, 說髦, 此云小斂, 說髦, 蓋諸侯禮也.

번역 정현의 주에서 말하길, 사의 예법에서는 빈소를 마련한 뒤에 다팔머리를 푼다고 했는데, 이곳에서는 소렴(小斂)이라고 했으니, 다팔머리를 푼다는 것은 아마도 제후의 예법인 것 같다.

② 于房中.

補註 疏曰: 天子·諸侯有東西房, 男子說髦括髮在東房, 婦人髽帶麻于西房. 士則婦人髽于室, 士唯有東房故也. 此經兼明諸侯之禮.

번역 소에서 말하길, 천자와 제후에게는 동서쪽에 모두 방이 있고, 남자가 이미 동쪽 방에서 머리를 묶는다고 했으므로, 부인들이 좌(髽)의 방식으로 머리를 틀고 마(麻)로 된 허리띠를 차는 것은 서쪽 방에서 하게 된다. 사의 경우라면 부인들은 실(室)에서 좌(髽)의 방식으로 머리를 트니, 사에게는 오직 동쪽 방만 있기 때문이다. 이곳 경문에서는 제후의 예까지도 함께 나타내고 있다.

③ 徹帷[止]降拜.

補註 按: 徹帷以下, 古經別作他段, 而疏云此士禮.

번역 살펴보니, "휘장을 걷는다."라는 구문부터 그 이하의 기록을 『고경』에서는 별도의 다른 단락으로 구분하였고, 소에서는 "이것은 사의 예법이다."라고 했다.

④ 奉尸夷于堂.

補註 鄭註: "夷之言尸也." 疏曰: "夷, 陳也."

번역 정현의 주에서 말하길, "'이(夷)'자는 시(尸)자의 뜻이다."라고 했다. 소에서 말하길, "'이(夷)'자는 놓아둔다는 뜻이다."라고 했다.

補註 ○陸云: 夷, 陳也, 本或作侇.

번역 ○육덕명이 말하길, '이(夷)'자는 놓아둔다는 뜻이며, 판본에 따라서는 '이(侇)'자로도 기록한다.

補註 ○士喪禮: "奉尸侇于堂." 註: "侇之言尸也." 疏曰: "尸之衾曰夷衾, 尸之牀曰夷牀. 此作侇者, 侇人旁作之, 故鄭註喪大記皆是依尸爲言也."

번역 ○『의례』「사상례(士喪禮)」편에서 말하길, "시신을 받들어 당으로 옮긴다."[1]라고 했다. 주에서 말하길, "이(侇)자는 시(尸)자의 뜻이다."라고 했다. 소에서 말하길, "시신을 덮는 이불을 이금(夷衾)이라 부르고, 시신을 눕히는 침상을 이상(夷牀)이라 부른다. 이곳에서는 이(侇)자로 기록하여 이(侇)자는 인(人)자가 그 옆면이 붙어있다. 그렇기 때문에 정현은 「상대기」

---

1) 『의례』「사상례(士喪禮)」: 士擧, 男女奉尸, 侇于堂, 幠用夷衾. 男女如室位, 踊無筭.

편에 대한 주에서 모두 시(尸)자의 뜻으로 풀이했던 것이다"라고 했다.

補註 ○按: 陳註下文夷盤·夷衾, 則皆云尸也. 此獨云陳也者, 蓋從疏說.

번역 ○살펴보니, 진호의 주에 있어서 아래문장에 나오는 이반(夷盤)과 이금(夷衾)에 대해서는 모두 시(尸)라고 했다. 그런데 이곳에서만 유독 진야(陳也)라고 풀이한 것은 소의 주장에 따랐기 때문일 것이다.

「상대기」 14장

참고-經文

①君拜寄公國賓, 大夫士, 拜卿大夫於位, 於士旁三拜. 夫人亦拜寄公夫人於堂上, 大夫內子士妻, 特拜命婦, 氾拜衆賓於堂上.

번역 군주의 상에서 소렴(小斂)이 끝나면 세자는 밖으로 나와서 기공(寄公)과 국빈(國賓)에게 절을 하고, 선대 군주의 신하인 대부와 사에 대해서도 절을 하는데, 경과 대부에 대해서는 그 자리에 나아가서 절을 하지만, 사에 대해서라면 두루 세 차례 절을 할 따름이다. 부인 또한 기공의 부인에 대해서 당상에서 절을 하고, 대부의 내자(內子)와 사의 처에 대해서도 절을 하는데, 내자와 명부(命婦)에 대해서는 개개인마다 절을 하고, 사의 처에 대해서라면 당상에서 그들에 대해 두루 절을 할 따름이다.

① ○君拜寄公國賓章.

補註 按: 疏載皇氏・熊氏兩說, 而皇說卽此陳註也. 熊則以爲大夫・士者, 是大夫・士家自遭喪, 小斂後, 拜卿・大夫於位, 於士旁三拜也. 大夫內子・士妻, 亦謂大夫・士妻自遭喪, 小斂後, 特拜命婦, 泛拜衆賓也. 疏結之曰: "此卽君・大夫・士之喪, 小斂後拜賓, 且與上未小斂時文類, 熊氏之義, 踰於皇氏矣." 續通解亦曰: "皇氏君拜大夫士之說, 非是." 愚謂, 熊說, 文義明白, 正與士喪禮"主人拜賓, 大夫特拜, 士旅之"之說合. 勉齋說, 又如此. 今當從之, 然則國賓下當句.

번역 살펴보니, 소에는 황간과 웅안생의 두 주장이 수록되어 있는데, 황간의 주장은 곧 진호의 주 내용에 해당한다. 웅안생의 경우 대부와 사라고 하는 것은 대부와 사 집안에서 상을 당하여, 소렴을 치른 뒤에 그 자리에서 경과 대부에게 절을 하고, 사에 대해서는 두루 세 차례 절을 한다는 뜻이라고 여겼다. 대부의 내자와 사의 처에 대해서도 대부와 사의 처가 집안에서 상을 당하여 소렴을 치른 뒤에 명부에 대해서는 개별적으로 절을 하고 나머지 빈객들에 대해서는 한꺼번에 절을 한다고 했다. 소에서는 이 내용을 결론 맺으며 "이 내용은 군주 · 대부 · 사의 상에서 소렴을 치른 이후 빈객에게 절을 하는 절차이며, 또한 앞의 문장에서 아직 소렴을 치르지 않았던 상황을 기술한 것과 같은 부류이니, 웅안생의 주장이 황간의 주장보다 낫다."라고 했다. 『속통해』에서도 "황간은 군주가 대부와 사에게 절을 한다고 주장을 했는데 잘못된 설명이다."라고 했다. 내가 생각하기에 웅안생의 주장은 그 문장과 의미가 명백하며, 『의례』「사상례(士喪禮)」에서 "주인은 빈객에게 절을 하니, 대부에 대해서는 단독으로 절을 하고, 사에 대해서는 무리를 묶어서 절을 한다."[1]라고 했던 말과 부합한다. 면재의 주장 또한 이와 같다. 따라서 이 주장에 따라야 하지만, '국빈(國賓)'이라는 말 뒤에서 구문을 끊어야 한다.

---

1) 『의례』「사상례(士喪禮)」: 主人拜賓, 大夫特拜, 士旅之. 卽位踊, 襲絰于序東, 復位.

「상대기」 15장

참고-集說

主人拜賓後, 卽阼階下之位, 先拜賓時袒, 今拜畢, 乃掩襲其衣, 而加要帶首絰, 乃踊. 士喪禮, "先踊乃襲絰." 此諸侯禮, 故先襲絰乃踊也. 母喪降於父, 拜賓竟而卽位, 以免代括髮之麻, ①免而襲絰, 至大斂乃成踊也. 乃奠者, 謂小斂奠. 弔者小斂後來, 則掩襲裘上之裼衣, 加素弁於吉冠之武. 武, 冠下卷也. 帶絰者, 要帶首絰. 有朋友之恩, 則加帶與絰, 無朋友之恩, 則無帶, 惟絰而已. 拾踊, 更踊也.

번역 상주는 빈객에게 절을 한 이후 계단 아래의 자리로 나아가는데, 이전에 빈객에게 절을 할 때 단(袒)을 하고, 현재 절을 끝냈으므로, 곧 그 옷을 가려서 습(襲)을 하고 요대(要帶)와 수질(首絰)을 차고서 용(踊)을 한다. 『의례』「사상례(士喪禮)」편에서는 "먼저 용(踊)을 하고 곧 습(襲)과 질(絰)을 한다."[1]라고 했다. 이곳의 내용은 제후의 예법이다. 그렇기 때문에 먼저 습(襲)과 질(絰)을 한 뒤에 용(踊)을 한다. 모친의 상은 부친의 상보다 낮추니, 빈객에게 절하는 절차가 끝나면 곧 자리로 나아가는데, 문(免)을 하는 것으로 마(麻)로 괄발(括髮)하는 것을 대체하여, 문(免)을 하고 습(襲)과 질(絰)을 하며, 대렴(大斂) 때가 되면 곧 용(踊)의 절차를 마무리한다. '내전(乃奠)'이라는 말은 소렴을 지내며 차리는 전제사를 뜻한다. 조문하는 자 중 소렴을 치른 이후에 찾아오는 자가 있다면, 갓옷의 위를 석의(裼衣)로 가리고 습(襲)을 하며, 길관의 무(武)에 소변(素弁)을 더하여 쓰게 된다. '무(武)'는 관(冠) 하단부의 테두리이다. '대질(帶絰)'은 요대(要帶)와 수질(首絰)이다. 벗에 대한 은정을 가진 자라면 대(帶)와 질(絰)을 차는데, 벗에 대한 은정이 없는 자라면 대(帶)를 차지 않고 질(絰)만 차게 될 따름이다. '습용(拾踊)'은 번갈아가며 용(踊)을 한다는 뜻이다.

---

1) 『의례』「사상례(士喪禮)」: 主人拜賓, 大夫特拜, 士旅之. 卽位踊, 襲絰于序東, 復位.

① ○免而襲絰[止]成踊也.

補註 按: 陳註全用疏文, 而疏成踊作成服, 蓋謂爲父則小斂, 而猶括髮, 爲母則小斂, 去括髮, 以免代之, 並至大斂後, 乃成服而冠也. 若踊則小斂·大斂各有踊, 每一次踊輒踊三者三, 是爲成踊, 豈有至大斂乃成踊之理乎? 踊字, 必誤.

번역 살펴보니, 진호의 주는 전적으로 소의 주장에 따른 것인데, 소에서는 '성용(成踊)'을 성복(成服)이라고 기록했다. 아마도 부친을 위해서라면 소렴을 치르며 여전히 괄발을 하지만 모친을 위해서라면 소렴을 치르며 괄발을 제거하고 문으로 대신하게 되며, 둘 모두 대렴을 치른 이후에는 성복을 하고서 관을 쓴다는 뜻인 것 같다. 만약 용의 절차라고 한다면, 소렴과 대렴에도 각각 용의 절차가 있고. 매번 한 차례 용을 할 때에는 번번이 용을 하며 3번씩 3번을 반복하니 이것이 성용인데, 어찌 대렴을 치르게 되어서야 성용을 하는 이치가 있겠는가? 따라서 '용(踊)'자는 분명 오자일 것이다.

「상대기」 16장

참고-集說

虞人, 主山澤之官. 出木爲薪, 以供爨鼎. 蓋冬月恐漏水冰凍也. 角, 㪺水之斗. 狄人, 樂吏也. 主挈壺漏水之器, 故出壺. 雍人主烹飪, 故出鼎. 司馬, 夏官卿也, 其屬有①挈壺氏. 司馬自臨視其縣此漏器, 乃官代哭者, 未殯, 哭不絶聲, 爲其不食疲倦, 故以漏器分時刻, 使官屬以次依時相代, 而哭聲不絶也. 士代哭不以官者, 親疏之屬, 與家人自相代也.

번역 '우인(虞人)'은 산림과 하천을 담당하는 관리이다. 나무를 공출하여 땔감으로 삼으니, 솥에 불을 때는 일에 공급하는 것이다. 겨울철에는 물이 떨어지며 얼게 됨을 염려하기 때문이다. '각(角)'은 물을 뜨는 용기이다. '적인(狄人)'은 음악을 담당하는 하위 관리이다. 호(壺)를 걸어서 물이 떨어지도록 하는 기구를 담당한다. 그렇기 때문에 호(壺)를 공출하는 것이다. '옹인(雍人)'은 음식을 삶는 등의 일을 담당한다. 그렇기 때문에 정(鼎)을 공출하는 것이다. '사마(司馬)'는 하관(夏官)의 수장인 경(卿)의 신분으로, 그의 휘하에는 설호씨(挈壺氏)라는 관리가 있다.[1] 사마가 직접 그 일에 임해 물이 떨어지도록 하는 기구의 걸어둔 상태를 점검하면, 관(官)이 대신 곡을 한다고 했는데, 아직 빈소를 차리기 이전에는 곡을 하는 소리가 끊이지 않아야 하고, 음식도 먹지 않고 피로해졌기 때문에, 물이 떨어지는 기구를 통해 시간을 구분하여, 휘하의 관리로 하여금 차례대로 그 시기에 따라 서로 교대를 시켜서, 곡하는 소리가 끊이지 않도록 하는 것이다. 사의 상에서는 교대로 곡을 하며 관리를 시키지 않는다고 했는데, 친족들이 가족과 함께 서로 교대로 하는 것이다.

① ○挈壺氏.

補註 周禮·夏官之屬.

번역 『주례』「하관(夏官)」에 속한 관리이다.

---

1) 『주례』「하관사마(夏官司馬)」: 挈壺氏, 下士六人, 史二人, 徒十有二人.

補註 ○挈壺氏: 凡喪, 縣壺以代哭者. 皆以水火守之, 分以日夜. 及冬, 則以火爨鼎水而沸之, 而沃之.

번역 ○『주례』「하관(夏官)·설호씨(挈壺氏)」편에서 말하길, 상에 대해서는 호를 걸어두고 곡하는 자를 교대시킨다. 모든 경우 물과 불로 그것들을 지키며 낮과 밤을 구분한다. 겨울이 되면 불로 솥의 물을 데워서 끓이고 그 물을 따른다.[2]

---

2) 『주례』「하관(夏官)·설호씨(挈壺氏)」: 凡喪, 縣壺以代哭者. 皆以水火守之, 分以日夜. 及冬, 則以火爨鼎水而沸之, 而沃之.

「상대기」 17장

참고-集說

疏曰: "有喪則於中庭終夜設燎, ①至曉滅燎, 而日光未明, 故須燭以照祭饌也." ②古者未有蠟燭, 呼火炬爲燭也.

번역 소에서 말하길, "상이 발생하게 되면 마당에는 밤이 될 때 화톳불을 설치하고, 새벽이 되면 화톳불을 끄며, 햇빛이 잘 들지 않기 때문에 횃불을 두어서 제사의 음식들을 비춰야 한다."라고 했다. 고대에는 아직까지 밀랍으로 만든 촛불이 없었으므로, 횃불을 '촉(燭)'이라고 불렀다.

① ○至曉滅燎[止]饌也.

補註 鄭註: 滅燎而設燭.

번역 정현의 주에서 말하길, 화톳불을 끄고 횃불을 설치한다.

② 古者[止]燭也.

補註 按: 此非疏說, 恐陳氏自註.

번역 살펴보니, 이것은 소의 주장이 아니니, 아마도 진호가 직접 단 주석인 것 같다.

「상대기」 21장

참고—經文

其無女主, 則男主拜女賓于寢門內; 其無男主, 則女主拜男賓于阼階下. 子幼則以衰抱之, ①人爲之拜. 爲後者不在, 則有爵者辭, 無爵者人爲之拜. 在竟內則俟之, 在竟外則殯葬可也. 喪有無後, 無無主.

번역 상을 치를 때, 여자 상주가 없는 경우라면, 남자 상주가 침문(寢門) 안쪽에서 여자 빈객들에게 절을 한다. 남자 상주가 없는 경우라면, 여자 상주가 동쪽 계단 아래에서 남자 빈객에게 절을 한다. 상주를 맡을 자식이 너무 어리다면, 다른 사람을 시켜 상복으로 그를 감싸 안게 하고, 그가 어린 상주를 대신하여 빈객들에게 절을 한다. 후계자가 외지에 나가 있을 경우, 후계자가 작위를 가진 자라면, 섭주(攝主)를 맡은 자가 작위가 없어서 빈객에게 절을 할 수 없다는 이유로 조문객에게 사양의 뜻을 전한다. 만약 후계자가 작위가 없는 경우라면, 섭주가 그를 대신하여 조문객에게 절을 한다. 후계자가 국경을 벗어나지 않은 경우라면, 그가 되돌아올 때까지 기다린 뒤에 빈소를 차리고 장례를 치른다. 만약 그가 외국에 나가 있는 경우라면, 그가 없더라도 빈소를 차려야 할 시점이 되면 빈소를 차리고, 장례를 치러야 하는 시점이 되면 장례를 치러도 괜찮다. 상사에서는 후계자가 없는 경우는 있어도, 상주가 없는 경우는 없다.

① 人爲之拜.

補註 疏曰: 人代之拜賓也.

번역 소에서 말하길, 다른 사람이 그 아들을 대신하여 빈객에게 절을 한다.

「상대기」 22장

참고-經文

君之喪①三日, 子夫人杖; ②五日旣殯, 授大夫世婦杖. 子大夫寢門之外杖, ③寢門之內輯之; 夫人世婦在其次則杖, 卽位則使人執之. 子有王命則去杖, 國君之命則輯杖. 聽卜有事於尸則去杖. ④大夫於君所則輯杖, ⑤於大夫所則杖.

번역 군주의 상에서는 3일째가 되면 자식과 부인(夫人)이 지팡이를 짚는다. 또 5일째가 되어 빈소를 차린 뒤에는 대부와 세부(世婦)에게 지팡이를 지급한다. 자식과 부인은 침문(寢門) 밖에서 지팡이를 짚는데, 침문 안쪽으로 들어오면 지팡이를 손에 모아 쥐어서 땅을 짚지 않는다. 부인과 세부는 임시숙소에 있을 때 지팡이를 짚지만, 자신의 자리로 나아가게 되면 다른 사람을 시켜서 그것을 들게 한다. 세자가 천자의 명령을 받들고 온 사신을 맞이하게 되면 지팡이를 제거하고, 이웃 나라의 제후가 보낸 사신을 대하게 되면 지팡이를 모아 쥐어서 땅을 짚지 않는다. 거북점을 치거나 시동에 대한 일을 처리하게 되면 지팡이를 제거한다. 대부는 군주가 계신 장소에서 지팡이를 모아 쥐어서 땅을 짚지 않고, 대부들끼리 있는 장소라면 지팡이를 짚는다.

① ○三日子夫人杖.

補註 鄭註: 三日, 死之後三日也.

번역 정현의 주에서 말하길, '삼일(三日)'은 죽은 이후 3일째를 뜻한다.

② 五日旣殯.

補註 雜記: "公七踊." 疏曰: "五日而殯, 則合死日, 六日也."

번역 「잡기(雜記)」편에서 말하길, "제후의 상에서 용(踊)을 하게 되면 7차례 한다."[1)]라고 했다. 소에서 말하길, "5일이 지나면 빈소를 마련하니, 죽은 날까지 합치면 총 6일이 된다."라고 했다.

③ 寢門之內輯之.

補註 疏曰: 殯柩在門內, 神明所在, 故入門斂之, 不敢拄地也.

번역 소에서 말하길, 빈소의 영구는 문 안쪽에 있고 신명이 있는 곳이기 때문에, 문으로 들어가면 지팡이를 모아 쥐고 감히 땅을 짚지 않는다.

④ 大夫於君所則輯杖.

補註 鄭註: "君, 謂子也. 謂與之俱卽寢門外位也. 獨焉則杖." 疏曰: "知寢門外者, 若寢門內, 則君亦輯之, 大夫當去杖也."

번역 정현의 주에서 말하길, "'군(君)'자는 세자를 뜻한다. 군주와 함께 모두 침문(寢門) 밖의 자리에 있을 때를 뜻한다. 홀로 있을 때라면 지팡이를 짚는다."라고 했다. 소에서 말하길, "침문 밖의 자리가 됨을 알 수 있는 이유는 만약 침문 안의 자리로 나아가게 되면 군주 또한 지팡이를 모아 쥐게 되므로, 대부는 마땅히 지팡이를 제거해야 하기 때문이다."라고 했다.

⑤ 於大夫所則杖.

補註 鄭註: "俱爲君杖, 不相下也." 疏曰: "與諸大夫俱在門外位, 並得杖拄地."

번역 정현의 주에서 말하길, "모두들 군주를 위해 상을 치르며 지팡이를 짚는다. 그러므로 지팡이를 짚는 것에 있어서는 서로에 대해서 낮추지 않는다."라고 했다. 소에서 말하길, "대부들과 함께 문밖의 자리에 있게 된 경우에는 모두가 지팡이를 쥐고서 땅을 짚을 수 있다."라고 했다.

---

1) 『예기』「잡기상(雜記上)」: 公七踊, 大夫五踊, 婦人居間; 士三踊, 婦人皆居間.

참고-集說

子, 兼適庶及世子也. 寢門, 殯宮門也. 輯, 斂也, 謂擧之不以拄地也. 子大夫廬在寢門外, 得拄杖而行至寢門. 子與大夫幷言者, 據禮, 大夫隨世子以入, 子杖則大夫輯, 子輯則大夫去杖, 故下文云, 大夫於君所則輯杖也. 此言大夫特來, 不與子相隨, 故云門外杖, 門內輯. ①若庶子之杖, 則不得持入寢門也. 夫人世婦居次在房內. 有王命至則世子去杖, 以尊王命也. 有隣國君之命則輯杖者, 下成君也. 聽卜, 卜葬卜日也. 有事於尸, 虞與卒哭及祔之祭也. 於大夫所則杖者, 諸大夫同在門外之位, 同是爲君, 故並得以杖拄地而行也.

번역 '자(子)'는 적자 및 서자와 세자를 모두 포함한다. '침문(寢門)'은 빈소의 문을 뜻한다. '집(輯)'자는 "모으다[斂]."는 뜻이니, 지팡이를 들지만, 이것을 가지고 땅을 짚지 않는다는 뜻이다. 자식과 대부가 머무는 임시숙소 여(廬)는 침문 밖에 있으니, 지팡이로 땅을 짚고서 침문까지 당도할 수 있다. 자식과 대부를 함께 언급한 이유는 예법에 따르면 대부는 세자를 따라서 들어오니, 자식이 지팡이를 짚으면 대부는 지팡이를 모으고, 자식이 지팡이를 모으면 대부는 지팡이를 제거한다. 그렇기 때문에 아래문장에서 "대부는 군주가 계신 장소에서는 지팡이를 모은다."고 말한 것이다. 이곳의 내용은 대부 홀로 찾아왔을 때, 자식과 함께 뒤따르지 않는 경우를 뜻한다. 그렇기 때문에 문밖에서 지팡이를 짚고, 문안에서 지팡이를 모은다고 한 것이다. 만약 서자가 지팡이를 짚는 경우라면, 그것을 지니고서 침문 안으로 들어갈 수 없다. 부인과 세부가 머무는 임시숙소 차(次)는 방안에 해당한다. 천자의 명령을 받드는 사신이 당도하게 되면 세자는 지팡이를 제거하니, 천자의 명령을 존귀하게 여기기 때문이다. 이웃 나라 제후의 명령을 받들고 온 자가 있다면 지팡이를 모으니, 세자 스스로 정식 군주에 대한 예법보다 낮추기 때문이다. '청복(聽卜)'은 장례를 치르는 장소와 그 날짜에 대해서 거북점을 친다는 뜻이다. "시동에게 해야 할 일이 있다."는 말은 우제(虞祭)와 졸곡(卒哭) 및 부제(祔祭) 등을 뜻한다. 대부가 있는 장소에서 지팡이를 짚는다는 말은 여러 대부들이 모두 문밖의 자리에 있을 때, 모두 군주를 위해 상을 치르는 입장이므로, 모두가 지팡이로 땅을 짚으며 이동할 수 있다.

① **若庶子[止]寢門.**

補註 按: 疏先言子字之包適庶及世子, 次言寢門之內神明所居, 故子亦輯杖. 其下乃言若庶子至寢門, 則去杖也, 此亦似指與世子同入時也. 陳註用疏說, 而移置於大夫或輯或杖之下, 有若寢門之內不隨世子, 則大夫可以輯杖, 而庶子元不得持入者, 然恐誤. 或云庶子避遠, 世子尤有別於大夫, 故如此云.

번역 살펴보니, 소에서는 먼저 '자(子)'자가 적자와 서자 및 세자를 포함한다고 말했고, 그 다음으로 침문 안쪽은 신명이 있는 곳이기 때문에 자식 또한 지팡이를 모아 쥔다고 했다. 그 뒤에 가서야 서자가 침문에 당도하면 지팡이를 제거한다고 했는데, 이것은 아마도 세자와 함께 들어갈 때를 가리키는 것 같다. 진호의 주에서는 소의 주장에 따르고 있지만, 대부는 모아 쥐기도 하고 지팡이를 짚기도 한다는 내용 뒤로 옮겨놓아서, 마치 침문 안에서 세자를 뒤따르지 않는 경우라면 대부는 지팡이를 모아 쥘 수 있고, 서자는 본래부터 가지고 들어갈 수 없다는 것처럼 보이는데, 아마도 이것은 잘못된 설명인 것 같다. 혹자는 서자는 관계가 더욱 멀고 세자는 대부와 구별되는 점이 더 크기 때문에 이처럼 말한 것이라고 설명한다.

「상대기」 23장

참고-經文

大夫之喪, ①三日之朝旣殯, 主人主婦室老皆杖. 大夫有君命則去杖, 大夫之命則輯杖. 內子爲夫人之命去杖, 爲世婦之命授人杖.

번역 대부의 상에서 3일째 아침에 빈소를 차리고 나면, 상주 · 주부 · 실로(室老)는 모두 지팡이를 짚는다. 상주에게 군주의 명령을 받들고 온 사신이 조문을 한다면 지팡이를 제거하고, 대부의 명령을 받들고 온 사신에 대해서는 지팡이를 모아 쥐고 땅을 짚지 않는다. 내자(內子)는 군주 부인(夫人)의 명령을 받들고 온 조문객을 위해 지팡이를 제거하고, 군주 세부(世婦)의 명령을 받들고 온 조문객을 위해서는 남에게 지팡이를 건넨다.

① 三日之朝旣殯.

補註 雜記疏曰: 大夫三日殯, 合死日, 爲四日.

번역 『예기』「잡기(雜記)」편의 소에서 말하길, 대부는 3일이 지난 뒤에 빈소를 마련하니, 죽은 날까지 합하면 총 4일이 된다.

참고-集說

大夫有君命, ①此大夫, 指爲後子而言. ②世婦, 君之世婦也.

번역 대부에게 군주의 명령을 받들고 온 사신이 찾아온다고 했는데, 이때의 '대부(大夫)'는 후계자가 된 자식을 가리켜서 한 말이다. '세부(世婦)'는 군주의 세부를 뜻한다.

① **此大夫[止]而言.**

補註 鄭註: 此指大夫之子也. 而云大夫者, 通實大夫有父母之喪也.
번역 정현의 주에서 말하길, 이때의 '대부(大夫)'는 대부의 자식을 뜻한다. 그런데도 '대부(大夫)'라고 말한 것은 대부에게 부모의 상이 발생한 경우까지도 통괄해서 말했기 때문이다.

② **世婦君之世婦也.**

補註 按: 世婦雖國君之次婦, 大夫妻亦謂之世婦, 見上文小臣復章註. 此世婦, 當亦兼言大夫之妻也. 婦人與男子異禮, 故不輯杖而授人杖也. 鄭註, 授人杖, 與上使人執之同也.
번역 살펴보니, 세부가 비록 제후의 차부라고 하지만 대부의 처에 대해서도 또한 세부라고 부르니, 앞에서 "소신이 초혼을 한다."[1]라고 한 문장의 주에 나온다. 여기에서 말한 세부는 대부의 처까지도 겸해서 말한 것이다. 부인은 남자와 예법이 다르기 때문에 지팡이를 모아 쥐지 않고 남에게 건네는 것이다. 정현의 주에서는 남에게 지팡이를 건네는 것은 앞에서 남으로 하여금 지팡이를 잡게 하는 것[2]과 동일하다고 했다.

---

1) 『예기』「상대기」: 小臣復, 復者朝服. 君以卷, 夫人以屈狄, 大夫以玄赬, 世婦以襢衣, 士以爵弁, 士妻以稅衣, 皆升自東榮, 中屋履危, 北面三號, 捲衣投于前, 司服受之, 降自西北榮.

2) 『예기』「상대기」: 君之喪三日, 子夫人杖; 五日既殯, 授大夫世婦杖. 子大夫寢門之外杖, 寢門之內輯之; 夫人世婦在其次則杖, 即位則使人執之. 子有王命則去杖, 國君之命則輯杖. 聽卜有事於尸則去杖. 大夫於君所則輯杖, 於大夫所則杖.

「상대기」 24장

참고─經文

①士之喪, 二日而殯, 三日之朝主人杖, 婦人皆杖. 於君命夫人之命如大夫, 於大夫世婦之命如大夫.

번역 사의 상에서는 2일이 지난 뒤에 빈소를 마련하며, 3일째 아침에 상주는 지팡이를 짚고, 주부 및 첩과 시집을 가지 않은 딸자식은 모두 지팡이를 짚는다. 군주의 명령을 받들고 온 사신이나 군주 부인(夫人)의 명령을 받들고 온 사신을 대하는 경우에는 대부의 예법처럼 하고, 대부나 세부(世婦)의 명령을 받들고 온 사신을 대하는 경우에는 대부의 예법처럼 한다.

① 士之喪[止]三日之朝.

補註 疏曰: 二日而殯者, 除死日爲二日. 三日之朝者, 謂殯之明日也.

번역 소에서 말하길, 2일이 지난 뒤에 빈소를 마련한다는 것은 죽은 날을 제외하고 2일이 지났다는 뜻이다. 3일째 아침이라는 것은 빈소를 마련한 다음 날을 뜻한다.

補註 ○按: 王制大夫·士·庶人三日而殯, 問喪三日而后斂, 士喪禮始死日襲, 厥明小斂, 厥明大斂, 則從始死三日而殯, 明矣.

번역 ○살펴보니, 『예기』「왕제(王制)」편에서는 "대부·사·서인들은 3일 후에 빈소를 마련한다."[1]라고 했고, 『예기』「문상(問喪)」편에서는 "3일이 지난 후에 염을 한다."[2]라고 했으며, 『의례』「사상례(士喪禮)」편에서는 이제

---

1) 『예기』「왕제(王制)」: 天子七日而殯, 七月而葬. 諸侯五日而殯, 五月而葬. 大夫士庶人三日而殯, 三月而葬. 三年之喪, 自天子達.

2) 『예기』「문상(問喪)」: 或問曰, "死三日而后斂者, 何也?" 曰, "孝子親死, 悲哀志懣, 故匍匐而哭之, 若將復生然, 安可得奪而斂之也? 故曰三日而后斂者, 以俟其生也. 三日而不生, 亦不生矣, 孝子之心, 亦益衰矣. 家室之計, 衣服之具, 亦可以

막 죽었을 때 그날에 습을 하고 그 다음날 소렴을 하며 그 다음날 대렴을 한다고 했으니, 이제 막 죽을 날로부터 3일이 지난 뒤에 빈소를 마련하는 것이 분명하다.

成矣. 親戚之遠者, 亦可以至矣. 是故聖人爲之斷決以三日, 爲之禮制也."

「상대기」 26장

참고-經文

始死, 遷尸于牀, 幠用斂衾, 去死衣, 小臣楔齒用角柶, ①綴足用燕几, 君大夫士一也.

번역 어떤 자가 이제 막 죽었을 때에는 땅바닥에 있던 시신을 들어서 침상으로 옮긴다. 그런 뒤에 대렴(大斂) 때의 이불로 시신을 덮으며, 새로 입혔던 옷을 벗기고, 소신은 뿔로 만든 수저를 이용해서 입을 벌리게 하고, 연궤(燕几)를 사용하여 발을 고정시키니, 이러한 예법은 군주 · 대부 · 사에게 모두 동일하게 적용된다.

① ○綴足用燕几.

補註 士喪記: "綴足用燕几, 校在南, 御者坐持之." 註: "校, 脛也. 尸南首, 几脛在南以拘足, 則不得辟戾." 疏曰: "古者几兩頭各施兩足, 今則夾以竪用之. 尸南首, 足鄉北, 故以几脚鄉南以夾足. 恐几攲側, 故使侍御一人坐持夾之, 使足不辟戾, 可著屨."

번역 『의례』「사상례(士喪禮)」편의 기문에서 말하길, "발을 고정시킬 때에는 연궤를 사용하며, 연궤의 다리부분은 남쪽에 있게 되고, 시중을 드는 자는 무릎을 꿇고서 그것을 고정시킨다."[1]라고 했다. 주에서 말하길, "교(校)는 다리 부분을 뜻한다. 시신에 대해서는 머리를 남쪽으로 두니, 연궤의 다리는 남쪽에 있게 되며 이를 통해 발을 고정시키면 어긋나고 구부러지지 않게 할 수 있다."라고 했다. 소에서 말하길, "고대의 안석은 양쪽 끝에 각각 2개의 다리가 붙어 있었는데, 지금은 그 폭이 좁아서 세워서 사용한다. 시신에 대해서 머리를 남쪽으로 두게 되면 발은 북쪽을 향하게 되어 있다. 그렇

1) 『의례』「기석례(旣夕禮)」: 設牀第當牖, 衽下莞上簟, 設枕. 遷尸. 復者朝服, 左執領, 右執要, 招而左. 楔貌如軛, 上兩末. 綴足用燕几, 校在南, 御者坐持之. 卽牀而奠當腢, 用吉器, 若醴若酒, 無巾柶.

기 때문에 연궤의 다리를 남쪽으로 향하게 해서 발을 끼우게 된다. 안석이 비틀어지거나 한쪽으로 치우치는 것이 염려되기 때문에 시중을 드는 자 1명으로 하여금 무릎을 꿇고서 그것을 잡아 발에 끼워지도록 하니, 발이 비틀어지지 않게 해서 신발을 신길 수 있게 하는 것이다."라고 했다.

「상대기」 27장

참고-經文

管人汲, 不說繘屈之, 盡階, 不升堂, 授御者. 御者入浴, 小臣四人抗衾, 御者二人浴. 浴水用盆, 沃水①用枓, 浴用絺巾, 挋用浴衣, 如他日. 小臣爪足. 浴餘水棄于坎. 其母之喪, 則內御者抗衾而浴.

번역 시신을 목욕시킬 때, 관인(管人)이 그 물을 공급하니, 두레박에 달린 끈을 풀지 않고 손으로 감아쥐며, 서쪽 계단으로 올라가지만 당에는 올라가지 않고 시중을 드는 자에게 전한다. 시중을 드는 자는 물을 건네받고 안으로 들어가서 시신을 목욕시키는데, 소신 4명이 이불을 들어서 시신의 몸을 가리며, 시중을 드는 자 2명이 목욕을 시킨다. 목욕을 시키는 물은 분(盆)을 이용해서 담고, 물을 퍼서 시신에게 뿌릴 때에는 두(枓)를 사용하며, 때수건으로는 고운 칡베를 사용하고, 물기를 제거할 때에는 욕의(浴衣)를 사용하는데, 이것은 생전과 동일하게 하는 것이다. 목욕을 모두 마치면 소신은 시신의 발톱을 깎는다. 목욕을 시키고 남은 물은 전인(甸人)이 파놓았던 구덩이에 버린다. 모친의 상을 치르는 경우라면, 부인들이 이불을 들고서 목욕을 시킨다.

① ○用枓.

補註 陸云: 枓音主, 又音斗.

번역 육덕명이 말하길, '枓'자의 음은 '主(주)'이며, 또한 그 음은 '斗(두)'도 된다.

참고-集說

管人, 主館舍者. 汲, 汲水以供浴事也. 繘, 汲水缾上索也. 急遽不暇解脫此索, 但縈屈而執於手. 水從西階升, 盡等而不上堂,授與御者. 抗衾, 擧衾以蔽尸也. 此浴水用盆盛之, 乃用枓酌盆水以沃尸. 以綌爲巾, 蘸水以去尸之垢. 挋, 拭也. 浴衣, 生時所用以浴者, 用之以拭尸, 令乾也. 如他日者, 如生時也. 爪足, 浴竟而翦尸足之爪甲也. 浴之餘水, 棄之坎中, 此①坎是甸人取土爲竈所掘之坎. 內御者, 婦人也.

번역 '관인(管人)'은 숙소에 대한 일을 주관하는 자이다. '급(汲)'자는 물을 길러서 목욕시키는 일에 공급한다는 뜻이다. '율(繘)'은 물을 기르는 두레박에 달린 끈이다. 신속히 처리하여 이 끈을 풀 겨를이 없으니, 단지 끈을 감아서 손에 쥐게 된다. 물은 서쪽 계단을 통해서 올려 보내는데, 계단에 다 올라가되 당으로는 올라가지 않고, 시중을 드는 자에게 건넨다. '항금(抗衾)'은 이불을 들어서 시신을 가린다는 뜻이다. 이처럼 목욕을 시키는데 사용되는 물은 분(盆)을 이용해서 담고, 두(枓)를 이용해서 분에 담긴 물을 떠서 시신에게 뿌린다. 고운 칡베로 수건을 만들고 물에 적셔서 시신에 묻어 있는 때를 제거한다. '진(挋)'자는 "닦는다[拭]."는 뜻이다. '욕의(浴衣)'는 생전에 목욕을 하며 사용하던 것으로, 이것을 이용해서 시신의 몸에 묻어 있는 물기를 닦아 건조시키는 것이다. "다른 때처럼 한다."는 말은 생전처럼 한다는 뜻이다. '조족(爪足)'은 목욕을 끝낸 뒤에 시신의 발톱을 깎는다는 뜻이다. 목욕을 시키고 남은 물은 구덩이에 버리는데, 이 구덩이는 전인(甸人)이 흙을 모아서 부뚜막을 만들며 파냈던 구덩이이다. '내어자(內御者)'는 부인들을 뜻한다.

① 坎是甸人[止]之坎.

補註 按: 此指將作塊竈, 而掘取土之處也, 見下.

번역 살펴보니, 이것은 흙을 뭉쳐 부뚜막을 만들기 위해 흙을 파냈던 곳을 가리키니, 아래문장에 나온다.

「상대기」 28장

참고-經文

管人汲授御者, 御者差沐于堂上. 君沐粱, 大夫沐稷, ①士沐粱. 甸人爲垼于西牆下, 陶人出重鬲, 管人受沐, 乃煮之. 甸人取所徹廟之西北厞薪, 用爨之. 管人授御者沐, 乃沐. ②沐用瓦盤, 挋用巾, 如他日. 小臣③爪手翦須. ④濡濯棄于坎.

번역 시신의 머리를 감길 때, 관인(管人)은 물을 길러서 시중을 드는 자에게 건네고, 시중을 드는 자는 당상(堂上)에서 머리 감길 물에 곡물을 담가서 씻는다. 군주의 경우에는 조를 사용하고, 대부의 경우에는 기장을 사용하며, 사의 경우에도 조를 사용한다. 전인(甸人)은 서쪽 담장 밑에 흙을 쌓아 부뚜막을 만들고, 도인(陶人)은 중(重)에 걸칠 항아리를 꺼내오며, 관인은 시중드는 자가 건넨 곡물 씻은 물을 받아서 이것을 부뚜막의 병에 담아 끓인다. 전인은 부뚜막을 만든 뒤 곧바로 초혼을 했던 자가 치워두었던 정침(正寢) 서북쪽 모퉁이에 있던 땔감을 가져다가 이것을 이용해서 부뚜막에 불을 지핀다. 머리 감길 물이 끓으면 관인은 시중드는 자에게 물을 건네고, 시중을 드는 자가 머리를 감긴다. 머리 감길 물을 담을 때에는 와반(瓦盤)을 사용하고, 씻길 때에는 수건을 사용하는데, 이것은 생전과 동일하게 하는 것이다. 머리를 감긴 뒤에는 소신이 손톱을 깎고 수염을 자른다. 머리를 감기고 난 더러운 물은 구덩이에 버린다.

① 士沐粱.

補註 鄭註: 士喪禮沐稻, 此云士沐粱, 蓋天子之士也. 以差率而上之, 天子沐黍與.

번역 정현의 주에서 말하길, 『의례』「사상례(士喪禮)」편에서는 머리를 감길 때 쌀 씻은 물을 사용한다고 했는데,[1] 이곳에서는 “사의 머리를 감길 물은

---

1) 『의례』「사상례(士喪禮)」: 貝三實于笄. 稻米一豆實于筐. 沐巾一, 浴巾二, 皆用綌, 于笄. 櫛于簞. 浴衣于篋. 皆饌于西序下, 南上.

조 씻은 물을 사용한다."라고 했으니, 아마도 이곳에서 말한 자는 천자에게 소속된 사일 것이다. 이러한 차등에 따라 거슬러 올라가보면, 천자에 대해서는 서(黍) 씻은 물로 머리를 감겼을 것이다.

② **沐用瓦盤.**

補註 疏曰: 沐與浴俱有枓, 俱有盤. 沐云用盤, 浴云用枓, 是文相變也.
번역 소에서 말하길, 머리를 감기고 목욕을 시킬 때에는 모두 두(枓)를 사용하고, 또한 모두 반(盤)을 사용한다. 그런데 목욕을 시키는 기록에서 "두(枓)를 사용한다."라고 했고, 머리를 감기는 기록에서 "반(盤)을 사용한다."라고 했으니, 이것은 문장을 변환하여 상호 그 뜻을 보완하도록 기록한 것이다.

③ **爪手剪須.**

補註 疏曰: 沐竟而剪手瓜, 又治須, 象平生也.
번역 소에서 말하길, 머리감기는 일이 끝나면 손톱을 자르고 또 수염을 다듬으니, 평상시 살아있었을 때의 일들을 상징한다.

補註 ○須, 與鬚同.
번역 ○'수(須)'자는 수(鬚)자와 같다.

④ **濡濯.**

補註 按: 濡濯, 士喪禮作渜濯. 濡之音乃亂反者以此, 而濯則古經與士喪禮皆無別音, 而今云音棹, 可疑.
번역 살펴보니, '난탁(濡濯)'을 『의례』「사상례(士喪禮)」편에서는 난탁(渜濯)으로 기록했다.[2] '濡'자의 음이 '乃(내)'자와 '亂(란)'자의 반절음인 것도

---

2) 『의례』「사상례(士喪禮)」:管人汲, 不說繘, 屈之. 祝淅米于堂, 南面, 用盆. 管人盡階不升堂, 受潘, 煮于垼, 用重鬲. 祝盛米于敦, 奠于貝北. 士有冰, 用夷槃可

이러한 이유 때문인데, '탁(濯)'자의 경우 『고경』과 「사상례」편에는 모두 별도의 음을 기록한 것이 없고, 현재는 그 음을 '棹(도)'라고 하니, 의문스럽다.

참고-集說

此言尸之沐. ①差, 猶摩也, 謂淅粱或稷之潘汁以沐髮也. 君與士同用粱者, 士卑不嫌於僭上也. 垼, 塊竈也, 將沐時, 甸人之官取西牆下之土爲②塊竈. 陶人, 作瓦器之官也. 重鬲, ③縣重之罌, 瓦缾也, 受三升. 管人受沐汁於堂上之御者, 而下往西牆於垼竈鬲中煮之令溫, 甸人爲竈畢, 卽④往取復者所徹正寢西北厞, 以爨竈煮沐汁. 謂正寢爲廟, 神之也. 舊說, 厞是屋簷, 謂抽取屋西北之簷. 一說, 西北隅厞, 隱處之薪也. 用瓦盤以貯此汁也. 挋用巾, 以巾拭髮及面也. 爪手, 翦手之爪甲也. 濡, ⑤煩撋其髮也. 濯, 不淨之汁也.

번역 이 내용은 시신의 머리를 감긴다는 뜻이다. '차(差)'자는 "문지르다[摩]."는 뜻이니, 조나 기장을 씻고 난 물로 머리카락을 감긴다는 뜻이다. 군주와 사가 동일하게 조를 사용하는 것은 사는 미천하여 상위 예법을 참람되게 따른다는 혐의를 받지 않기 때문이다. '역(垼)'은 흙을 쌓아 만든 부뚜막이니, 머리를 감기고자 할 때, 전인(甸人)이라는 관리가 서쪽 담장 아래의 흙을 가져다가 부뚜막을 만든다. '도인(陶人)'은 옹기 등을 만드는 관리이다. '중역(重鬲)'은 중(重)에 걸어둔 항아리로, 옹기로 만든 병이니, 용적은 3승(升)이다. 관인은 당상(堂上)에 있는 시중드는 자에게 머리 감길 물을 받고, 아래로 내려가서 서쪽 담장에 설치된 병 안에 담고 따뜻하게 끓이는데, 전인은 부뚜막 만드는 일이 끝나면, 곧 초혼을 했던 자가 치워두었던 정침(正寢) 서북쪽 모퉁이의 나무를 가져다가 부뚜막에 불을 지펴 머리 감길 물을 끓인다. 정침에 대해서 '묘(廟)'라고 부르는 것은 신령스럽게 대하기 때문이

也. 外御受沐入. 主人皆出戶外, 北面. 乃沐櫛, 挋用巾. 浴用巾, 挋用浴衣. 渜濯棄于坎. 蚤揃如他日. 鬠用組, 乃笄. 設明衣裳. 主人入, 卽位.

다. 옛 학설에서 비(厞)는 지붕의 처마이니, 지붕 서북쪽에 있는 처마의 나무를 뽑는다고 했다. 또 일설에서는 서북쪽 모퉁이의 비(厞)는 깊숙한 곳에 쌓아둔 땔감이라고 했다. 옹기로 만든 반(盤)을 이용해서 끓인 물을 담는다. 씻을 때 건(巾)을 사용한다고 했는데, 수건을 사용하여 머리카락과 얼굴을 닦는다는 뜻이다. '조수(爪手)'는 손톱을 깎는다는 뜻이다. '난(濡)'은 머리카락을 감기고 적신다는 뜻이다. '탁(濯)'자는 깨끗하지 않은 물을 뜻한다.

① 差猶摩[止]沐髮也.

補註 鄭註: "差, 淅也, 淅飯米取其潘, 以爲沐也." 疏曰: "差是差摩, 故云淅."

번역 정현의 주에서 말하길, "'차(差)'자는 곡물을 씻는다는 뜻이니, 밥알을 씻어서 씻고 난 물을 가져다가 머리 감기는 물로 사용한다."라고 했다. 소에서 말하길, "'차(差)'자는 문지른다는 뜻이다. 그렇기 때문에 곡물을 씻는다고 말했다."라고 했다.

補註 ○按: 陳註欠明. 有若以差爲撋沐之義, 誤矣.

번역 ○살펴보니, 진호의 주는 다소 불분명하다. 마치 차(差)자를 비벼서 머리를 감긴다는 뜻으로 본 것 같은데, 이것은 잘못된 해석이다.

補註 ○又按: 士喪記, 淅米差盛之, 註差擇之, 與此異.

번역 ○또 살펴보니, 『의례』「사상례(士喪禮)」편의 기문에서는 "쌀을 씻고, 그것을 가려내서 담는다."[3]라고 했으며, 주에서는 "차(差)는 가려낸다는 뜻이다."라고 하여 이곳의 주석과 차이를 보인다.

② 塊竈.

補註 按: 以塊土爲竈也.

---

3) 『의례』「사상례(士喪禮)」: 夏祝淅米差盛之.

번역 살펴보니, 흙덩이로 부뚜막을 만든다는 뜻이다.

③ 縣重之罋.

補註 士喪禮: "重鬲濯, 造西階下." 註: "重鬲, 鬲將縣於重者也."
번역 「사상례」편에서는 "중역을 씻어서 서쪽 계단 밑으로 가져다 놓는다."[4] 라고 했고, 주에서는 "중역은 솥 중에서 중에 걸어두려고 하는 것이다."라고 했다.

補註 ○下文: "管人受潘煮于垼用重鬲." 疏曰: "用重鬲者, 以其先煮潘, 後煮米, 爲粥縣於重, 故煮潘用重鬲也." 又下文: "重, 木刊鑿之, 甸人置重于中庭. 夏祝鬻[與同粥.]餘飯, 用二鬲于西墻下. 冪用疏布久之, 繫用靲縣于重." 註: "夏祝, 祝習夏禮者. 夏人教以忠, 其於養宜也. 鬻餘飯, 以飯尸餘米爲粥也. 重, 主道也." 疏曰: "西墻下有竃, 卽上文甸人爲垼是也. 始死, 未作主, 以重主其神. 虞後, 以木主替重. 久讀爲灸, 灸塞義, 謂用麁布蓋鬲口爲塞也. 靲, 竹䈽也."
번역 ○「사상례」편의 뒷 문장에서는 "관인이 곡물 씻은 물을 받아서 부뚜막에서 끓이며 중역을 사용한다."[5]라고 했고, 소에서는 "중역을 사용한다는 것은 먼저 곡물 씻은 물을 끓이고 그 이후에 알곡을 끓여서 죽을 만들어 중에 걸어두기 위한 것이다. 그렇기 때문에 곡물 씻은 물을 끓이며 중역을 사용한다."라고 했다. 또 그 뒤의 문장에서는 "중은 나무를 쪼개고 뚫어서 만드는데, 전인이 중정에 중을 설치한다. 하축(夏祝)[6]은 여반으로 죽을 만들며 [죽

---

4) 『의례』「사상례(士喪禮)」: 新盆・槃・瓶・廢敦・重鬲, 皆濯, 造于西階下.

5) 『의례』「사상례(士喪禮)」: 管人盡階, 不升堂, 受潘, 煮于垼, 用重鬲.

6) 하축(夏祝)은 하(夏)나라 때의 예법을 익혀서, 제사 등을 돕는 자이다. 하나라 때에는 충(忠)을 중심으로 가르쳤으므로, 그 예법은 봉양을 하는 것에 적합하다. 그렇기 때문에 음식과 관련된 일을 담당한다. 『의례』「사상례(士喪禮)」편에는 "夏祝鬻餘飯, 用二鬲, 于西牆下."라는 기록이 있고, 이에 대한 정현의 주에서는 "夏祝, 祝習夏禮者也. 夏人教以忠, 其於養宜."라고 풀이했다.

(鬻)자는 죽(粥)자와 같다.] 서쪽 담장 아래에서 2개의 역을 사용한다. 덮개는 소포를 이용하며 그것을 덮어서 뜸을 들이고, 대나무 껍질로 연결하여 중에 건다."[7]라고 했고, 주에서는 "하축은 축관 중 하나라의 예법을 익힌 자이다. 하나라 때에는 충을 위주로 가르쳤으므로, 그는 봉양의 도리에 적합하다. 여반으로 죽을 만든다고 했는데, 시동을 위해 밥을 짓고 남은 알곡으로 죽을 만든다는 뜻이다. 중은 신령을 머물도록 하는 도리에 해당한다."라고 했으며, 소에서는 "서쪽 담장 아래에는 부뚜막이 있으니, 앞에서 전인이 부뚜막을 만들었다고 한 곳이 바로 이곳이다. 어떤 자가 이제 막 죽었을 때 아직 신주를 만들지 않았기 때문에, 중을 통해서 신령이 머물도록 하는 것이다. 우제를 치르고 난 뒤에는 나무로 된 신주로 중을 대체하게 된다. '구(久)'자는 구(灸)자로 풀이하니, 뜸을 들이며 덮는다는 뜻으로, 거친 포를 이용해서 역의 입구를 덮어서 덮개로 쓴다는 뜻이다. '금(軨)'은 대나무 껍질을 뜻한다."라고 했다.

補註 ○簚, 與幦同.
번역 ○'멸(簚)'자는 멸(幦)자와 같다.

④ 往取復者[止]西北厞.

補註 士喪禮: "復者, 降自後西榮." 註: "降因徹西北厞, 若云此室凶不可居然." 疏曰: "按喪大記甸人取所徹廟之西北厞薪而爨之, 諸文不見徹厞薪之文, 故知復者降時徹西北厞也. 西北名爲厞者, 特牲尸謖之後, 改饌於西北隅, 以爲陽厭, 而云厞用筵, 鄭云厞隱, 故以西北隅爲厞也."
번역 「사상례」편에서는 "초혼을 하는 자가 뒤의 서쪽 처마를 통해 내려간다."[8]라고 했다. 주에서는 "내려올 때에는 그에 따라 서북쪽의 땔감을 치워

---

7) 『의례』「사상례(士喪禮)」: 重木刊鑿之. 甸人置重于中庭, 參分庭一, 在南. 夏祝鬻餘飯, 用二鬲, 于西牆下. 冪用疏布, 久之, 繫用軨, 縣于重. 冪用葦席, 北面, 左衽, 帶用軨, 賀之, 結于後.

8) 『의례』「사상례(士喪禮)」: 復者降自後西榮.

두니, 마치 이 방은 흉하여 거주할 수 없다고 말하는 것과 같다."라고 했다. 소에서는 "「상대기」편을 살펴보면 전인은 묘의 서북쪽에서 치워두었던 땔감을 가져가서 이것으로 불을 지핀다고 했는데, 기록들 중에는 땔감을 치운다는 글이 나타나지 않는다. 그렇기 때문에 초혼을 하는 자가 내려올 때 서북쪽의 땔감을 치운다는 사실을 알 수 있다. 서북쪽에 있는 땔감을 비(厞)라고 부르는데, 『의례』「특생궤식례(特牲饋食禮)」편에서는 시동이 자리에서 일어난 이후 서북쪽 모퉁이에 음식을 다시 차려서 진설하여 양염(陽厭)[9]으로 삼는데, 비(厞)에는 자리를 쓴다고 했고, 정현은 비는 숨는다는 뜻이라고 했다. 그렇기 때문에 서북쪽 모퉁이를 비라고 한 것이다."라고 했다.

⑤ 煩撋.

補註 按: 此見詩・葛覃章朱子註.

번역 살펴보니, 이것에 관해서는 『시』「갈담(葛覃)」편의 주자 주에 나온다.

補註 ○字彙: 撋, 軟平聲. 釋文, 煩撋挼莎也.

번역 ○『자휘』에서 말하길, '撋'자의 음은 '軟(연)'으로 평성이다. 『석문』에서 번연(煩撋)은 주무르고 비빈다는 뜻이라고 했다.

9) 양염(陽厭)은 염제(厭祭)의 절차 중 하나이다. '염제'에는 음염(陰厭)과 '양염'이 있다. '양염'은 시동이 묘실(廟室)을 빠져 나간 이후에, 시동에게 바쳤던 조(俎)와 돈(敦) 등을 거둬들여서, 서북쪽 모퉁이에 다시 진설하는 것이다.

「상대기」 29장

참고-經文

①君設大盤, ②造冰焉. 大夫設夷盤, 造冰焉. ③士倂瓦盤, 無冰. 設牀襢第, 有枕. 含一牀, 襲一牀, 遷尸于堂又一牀, 皆有枕席, ④君大夫士一也.

번역 군주의 경우에는 침상 밑에 대반(大盤)을 설치하고 그 안에 얼음을 채운다. 대부의 경우에는 침상 밑에 이반(夷盤)을 설치하고 그 안에 얼음을 채운다. 사의 경우에는 와반(瓦盤)을 나란히 설치하되 얼음은 없고 물만 채운다. 침상을 설치하고 자리를 걷어 대자리가 드러나도록 하며, 베개를 둔다. 함(含)을 할 때 하나의 침상이 놓이고, 습(襲)을 할 때 하나의 침상이 놓이며, 당으로 시신을 옮길 때에도 또한 하나의 침상이 놓이는데, 이 모든 경우에는 베개와 자리가 포함되니, 이러한 예법은 군주 · 대부 · 사에게 모두 동일하게 적용된다.

① 君設大盤章.

補註 按: 此章古經誤在始死遷尸章之上, 鄭玄始正之.

번역 살펴보니, 이 문장을 『고경』에서는 잘못하여 "어떤 자가 이제 막 죽었을 때에는 땅바닥에 있던 시신을 옮긴다."[1]라고 했던 문장 앞에 기록하였는데, 정현이 처음으로 바로잡았다.

② 造氷.

補註 鄭註: 禮, 自仲春之後, 尸旣襲, 旣小斂, 先內氷盤中, 乃設床於其上, 不施席而遷尸焉. 秋凉而止.

번역 정현의 주에서 말하길, 예법에 따르면 중춘으로부터 그 이후에는 시신

---

1) 『예기』「상대기」: 始死, 遷尸于牀, 幠用斂衾, 去死衣, 小臣楔齒用角柶, 綴足用燕几, 君大夫士一也.

에 대해서 습(襲)을 하고, 소렴(小斂)을 끝낼 때, 우선적으로 반(盤) 안에 얼음을 채우고, 그 위에 침상을 놓게 되며, 자리를 깔지 않고 그 위에 시신을 옮겨둔다. 가을이 되어 서늘해지면 이처럼 하지 않는다.

③ **士併瓦盤無氷.**

補註 鄭註: 士喪禮君賜氷, 亦用夷盤.

번역 정현의 주에서 말하길, 『의례』「사상례(士喪禮)」편에서는 군주가 얼음을 하사하면 또한 이반을 사용한다고 했다.

④ **君大夫士一也.**

補註 疏曰: 自設床襢第以下, 貴賤同然也.

번역 소에서 말하길, 침상을 설치하며 대자리를 노출시키는 것으로부터 그 이하의 예법은 신분의 차등에 상관없이 동일하게 따른다.

「상대기」 30장

참고-經文

君之喪, 子·大夫·公子·衆士皆三日不食. ①子·大夫·公子·衆士食粥, 納財, 朝一溢米, 莫一溢米, ②食之無算. ③士疏食水飮, 食之無算. 夫人·世婦·諸妻皆疏食水飮, 食之無算.

번역 군주의 상에서, 세자·대부·공자들·여러 사들은 모두 3일 동안 밥을 먹지 않는다. 세자·대부·공자들·여러 사들은 밥 대신 죽을 먹으니, 죽을 만들 때 들어가는 쌀알은 아침에는 1일(溢)만큼의 쌀알을 넣고, 저녁에는 1일(溢)[1]만큼의 쌀알을 넣는다. 사는 거친 밥을 먹고 물을 마시는데, 정해진 때가 없이 먹고 싶을 때 먹는다. 부인(夫人)·세부(世婦) 및 여러 신하의 처들은 모두 거친 밥과 물을 마시는데, 정해진 때가 없이 먹고 싶을 때 먹는다.

① **○子大夫公子衆士食粥.**

補註 按: 此食粥, 謂三日不食之後也. 問喪水漿不入口, 三日不擧火. 間傳父母之喪, 旣殯食粥, 朝一溢米, 莫一溢米. 家禮成服之日, 主人兄弟始食粥, 皆是也. 君之喪, 五日而殯, 若五日不食, 則疑於死, 故亦三日不食.

번역 살펴보니, 여기에서 죽을 먹는다고 한 것은 3일 동안 밥을 먹지 않는다고 한 이후를 뜻한다. 『예기』「문상(問喪)」편에서는 "물과 음료가 입으로 넘어가지 않으며 3일 동안 불을 피우지 않는다."[2]라고 했고, 『예기』「간전(間傳)」편에서는 "부모의 상을 치를 때에는 빈소 마련하는 일이 끝나야 죽을 먹

---

1) 일(溢)은 한 손에 담을 수 있는 양을 뜻한다. 『소이아(小爾雅)』「광량(廣量)」편에는 "一手之盛謂之溢."이라는 기록이 있다. 24분의 1승(升)이라고도 한다.

2) 『예기』「문상(問喪)」: 親始死, 雞斯徒跣, 扱上衽, 交手哭. 惻怛之心, 痛疾之意, 傷腎乾肝焦肺, 水漿不入口, 三日不擧火, 故鄰里爲之糜粥以飮食之. 夫悲哀在中, 故形變於外也. 痛疾在心, 故口不甘味, 身不安美也.

는데, 아침에는 1일(溢)만큼의 쌀을 사용하고, 저녁에도 1일만큼의 쌀을 사용한다."[3]라고 했으며, 『가례』에서는 성복을 한 날 주인과 형제들은 비로소 죽을 먹게 된다고 한 말들이 모두 이러한 사실을 나타낸다. 군주의 상에 있어서는 5일이 지난 뒤에 빈소를 차리는데, 만약 5일 동안 밥을 먹지 않는다고 한다면 죽을 지경에 이르지나 않을까 염려되기 때문에 이러한 경우에도 3일 동안만 밥을 먹지 않는다.

補註 ○又按: 食粥下當著是於等吐.
번역 ○또 살펴보니, '식죽(食粥)'이라는 구문 뒤에는 마땅히 이[是]나 어[於] 등의 토를 붙여야만 한다.

補註 ○又按: 續通解喪通禮載此段, 而無衆士二字. 古註疏亦無衆士食粥之解, 且下文既別言士疏食水飮, 則食粥二字, 恐蒙上文而衍也.
번역 ○또 살펴보니, 『속통해』「상통례」에서는 이곳 단락을 수록하고 있는데 중사(衆士)라는 두 글자는 없다. 옛 주와 소에서도 중사가 죽을 먹는다는 것에 대한 풀이가 없고, 또 뒤의 문장에서는 이미 별도로 사는 거친 밥을 먹고 물을 마신다고 말했다면, '식죽(食粥)'이라는 두 글자는 아마도 앞 문장 때문에 연문으로 들어간 것 같다.

② 食之無筭.

補註 鄭註: "同言無筭, 則是皆一溢. 米, 或粥或飯." 疏曰: "無筭者, 居喪困病, 不能頓食, 隨須卽食."
번역 정현의 주에서 말하길, "동일하게 셈이 없다고 했으니, 이 모두는 1일(溢) 안에서 먹는 것이다. 미(米)로는 죽을 만들기도 하고 밥을 만들기도 한

---

3) 『예기』「간전(間傳)」: 斬衰三日不食, 齊衰二日不食, 大功三不食, 小功緦麻再不食, 士與斂焉則壹不食. 故父母之喪, 既殯食粥, 朝一溢米, 莫一溢米. 齊衰之喪, 疏食水飮, 不食菜果. 大功之喪, 不食醯醬. 小功緦麻, 不飮醴酒. 此哀之發於飮食者也.

다.”라고 했다. 소에서 말하길, “셈이 없다는 것은 상을 치르며 병약해졌으므로, 끼니마다 식사를 할 수 없어서 필요에 따라서 식사를 한다.”라고 했다.

③ 士疏食[止]諸妻皆疏食水飮.

補註 鄭註: “諸妻, 御妾也.” 疏曰: “士疏食水飮者, 士賤病輕故也. 夫人·世婦·諸妻疏食水飮者, 婦人質弱, 恐食粥傷性故也.”

번역 정현의 주에서 말하길, “‘제처(諸妻)’는 어첩(御妾)이다.”라고 했다. 소에서 말하길, “사는 거친 밥을 먹고 물을 마신다고 했는데, 사는 미천하고 병약해지는 것도 상대적으로 덜하기 때문이다. 부인·세부·제처는 거친 밥을 먹고 물을 마신다고 했는데, 부인은 유약하여 죽을 먹게 되면 생명을 해치게 될까 염려되기 때문이다.”라고 했다.

참고-集說

納財, 謂有司供納此米也. 鄭註, 財, 穀也. 謂米由穀出, 故言財. ①一溢, 二十四分升之一也. 食之無算者, 謂居喪不能頓食, 隨意欲食則食, 但朝暮不過此二溢之米也. 疏食, 粗飯也.

번역 ‘납재(納財)’는 유사(有司)가 이러한 쌀알을 공급한다는 뜻이다. 정현의 주에서는 “‘재(財)’자는 알곡[穀]이다.”라고 했는데, 쌀알은 알곡에서 나온 것이기 때문에 ‘재(財)’라고 말했다는 뜻이다. 1일(溢)은 24분의 1승(升)이다. “먹음에 셈이 없다.”는 말은 상을 치를 때에는 끼니때마다 먹을 수 없으니, 자신의 의사에 따라 먹고자 한다면 먹게 되지만, 아침과 저녁으로 공급되는 2일(溢)만큼의 알곡은 넘을 수 없다. ‘소사(疏食)’는 거친 밥을 뜻한다.

① 一溢二十四分升之一.

補註 按: 此章及儀禮·喪服鄭註皆曰, “二十兩曰溢. 一溢, 爲米一升二十四分升之一.” 疏又詳其筭計, 而陳註不察, 乃去一升二字. 小學註亦襲此註而誤.

번역 살펴보니, 이곳 문장과 『의례』「상복(喪服)」편에 대한 정현의 주에서는 모두 “20양(兩)[4]을 1일(溢)이라고 한다. 1일은 쌀알 1과 24분의 1승(升)이다.”라고 했다. 소에서는 또한 그 산법을 상세히 설명하였는데, 진호의 주에서는 이것을 제대로 살피지 않고 ‘일승(一升)’이라는 두 글자를 생략하였다. 『소학』의 주에서도 이곳 주를 답습하여 잘못을 범하였다.

補註 ○沙溪曰: 按喪服, “歠粥朝一溢米, 夕一溢米.” 註, “二十兩曰溢, 爲米一升二十四分升之一.” 蓋一升之外, 又有二十四分升之一, 與小學註不同. 然其曰二十兩爲一溢者, 以今之稱量之, 則爲米二升有餘矣. 米數太多, 小學註恐得之, 然太少亦可疑. 張持國曰, “考之傳記, 古量比今制甚小.” 沈括曰, “秦·漢以前量度, 六斗, 當今一斗七升九合. 稱一斤, 當今四兩三錢三分, 飮酒一石, 實可三斗.” 又漢書·趙充國傳以一馬自佗[佗猶載也.]負三十日食, 爲米二斛四斗, 麥八斛. [米人食, 麥馬食.] 以此推之, 人日食米八升, 馬日食麥二斗六升有奇, 今人日食大略不出二升, 然則漢之八升, 可當今之二升也. 聖人制禮爲可繼也. 雖當重憂, 所食要足以不死. 設令古升猶今升二十四分升之一, 菫盛四勺餘, 人食四勺餘, 雖絶粒僧道, 猶不足活, 況古升小於今升, 僅可得四之一者乎? 此則決不然矣. 此必先儒註禮記時脫却鄭註一升二字, 而後儒不察因襲, 謬誤之致也. 章章無疑.

번역 ○사계가 말하길, 「상복」편을 살펴보면 “죽을 마심에 아침에는 1일(溢)만큼의 살을 사용하고 저녁에도 1일만큼의 쌀을 사용한다.”[5]라고 했고, 주에서는 “20양은 1일이라고 하니 쌀알 1과 24분의 1승(升)이다.”라고 했다. 1승 외에도 24분의 1승이 있다는 것으로 『소학』의 주와 같지 않다. 그런데 20양

---

4) 양(兩)은 용량을 재는 단위이다. 고대의 제도에서 24수(銖)는 1양(兩)이 되고, 16양(兩)은 1근(斤)이 된다.

5) 『의례』「상복(喪服)」: 歠粥, 朝一溢米, 夕一溢米, 寢不說絰帶.

을 1일이라고 한다고 했을 때, 오늘날의 계량법으로 헤아려보면 쌀알 2승보다 많은 양이다. 따라서 쌀알의 양이 너무 많으므로 『소학』의 주 내용이 아마도 옳은 것 같지만, 그 또한 그 양이 너무 적어서 의문스럽다. 장지국[6]은 "전문과 기문들을 살펴보니 고대의 도량법은 지금의 제도에 비해서 그 양이 매우 적었다."라고 했다. 심괄은 "진나라와 한나라 이전의 도량법에 따르면 6두는 오늘날의 1두 7승 9합에 해당한다. 1근이라고 하는 것은 지금의 4량 3전 3분에 해당하며, 음주에 있어서 1석은 3두 정도가 된다."라고 했다. 또 『한서』「조충국전」에서는 한 마리의 말이 직접 30일치의 식량을 짊어지는데, ['타(佗)'자는 재(載)자와 같다.] 쌀 2곡 4두와 보리 8곡이라고 했다. [쌀은 사람이 먹는 것이고 보리는 말이 먹는 것이다.] 이를 통해 추론해보면 사람은 날마다 쌀 8승을 먹고 말은 날마다 보리 2두 6승이 넘는 양을 먹는데, 오늘날의 사람들이 날마다 먹는 양은 대체적으로 2승을 넘지 않는다. 그렇다면 한나라 때의 8승이라는 것은 지금의 2승에 해당할 수 있다. 성인이 제정한 예법은 계속 따라할 수 있게끔 했던 것이다. 비록 근심이 크더라도 먹는 것은 죽음에 이르지 않을 정도로 해야 한다. 설령 옛 승법이라 하더라도 지금의 1승 24분의 1승과 같다면 이것은 겨우 4작을 채우고 조금 남는 적도이니, 사람이 4작보다 조금 많은 양을 먹는다면 비록 곡기를 끊은 수도승들이라 하더라도 오히려 살아남기에 부족할 것이다. 하물며 고대의 승법은 오늘날의 승법에 비해서 그 양이 적은데, 겨우 4분의 1만큼만 될 수 있겠는가? 이것은 결코 그렇지 않았을 것이다. 이것은 분명 선대 학자들이 『예기』의 주를 작성하면서 정현의 주에 나온 일승(一升)이라는 두 글자를 누락하고, 후대의 학자들이 그것을 제대로 살피지 않고 답습만 하여 그 오류가 이처럼 심해진 것이다. 이것은 명백한 사실로 의심할 바가 없다.

---

6) 장유(張維, A.D.1587~A.D.1638) : =장지국(張持國). 조선 중기 때의 문신이다. 자는 지국(持國)이고 호는 계곡(谿谷)이다. 저서로는 『계곡집(谿谷集)』 등이 있다.

「상대기」 31장

참고-經文

①大夫之喪, 主人·室老·子姓皆食粥, 衆士疏食水飮, 妻·妾疏食水飮. 士亦如之.

번역 대부의 상에서, 상주·실로(室老)·손자들은 모두 죽을 먹고, 여러 가신들은 거친 밥을 먹고 물을 마시며, 처와 첩들은 거친 밥을 먹고 물을 마신다. 사의 상에서도 또한 이처럼 한다.

① 大夫之喪[止]士亦如之.

補註 按: 此指旣殯之後, 其三日不食, 則與君之喪同.

번역 살펴보니, 이것은 이미 빈소를 차린 이후를 가리키는데, 3일 동안 밥을 먹지 않는다는 것은 군주의 상에 대한 경우와 동일하다.

「상대기」 32장

참고-經文

既葬, 主人疏食水飲, 不食菜果, 婦人亦如之, 君·大夫·士一也. 練而食菜果, ①祥而食肉. ②食粥於盛不盥, 食於篹者盥. 食菜以醯醬. 始食肉者, 先食乾肉. 始飲酒者, 先飲醴酒.

번역 장례를 끝내면 상주는 거친 밥을 먹고 물을 마시되, 채소와 과일은 먹지 않으며, 부인들 또한 이처럼 하니, 이러한 예법은 군주·대부·사가 동일하게 따른다. 소상(小祥)을 끝내면 채소와 과일을 먹고, 대상(大祥)을 끝내면 고기를 먹는다. 대접에 죽을 담아 먹을 때에는 손을 씻지 않고, 대나무 그릇에 밥을 담아 먹을 때에는 손을 씻는다. 채소를 먹을 때에는 식초나 젓갈을 곁들인다. 처음 고기를 먹을 때에는 먼저 마른 고기를 먹는다. 처음 술을 마실 때에는 먼저 단술을 마신다.

① ○祥而食肉.

補註 按: 間傳, 禫而飲酒食肉, 與此異. 先儒皆以間傳爲正.

번역 살펴보니, 『예기』「간전(間傳)」편에서는 담제를 치르고 나서 술도 마시고 고기도 먹는다고 하여,[1] 이곳과 차이를 보인다. 그런데 선대 학자들은 모두 「간전」편의 기록을 정론으로 여겼다.

② 食粥於盛[止]醴酒.

補註 疏曰: 食菜以醯醬者, 謂練而食菜者, 食之時以醯醬也.

번역 소에서 말하길, 채소를 먹을 때에는 식초나 젓갈을 곁들인다는 것은 소상을 끝내고 채소와 과일을 먹는데, 그것들을 먹을 때에는 식초나 젓갈을 곁

---

1) 『예기』「간전(間傳)」: 父母之喪, 既虞卒哭, 疏食水飲, 不食菜果. 期而小祥, 食菜果. 又期而大祥, 有醯醬. 中月而禫, 禫而飲醴酒. 始飲酒者, 先飲醴酒. 始食肉者, 先食乾肉.

들인다는 뜻이다.

補註 ○按: 食粥於盛以下, 通論未葬食粥, 旣葬疏食, 練而食菜, 祥而食肉之規法耳.

번역 ○살펴보니, "대접에 죽을 담아서 먹는다."라는 말로부터 그 이하의 내용들은 아직 장례를 치르지 않았을 때 죽을 먹고 장례를 마치고서 거친 밥을 먹으며 소상을 치르고서 채소를 먹고 대상을 치르고서 고기를 먹는 규범들에 대해서 통괄적으로 논의한 것일 뿐이다.

참고-集說

盛, ①杯圩之器也. 篹, 竹筥也. 杯圩盛粥, 歠之以口, 故不用盥手. 飯在篹, 須手取而食之, 故當盥手也.

번역 '성(盛)'은 대접 등의 그릇이다. '찬(篹)'은 대나무로 만든 그릇이다. 대접에 죽을 담게 되면 입을 대고 마시기 때문에 손을 씻지 않는다. 밥을 대나무 그릇에 담게 되면 손으로 떠서 먹어야 하므로 손을 씻어야만 한다.

① 杯圩之器也.

補註 按: 此出古註疏, 而本文, 圩作杅者是.

번역 살펴보니, 이것은 옛 주와 소에서 도출된 설명인데, 본문에서는 '우(圩)'자를 우(杅)자로 기록했고 이 기록이 옳다.

「상대기」 33장

참고-經文

期之喪, 三不食, 食疏食水飮, 不食菜果. 三月旣葬, 食肉飮酒. ①期, 終喪不食肉, 不飮酒. 父在, 爲母爲妻, 九月之喪, 食飮猶期之喪也. ②食肉飮酒, 不與人樂之.

번역 기년상(期年喪)을 치를 때, 방계 친족이 치르는 경우라면 3끼를 먹지 않고, 이후 거친 밥을 먹고 물을 마시되 채소와 과일은 먹지 않는다. 3개월이 지나서 장례를 치른 뒤에는 고기를 먹고 술을 마신다. 본래 기년상에 있어서는 상을 끝낼 때까지 고기를 먹지 않고 술을 마시지 않는다. 부친이 생존해 계실 때 돌아가신 모친이나 죽은 아내를 위해서 상을 치르게 되거나 9개월 동안 치르는 대공복(大功服)의 상에서는 먹고 마시는 것들은 기년상의 경우와 동일하게 따른다. 고기를 먹고 술을 마실 때에는 남과 함께 먹으며 즐거움을 나누지 않는다.

① 期終喪[止]爲妻.

補註 按: 此言期之終喪不酒肉者, 唯有父在爲母及爲妻耳. 諺讀諸句下吐, 大誤.

번역 살펴보니, 이것은 기년상에서는 상을 마칠 때까지 술과 고기를 먹지 않는데, 이러한 경우는 오직 부친이 생존해 계실 때 돌아가신 모친이나 죽은 처를 위해 상례를 치르는 경우일 뿐이라는 뜻이다. 그런데 『언독』에서는 이러한 여러 구문들 뒤에 토를 붙였으니 매우 잘못되었다.

補註 ○沙溪曰: 爲妻之文, 當與父在爲母, 同屬於不食肉不飮酒.

번역 ○사계가 말하길, '위처(爲妻)'라는 문장은 마땅히 '부재위모(父在爲母)'와 함께 고기를 먹지 않고 술도 마시지 않는다는 내용에 연결된다.

② **食肉飮酒[止]樂之.**

補註 鄭註: 食肉·飮酒, 亦謂旣葬.

번역 정현의 주에서 말하길, 고기를 먹고 술을 마신다는 것 또한 장례를 끝낸 이후를 뜻한다.

「상대기」 34장

참고-經文

五月·三月之喪, ①壹不食, 再不食, 可也. 比葬, 食肉飮酒, 不與人樂之. ②叔母·世母·故主·宗子, 食肉飮酒.

번역 5개월 동안 치르는 소공복(小功服)의 상에서는 2끼를 먹지 않고, 3개월 동안 치르는 시마복(緦麻服)의 상에서는 1끼를 먹지 않더라도 괜찮다. 장례를 치를 때까지 고기를 먹고 술을 마시지만, 남과 함께 먹으며 즐거움을 나누지 않는다. 숙모와 세모, 옛 주군과 종자를 위해서 상을 치를 때에는 고기를 먹고 술을 마신다.

① ○壹不食再不食.

補註 疏曰: 壹不食, 謂緦麻. 再不食, 謂小功. 容殤降之, 緦再不食, 義服小功壹不食, 故總以"壹不食, 再不食"結之.

번역 소에서 말하길, 1끼를 먹지 않는다는 말은 시마복(緦麻服)을 착용한 경우이다. 2끼를 먹지 않는다는 말은 소공복(小功服)을 착용한 경우이다. 요절을 하여 강복(降服)을 하게 되면, 시마복을 착용하고도 2끼를 먹지 않게 되고, 의복(義服)으로 소공복을 착용한 경우에는 1끼를 먹지 않는데, 이러한 경우까지도 포함하고자 했기 때문에 총괄적으로 "1끼를 먹지 않고, 2끼를 먹지 않는다."라는 말로 결론을 맺었다.

② 叔母世母[止]飮酒.

補註 鄭註: 義服恩輕也. 故主, 謂舊君也, 言故主者, 關大夫及君也.

번역 정현의 주에서 말하길, 의복(義服)은 그 은정이 낮은 경우이다. '고주(故主)'는 옛 주군을 뜻하니, 고주라고 말한 것은 대부 및 군주에 대한 경우가 모두 관련되기 때문이다.

補註 ○按: 宗子下諺吐非, 當著厓隱吐.

번역 ○살펴보니, '종자(宗子)' 뒤에 『언독』에서 붙인 토는 잘못되었으니, 에는[厓隱]토를 붙여야 한다.

補註 ○又按: 此亦承上文比葬食肉飮酒也.

번역 ○또 살펴보니, 이 또한 앞 문장에서 장례를 마치고서 고기를 먹고 술을 마신다는 것과 비견된다.

「상대기」 35장

참고-經文

不能食粥, ①<u>羹之以菜</u>可也. ②<u>有疾</u>, 食肉飮酒可也. 五十不成喪, 七十唯衰麻在身.

번역 죽을 먹을 수 없는 경우라면 채소로 만든 국을 먹어도 괜찮다. 상중에 병약해지면 고기를 먹고 술을 마셔도 괜찮다. 50세가 된 자는 상례의 절차를 모두 치르지 않고, 70세가 된 자는 오직 상복만 입을 따름이다.

① ○羹之以菜.

補註 鄭註: 謂性不能者, 可食飯菜羹.

번역 정현의 주에서 말하길, 몸의 상태에 따라 죽을 먹을 수 없는 자는 거친 밥에 채소국을 먹어도 괜찮다는 뜻이다.

補註 ○按: 此恐以菜醬作羹, 或食粥而兼食菜羹之意歟.

번역 ○살펴보니, 이것은 아마도 채소와 장을 이용해 국을 만든 것이며, 혹은 죽을 먹을 때 이러한 채소국도 함께 먹는다는 뜻일 것이다.

② 有疾.

補註 按: 諺讀著是於時等吐, 誤. 當去時字.

번역 살펴보니, 『언독』에서는 이어시[是於時] 등의 토를 붙였는데 잘못되었다. 시[時]자를 제거해야만 한다.

「상대기」 38장

참고-經文

小斂: 布絞, 縮者一, 橫者三. 君錦衾, 大夫縞衾, 士緇衾, 皆一. ①衾十有九稱. 君陳衣于序東, 大夫士陳衣于房中, 皆西領北上. ②絞·紟不在列.

번역 소렴(小斂)을 치를 때에는 포(布)로 만든 묶는 끈을 사용하는데, 세로로 묶는 끈은 1개이고, 가로로 묶는 끈은 3개이다. 묶는 끈을 깐 뒤에는 그 위에 이불을 덮는데, 군주의 경우에는 비단으로 만든 이불을 사용하고, 대부의 경우에는 명주로 짠 이불을 사용하며, 사의 경우에는 치포(緇布)로 만든 이불을 사용하니, 모두 1개의 이불을 사용한다. 의복은 총 19칭(稱)을 사용한다. 군주의 경우에는 서(序)의 동쪽에 시신에게 입히는 옷들을 진열하고, 대부와 사의 경우에는 방안에 옷들을 진열하는데, 모두 옷깃을 서쪽으로 두되 북쪽 끝에서부터 진열한다. 묶는 끈과 홑겹으로 된 이불은 19칭(稱)의 수에 포함되지 않는다.

① ○衾十有九稱.

補註 按: 衾, 古經及通解皆作衣, 當改之.
번역 살펴보니, '금(衾)'자를 『고경』 및 『통해』에서는 모두 의(衣)자로 기록했는데, 마땅히 의자로 고쳐야 한다.

補註 ○又按: 小斂衣數無貴賤之別, 故下文以君大夫一也統之.
번역 ○또 살펴보니, 소렴에 들어가는 의복의 수치에 있어서는 귀천에 따른 구별이 없다. 그렇기 때문에 아래문장에서는 군주와 대부가 동일하다는 말로 통괄한 것이다.

② 絞紟不在列.

補註 鄭註: 小斂無紟, 因絞不在列見之也.

번역 정현의 주에서 말하길, 소렴을 치를 때에는 금(紟)이라는 것이 포함되지 않는데, 묶는 끈을 언급하는 것에 따라서 묶는 끈과 함께 그 수에 포함되지 않음을 나타낸 것이다.

참고-集說

此明小斂之衣衾. 絞, 旣斂所用以束尸使堅實者. 從者在橫者之上, 從者一幅, 橫者三幅, 每幅之末, 析爲三片, 以便結束. 皆一者, 君·大夫·士皆一衾. 衾在絞之上. 天數終於九, 地數終於十, 故十有九稱也. ①袍, 夾衣. 衣裳, 單衣. 故註云, "單·複具曰稱." 紟, 單被也. 不在列, 不在十九稱之數也.

번역 이 내용은 소렴(小斂)에 사용하는 의복과 이불에 대해서 나타내고 있다. '교(絞)'는 염(斂)을 하고서 이것을 사용하여 시신을 묶어 결속을 시키는 것이다. 세로로 묶는 것은 가로로 묶는 것 위에 설치하는데, 세로로 묶는 것은 1폭(幅)이고, 가로로 묶는 것은 3폭(幅)이며, 매 폭(幅)마다 그 끝을 갈라서 3가닥으로 만드니, 쉽게 결속시키기 위해서이다. '개일(皆一)'이라는 말은 군주·대부·사가 모두 하나의 이불을 사용한다는 뜻이다. 이불은 묶는 것 위에 덮어둔다. 하늘의 수는 9에서 끝나고, 땅의 수는 10에서 끝난다. 그렇기 때문에 19칭(稱)을 사용한다. '포(袍)'는 겹으로 된 옷이다. 상의와 하의는 홑옷이다. 그렇기 때문에 주에서는 "홑옷과 겹옷에 대해서는 모두 '칭(稱)'이라고 부른다."라고 한 것이다. '금(紟)'은 홑겹으로 된 이불이다. '부재렬(不在列)'이라는 말은 19칭(稱)의 수에는 포함되지 않는다는 뜻이다.

① 袍夾衣[止]具曰稱.

補註 按: 此言袍, 是褻衣須有單衣加其上, 而有衣, 則又須有裳, 然後乃成稱也. 單, 指單衣裳, 複, 指袍, 下文袍必有表章, 可叅考.

번역 살펴보니, 여기에서 말한 '포(袍)'라는 것은 속에 입는 옷에는 홑겹의 상의를 그 위에 걸쳐야 하고, 상의가 있다면 또 하의가 있게 되니, 이처럼 된 뒤에야 칭을 이룬다. '단(單)'은 홑겹의 상의와 하의를 가리키고, '복(複)'은 포(袍)를 가리키니, 아래문장에서 포에는 반드시 겉옷이 있어야 한다고 한 문장[1]을 참고해야만 한다.

補註 ○沙溪曰: 論語註, 袍衣有著者, 當以此爲正.
번역 ○사계가 말하길, 『논어』의 주에서는 "포는 옷에 속을 채운 것이다."라고 했는데, 이것을 정론으로 삼아야 한다.

補註 ○按: 下文袍必有表註, 正與論語註同.
번역 ○살펴보니, 아래 "포에는 반드시 겉옷이 있어야 한다."라고 한 문장의 주는 『논어』의 주와 일치한다.

---

1) 『예기』「상대기」: 袍必有表, 不禪; 衣必有裳, 謂之一稱.

「상대기」 39장

참고-集說

此明大斂之事. ①縮者三, 謂一幅直用, 裂其兩頭爲三片也. 橫者五, 謂以布二幅, 分裂作六片, 而用五片橫於直者之下也. 紟, 一說在絞下用以擧尸, 一說在絞上, 未知孰是. ②二衾者, 小斂一衾, 大斂又加一衾也. 如朝服, 其布如朝服十五升也. 絞一幅爲三不辟者, ③一幅兩頭分爲三段, 而中不擘裂也. 紟五幅, 用以擧尸者. ④無紞, 謂被頭不用組紐之類爲識別也. ⑤又按, 士沐粱及陳衣, 與士喪禮不同, 舊說此爲天子之士.

번역 이 문장은 대렴(大斂)의 사안을 나타내고 있다. "가로로 된 것이 3개이다."는 말은 1폭(幅)으로 된 것을 세로로 두되 양쪽 끝을 갈라서 세 가닥으로 만든다는 뜻이다. "가로로 된 것이 5개이다."는 말은 2폭의 포(布)를 사용하되 갈라서 6가닥으로 만들고, 그 중 다섯 가닥을 이용해서 세로로 된 것 밑에 가로로 둔다는 뜻이다. '금(紟)'에 대해서 일설에서는 교(絞) 밑에 두어서 시신을 들 때 사용하는 것이라고도 하고, 또 어떤 자들은 교(絞) 위에 둔다고 하는데, 어느 것이 옳은지 모르겠다. '이금(二衾)'이라고 했는데, 소렴(小斂)에는 1개의 이불을 사용하고, 대렴에는 재차 1개의 이불을 추가하여 2개를 사용한다는 뜻이다. '여조복(如朝服)'은 사용하는 포(布)가 조복에 사용하는 것과 동일하게 15승(升)의 것을 사용한다는 뜻이다. "교(絞)는 1폭(幅)으로 하되 3으로 만들고 벽(辟)을 하지 않는다."고 했는데, 1폭(幅)의 포에서 양쪽 끝을 갈라 3가닥으로 만들지만, 가운데는 찢지 않는다는 뜻이다. "금(紟)은 5폭이다."라고 했는데, 이것을 이용해서 시신을 들어 올린다. '무담(無紞)'은 이불 끝에 끈 등을 이용해서 표식을 하지 않는다는 뜻이다. 또 살펴보니 사에 대해서 머리를 감길 때 조 씻은 물을 사용한다는 기록[1]이나 옷을 진열하는

---

1) 『예기』「상대기」: 管人汲授御者, 御者差沐于堂上. 君沐粱, 大夫沐稷, 士沐粱. 甸人爲垼于西牆下, 陶人出重鬲, 管人受沐, 乃煮之. 甸人取所徹廟之西北厞薪, 用爨之. 管人授御者沐, 乃沐. 沐用瓦盤, 挋用巾, 如他日. 小臣爪手翦須. 濡濯棄于坎.

것에 있어서, 그 내용이 『의례』「사상례(士喪禮)」편의 기록과 차이를 보이는데, 옛 학설에서는 여기에 나오는 사는 천자에게 소속된 사이기 때문이라고 했다.

① ○縮者[止]爲三片也.

補註 疏曰: 中央不通.
번역 소에서 말하길, 중앙 부분은 가르지 않는다.

② 二衾者[止]又加一衾也.

補註 按: 此章只言大斂衣衾, 則何可並數小斂之衾乎? 鄭註: "二衾者, 或覆之, 或薦之." 疏曰: "二衾者, 小斂, 君·大夫各一衾. 至大斂, 又各加一衾, 爲二衾, 此衾一, 是始死覆尸者, 故士喪禮幠用斂衾, 註大斂所幷用之衾, 一是大斂時復制也." 蓋疏意以爲大斂之衾, 比小斂, 又加其一, 小斂一衾, 故大斂二衾也, 非謂並計小斂之衾爲二衾也. 下又詳言二衾出處, 而陳註錯看, 疏說致有此誤.
번역 살펴보니, 이 문장은 단지 대렴 때의 옷과 이불에 대해서만 말했는데, 어떻게 소렴 때의 이불까지도 함께 합산할 수 있겠는가? 정현의 주에서는 "'이금(二衾)'이라고 했는데, 하나는 덮는 것이고 다른 하나는 밑을 받치는 것이다."라고 했고, 소에서는 "이금이라는 것은 소렴을 치를 때 군주·대부·사는 각각 1개의 이불을 사용한다. 대렴을 치르게 되면 또한 각각 1개의 이불을 더하게 되어 모두 2개의 이불을 사용하게 되는데, 이러한 이불 중 하나는 어떤 자가 이제 막 죽었을 때 시신을 덮었던 것이다. 그렇기 때문에 『의례』「사상례(士喪禮)」편에서는 '덮을 때에는 염금(斂衾)을 사용한다.'[2] 라고 한 것이고, 정현의 주에서는 '대렴에서 함께 사용하는 이불이다.'라고 한 것이다. 그리고 다른 하나는 대렴 때 재차 재단해서 사용하는 것이다."라고 했다. 소의 주장은 대렴에 사용하는 이불은 소렴에 비해서 1개가 추가된다. 소렴에는 1개의 이불을 사용하기 때문에 대렴에는 2개의 이불이 된다고

2) 『의례』「사상례(士喪禮)」: 士喪禮. 死于適室, 幠用斂衾.

여긴 것이다. 따라서 이것은 소렴에 사용하는 이불까지 더해서 2개의 이불이 된다는 뜻이 아니다. 아래에서는 재차 2개의 이불에 대한 출처를 상세히 언급했지만 진호는 이것을 잘못 보았는데, 소의 주장이 이러한 잘못을 일으키게 한 것이다.

補註 ○下文自小斂以往用夷衾, 疏曰: "始死, 幠用斂衾, 是大斂之衾. 小斂以前覆尸, 至小斂時, 君錦衾, 大夫縞衾, 士緇衾, 用之小斂, 斂訖, 別制夷衾以覆之, 其小斂之前所用大斂之衾者, 小斂後停而不用. 至將大斂及陳衣, 又別制一衾, 主用大斂也."

번역 ○아래문장에서는 "소렴(小斂)을 치른 이후에는 이금(夷衾)을 사용하여 시신을 덮는다."[3]라고 했고, 소에서는 "어떤 자가 이제 막 죽어서 시신을 덮을 때 사용하는 염금(斂衾)은 대렴 때의 이불이다. 그리고 소렴 이전에 시신을 덮고, 소렴을 치를 때까지 사용하는 것은 군주는 비단으로 만든 이불이고, 대부는 명주로 만든 이불이며, 사는 치포로 만든 이불인데, 그것을 이용하여 소렴을 치르고, 소렴을 끝내면 별도로 이금을 제작하여 시신을 덮으니, 소렴을 치르기 이전에 대렴 때의 이불을 사용하는 것은 소렴을 치른 이후에는 그대로 나둬서 사용하지 않기 때문이다. 대렴을 치르려고 하는 때와 옷을 진열할 때에는 재차 하나의 이불을 더 제작하니, 대렴을 치를 때 사용하기 위해서이다."라고 했다.

補註 ○續通解曰: 按士喪疏云, "大斂之時, 兩衾俱用, 一衾承薦於下, 一衾以覆尸", 則始死所用之衾, 至大斂, 卽以承薦也.

번역 ○『속통해』에서 말하길, 『의례』「사상례(士喪禮)」편에 대한 소를 살펴보니, "대렴 때에는 2개의 이불을 모두 사용하는데, 하나의 이불은 밑에 두어 시신을 받치게 하고, 하나의 이불은 시신을 덮는다."라고 했으니, 어떤 자가 이제 막 죽었을 때 사용하는 이불은 대렴을 치르게 되면 곧 이것을 이용해서

---

3) 『예기』「상대기」: 君錦冒黼殺, 綴旁七. 大夫玄冒黼殺, 綴旁五. 士緇冒赬殺, 綴旁三. 凡冒, 質長與手齊, 殺三尺, 自小斂以往用夷衾. 夷衾質殺之裁猶冒也.

시신을 받치게 된다.

③ 一幅兩頭[止]裂也.

補註 鄭註: "小斂之絞, 廣終幅, 析其末, 以爲堅之强也. 大斂之絞, 一幅三析用之, 以爲堅之急也." 疏曰: "一幅爲三者, 謂以一幅布分爲三段. 不辟者, 言小斂絞全幅, 析裂其末爲三. 而大斂之絞旣小, 不復擘裂其末."

번역 정현의 주에서 말하길, "소렴을 할 때 사용하는 교(絞)는 너비가 종폭이 되며, 끝을 갈라서 단단히 묶게 된다. 대렴을 할 때 사용하는 교는 1폭으로 된 것을 3가닥으로 나눠서 사용하며, 이것을 통해 겹겹이 결속한다."라고 했다. 소에서 말하길, "1폭을 3으로 한다는 것은 1폭의 포를 갈라서 3가닥으로 만든다는 뜻이다. 가르지 않는다는 것은 소렴 때 사용하는 교는 전체 폭을 사용하며 끝부분만 갈라서 3가닥으로 만든다. 그러나 대렴 때 사용하는 교는 그 자체가 작기 때문에 끝부분만 가를 수 없다는 뜻이다."라고 했다.

補註 ○按: 此言小斂, 則以全幅爲一絞, 每絞又裂其末爲三段, 以便結束. 大斂之絞, 則以全幅裂爲三段, 每一段爲一絞, 而不更裂其末, 唯縱絞之三, 中央當腰處, 相連不盡裂開, 而若其絞末, 不更裂, 則亦與橫者同. 小註吳說最詳. 陳註以經文一幅爲三, 解爲兩頭之分, 以經文不辟, 解爲中不擘裂. 然則此專指縱絞而言也. 經文只曰絞, 則是兼言縱絞橫絞也. 何嘗專言縱絞乎? 古註疏甚明, 今當改之曰, 絞一幅爲三, 不辟者, 大斂之絞, 異於小斂每幅分爲三段, 每段卽爲一絞, 而其兩末結束處, 不更擘裂也.

번역 ○살펴보니, 이 말은 소렴을 치르는 경우라면, 전체 복을 하나의 교로 삼고, 매 교마다 또 그 끝을 갈라서 3가닥으로 만들어, 이것으로 결속을 편의하게 만든다는 뜻이다. 또 대렴에 사용하는 교는 전체 복을 갈라서 3가닥으로 만들고 매 1가닥을 1개의 교로 삼고 그 끝을 재차 가르지 않으니, 단지 세로 방향의 교만 3가닥이 되고, 중앙은 허리 부분에 닿게 되는데, 서로 연결되어 모두 벌릴 수 없고, 교의 끝은 재차 가르지 않으니 이것은 또한 가로로 된 것과 동일하게 된다. 소주에 나온 오씨의 설명이 가장 상세하다. 진호의 주에서는 경문에 나온 '일폭위삼(一幅爲三)'이라는 것을 양쪽 끝을 가르는 것으로 풀이했고, 경문에 나온 '불벽(不辟)'이라는 것을 가운데를 가르지 않는다는 것으로 풀이했다. 그런데 이것은 전적으로 세로 방향의 교만을 가리켜서 말한 것이다. 경문에서 단지 '교(絞)'라고만 했다면, 이것은 세로 방향의 교와 가로 방향의 교를 함께 말한 것이다. 그런데 어떻게 전적으로 세로 방향의 교만을 가리켜 말한 적이 있단 말인가? 옛 주와 소의 내용은 매우 분명하다. 따라서 지금은 이 말을 고쳐서, 교 1폭을 3으로 만들고 가르지 않는다는 것은 대렴 때의 교로, 소렴 때 매 폭마다 갈라서 3가닥으로 만든 것과 다르며, 매 가닥은 곧 하나의 교가 되고 그것의 양쪽 끝은 결속을 하는 곳으로 재차 가르지 않는다고 말해야 한다.

④ **無紞謂[止]別也.**

補註 鄭註: "紞, 以組類爲之, 綴之領側, 若今被識矣. 生時禪被有識, 死則去之." 疏曰: "領爲被頭, 側爲被旁, 識爲記識. 言綴此組類於領及側, 如今被之記識."

번역 정현의 주에서 말하길, "'담(紞)'은 끈 등의 부류로 만들게 되니, 가장자리에 연결하는 것으로, 오늘날의 이불 술과 같은 것이다. 살아있을 때 사용하는 홑이불에는 술이 달려 있는데, 죽은 자에게 사용하는 홑이불에서 이것을 제거한다."라고 했다. 소에서 말하길, "'영(領)'은 이불의 모서리이고, '측(側)'은 이불의 측면이며, '식(識)'은 표식이다. 즉 이러한 끈을 모서리와 측면에 연결하니, 현재의 이불에 달려 있는 표식과 같다는 뜻이다."라고 했다.

⑤ **又按士沐[止]之士.**

補註 按: 士喪禮, 沐稻陳衣南領西上, 故云然.

번역 살펴보니, 「사상례」편에서는 쌀 씻은 물로 머리를 감기고 옷을 진열하며 옷깃을 남쪽으로 두고 서쪽 끝에서부터 정렬한다고 했기 때문에 이처럼 말한 것이다.

「상대기」 40장

참고-經文

小斂之衣, 祭服不倒. 君無襚. 大夫・士畢主人之祭服. 親戚之衣, 受之不以卽陳. 小斂, 君・大夫・士皆用複衣複衾. 大斂, 君・大夫・士祭服無筭, ①君褶衣褶衾, 大夫・士猶小斂也.

번역 소렴(小斂)에 사용하는 19칭(稱)의 옷에 있어서, 제사 복장은 거꾸로 뒤집어 두지 않는다. 군주는 자신의 옷만 사용하므로, 다른 사람이 보내온 수의를 포함시키지 않는다. 대부와 사는 가지고 있는 옷이 적기 때문에, 본인의 정규 복장을 먼저 사용하고, 모자란 부분은 다른 사람이 보내온 수의에서 충당한다. 친척이 보내온 수의는 받기만 하고 진열하지 않는다. 소렴 때 군주・대부・사는 모두 솜을 채운 옷과 솜을 채운 이불을 사용한다. 대렴 때 군주・대부・사는 모두 제사 복장을 사용함에 제한된 수치가 없지만, 군주의 경우에는 겹으로 된 옷과 겹으로 된 이불을 사용하고, 대부와 사는 여전히 소렴 때 사용하는 옷 및 이불과 동일하게 따른다.

① *君褶衣褶衾.*

補註 鄭註: 褶, 袷也. 君衣尙多, 去其著也.

번역 정현의 주에서 말하길, '습(褶)'자는 겹[袷]을 뜻한다. 군주의 옷은 항상 많기 때문에 홑옷을 제외한다.

「상대기」 42장

참고-經文

凡①陳衣者實之篋, 取衣者亦以篋. 升降者自西階. 凡陳衣不詘, 非列采不入, ②絺·綌·紵不入.

번역 무릇 옷을 진열하는 자는 상자에 담았던 옷을 꺼내서 진열하고, 수의를 거둬가는 자 또한 상자에 담아서 가져간다. 옷을 진열하기 위해 당에 오르고 내릴 때에는 서쪽 계단을 이용한다. 무릇 옷을 진열할 때에는 모두 펴두며 말아놓지 않고, 정복(正服)의 색깔이 아닌 간색이나 잡색의 의복은 그 안에 포함시키지 않으며, 고운 갈포와 성근 갈포 및 모시로 만든 옷들은 그 안에 포함시키지 않는다.

① ○陳衣者實之篋.

補註 士喪禮: "陳衣于房." 疏曰: "此陳衣將陳, 并取以斂, 皆用篋, 是以喪大記云, '陳衣者, 實之篋, 取衣者, 亦以篋.'"

번역 『의례』「사상례(士喪禮)」편에서 말하길, "방안에 옷을 진열한다."[1]라고 했고, 소에서는 "여기에서 옷을 진열한다는 것은 진열하려고 한다는 것이고, 아울러 거두어서 보관하는 경우에도 모두 상자를 사용한다. 이러한 까닭으로 「상대기」편에서는 '옷을 진열하는 자는 상자에 담았던 옷을 꺼내서 진열하고, 옷을 거둬가는 자 또한 상자에 담아서 가져간다.'라고 했던 것이다."라고 했다.

補註 ○按: 將字, 宜看.

번역 ○살펴보니, '장(將)'자에 대해서 잘 살펴야 한다.

---

1) 『의례』「사상례(士喪禮)」: 厥明, 陳衣于房, 南領, 西上, 綪. 絞橫三縮一, 廣終幅, 析其末.

② 絺綌紵不入.

補註 鄭註: "絺·綌·紵者, 當暑之褻衣也." 疏曰: "絺細葛, 綌麤葛, 紵紵布, 此褻衣, 故不入陳也."

번역 정현의 주에서 말하길, "치(絺)·격(綌)·저(紵)는 더울 때 착용하는 속옷이다."라고 했다. 소에서 말하길, "'치(絺)'는 가는 갈포로 만든 옷이며, '격(綌)'은 성근 갈포로 만든 옷이고, '저(紵)'는 모시로 만든 옷인데, 이것들은 속옷에 해당하기 때문에 진열하는 옷에 포함시키지 않는다."라고 했다.

補註 ○按: 陳註云, "當暑亦用袍, 故不入", 與袍必有表, 單複, 具曰稱, 相左.

번역 ○살펴보니, 진호의 주에서는 "더운 시기라도 또한 포(袍)를 사용해야 한다. 그렇기 때문에 치격(絺綌)과 모시 등은 모두 포함시키지 않는다."라고 했는데, 이것은 포에는 반드시 겉옷이 있어야 하고, 홑옷과 겹옷에 대해서는 모두 칭(稱)이라고 부른다는 것과는 서로 어긋난다.

「상대기」 44장

참고—經文

君之喪, ①大胥是斂, 衆胥佐之. 大夫之喪, 大胥侍之, 衆胥是斂. 士之喪, 胥爲侍, 士是斂.

번역 군주의 상에서는 대축(大祝)이 염(斂)을 담당하고, 나머지 축(祝)들은 대축을 돕는다. 대부의 상에서는 대축이 그 사안에 임하고, 나머지 축들이 염을 한다. 사의 상에서는 축이 그 사안에 임하고, 사가 염을 한다.

① ○**大胥是斂.**

補註 按: 胥字作祝, 雖本於鄭註, 而依小註吳說並如字讀, 恐是.

번역 살펴보니, '서(胥)'자를 축(祝)자로 풀이하는 것은 비록 정현의 주에 근거한 것이지만, 소주에 나온 오씨의 주장에 따르면 모두 글자대로 풀이했는데, 아마도 이것이 맞는 것 같다.

참고—集說

胥, 讀爲祝者, 以胥是樂官, 不掌喪事也. 周禮大祝之職, 大喪贊斂; 喪祝, 卿大夫之喪掌斂. 士喪禮, ①商祝主斂, 故知當爲祝. 侍, 猶臨也.

번역 '서(胥)'자는 축(祝)자로 풀이하니, 서(胥)는 음악을 담당하는 관리라서 상사의 일을 담당하지 않기 때문이다. 『주례』「대축(大祝)」편의 직무 기록에서는 대상(大喪)에는 염(斂)을 돕는다고 했고,[1] 「상축(喪祝)」편에서는 경과 대부의 상에서

---

1) 『주례』「춘관(春官) · 대축(大祝)」: 大喪, 始崩, 以肆鬯渳尸, 相飯, 贊斂, 徹奠.

염(斂)을 담당한다고 했다.[2] 『의례』「사상례(士喪禮)」편에서는 상축(商祝)이 염(斂)을 주관한다고 했다. 그렇기 때문에 이 글자는 마땅히 '축(祝)'자가 되어야 함을 알 수 있다. '시(侍)'자는 "임한다[臨]."는 뜻이다.

① 商祝.

補註 疏曰: 祝習商禮者.

번역 소에서 말하길, 축 중에서 은나라 때의 예법을 익힌 자이다.

참고-大全

臨川吳氏曰: 大胥, 非謂樂官之大胥. 按周官大祝之下有胥四人, 所謂大胥者, 大祝之胥也. 喪祝之下有胥四人, 所謂衆胥者, 衆祝之胥也. 大祝之爵爲下大夫, 喪祝之爵爲上士, 非能親執斂役者, 故雖身親涖事, 而各以其下之胥服勞. 侯國之祝, 雖非四命之下大夫 · 三命之上士, ①等而襄之, 其命數大祝當降國卿一等, 衆祝當降二等, 胥各四人, 當亦如王朝之數. 國君之斂, 大胥四人親斂, 衆胥二人佐之, 以足六人之數. 祝官臨檢, 記雖不言, 孔疏謂君②應有待者, 不知何人, 蓋大祝也. 大夫之斂, 則大胥二人臨檢, 衆胥四人親斂, 士之斂, 則衆胥二人臨檢, 士之友四人自斂.

번역 임천오씨가 말하길, '대서(大胥)'는 악관에 속한 대서가 아니다. 『주례』를 살펴보니, 대축(大祝)이라는 관리 휘하에는 서(胥) 4명이 있다고 했으므로,[3] '대서(大胥)'라고 하는 자들은 바로 대축에게 소속된 서(胥)를 뜻한다. 그리고 상축(喪

---

2) 『주례』「춘관(春官) · 상축(喪祝)」: 凡卿大夫之喪, 掌事, 而斂飾棺焉.

3) 『주례』「춘관종백(春官宗伯)」: 大祝, 下大夫二人, 上士四人. 小祝, 中士八人, 下士十有六人, 府二人, 史四人, 胥四人, 徒四十人.

祝)이라는 관리 휘하에는 서(胥) 4명이 있다고 했으니,[4] '중서(衆胥)'라고 하는 자들은 바로 뭇 축(祝)들에게 소속된 서(胥)를 뜻한다. 대축을 담당하는 자들의 작위는 하대부가 되고, 상축을 담당하는 자들의 작위는 상사가 되니, 이들은 직접 염(斂)의 노역을 맡아볼 수 있는 자들이 아니기 때문에, 비록 본인이 직접 그 사안에 임하기는 하지만, 각각 그들의 휘하에 소속된 서(胥)가 수고로운 일에 복무하는 것이다. 제후국에 소속된 축(祝)은 비록 4명(命)의 등급에 해당하는 하대부나 3명(命)의 등급에 해당하는 상사가 아니지만, 동등하게 그 일을 돕도록 했을 것이며, 그들의 명(命) 등급에 있어서 대축은 마땅히 제후국의 경보다 1등급이 낮았을 것이고, 나머지 축(祝)들은 마땅히 2등급이 낮았을 것이지만, 서(胥)는 각각 4명을 휘하에 두어서, 마땅히 천자의 조정 관제와 동일하게 했을 것이다. 따라서 제후의 염(斂)에는 대서 4명이 직접 염(斂)을 하고, 중서 2명이 도와서 6명의 수를 채웠을 것이다. 축관은 상에 임하여 그 일을 감독했을 것인데, 『예기』에서 비록 언급하지 않았지만, 공영달의 소에서는 "군주의 상에서는 마땅히 감독하는 자가 있어야 하지만, 어떤 자가 했는지는 알 수 없다."라고 했는데, 아마도 대축이 했을 것이다. 대부의 염(斂)을 하게 되면, 대서 2명이 그 일에 임하여 감독을 했고 중서 4명이 직접 염(斂)을 했으며, 사의 염(斂)을 하게 되면, 중서 2명이 그 일에 임하여 감독했고, 사의 벗 4명이 직접 염(斂)을 했을 것이다.

① 等而襄之.

補註 襄, 恐衰之誤.

번역 '양(襄)'자는 아마도 쇠(衰)자의 오자인 것 같다.

② 應有待者.

補註 待, 疏作侍.

번역 '대(待)'자를 소에서는 시(侍)자로 기록했다.

---

4) 『주례』「춘관종백(春官宗伯)」: 喪祝, 上士二人, 中士四人, 下士八人, 府二人, 史二人, 胥四人, 徒四十人.

「상대기」 45장

참고-經文

小斂大斂, 祭服不倒, ①皆左衽, 結絞不紐.

번역 소렴(小斂)과 대렴(大斂)을 치를 때, 제사 복장은 거꾸로 펼쳐두지 않고, 이러한 옷들은 모두 옷깃이 좌측을 향하도록 하며, 묶는 끈을 결속하게 되면 매듭을 짓지 않는다.

① **皆左衽.**

補註 沙溪曰: 儀禮元無左衽之說. 喪大記亦不言襲時左衽, 而奇高峯及退溪門人, 力主自襲左衽之說, 恐不可也.
번역 사계가 말하길, 『의례』에는 본래 옷깃을 좌측으로 둔다는 말이 없다. 「상대기」편에서도 습을 할 때 옷깃을 좌측으로 둔다고 말하지 않았는데, 기고봉과 퇴계의 문인들이 습을 할 때부터 옷깃을 좌측으로 둔다는 주장을 힘써 주장하였지만, 아마도 잘못된 말인 것 같다.

補註 ○按: 士喪禮乃襲三稱, 註: "凡衣尸者, 左衽不紐." 疏引此經以證之. 註疏之意, 亦欲自襲左衽也. 然此經旣言小斂大斂, 則沙溪說恐是.
번역 ○살펴보니, 『의례』「사상례(士喪禮)」편에서는 습에 3칭을 한다고 했고,[1] 주에서는 "시신에게 옷을 입힐 때에는 옷깃을 좌측으로 하고 끈으로 매듭을 묶지 않는다."라고 했으며, 소에서는 이곳의 경문을 인용하여 증명을 했다. 주와 소의 의도는 또한 습을 할 때부터 옷깃을 좌측으로 둔다는 뜻인 것 같다. 그런데 이곳 경문에서는 이미 소렴과 대렴을 언급했으니, 사계의 주장이 아마도 옳은 것 같다.

---

1) 『의례』「사상례(士喪禮)」: 商祝掩瑱, 設幎目, 乃屨, 綦結于跗, 連絇. 乃襲三稱, 明衣不在筭.

「상대기」 46장

참고—經文

斂者旣斂必哭. 士①與其執事則斂, 斂焉則爲之壹不食. ②凡斂者六人.

번역 염(斂)을 하는 자는 염을 끝내면 반드시 곡을 한다. 사가 상사의 일 돕는 것에 참여하게 된다면 염을 하고, 염을 하게 되면 죽은 자를 위해 1끼의 식사를 하지 않는다. 대체로 염에 참여하는 자는 6명이다.

① ○與其執事則斂.

補註 鄭註: 必使所與執事者, 不欲妄人褻之.

번역 정현의 주에서 말하길, 반드시 함께 근무했던 자를 시키니, 죽은 자에 대해서 꺼려하지 않게끔 하고자 해서이다.

補註 ○按: 鄭意似指初終執事者, 而陳註所引舊說, 乃疏之誤也.

번역 ○살펴보니, 정현의 주장은 아마도 초상 때 일을 맡아보는 경우를 가리키는 것 같은데, 진호의 주에서 인용하고 있는 옛 학설은 곧 소가 잘못 풀이한 것에 해당한다.

② 凡斂者六人.

補註 疏曰: 凡者, 貴賤同也. 兩邊各三人.

번역 소에서 말하길, '범(凡)'자는 신분의 차등에 상관없이 모두 동일하다는 뜻이다. 양쪽 측면에 각각 3명씩 있게 된다.

「상대기」 47장

참고–經文

君錦冒黼殺, 綴旁七. 大夫玄冒黼殺, 綴旁五. 士緇冒赬殺, 綴旁三. 凡冒, 質長與手齊, 殺三尺, ①自小斂以往用夷衾. ②夷衾質殺之裁猶冒也.

번역 시신을 감싸는 모(冒)에 있어서, 군주의 경우 상단부인 질(質)은 비단으로 만들고 하단부인 쇄(殺)에는 보(黼)무늬를 그리며, 측면에 다는 끈은 7개이다. 대부의 경우 상단부인 질은 현색으로 만들고 하단부인 쇄에는 보무늬를 그리며, 측면에 다는 끈은 5개이다. 사의 경우 상단부인 질은 치포(緇布)로 만들고 하단부인 쇄는 붉은 색으로 만들며, 측면에 다는 끈은 3개이다. 무릇 모(冒)의 경우 상단부의 질 길이는 시신의 팔 길이와 같고, 하단부의 쇄는 3척(尺)이며, 소렴(小斂)을 치른 이후에는 이금(夷衾)을 사용하여 시신을 덮는다. 이금의 질과 쇄를 만드는 방법은 모(冒)와 같다.

① ○自小斂以往用夷衾.

補註 疏曰: 自小斂後, 衣多, 不可用冒, 故用夷衾覆之也.

번역 소에서 말하길, 소렴 이후에는 의복이 많아지기 때문에 모(冒)를 사용할 수 없다. 그렇기 때문에 이금을 이용해서 덮는 것이다.

② 夷衾質殺[止]冒也.

補註 疏曰: 所用繒色及長短制度, 皆如冒. 但不復爲囊及旁聯.

번역 소에서 말하길, 사용하는 비단의 색깔 및 길이 등의 제도가 모(冒)와 같다는 뜻이다. 다만 재차 주머니처럼 만들거나 측면에 다는 끈은 만들지 않는다.

補註 ○按: 陳註夷衾與質殺之制云者, 大誤. 解猶冒, 亦甚牽强. 諺讀從舊說夷衾下著隱吐, 良是.

번역 ○살펴보니, 진호의 주에서 이금과 질쇄의 제도에 대해 말한 것은 매우 잘못되었다. 또한 '유모(猶冒)'라는 말에 대한 풀이는 매우 억지스러운 설명이다. 『언독』에서는 옛 학설에 따라 이금(夷衾)이라는 말 뒤에 은[隱]토를 붙였는데, 매우 옳다.

참고-集說

冒者, 韜尸之二囊. 上曰質, 下曰殺. 先以殺韜足而上, 後以質韜首而下. 君質用錦, 殺畫黼文, 故云"錦冒黼殺"也. 其制縫合一頭, 又縫連一邊, 餘一邊不縫, 兩囊皆然. 綴旁七者, 不縫之邊, 上下安七帶, 綴以結之也. 上之質從頭而下, 其長與手齊; 殺則自下而上, 其長三尺也. ①小斂有此冒, 故不用衾; 小斂以後, 則用夷衾覆之. 夷, 尸也. 裁, 猶製也. 夷衾與質殺之制, 皆爲覆冒尸形而作也. 舊說, 夷衾亦上齊手, 下三尺, 繒色及長短制度, 如冒之質殺.

번역 '모(冒)'는 시신을 감싸는 2개의 주머니이다. 상단부를 '질(質)'이라고 부르고 하단부를 '쇄(殺)'라고 부른다. 먼저 쇄로 시신의 다리를 감싸서 위로 올리고, 이후에 질로 시신의 머리를 감싸서 아래로 내린다. 군주의 질은 비단을 이용해서 만들고 쇄에는 보(黼)무늬를 그린다. 그렇기 때문에 '비단의 모에 보무늬를 새긴 쇄'라고 말한 것이다. 그것을 제작하는 방법은 한쪽 끝부분을 봉합하고, 재차 한쪽 측면을 봉합하지만 나머지 한쪽 측면은 봉합하지 않으니, 두 주머니를 모두 이처럼 만든다. '철방칠(綴旁七)'이라고 했는데, 봉합하지 않은 측면에 대해서, 위아래로 7개의 띠를 달고, 그것을 묶어서 결속을 시킨다는 뜻이다. 상단부의 질은 시신의 머리부터 그 밑으로 내리는데, 그 길이는 시신의 팔에 맞추며, 하단부의 쇄는 아래로부터 위로 올리는데, 그 길이는 3척(尺)이다. 소렴(小斂)을 치를 때 이러한 모(冒)가 포함되므로, 이불을 사용하지 않는다. 소렴을 치른 이후라면 곧 이금(夷衾)을 이용해서 시신을 덮는다. '이(夷)'자는 시(尸)자를 뜻한다. '재(裁)'자는 "만들다[製]."

는 뜻이다. 이금과 질 · 쇄의 제작 방법은 모두 시신을 덮는 모(冒)처럼 만들게 된다. 옛 학설에서 이금 또한 상단부의 길이는 팔의 길이에 맞추고 하단부는 3척이라고 했으며, 비단의 색깔과 그 길이에 대한 제도는 모(冒)의 질 · 쇄와 같다고 했다.

① **小斂有此冒.**

補註 按: 疏曰, "小斂前有冒", 陳註無前字, 誤矣.

번역 살펴보니, 소에서는 "소렴을 치르기 이전에 모를 사용한다."라고 했는데, 진호의 주에는 '전(前)'자가 없으니, 잘못된 설명이다.

補註 ○疏又曰: 冒, 謂襲後小斂前所用以韜尸也.

번역 ○소에서 또 말하길, '모(冒)'는 습을 끝낸 뒤 소렴을 치르기 전에 시신을 감싸는데 사용하는 물건이다.

補註 ○又按: 士喪禮含襲設冒, 乃同時事.

번역 ○또 살펴보니, 『의례』「사상례(士喪禮)」편에서 함을 하고 습을 하며 모를 설치하는 것은 동시에 진행하는 사안이다.

「상대기」 48장

참고-經文

君將大斂, 子弁絰, 卽位于序端; 卿大夫卽位于堂廉楹西, 北面東上; 父兄堂下北面; 夫人·命婦尸西, 東面; 外宗房中南面. 小臣鋪席, ①商祝鋪絞·紟·衾·衣, ②士盥于盤上, 士擧遷尸于斂上. 卒斂, 宰告, 子馮之踊, 夫人東面亦如之.

번역 군주의 대렴(大斂)을 치르게 되면, 상주는 흰색의 변(弁)을 쓰고 그 위에 환질(環絰)을 두르며, 동서(東序)의 남쪽 끝으로 나아가 자리한다. 경과 대부는 당상의 남쪽 중 모가진 부분에서 기둥의 서쪽에 자리하여, 북쪽을 바라보며 동쪽 끝에서부터 차례대로 정렬한다. 군주의 제부나 제형들 중 관직에 나아가지 않은 자들은 당하에서 북쪽을 바라본다. 부인(夫人)과 명부(命婦)들은 시신의 서쪽에서 동쪽을 바라본다. 외종(外宗)은 방안에서 남쪽을 바라본다. 소신이 자리를 깔게 되면, 상축(商祝)은 그 위에 묶는 끈·홑이불·이불·의복들을 펼쳐두고, 상축에게 소속된 말단 관리들은 대야에서 손을 씻고 시신을 들어서 염(斂)을 치르는 장소로 옮긴다. 염(斂)을 끝내면, 태재(太宰)는 상주에게 끝났다는 사실을 아뢰며, 상주는 시신을 부여잡고 용(踊)을 하고, 부인도 동쪽을 바라보며 동일하게 한다.

① 商祝鋪絞紟衾衣.

補註 疏曰: "商祝, 亦是周禮喪祝也", 解見上.

번역 소에서는 "'상축(商祝)'은 『주례』에 나오는 상축(喪祝)을 뜻한다."라고 했는데, 자세한 설명은 앞에 나온다.

② 士盥于盤上.

補註 疏曰: 士, 亦喪祝之屬, 周禮, 喪祝, 上士二人, 中士二人, 下士八人, 是將應擧尸, 故先盥手于盤上也.

번역 소에서 말하길, '사(士)' 또한 상축(喪祝)의 휘하에 있는 말단 관리이다. 『주례』에서는 “상축은 상사 2명이 담당하고, 그 휘하에 중사 4명이 있으며, 하사 8명이 있다.”[1]라고 했다. 이 내용은 시신을 들어 올리려고 하기 때문에 먼저 대야에서 손을 씻는다는 뜻이다.

補註 ○按: 陳註士商祝之屬, 與疏訓似異, 而其實喪祝與商祝同也.

번역 ○살펴보니, 진호의 주에서는 “사(士)는 상축(商祝)의 휘하에 있는 말단 관리이다.”라고 하여 소의 풀이와 차이가 나는 것처럼 보이지만, 실제적으로 상축(喪祝)과 상축(商祝)은 같다.

참고-集說

弁絰, 素弁上加環絰, 未成服故也. 序, 謂東序. 端, 序之南頭也. 堂廉, 堂基南畔廉稜之上也, ①楹南近堂廉者. 父兄堂下北面, 謂諸父諸兄之不仕者, 以賤故在堂下. 外宗, 見雜記下. 小臣鋪席, 絞·紟·衾·衣鋪于席上. 士, 商祝之屬也. 斂上, 卽斂處也. 卒斂宰告, 太宰告孝子以斂畢也. 馮之踊者, 馮尸而起踊也.

번역 ‘변질(弁絰)’은 흰색의 변(弁)에 환질(環絰)을 두르는 것이니, 아직 성복(成服)을 하지 않았기 때문이다. ‘서(序)’는 동쪽의 서(序)를 뜻한다. ‘단(端)’은 서(序)의 남쪽 끝을 뜻한다. ‘당렴(堂廉)’은 당(堂)의 터 중 남쪽에 모가 진 자리를 뜻하니, 기둥의 남쪽은 이곳과 가까운 곳이다. “부형들은 당하에서 북쪽을 바라본다.”라고 했는데, 군주의 제부들 및 제형들 중 관직에 나아가지 않은 자들은 신분이 미천하기 때문에 당하에 있다는 뜻이다. ‘외종(外宗)’에 대한 설명은 『예기』「잡기하(雜記下)」편에 나온다. “소신은 자리를 깐다.”라고 했는데, 교(絞)·금(紟)·금(衾)·의(衣)는 이 자리 위에 깔아두게 된다. ‘사(士)’는 상축(商祝)의 휘하에 있는 말단 관리들이

---

1) 『주례』「춘관종백(春官宗伯)」: 喪祝, 上士二人, 中士四人, 下士八人, 府二人, 史二人, 胥四人, 徒四十人.

다. '염상(斂上)'은 염(斂)을 치르는 장소를 뜻한다. "염(斂)을 끝내고 재(宰)가 아뢴다."라고 했는데, 태재(太宰)가 세자에게 염(斂)을 끝냈다고 아뢴다는 뜻이다. '빙지용(馮之踊)'은 시신을 부여잡고 일어나서 용(踊)을 한다는 뜻이다.

① **楹南近堂廉者.**

補註 按: 此本疏訓, 而疏楹下有謂字.

번역 살펴보니, 이것은 소의 풀이에 근거한 것이지만, 소의 기록에는 '영(楹)'자 뒤에 위(謂)자가 기록되어 있다.

「상대기」 49장

참고-經文

大夫之喪, 將大斂, 旣鋪絞·紟·衾·衣, 君至, ①主人迎, 先入門右, ②巫止于門外. 君釋菜, ③祝先入, 升堂. 君卽位于序端; 卿大夫卽位于堂廉楹西, 北面東上; 主人房外南面; 主婦尸西, 東面. 遷尸卒斂, 宰告, 主人降, 北面于堂下, 君撫之, 主人拜稽顙. 君降, 升主人馮之, 命主婦馮之.

번역 대부의 상에서, 대렴(大斂)을 치르게 되었는데, 이미 묶는 끈·홑이불·이불·의복들을 펼쳐둔 상태이고, 그때 군주가 당도하게 되면, 주인은 군주를 맞이하는데, 맞이한 뒤에는 먼저 문으로 들어가서 우측에 위치하고, 군주와 함께 온 무(巫)는 문밖에 멈춰 선다. 군주는 문의 신을 예우하여 석채(釋菜)를 지내고, 그 일이 끝나면 군주와 함께 온 축(祝)이 먼저 들어가서 당에 오른다. 군주는 뒤따라 들어가서 동서(東序)의 남쪽 끝으로 나아가 자리한다. 경과 대부는 당상의 남쪽 중 모가진 부분에서 기둥의 서쪽에 자리하여, 북쪽을 바라보며 동쪽 끝에서부터 차례대로 정렬한다. 상주는 방밖에서 남쪽을 바라본다. 주부는 시신의 서쪽에서 동쪽을 바라본다. 시신을 옮겨서 대렴을 끝내면, 재(宰)는 상주에게 끝났다는 사실을 아뢰고, 상주는 내려가서 당하에서 북쪽을 바라본다. 그런 뒤 군주는 시신을 어루만지고, 상주는 절을 하며 이마를 땅에 닿도록 하여, 군주에게 감사를 표한다. 군주가 당하로 내려오면, 상주에게 명령하여 당상으로 올라가서 시신을 부여잡고 용(踊)을 하도록 시키고, 주부에게도 명령하여 시신을 부여잡고 용(踊)을 하도록 시킨다.

① 主人迎先入門右.

補註 按: 先入門右, 乃主人之入, 非君入也. 諺吐誤.

번역 살펴보니, 먼저 문으로 들어가 우측에 위치한다는 것은 주인이 들어가는 것에 해당하니, 군주가 들어간다는 뜻이 아니다. 『언독』의 토는 잘못되었다.

② 巫止于門外.

補註 疏曰: 君臨臣喪, 巫祝桃茢以辟邪氣. 今至主人門, 恐主人惡之, 故止巫於門外.

번역 소에서 말하길, 군주가 신하의 상에 임하게 되면, 무(巫)와 축(祝)은 복숭아나무로 만든 빗자루를 들고서 사벽한 기운을 쓸어내게 된다. 현재 상주의 집 문에 당도하여, 상주가 꺼려할 것을 염려했기 때문에, 문밖에 무(巫)를 세워두게 된다.

③ 祝先入升堂.

補註 疏曰: 士喪禮, 巫止於廟門外, 祝代之.

번역 소에서 말하길, 『의례』「사상례(士喪禮)」편에서는 "무는 묘문 밖에 멈추고, 축(祝)이 대신한다."[1]라고 했다.

---

1) 『의례』「사상례(士喪禮)」: 巫止于廟門外, 祝代之. 小臣二人執戈先, 二人後.

「상대기」 50장

참고–經文

士之喪, 將大斂, ①君不在, 其餘禮猶大夫也.

번역 사의 상에서 대렴(大斂)을 치르려고 하는데, 군주가 찾아와 임하지 않는다면, 나머지 예법 절차는 대부의 경우와 같게 한다.

① ○君不在.

補註 疏曰: 士喪, 卑, 無恩, 君不視斂, 故云君不在也.

번역 소에서 말하길, 사의 상례는 상대적으로 미천하고 군주의 은정도 미치지 않았었기 때문에, 군주가 염(斂)에 임하여 살펴보지 않는다. 그렇기 때문에 "군주가 자리하지 않는다."라고 말한 것이다.

「상대기」 52장

참고-集說

撫, 以手按之也. 內命婦, 君之世婦也. 大夫·內命婦皆貴, 故君自撫之, 以下則不撫也. 室老, 貴臣; 姪娣, 貴妾, 故大夫撫之也. ①古者諸侯一娶九女, 二國各以女媵之, 爲娣姪以從, 大夫內子亦有姪娣. 姪者, 兄之子, 娣, 女弟也, 娣尊姪卑. 士昏禮, 雖無娣, 媵先, 言姪, 若無娣, 猶先媵, 士有娣媵, 則大夫有可知矣.

번역 '무(撫)'자는 손으로 시신을 어루만진다는 뜻이다. '내명부(內命婦)'는 군주의 세부(世婦)들을 뜻한다. 대부와 내명부는 모두 존귀한 자들이기 때문에, 군주가 직접 그들의 시신을 어루만지며, 이들보다 낮은 자들이라면 어루만지지 않는다. '실로(室老)'는 가신 중에서도 존귀한 산하이며, '질제(姪娣)'는 첩 중에서도 존귀한 첩이다. 그렇기 때문에 대부가 직접 그들의 시신을 어루만진다. 고대에는 제후가 한 번 장가를 들 때 9명의 여인을 맞이하였으니, 시집을 보내는 제후국 외에 이웃의 두 제후국에서 각각 여자를 잉첩으로 보내어, 그들을 여동생이나 여조카로 삼아 부인을 따라가게 하는데, 대부의 내자(內子)[1] 또한 여조카나 여동생을 첩으로 데려오게 된다. '질(姪)'은 형제의 딸자식이며 '제(娣)'는 여동생인데, 상대적으로는 제(娣)가 높고 질(姪)은 낮다. 『의례』「사혼례(士昏禮)」편에는 "비록 제(娣)가 없더라도 잉첩이 먼저 한다."[2]라고 했으니, 질(姪)의 경우 제(娣)가 없다면 여전히 잉첩을 우선한다는 뜻인데, 사에게도 잉첩으로 삼는 제(娣)가 있으므로, 대부 또한 있었음을 알 수 있다.

① ○古者諸侯[止]可知矣.

補註 按: 此文全不分曉.

1) 내자(內子)는 경과 대부의 본처를 지칭하는 용어이다.

2) 『의례』「사혼례(士昏禮)」: 婦徹于房中, 媵·御餕, 姑酳之. 雖無娣, 媵先. 於是與始飯之錯.

번역 살펴보니, 이 문장은 모두 분명하게 이해할 수 없다.

補註 ○士昏禮: "婦徹于房中, 媵·御餕, 姑酳之. 雖無娣, 媵先." 註: "古者嫁女, 必姪娣從, 謂之媵. 姪, 兄之子. 娣, 女弟. 娣尊姪卑. 若或無娣, 猶先媵, 容[3]之也." 疏曰: "媵有二種, 諸侯娶一國, 則二國往媵之, 諸侯夫人自有姪娣, 並二媵各有姪娣, 則九女是媵, 與姪娣別也. 大夫·士無媵, 卽以姪娣爲媵." 今雖無娣, 而唯有姪, 亦先酳, 此姪之爲媵者也.

번역 ○『의례』「사혼례(士昏禮)」편에서는 "며느리는 음식을 방안으로 치우고, 잉첩과 남편 측의 종자는 남은 음식을 먹고 시어미는 그들에게 입가심하는 술을 따라준다. 비록 부인 측의 종자 중 여동생이 없더라도 여조카가 먼저 음식을 먹는다."라고 했고, 주에서는 "고대에는 딸자식을 시집보낼 때 반드시 여조카와 여동생을 함께 뒤따라 보냈으니, 이들을 '잉(媵)'이라 부른다. '질(姪)'은 형의 딸자식을 뜻한다. '제(娣)'는 딸자식의 여동생을 뜻한다. 제는 존귀하고 질은 상대적으로 미천하다. 만약 여동생이 없는 경우라 하더라도 여전히 잉첩이 먼저 먹으니, 여동생이 없는 경우까지도 포괄하기 위해서이다."라고 했으며, 소에서는 "잉첩에는 두 부류가 있으니, 제후가 한 나라의 여자를 아내로 들이게 되면 이웃 두 나라에서 여자를 보내 잉첩으로 삼게 하고, 제후의 부인은 잉첩으로 본인의 여조카와 여동생을 데리고 오며, 아울러 이웃 나라에서 보낸 두 명의 잉첩도 각각 여조카와 여동생을 데리고 오므로 아홉 명의 여자가 잉첩이 되고, 부인의 여조카 및 여동생과는 구별된다. 대부와 사의 경우라면 이웃 나라에서 보내는 두 명의 잉첩이 없으니, 부인의 여조카와 여동생을 잉첩으로 삼게 된다."라고 했다. 현재 비록 여동생이 없지만 여조카가 있고, 또한 먼저 입가심을 하게 하니, 이것은 여조카를 잉첩으로 삼는 경우이다.

---

3) '용(容)'자에 대하여. '용'자는 본래 '객(客)'자로 기록되어 있었는데, 『예기정의(禮記正義)』에 따라 글자를 수정하였다.

「상대기」 54장

참고–經文

君於臣撫之, 父母於子執之, 子於父母馮之, 婦於舅姑奉之, 舅姑於婦撫之, 妻於夫拘之, 夫於妻 · 於昆弟執之. 馮尸①不當君所. 凡馮尸, 興必踊.

번역 군주는 신하의 시신에 대해서 어루만진다. 부모는 자식의 시신에 대해서 옷가지를 부여잡고 매달린다. 자식은 부모의 시신에 대해서 몸을 숙여 부여잡는다. 며느리는 시부모의 시신에 대해서 옷을 쥔다. 시부모는 며느리의 시신에 대해서 어루만진다. 처는 남편의 시신에 대해서 옷을 잡아끈다. 남편은 처의 시신 및 형제의 시신에 대해서 옷가지를 부여잡고 매달린다. 시신에 대해 매달릴 때에는 군주가 어루만진 지점은 피한다. 무릇 시신에 대해 매달릴 때에는 일어나서 반드시 용(踊)을 한다.

① 不當君所.

補註 按: 君所, 恐謂君所坐處也.

번역 살펴보니, '군소(君所)'라는 것은 아마도 군주가 앉아 있는 곳을 뜻하는 것 같다.

참고–大全

山陰陸氏曰: 言執, ①若不能拾也. 言奉, 若舅姑在焉拘之. 婦人從一, 若猶有所拘然也.

번역 산음육씨가 말하길, '집(執)'이라고 했으니, 마치 다시 수습할 수 없는 것과 같다. '봉(奉)'이라고 했으니, 마치 시부모가 생존해 계실 때 부인이 남편의 시신에 대해 옷을 잡아끄는 것과 같다. 부인은 남편만을 따르니, 마치 종속됨이 있는 것과 같다.

① **若不能拾.**

補註 拾, 恐捨之誤.

번역 '습(拾)'자는 아마도 사(捨)자의 오자인 것 같다.

「상대기」 56장

참고-經文

旣葬, ①柱楣, 塗廬, ②不於顯者. 君·大夫·士皆宮之.

번역 장례를 치르게 되면, 담장에 기대었던 나무를 세워서 처마를 받치게 하고, 안쪽에는 진흙을 발라서 비바람을 막지만, 밖으로 드러나는 부분에는 진흙을 바르지 않는다. 군주·대부·사는 모두 사면을 둘러서 의려를 드러내지 않는다.

① **柱楣.**

補註 柱, 古經作拄.

번역 '주(柱)'자를 『고경』에서는 주(拄)자로 기록했다.

② **不於顯者.**

補註 類編曰: 似言設廬於隱蔽之處也. 蓋適子倚廬而居之, 葬後則改設廬於隱處而塗之. 非適者, 自未葬設廬於隱處而葬後塗之. 註說未詳.

번역 『유편』에서 말하길, 이것은 아마도 은폐된 곳에 의려를 설치한다는 말인 것 같다. 적자는 의려에 의지해서 머물게 되는데, 장례를 치른 이후라면 은밀한 곳에 의려를 다시 설치하고 진흙을 바르게 된다. 적자가 아닌 경우라면 아직 장례를 치르지 않았을 때부터 은밀한 곳에 의려를 설치하고 장례를 치른 이후에 진흙을 바른다. 주의 설명은 상세하지 못하다.

補註 ○按: 顯者·隱者, 自是相對之文, 類編得之.

번역 ○살펴보니, '현(顯)'이라는 것과 '은(隱)'이라는 것은 그 자체로 상대되는 말이 되니, 『유편』의 주장이 옳다.

「상대기」 57장

참고-經文

凡非適子者, 自未葬, 以①於隱者爲廬.

번역 무릇 적장자가 아닌 자들은 장례를 치르기 이전부터 동남쪽 모서리의 어두운 장소에 의려(倚廬)를 만들어 기거한다.

① 於隱者爲廬.

補註 鄭註: 不欲人屬目, 蓋廬於東南角, 既葬猶然.

번역 정현의 주에서 말하길, 사람들이 살펴보지 않게끔 하기 위해서이다. 동남쪽 모서리에 의려(倚廬)를 만들고, 장례를 끝낸 뒤에도 여전히 이곳에서 기거한다.

補註 ○按: 鄭註蓋取隱屛之意, 而疏說隱映之云, 欠妥.

번역 ○살펴보니, 정현의 주는 아마도 은밀하고 가려진 곳에 설치한다는 뜻인 것 같은데, 소에서는 은밀하고 어두운 곳이라고 설명하여 다소 미흡하다.

「상대기」 58장

참고-經文

①既葬, 與人立, 君言王事, 不言國事; 大夫·士言公事, 不言家事. ②君既葬, 王政入於國; 既卒哭, 而服王事. 大夫·士既葬, 公政入於家; 既卒哭, 弁絰·帶, 金革之事無辟也.

번역 장례를 끝내고서 남과 함께 서 있을 때, 제후는 천자의 일은 말해도 자기 국가의 일은 말하지 않는다. 또 대부와 사가 이러한 경우에 처한다면, 국가의 일은 말해도 자기 집안의 일은 말하지 않는다. 제후가 장례를 마치게 되면 천자와 관련된 정무가 제후의 조정에 들어올 수 있고, 졸곡(卒哭)을 치러서 변질(弁絰)과 대(帶)를 착용했다면, 천자와 관련된 정무를 처리한다. 대부와 사가 장례를 마쳤다면, 국가와 관련된 정무가 집안으로 들어올 수 있고, 졸곡을 치러서 변질과 대를 착용했다면, 국가와 관련된 정무를 처리할 수 있으니, 전쟁과 관련된 사안이라 할지라도 피하지 않는다.

① ○既葬[止]不言家事.

補註 鄭註: 此常禮也.

번역 정현의 주에서 말하길, 이것은 일상적인 예법이다.

② 君既葬[止]無辟也.

補註 鄭註: "此權禮也." 疏曰: "既卒哭而服王事者, 謂身出爲王服金革之事也. 大夫·士既卒哭, 金革之事無辟也者, 謂服國事也. 此言服弁絰, 則國君亦弁絰. 國君言服王事, 則此亦服國事也."

번역 정현의 주에서 말하길, "이것은 권도에 따른 예법이다."라고 했다. 소에서 말하길, "졸곡을 마치면 왕사에 복무한다고 했는데, 본인은 밖으로 나와서 천자를 위해 전쟁 등의 사안에 복무한다는 뜻이다. 대부와 사는 졸곡을 마치면 전쟁에 대한 사안이라도 피하지 않는다고 했는데, 제후국의 일들에 복무한다는 뜻이다. 이곳에서 변질(弁絰)을 착용한다고 했다면, 제후의 경우에도 변질을 착용하는 것이다. 또 제후에 대해서 천자의 일에 복무한다고 했다면, 이러한 경우에도 제후국의 일에 복무하는 것이다."라고 했다.

참고-集說

不言國事·家事, 禮之經也; 旣葬政入以下, 禮之權也. 弁絰·帶, 謂素弁加環絰, 而帶則仍是要絰也. ①大夫·士弁絰, 則國君亦弁絰也. 君言服王事, 則此亦服國事也.

번역 국가의 일이나 집안일을 말하지 않는 것은 예법에 따른 정도이다. 장례를 치른 뒤 정무가 들어온다는 것으로부터 그 이하의 일들은 예법에 따른 권도이다. 변질(弁絰)과 대(帶)는 흰색의 변(弁)에 환질(環絰)을 두르고, 대(帶)는 곧 요질(要絰)에 해당한다는 뜻이다. 대부와 사가 변질을 착용한다고 했다면, 제후의 경우에도 또한 변질을 착용했을 때에 해당한다. 제후에 대해서 "천자의 일에 복무한다."라고 했다면, 대부와 사에게 있어서도 또한 국가의 일에 복무한다.

① 大夫士弁絰[止]國事也.

補註 按: 此用疏說, 而去其所謂爲王服金革之事一段, 語欠分曉, 以致類編之誤看, 而非斥可嘆.

번역 살펴보니, 이것은 소의 주장에 따른 것이지만, "천자를 위해서 전쟁의 사안에 복무한다."라고 한 단락을 제거하여 그 말이 다소 불분명하게 되었고 결국 『유편』의 잘못된 견해를 불러왔으니, 개탄스러운 일이다.

「상대기」 59장

참고-經文

旣練, 居堊室, 不與人居. 君謀國政, 大夫·士謀家事. 旣祥, ① 黝堊. ②祥而外無哭者, 禫而內無哭者, 樂作矣故也.

번역 소상(小祥)을 치르게 되면, 악실(堊室)에 머물되 남과 함께 머물지 않는다. 제후는 국정을 모의하고, 대부와 사는 가사를 모의한다. 대상(大祥)을 치르게 되면, 악실의 바닥은 검게 칠하고 벽면은 하얗게 칠한다. 대상을 치른 뒤에는 중문(中門) 밖에서 곡을 하지 않고, 담제(禫祭)를 치른 뒤에는 중문 안에서도 곡을 하지 않으니, 음악을 연주하기 때문이다.

① 黝堊.

補註 鄭註: "黝堊, 堊室之飾也. 地謂之黝, 墻謂之堊." 疏曰: "黝, 謂治堊室之地. 堊, 謂塗堊室之墻. 地謂之黝, 墻謂之堊者, 爾雅·釋宮文."

번역 정현의 주에서 말하길, "'유악(黝堊)'은 악실(堊室)에 대한 장식이다. 바닥 꾸미는 것을 '유(黝)'라고 부르며, 벽면 꾸미는 것을 '악(堊)'이라고 부른다."라고 했다. 소에서 말하길, "'유(黝)'는 악실의 바닥을 정돈한다는 뜻이다. '악(堊)'은 악실의 벽면에 흙칠을 한다는 뜻이다. 바닥 꾸미는 것을 '유(黝)'라고 부르며, 벽면 꾸미는 것을 '악(堊)'이라고 부른다고 했는데, 이것은 『이아』「석궁(釋宮)」편의 문장이다.[1]"라고 했다.

② 祥而外無哭者.

補註 疏曰: 練後三日一哭於次, 次在中門外, 謂堊室也. 至大祥則不復於外. 若有弔者, 則入卽位哭, 是外無哭者.

---

1) 『이아』「석궁(釋宮)」: 鏝謂之杇. 椹謂之榩. 地謂之黝, 牆謂之堊.

번역 소에서 말하길, 소상(小祥)을 치른 뒤에는 3일 뒤에 한 차례 차(次)에서 곡을 하는데, 차는 중문(中門) 밖에 있으니 악실(堊室)을 뜻한다. 대상(大祥)을 치르게 되면 재차 밖에서 곡을 하지 않는다. 만약 조문을 온 자가 있다면 들어가서 자신의 자리로 나아가 곡을 하니, 이것은 밖에서 곡을 함이 없다는 뜻이다.

「상대기」 61장

참고-經文

①期居廬, 終喪不御於內者, 父在爲母·爲妻. 齊衰期者, 大功布衰九月者, 皆三月不御於內. 婦人不居廬, 不寢苫; 喪父母, 旣練而歸; 期九月者, 旣葬而歸.

번역 기년상(期年喪)을 치를 때에는 의려(倚廬)에 머물며, 상 기간을 끝낼 때까지 침소 안에서 부인을 시중들게 하지 않으니, 부친이 생존해 계실 때 돌아가신 모친의 상을 치르거나 죽은 처의 상을 치를 때이다. 자최복(齊衰服)을 착용하고 기년상을 치르며, 또 대공복(大功服)을 착용하고 9개월 동안 상을 치르는 경우에도 모두 3개월 동안 침소 안에서 부인을 시중들게 하지 않는다. 부인은 의려에 머물지 않고, 거적을 깔고 자지 않는다. 부인이 친부모의 상을 당하게 되면 소상(小祥)을 끝내고 남편의 집으로 되돌아가고, 기년상과 9개월 상을 치를 때에는 장례를 치른 뒤에 되돌아간다.

① ○期居廬[止]爲妻.

補註 按: 此與上文"期終喪, 不食肉, 不飮酒, 父在爲母爲妻", 語勢文義正同. 間傳"父母之喪, 居倚廬, 齊衰之喪, 居堊室, 爲妻居廬", 可參考.

번역 살펴보니, 이것은 앞에서 "기년상에 있어서는 상을 끝낼 때까지 고기를 먹지 않고 술을 마시지 않으니, 부친이 생존해 계실 때 돌아가신 모친이나 죽은 아내를 위해서 상을 치르는 경우이다."[1]라고 한 말과 문맥과 그 뜻이 같다. 『예기』「간전(間傳)」편에서 "부모의 상을 치를 때에는 의려에 거처하고, 자최복(齊衰服)의 상을 치를 때에는 악실(堊室)에 거처하며, 아내를 위해서는 의려에 거처한다."[2]라고 한 말은 참고해야만 한다.

---

1) 『예기』「상대기」: 期之喪, 三不食, 食疏食水飮, 不食菜果. 三月旣葬, 食肉飮酒. 期, 終喪不食肉, 不飮酒. 父在, 爲母爲妻, 九月之喪, 食飮猶期之喪也. 食肉飮酒, 不與人樂之.

補註 ○沙溪曰: 爲妻十一月練, 十三月祥, 十五月禫, 與父在爲母同. 此經爲妻之文, 當與爲母同屬上句.

번역 ○사계가 말하길, 처의 상을 치를 때에는 11개월째에 소상을 치르고 13개월째에 대상을 치르며 15개월째에 담제를 치르니, 부친이 생존해계실 때 돌아가신 모친에 대한 경우와 같다. 이곳 경문에서 처를 위해 상을 치른다고 한 말은 마땅히 모친의 상을 치른다는 것과 동일하게 앞 구문에 속한다.

---

2) 『예기』「간전(間傳)」: 父母之喪, 居倚廬, 寢苫枕塊, 不稅絰帶. 齊衰之喪, 居堊室, 芐翦不納. 大功之喪, 寢有席. 小功緦麻, 牀可也. 此哀之發於居處者也.

「상대기」 64장

참고-集說

①**疏曰: 喪卑, 故尊者不居其殯宮之次也.**

번역 소에서 말하길, 상대적으로 미천한 자의 상을 치르기 때문에, 존귀한 자는 그들의 빈소에 마련된 임시숙소에 머물지 않는다.

① ○**疏曰喪卑故[止]次也.**

補註 間傳: "齊衰居堊室." 疏曰: "亦有齊衰不居堊室者, 小記, 父不爲衆子次於外, 註云自若居寢也."

번역 『예기』「간전(間傳)」편에서는 "자최복의 상에서는 악실(堊室)에 거처한다."[1]라고 했고, 소에서는 "또한 자최복의 상에서도 악실에 거처하지 않는 경우가 있으니, 『예기』「상복소기(喪服小記)」편에서는 '부친은 적장자를 제외한 나머지 아들들의 상을 치를 때, 중문 밖에 임시숙소를 마련하지 않는다.'[2]고 했고, 정현의 주에서 '자신의 침소에 머물 때처럼 지낸다.'라고 한 말이 이러한 사실을 나타낸다."라고 했다.

---

1) 『예기』「간전(間傳)」: 父母之喪, 居倚廬, 寢苫枕塊, 不稅絰帶. 齊衰之喪, 居堊室, 芐翦不納. 大功之喪, 寢有席. 小功緦麻, 牀可也. 此哀之發於居處者也.

2) 『예기』「상복소기(喪服小記)」: 父不爲衆子次於外.

「상대기」 66장

참고-集說

疏曰: "諸妻, 姪娣及同姓女也, 同士禮, 故賜大斂. 若①夫人姪娣尊同世婦, 當賜小斂." 已上言君夫人視之皆有常禮, 而爲之賜, 則加禮也.

번역 소에서는 "'제처(諸妻)'는 여조카 및 여동생과 동성(同姓)인 여자들을 뜻하는데, 사에 대한 예법과 동일하게 따르기 때문에 은혜를 베풀면 대렴(大斂) 때 찾아가서 살펴본다. 만약 부인(夫人)의 여조카 및 여동생이라면 그녀들의 존귀함은 세부(世婦)와 동일하기 때문에 은혜를 베풀게 되면 소렴(小斂) 때 찾아가서 살펴본다."라고 했다. 이러한 말들은 군주와 그의 부인이 다른 사람의 상에 찾아가서 살펴볼 때에는 모두 일반적인 예법이 있는데, 그 대상을 위해 은혜를 베풀게 되면 예법의 수위를 높인다는 뜻이다.

① ○夫人姪娣[止]小斂.

補註 按: 夫人姪娣, 謂夫人之姪娣, 非二媵之姪娣也. 當賜小斂, 疏本文作"當大斂焉, 爲之賜, 小斂焉."

번역 살펴보니, '부인질제(夫人姪娣)'라는 것은 부인의 여조카와 여동생을 말하며, 두 잉첩의 여조카와 여동생을 뜻하는 것이 아니다. '당사소렴(當賜小斂)'을 소의 본문에서는 "대렴 때 찾아가서 살펴보고, 은혜를 베풀면 소렴 때 찾아가서 살펴본다."라고 기록했다.

「상대기」 67장

참고-經文

大夫·士旣殯, 而君往焉, 使人戒之. 主人具殷奠之禮, 俟于門外; 見馬首, 先入門右. 巫止于門外, 祝代之先. 君釋菜于門內. 祝先升自阼階, 負墉南面. 君卽位于阼, 小臣二人執戈立于前, 二人立于後. ①擯者進, 主人拜稽顙. 君稱言, 視祝而踊, 主人踊.

번역 대부와 사의 상이 발생했는데, 군주에게 사정이 있어서 염(斂)을 할 때 찾아가지 못했다면, 빈소를 마련한 뒤에 찾아가게 된다. 이러한 경우에는 사람을 시켜서 군주가 온다는 사실을 알린다. 상주가 그 소식을 접하면 성대한 전제사의 의례를 갖추고, 문밖으로 나와서 기다린다. 군주의 수레 말머리가 보이면 먼저 문으로 들어가서 우측에 위치한다. 군주 앞에 위치했던 무(巫)는 문밖에 멈추고, 축(祝)이 무(巫)를 대신하여 먼저 문으로 들어간다. 군주는 문의 안쪽에서 석채(釋菜)를 지내서 문의 신을 예우하는데, 이 시기에 축(祝)은 먼저 동쪽 계단을 통하여 당상으로 올라가며, 동쪽 방의 담장을 등지고 남쪽을 바라보며 서 있게 된다. 군주가 동쪽 계단 위의 자리로 나아가게 되면, 소신 2명이 창을 들고서 군주 앞에 위치하고, 또 다른 2명이 군주 뒤에 위치한다. 상주의 부관이 상주 앞으로 나아가 의례절차를 아뢰면, 상주는 마당에서 북쪽을 바라보며 절을 하고 이마를 땅에 닿도록 한다. 군주가 조문하는 말을 건네면, 축(祝)이 용(踊)하는 것을 살펴서 군주도 용(踊)을 하고, 군주의 용(踊)이 끝나면 곧 상주가 용(踊)을 한다.

① 擯者進.

補註 疏曰: 擯者進孝子前, 告孝子使行禮也.

번역 소에서 말하길, 빈(擯)은 상주 앞으로 나아가서, 상주에게 해당 의례를 시행하도록 아뢴다.

「상대기」 68장

참고-經文

大夫則奠可也; 士則出俟于門外, 命之反奠乃反奠. 卒奠, 主人先俟于門外. 君退, 主人①送于門外, 拜稽顙.

번역 군주가 대부의 상에 임하게 된다면, 대부는 용(踊)이 끝난 뒤 곧바로 전제사를 지내도 괜찮다. 그러나 사의 경우라면, 상주는 먼저 문밖으로 나가서 기다리니, 전제사를 끝낼 때까지 군주를 기다리게 만들 수 없기 때문이다. 군주가 다른 사람을 시켜 상주에게 되돌아가서 전제사를 지내라고 명령하면, 그제야 되돌아가서 전제사를 지낸다. 전제사를 마치면 상주는 먼저 문밖으로 나가서 기다린다. 군주가 물러가게 되면 상주는 문밖에서 전송하며, 절을 하고 이마를 땅에 닿도록 한다.

① ○送于門外拜稽顙.

補註 鄭註: 迎不拜, 拜送者, 拜迎則爲君之答己.

번역 정현의 주에서 말하길, 맞이할 때에는 절을 하지 않고 전송할 때 절을 하는 것은 절을 하며 맞이한다면 군주가 자신에게 답배를 하도록 만들기 때문이다.

「상대기」 71장

참고-經文

大夫君, 不迎于門外, 入卽位于堂下. 主人北面, 衆主人南面, ①婦人卽位于房中. 若有君命·命夫命婦之命·四隣賓客, 其君後主人而拜.

번역 대부인 주군이 자신에게 소속된 신하의 상에 조문하게 되면, 상주는 문밖에서 대부인 주군을 맞이하지 않고, 대부인 주군이 안으로 들어가면 당하의 동쪽 계단에 있는 자신의 자리로 나아가 서쪽을 바라본다. 상주는 그의 남쪽에 위치하여 북쪽을 바라보고, 상주의 형제들은 남쪽을 바라보며, 부인들은 방안에 있는 자신의 자리로 나아간다. 대부인 주군이 조문을 할 때, 만약 군주의 명령이나 같은 나라에 살고 있는 대부 및 명부(命婦)의 명령 또는 이웃 나라에서 찾아온 조문객이 있다면, 대부인 주군이 상주를 자신의 뒤에 서도록 하고, 명령 및 빈객에 대해 먼저 절을 한다.

① ○婦人卽位于房中.

補註 疏曰: 此非止大夫君, 亦總正君來禮如此也. 又前君臨大斂, 云主婦尸西, 不言辟者, 大斂哀深, 故不辟. 今旣殯哀殺, 故辟也.

번역 소에서 말하길, 단지 대부인 주군의 경우에만 그치는 것이 아니며 또한 정식 군주가 찾아왔을 때의 예법도 이와 같음을 총괄적으로 나타낸다. 또 앞에서는 군주가 대렴에 임하게 되면, "주부는 시신의 서쪽에 위치한다."[1]라고 하여, 자리를 피한다고 말하지 않았는데, 대렴 때에는 애통함이 극심하기 때문에, 군주의 자리를 피해주지 않는 것이다. 그런데 지금은 이미 빈소를 차린 뒤여서 애통함이 줄어들었기 때문에 자리를 피해준다.

---

1) 『예기』「상대기」: 大夫之喪, 將大斂, 旣鋪絞·紟·衾·衣, 君至, 主人迎, 先入門右, 巫止于門外. 君釋菜, 祝先入, 升堂. 君卽位于序端; 卿大夫卽位于堂廉楹西, 北面東上; 主人房外南面; 主婦尸西, 東面. 遷尸卒斂, 宰告, 主人降, 北面于堂下, 君撫之, 主人拜稽顙. 君降, 升主人馮之, 命主婦馮之.

참고-集說

大夫之臣, 亦以大夫爲君, 故曰大夫君也. 言此大夫君之弔其臣喪也, 主人不迎于門外, 此君入而卽堂下之位, 位在阼階下西向, 主人在其位之南而北面也. 此大夫君來弔之時, 若有本國之君命·或有國中大夫及命婦之命·或隣國卿大夫遣使來弔者, 此大夫君必代主人拜命及拜賓, 以喪用尊者主其禮故也. 然此君終①不敢如國君專代爲主, 必以主人在己後, 待②此君拜竟, 主人復拜也.

번역 대부의 신하는 또한 대부를 주군으로 섬기기 때문에, '대부군(大夫君)'이라고 말했다. 이것은 대부인 주군이 그의 신하에 대한 상에 조문을 한다는 뜻이니, 상주는 문밖에서 맞이하지 않고, 대부인 주군이 안으로 들어가게 되면 당하의 자리로 나아가는데, 그 자리는 동쪽 계단 아래에서 서쪽을 바라보는 곳이며, 상주는 그 자리의 남쪽에 위치하여 북쪽을 바라본다. 대부인 주군이 찾아와서 조문을 할 때, 만약 본국의 군주로부터 명령이 전달되거나 혹은 같은 나라에 살고 있는 대부 및 명부(命婦)의 명령이 전달되거나 혹은 이웃 나라의 경과 대부가 사신을 보내와서 조문을 하는 일이 발생한다면, 대부인 주군은 반드시 상주를 대신하여 명령 및 빈객에게 절을 하니, 상례에서는 존귀한 자가 그 예법을 주관하기 때문이다. 그러나 여기에서 말한 대부인 주군은 감히 제후가 전적으로 상주를 대신하여 상주를 맡는 것과 동일하게 할 수 없으니, 반드시 상주를 자기 뒤에 위치하도록 해야 하고, 대부인 주군이 절하는 절차가 끝날 때까지 기다린 뒤에 상주가 재차 절을 한다.

① 不敢如[止]爲主.

補註 按: 小記, "諸侯弔於異國之臣, 則其君爲主." 曾子問衛君弔季桓子之喪, 哀公爲主, 此皆專代爲主也.]

번역 살펴보니, 『예기』「상복소기(喪服小記)」편에서는 "제후가 다른 나라의 신하에게 조문을 하게 되면, 신하의 임금이 상주를 맡는다."[2]라고 했고, 『예

2) 『예기』「상복소기(喪服小記)」: 諸侯弔於異國之臣, 則其君爲主.

기』「증자문(曾子問)」편에서는 위나라 군주가 계환자의 상에 조문을 했는데, 애공이 상주를 맡았다고 하니,[3] 이것들은 모두 전적으로 상주를 대신하는 경우이다.

② *此君拜竟主人復拜*.

補註 按: 此說未然, 恐是使主人陪後而同拜, 石梁說得之.

번역 살펴보니, 이 주장은 그렇지 않으니, 아마도 주인으로 하여금 뒤에서 돕도록 하여 동시에 절을 했을 것이다. 따라서 석량왕씨의 주장이 옳다.

참고-集說 石梁王氏曰: 後主人者, 己在前拜, 使主人陪後.

번역 석량왕씨가 말하길, '후주인(後主人)'이라는 말은 본인이 앞에 위치하여 절을 하고, 상주로 하여금 뒤에서 돕도록 한다는 뜻이다.

---

3) 『예기』「증자문(曾子問)」: 喪之二孤, 則昔者, 衛靈公, 適魯, 遭季桓子之喪. 衛君請弔, 哀公辭, 不得命. 公爲主, 客入弔, 康子立於門右, 北面, 公揖讓, 升自東階, 西鄉, 客升自西階, 弔. 公拜興哭, 康子拜稽顙於位, 有司弗辯也. 今之二孤, 自季康子之過也.

「상대기」 74장

참고-經文

①君大棺八寸, 屬六寸, 椑四寸. 上大夫大棺八寸, 屬六寸. 下大夫大棺六寸, 屬四寸. 士棺六寸.

번역 제후의 관은 3중으로 만드니, 가장 바깥쪽의 대관(大棺)은 그 두께가 8촌(寸)이고, 대관 안의 속(屬)은 6촌이며, 속 안의 비(椑)는 4촌이다. 하대부의 관은 2중으로 만드니, 대관은 6촌이고, 속은 4촌이다. 사의 관은 1중으로 만드니 그 두께는 6촌이다.

① 君大棺章.

補註 鄭註: "大夫無椑, 士無屬." 疏曰: "士, 唯大棺六寸."

번역 정현의 주에서 말하길, "대부에게는 비(椑)가 없고, 사에게는 속(屬)이 없다."라고 했다. 소에서 말하길, "사는 6촌의 두께를 가진 대관(大棺)만 사용한다."라고 했다.

「상대기」 75장

참고-經文

君裏棺用朱綠, 用①雜金鐕. 大夫裏棺用玄綠, 用牛骨鐕. 士不綠.

번역 군주의 경우 관의 내부에 대해서, 네 방면은 주색의 비단을 붙이고 네 모서리는 녹색의 비단을 붙이는데, 붙일 때에는 쇠로 만든 못을 이용해서 붙인다. 대부의 경우 관의 내부 중 네 방면은 현색의 비단을 붙이고 네 모서리는 녹색의 비단을 붙이는데, 붙일 때에는 소뼈로 만든 못을 이용해서 붙인다. 사의 경우 관의 내부는 모두 현색의 비단을 붙이며, 녹색의 비단을 사용하지 않고, 붙일 때에는 소뼈로 만든 못을 사용한다.

① ○雜金鐕.

補註 疏曰: 雜金, 尙書曰, "貢金三品", 黃·白·靑色.

번역 소에서 말하길, '잡금(雜金)'에 대해 『상서』에서는 "쇠 세 가지 품종을 공납한다."[1]라고 했는데, 황색·백색·청색의 쇠를 뜻한다.

1) 『서』「하서(夏書)·우공(禹貢)」: 厥土惟塗泥, 厥田惟下下, 厥賦下上錯, 厥貢惟金三品.

「상대기」 76장

참고-經文

君蓋用漆, ①三衽三束. 大夫蓋用漆, 二衽二束. 士蓋不用漆, 二衽二束.

번역 군주의 관 뚜껑은 이음새에 옻칠을 하고, 3개의 임(衽)을 사용하며 3개의 묶음을 짓는다. 대부의 관 뚜껑은 이음새에 옻칠을 하고, 2개의 임을 사용하며 2개의 묶음을 짓는다. 사의 관 뚜껑은 이음새에 옻칠을 하지 않고, 2개의 임을 사용하며 2개의 묶음을 짓는다.

① ○三衽三束.

補註 疏曰: 三衽三束者, 棺兩邊各三衽, 每當衽上輒以牛皮束之也. 檀弓, "棺束, 縮二, 衡三, 衽每束一"者, 據君也. 大夫·士, 橫唯二束.

번역 소에서 말하길, 3개의 임(衽)과 3개의 묶음이라는 것은 관의 양쪽 측면에 각각 3개의 임이 있고, 매 임마다 그 위를 소의 가죽을 이용해서 묶는다. 『예기』「단궁(檀弓)」편에서 "관을 묶을 때에는 못을 사용하지 않았으므로, 가죽 끈을 이용해서 세로로 2줄을 묶고, 가로로 3줄을 묶는데, 결속에 사용하는 임(衽)은 매 묶음마다 1개씩 사용한다."[1]라고 했는데, 이것은 군주의 경우에 근거한 것이다. 대부와 사의 경우에는 가로에만 2개의 묶음을 사용한다.

補註 ○按: 檀弓所言連上文, 是天子之制, 縮二衡三, 當爲五衽五束, 此云君三衽三束, 乃諸侯之制, 而疏混而一之, 可疑. 豈天子·諸侯衽束本同, 而諸侯只言其衡者歟? 或意國君三衽, 當爲縮一衡二, 而以下文纁戴六註觀之, 衡三者是.

---

1) 『예기』「단궁상(檀弓上)」: 棺束, 縮二衡三; 衽, 每束一.

번역 ○살펴보니, 「단궁」편에서 언급한 내용은 앞 문장과 연결되어 천자의 제도에 해당하고, 세로로 2줄을 묶고 가로로 3줄을 묶는다면 마땅히 5개의 임과 5개의 묶음이 된다. 그런데 이곳에서 군주의 경우 3개의 임과 3개의 묶음이라고 했는데, 이것은 제후의 제도에 해당한다. 그런데도 소에서는 이것을 뒤섞어서 동일하게 여기고 있으니 의문스러운 설명이다. 어찌 천자와 제후가 임과 묶음이 본래 같아서 제후에 대해 단지 가로로 들어가는 것만 언급한 것이겠는가? 혹자는 제후국의 군주가 3개의 임을 사용한다면 마땅히 세로로 1줄 가로로 2줄이 들어가야 한다고 여기는데, 아래문장에서 "관을 치장할 때에는 관의 끈과 유거(柳車)를 결속시키는 분홍색의 대(戴)가 6줄이다."[2]라고 한 문장의 주를 통해 살펴보면, 가로로 3줄이 들어가는 것이 옳다.

---

2) 『예기』「상대기」: 君纁戴六.

「상대기」 77장

참고-經文

君·大夫鬊爪, ①實于綠中. 士埋之.

번역 군주와 대부의 상을 치를 때, 그들이 평소에 모아둔 머리카락과 손발톱은 주머니에 넣어 관의 네 구석에 담는다. 사의 경우라면 관에 담지 않고 매장한다.

① ○實于綠中.

補註 陽村曰: 上文君裏棺用朱綠, 大夫用玄綠, 註謂綠繒貼四角. 然則綠是角, 不須讀爲角也.

번역 양촌이 말하길, 앞 문장에서 군주는 "관의 내부에 대해서, 네 방면은 주색의 비단을 붙이고 네 모서리는 녹색의 비단을 붙이며, 대부의 경우 관의 내부 중 네 방면은 현색의 비단을 붙이고 네 모서리는 녹색의 비단을 붙인다."[1]라고 했고, 주에서는 "녹색의 비단으로는 네 모서리에 붙인다."라고 했다. 그렇다면 '녹(綠)'이라는 것은 모서리에 해당하니, 굳이 각(角)자로 읽을 필요는 없다.

補註 ○類編曰: 角字, 則文不典.

번역 ○『유편』에서 말하길, '각(角)'자로 한다면 문장이 매끄럽지 못하다.

---

1) 『예기』「상대기」: 君裏棺用朱綠, 用雜金鐕. 大夫裏棺用玄綠, 用牛骨鐕. 士不綠.

「상대기」 78장

참고-經文

君殯用輴, 欑至于上, 畢塗屋. 大夫殯以幬, 欑至于西序, 塗不暨于棺. 士殯見衽, 塗上①帷之.

번역 군주의 빈소를 마련할 때에는 순거(輴車)를 사용하여 관을 안치하고, 네 방면에 나무를 쌓아올리는데, 관보다 높게 쌓아 지붕처럼 만들며, 진흙으로 모두 바른다. 대부의 빈소를 마련할 때에는 순거를 사용하지 않고, 나무를 쌓아 지붕처럼 만들지 않으며 천으로 그 위를 덮게 되고, 관의 한쪽 측면을 서쪽 서(序)에 붙이고 나머지 세 방면에만 나무를 쌓아 올리는데, 진흙을 바른 것은 관까지 닿지 않게 한다. 사의 빈소를 마련할 때에는 관과 뚜껑을 봉합한 임(衽)을 드러내고, 임 위에 나무를 덮고 그 위에 진흙을 바르고, 장막을 친다.

① ○帷之.

補註 按: 鄭註, "帷之, 士達於天子皆然." 然則塗上當句, 而諺讀連之, 誤.

번역 살펴보니, 정현의 주에서는 "장막을 친다는 것은 사로부터 천자에 이르기까지 모두 이처럼 한다."라고 했다. 그렇다면 '도상(塗上)'은 하나의 구문이 되는데, 『언독』에서는 붙여서 읽었으니 잘못된 해석이다.

「상대기」 79장

참고-經文

①熬: 君四種八筐, 大夫三種六筐, 士二種四筐, 加魚·腊焉.

번역 볶은 알곡을 관에 넣을 때, 군주의 경우에는 4종류의 알곡을 8개의 광주리에 담아서 넣는다. 대부의 경우에는 3종류의 알곡을 6개의 광주리에 담아서 넣는다. 사의 경우에는 2종류의 알곡을 4개의 광주리에 담아서 넣는다. 여기에는 모두 물고기와 육포를 추가해서 넣는다.

① ○熬君四種[止]腊焉.

補註 按: 此言殯中設熬之制, 卽周禮·地官·舍人, 喪紀共熬穀, 春官·小祝, 設熬置銘, 及士喪禮, 熬黍稷各二筐, 有魚腊設熬旁一筐, 是也.

번역 살펴보니, 이것은 빈소 안에 볶은 알곡을 진설하는 제도에 해당하니, 『주례』「지관(地官)·사인(舍人)」편에서 "상사에는 볶은 곡식을 공급한다."[1] 라고 말하고, 『주례』「춘관(春官)·소축(小祝)」편에서 "볶은 알곡을 진설하고 명정을 설치한다."[2]라고 말하며, 『의례』「사상례(士喪禮)」편에서 "볶은 알곡은 서와 직을 각각 2개의 광주리에 담으며, 말린 물고기가 포함된다."[3] 라고 말하고, 또 "볶은 알곡을 진설할 때 그 측면에 각각 1개의 광주리를 놓는다."[4]라고 한 말이 이것을 가리킨다.

補註 ○又按: 疏及儀禮疏, 皆云加魚腊, 君·大夫·士同.

번역 ○또 살펴보니, 소와 『의례』의 소에서는 모두 말린 물고기가 추가된다고 하며, 군주·대부·사가 동일하다고 했다.

---

1) 『주례』「지관(地官)·사인(舍人)」: 喪紀, 共飯米·熬穀.
2) 『주례』「춘관(春官)·소축(小祝)」: 大喪, 贊渳, 設熬, 置銘.
3) 『의례』「사상례(士喪禮)」: 熬黍稷各二筐, 有魚腊, 饌于西坫南.
4) 『의례』「사상례(士喪禮)」: 婦人東復位. 設熬, 旁一筐, 乃塗.

「상대기」 80장

참고-集說

疏曰: 君, 諸侯也. 帷, 柳車邊障也, 以白布爲之. 王侯皆畫爲龍, 故云君龍帷也. 池者, 織竹爲籠, 衣以靑布, 挂於柳上①荒邊爪端, 象宮室承霤. 天子四注, 屋四面承霤, 柳亦四池. 諸侯屋亦四注而柳降一池, 闕後, 故三池也.

번역 소에서 말하길, '군(君)'자는 제후를 뜻한다. '유(帷)'는 유거(柳車) 주변을 가리는 장막이니, 백색의 포(布)로 만든다. 천자와 제후는 모두 그림을 그려서 용의 무늬를 새긴다. 그렇기 때문에 "제후는 용유(龍帷)를 한다."라고 했다. '지(池)'는 대나무살을 짜서 대바구니를 만들고, 청색의 포(布)를 입히고서 유거의 위 상단부분인 황(荒) 측면 중 끝부분에 걸어두니, 건물에 빗물이 모여서 떨어지도록 한 류(霤)가 있는 것을 상징한다. 천자의 경우에는 네 방면에 빗물받이를 다니, 지붕의 네 방면에 모두 류(霤)가 있으므로, 유거에도 또한 4개의 지(池)가 있다. 제후의 경우 건물의 지붕에는 또한 4개의 빗물받이가 있지만, 유거에는 1개의 지(池)를 줄이게 되어, 후면의 것을 뺀다. 그렇기 때문에 3개의 지(池)를 단다.

① ○荒邊爪端.

補註 鄭註: "荒, 蒙也. 在旁曰帷, 在上曰荒, 皆所以衣柳也." 疏曰: "爪, 謂荒之材出外, 若人之指爪, 而懸此池於荒之爪端也."

번역 정현의 주에서 말하길, "'황(荒)'자는 덮개를 뜻하니, 옆을 가리는 장막을 '유(帷)'라 부르고, 위를 가리는 장막을 '황(荒)'이라 부르며, 이 모두는 유(柳)를 둘러싸는 것이다."라고 했다. 소에서 말하길, "조(爪)는 황(荒)의 재목 중 밖으로 돌출된 것이니, 마치 사람의 손톱과도 유사하며, 이러한 지(池)를 황(荒)의 끝단 중 손톱처럼 튀어나온 부분에 걸게 된다."라고 했다.

補註 ○按: 池, 詳見檀弓上註.

번역 ○살펴보니, '지(池)'에 대한 상세한 설명은 『예기』「단궁상(檀弓上)」편의 주에 나온다.

「상대기」 83장

참고-經文

①素錦褚, ②加僞荒.

번역 제후의 관을 치장할 때에는 흰색의 비단으로 지붕을 만들어서 관을 덮고, 그 위에 주변을 가리는 유(帷)와 그 위를 덮는 황(荒)을 설치한다.

① 素錦褚.

補註 疏曰: 雜記, 素錦以爲屋而行, 是也.

번역 소에서 말하길, 『예기』「잡기(雜記)」편에서 "흰색의 비단을 지붕처럼 만들어서 관을 덮고서야 행차한다."[1]라고 한 말이 이것을 가리킨다.

② 加僞荒.

補註 類編曰: 僞荒, 猶假棺衣也, 不必讀作帷.

번역 『유편』에서 말하길, '위황(僞荒)'이라는 것은 임시로 관을 덮는 것과 같으니, 굳이 '유(帷)'로 풀이할 필요는 없다.

---

1) 『예기』「잡기상(雜記上)」: 其輤有裧緇布裳帷, 素錦以爲屋而行.

「상대기」 88장

참고-集說

戴, 猶値也, 用纁帛繫棺紐著①柳骨, 棺之橫束有三, 每一束, 兩邊各屈皮爲紐, 三束則六紐, 今穿纁戴於紐以繫柳骨, 故有六戴也.

번역 '대(戴)'는 "꽂다[値]."는 뜻이니, 분홍색의 비단을 이용해서 관의 끈에 연결하고 이것으로 유거(柳車)의 본체에 결속하니, 관의 가로 방향에는 매듭을 짓는 것이 3개인데, 매 매듭마다 양쪽 측면에 각각 좁아지는 부분을 끈으로 삼아서, 3개의 매듭이 있게 되면 6개의 끈이 있는 것이고, 현재 분홍 비단으로 만든 대(戴)를 끈에 붙여서 유거의 본체와 결속을 한다고 했기 때문에, 6개의 대(戴)가 포함된다.

① ○柳骨.

補註 按: 上文疏, 荒邊爪端, 謂荒之材出外者, 則此柳骨, 恐謂帷荒之材在內者.

번역 살펴보니, 앞 문장의 소에서는 '황변조단(荒邊爪端)'에 대해서 황의 재목 중 밖으로 돌출된 것이라고 했으니, 이곳에 나온 유골(柳骨)은 아마도 유황의 재목 중 안에 있는 것을 뜻하는 것 같다.

「상대기」 90장

참고-經文

大夫畫帷二池, ①<u>不振容</u>, 畫荒, 火三列, 黻三列, 素錦褚; 纁紐二, 玄紐二, 齊三采三貝; 黻翣二, 畫翣二, 皆戴綏; 魚躍拂池. ②<u>大夫戴, 前纁後玄, 披亦如之</u>.

번역 대부의 관을 치장할 때에는 구름무늬를 그린 장막으로 영구를 가리고, 유거(柳車)에는 2개의 빗물받이를 단다. 지(池) 밑에 진용(振容)을 달지 않는다. 유거의 덮개는 변두리에 구름무늬를 그린 화황(畫荒)을 사용하고, 덮개의 중앙 지점에는 또한 화(火)의 무늬를 그린 것이 3줄이고, 불(黻)의 무늬를 그린 것이 3줄이다. 흰색의 비단으로 지붕을 만들어서 관을 덮는다. 분홍색의 끈 2개와 현색의 끈 2개를 두어서 덮개와 옆을 가리는 장막을 연결한다. 수레의 덮개 부분 중 중앙에 해당하는 부분은 원형으로 만드는데, 세 가지 채색의 비단을 차례대로 넣어서 옷을 입히고, 그 위에는 조개를 엮어 만든 3개의 줄을 붙인다. 삽(翣)을 세우는데, 불(黻) 무늬를 새긴 것이 2개이고, 구름무늬를 새긴 것이 2개인데, 이 모두에 대해서는 양쪽 모서리에 다섯 가지 채색의 깃털로 만든 술을 단다. 동으로 만든 물고기를 지(池) 아래에 달아서, 수레가 움직일 때 물고기가 흔들리며 지(池)를 움직이게 한다. 대부는 관의 끈과 유거(柳車)를 결속시키는 대(戴)를 앞의 것은 분홍색으로 만들고 뒤의 것은 현색으로 만든다. 피(披) 또한 그 색깔과 수량이 대(戴)와 같다.

① 不振容.

補註 鄭註: 雜記, 大夫不揄絞屬於池下, 是也.

번역 정현의 주에서 말하길, 『예기』「잡기(雜記)」편에서 "대부는 꿩을 그린 교(絞)를 지(池) 아래에 결속하지 않는다."[1]라고 한 말이 이러한 사실을 나타낸다.

---

1) 『예기』「잡기상(雜記上)」: 大夫不揄絞屬於池下.

② **大夫戴[止]披亦如之.**

補註 按: 大夫棺二束, 則戴披當各爲四, 士同, 疏說正然.

번역 살펴보니, 대부의 관에는 2개의 묶음을 하니, 대와 피는 마땅히 각각 4개가 되므로 사와 동일하며, 소의 설명도 그러하다.

「상대기」 91장

참고-經文

士布帷, 布荒, 一池, ①揄絞; 纁紐二, 緇紐二, 齊三采一貝, 畫翣二, 皆戴綏. 士戴, 前纁後緇, 二披用纁.

번역 사의 관을 치장할 때에는 그림을 그리지 않은 백색의 포(布)로 장막을 만들고 그것으로 영구를 가리며, 유거(柳車)의 덮개도 그림을 그리지 않은 백색의 포로 만든다. 유거에는 1개의 빗물받이를 단다. 지(池)에는 꿩을 그린 끈을 매단다. 분홍색의 끈 2개와 현색의 끈 2개를 두어서 덮개와 옆을 가리는 장막을 연결한다. 수레의 덮개 부분 중 중앙에 해당하는 부분은 원형으로 만드는데, 세 가지 채색의 비단을 차례대로 넣어서 옷을 입히고, 그 위에는 조개를 엮어 만든 1개의 줄을 붙인다. 삽(翣)을 세우는데, 구름무늬를 새긴 것이 2개이며, 삽의 양쪽 모서리에 다섯 가지 채색의 깃털로 만든 술을 단다. 사는 관의 끈과 유거(柳車)를 결속시키는 대(戴)를 앞의 것은 분홍색으로 만들고 뒤의 것은 검은색으로 만든다. 한쪽에 있는 2개의 피(披) 또한 분홍색으로 만든다.

① ○揄絞.

補註 疏曰: 畫搖雉於絞, 在於池上, 而池下無振容. 知者, 大夫旣不振容, 明士亦不振容於池下.

번역 소에서 말하길, 교(絞)에 꿩의 그림을 그려서 지(池) 위에 달지만, 지(池) 밑에는 진용(振容)이 없다. 이러한 사실을 알 수 있는 이유는 대부도 이미 진용을 사용하지 않는다고 했으므로, 이것은 사 또한 지(池) 밑에 진용을 달지 않는다는 사실을 나타낸다.

「상대기」 92장

참고-經文

①君葬用輴, 四綍二碑, 御棺用羽葆. 大夫葬用輴, 二綍二碑, 御棺用茅. ②士葬用國車, 二綍無碑, ③比出宮, 御棺用功布.

번역 군주의 장례를 치를 때에는 순거(輴車)를 사용하고, 관에는 4개의 끈인 발(綍)을 달고 하관을 할 때에는 2개의 비(碑)를 설치하며, 앞에서 수레를 이끌 때에는 우보(羽葆)라는 깃대를 이용해서 지휘한다. 대부의 장례를 치를 때에는 순거를 사용하고, 2개의 발(綍)을 달고 2개의 비(碑)를 설치하며, 수레를 이끌 때에는 모(茅)를 사용한다. 사의 장례를 치를 때에는 국거(國車)를 사용하고, 2개의 발(綍)을 달지만 비(碑)는 설치하지 않고, 집밖을 빠져나갈 때까지는 관을 이끌 때 공포(功布)를 사용한다.

① ○君葬用輴.

補註 疏曰: 天子諸侯以下載柩車, 皆用輇. 至窆時下棺, 天子則更載以龍輴, 故遂師註云, "蜃車, 柩路也. 行至壙, 乃說更復載以龍輴", 是天子殯用龍輴, 至壙去蜃車, 載以龍輴. 以此約之, 則諸侯殯用輴, 葬則用輴明矣. 大夫唯朝廟用輴, 殯則不用輴, 葬時亦無輴. 士則殯, 不用輴, 朝廟得用輁軸. 天子元士, 葬亦用輁軸. 此論在道之時, 未論窆時, 而云綍與碑者, 因在塗, 連言窆時.

번역 소에서 말하길, 천자와 제후로부터 그 이하의 계층은 관을 수레에 실을 때 모두 전(輇)을 사용한다. 하관할 때 관을 무덤으로 내리게 되면, 천자는 재차 용순(龍輴)[1]에 싣게 된다. 그렇기 때문에 『주례』「수사(遂師)」편에 대

1) 용순(龍輴)은 천자(天子)의 관(棺)을 실을 때 사용하는 수레이다. 수레의 끌채에 용(龍)을 그렸기 때문에 '용순'이라고 부르는 것이다. 『예기』「단궁상(檀弓上)」편에는 "天子之殯也, 菆塗龍輴以椁."이라는 기록이 있는데, 이에 대한 정현의 주에서는 "天子殯以輴車, 畫轅爲龍."이라고 풀이했다.

한 정현의 주에서는 "신거(蜃車)[2]는 수레를 도로에서 움직일 때 사용하는 것이다. 무덤에 이르게 되면 재차 용순을 사용해서 관을 싣는다."라고 한 것이다. 이것은 천자의 빈소를 마련할 때 용순을 사용하고, 무덤에 이르게 되면 신거를 제거하고 용순에 관을 싣는다는 사실을 나타낸다. 이것을 요약해 본다면, 제후의 경우에는 빈소를 마련할 때 순거를 사용하고, 장례를 치르게 되면 순거를 사용한다는 사실이 명백해진다. 대부의 경우라면 오직 조묘(朝廟)를 할 때에만 순거를 사용하고, 빈소를 마련할 때에는 순거를 사용하지 않으며, 장례를 치를 때에도 또한 순거가 없게 된다. 사의 경우라면 빈소를 마련할 때 순거를 사용하지 않고, 조묘를 할 때에는 공축을 사용할 수 있다. 천자에게 소속된 원사라면, 장례를 치를 때 또한 공축을 사용할 수 있다. 이것은 도로에 있을 때를 논의한 것으로 아직 하관할 때에 대해서는 논의하지 않았는데, '발(紼)'과 '비(碑)'를 언급한 것은 애당초 도로에 있었지만 이후에 결국 하관을 하며 장례를 치르게 되어 도로에 있을 때로부터 연유하여 연속해서 하관하는 때를 언급한 것이다.

補註 ○按: 改輴爲輇, 本鄭意也. 疏非不知君葬用輴, 而此文專指柩行時, 紼碑不過連言故耳. 然旣曰葬用輴, 則以葬時看, 如字讀, 而御棺以連言引時看, 亦無妨.

번역 ○살펴보니, '순(輴)'자를 전(輇)자로 고친 것은 정현의 뜻에 근거한 것이다. 소에서는 군주의 장례에 순거를 사용한다는 사실을 몰랐던 것은 아니지만, 이 문장은 전적으로 영구를 움직일 때를 가리키고, 발과 비는 연이어서 말한 것에 지나지 않기 때문이다. 그런데 이미 장례를 치르며 순거를 사용한다고 했다면, 장례를 치르는 때로 보아 글자대로 읽고, 관을 이끈다고

---

2) 신거(蜃車)는 관(棺)을 싣는 상거(喪車)를 뜻한다. 관을 싣는 수레에는 유(柳)를 싣고, 네 바퀴가 지면과 가까이 닿은 상태에서 이동하게 되는데, 그 모습이 이무기[蜃]와 닮았기 때문에, 이 수레를 '신거'라고 부르는 것이다. 『주례』「지관(地官)·수사(遂師)」편에는 "大喪, 使帥其屬以幄帟先, 道野役及窆, 抱磨, 共丘籠及蜃車之役."이라는 기록이 있는데, 이에 대한 정현의 주에서는 "蜃車, 柩路也, 柩路載柳, 四輪迫地而行, 有似於蜃, 因取名焉."이라고 풀이했다.

하여 연이어 이끄는 때를 말한 것으로 보아도 무방하다.

補註 ○類編曰: 按天子用龍輴殯葬, 諸侯殯葬用輴而不龍, 大夫殯不用輴而葬用輴, 是隆殺之節, 不必讀如輇.
번역 ○『유편』에서 말하길, 살펴보니 천자는 용순을 사용해서 빈소를 차리고 장례를 치르는데, 제후는 빈소를 차리고 장례를 치를 때 순거를 사용하지만 용을 그리지 않고, 대부는 빈소를 차릴 때 순거를 사용하지 않지만, 장례를 치를 때에는 순거를 사용하니, 이것은 높이고 낮추는 절차에 해당하므로, 굳이 전(輇)자로 풀이할 필요는 없다.

② 士葬用國車.

補註 鄭註: 輇字, 或作團, 是以文誤爲國.
번역 정현의 주에서 말하길, '전(輇)'자는 그 자형을 또한 '단(團)'자로도 기록하는데, 이러한 이유로 글자가 비슷해서 '국(國)'자로 잘못 기록한 것이다.

補註 ○類編曰: 集韻, 國字收入先韻, 誤, 當正之.
번역 ○『유편』에서 말하길, 『집운』에서는 국(國)자를 선운으로 편입시켰다는데 잘못된 것이니, 마땅히 바로잡아야 한다.

③ 比出宮御棺用功布.

補註 鄭註: "出宮而止, 至壙無矣." 疏曰: "出宮而止者, 以士卑, 故出宮在路, 無御柩之物."
번역 정현의 주에서 말하길, "집을 빠져나가게 되면 사용하지 않는 것이며, 무덤에 이르러서도 사용하지 않는다."라고 했다. 소에서 말하길, "집을 빠져나가게 되면 사용하지 않는 것이며, 무덤에 이르러서도 사용하지 않는다고 했는데, 사는 미천하기 때문에 집을 벗어나 도로에 있게 되면, 수레를 지휘하는 물건이 없게 된다."라고 했다.

참고-集說

天子之窆, 用大木爲碑, 謂之①豐碑; 諸侯謂之①桓楹. 碑綍, 詳見檀弓. ②御棺羽葆, 並見雜記. 功布, 大功之布也. 輇車, 雜記作輲字.

번역 천자에 대해 하관을 할 때에는 큰 나무를 이용해서 기둥[碑]을 만드는데, 이것을 '풍비(豐碑)'라고 부르며, 제후에 대해 사용하는 것은 '환영(桓楹)'이라고 부른다. '비(碑)'와 '발(綍)'에 대해서는 그 설명이 『예기』「단궁(檀弓)」편에 나온다. '어관(御棺)'과 '우보(羽葆)'에 대해서는 그 설명이 『예기』「잡기(雜記)」편에 나온다. '공포(功布)'는 대공복(大功服)을 만들 때의 포(布)를 뜻한다. '전거(輇車)'의 '전(輇)'자를 「잡기」편에서는 '천(輲)'자로 기록했다.

① 豐碑桓楹.

補註 按: 豐碑桓楹, 卽今世所用轆轤之柱, 用以下棺者.

번역 살펴보니, 풍비와 환영이라는 것은 오늘날 사용하고 있는 녹로의 기둥과 그것을 이용해서 하관하는 것을 뜻한다.

② 御棺羽葆並見雜記.

補註 按: 大夫以茅, 亦見雜記. 以並字觀之, 恐此註羽葆下落"御棺用茅"四字.

번역 살펴보니, 대부가 모를 사용한다는 것 또한 「잡기」편에 나온다. '병(並)'이라는 글자를 통해 보면 이 주석에는 '우보(羽葆)' 뒤에 어관용모(御棺用茅)라는 네 글자가 누락된 것 같다.

「상대기」 93장

참고-集說

疏曰: 下棺時, 將紼一頭繫棺緘, 又將一頭繞碑間鹿盧, 所引之人, 在碑外背碑而立, 負引者漸漸應鼓聲而下, 故云用紼去碑負引也. 以衡, 謂下棺時, 別以大木爲衡, 貫穿棺束之緘, 平持而下, 備傾頓也. 以緘者, 以紼直繫棺束之緘而下也. 命毋譁, 戒止其諠譁也. 以鼓封, ①繫鼓爲負引者縱捨之節也. 命毋哭, 戒止哭聲也. 士則衆哭者自相止而已.

번역 소에서 말하길, 하관할 때, 발(紼)의 한쪽 끝은 관을 묶은 줄에 매달고 다른 한쪽 끝은 비(碑)에 있는 도르래에 설치하며, 그것을 잡아당기는 사람은 비(碑) 바깥에서 비(碑)를 등지고 서 있게 되며, 인(引)을 짊어지고 당기는 자는 점진적으로 북소리에 맞춰서 관을 밑으로 내린다. 그렇기 때문에 "발(紼)을 이용하며, 비(碑)와 떨어져서 인(引)을 짊어진다."라고 말한 것이다. '이형(以衡)'이라고 했는데, 하관할 때 별도로 큰 나무를 가로로 덧대는 나무를 만들고, 관의 이음새에 있는 묶음의 끈에 연결하여, 평형을 유지하며 밑으로 내리는 것이니, 기우는 것을 대비하는 것이다. '이함(以緘)'이라고 했는데, 발(紼)을 직접적으로 관의 이음새에 있는 묶음의 끈에 연결하여 밑으로 내린다는 뜻이다. '명무화(命毋譁)'는 서로 잡담하며 떠드는 것을 금지시킨다는 뜻이다. '이고폄(以鼓封)'은 북소리를 울려서 인(引)을 짊어지는 자가 줄을 풀어주는 절도로 삼는다는 뜻이다. '명무곡(命毋哭)'은 곡하는 소리가 나오지 않도록 금지시킨다는 뜻이다. 사의 경우 곡(哭)을 하는 많은 자들이 제 스스로 서로 금지시킬 따름이다.

① ○繫鼓.

補註 繫, 是擊之誤.

번역 '계(繫)'자는 격(擊)자의 오자이다.

「상대기」 94장

참고-集說

①天子栢椁, 故諸侯以松. 大夫同於天子者, 卑遠不嫌僭也.

번역 천자는 측백나무로 만든 곽(槨)을 사용한다. 그렇기 때문에 제후는 소나무로 만든 곽(槨)을 사용한다. 대부가 천자의 예법과 동일하게 따를 수 있는 것은 대부의 신분은 천자에 비해 매우 낮으므로, 참람되다는 혐의를 받지 않기 때문이다.

① ○天子柏椁.

補註 疏曰: 大夫以柏爲椁, 不用黃腸, 下天子也.

번역 소에서 말하길, 대부는 측백나무로 곽을 만드는데, 측백나무의 목심은 사용하지 않으니 천자보다 낮추기 때문이다.

補註 ○按: 天子柏椁, 據檀弓文.

번역 ○살펴보니, 천자가 측백나무로 곽을 만든다는 것은 『예기』「단궁(檀弓)」편의 기록[1]에 근거한 것이다.

---

1) 『예기』「단궁상(檀弓上)」: 柏槨以端, 長六尺.

「상대기」 96장

참고-經文

①君裏椁虞筐. 大夫不裏椁. 士不虞筐.

번역 군주의 경우 곽(槨)은 안쪽을 바르고 우광(虞筐)을 한다. 대부는 곽의 안쪽을 바르지 않는다. 사는 우광을 하지 않는다.

① *君裏椁虞筐章*.

補註 鄭註: 裏槨之物, 虞筐之文, 未聞.

번역 정현의 주에서 말하길, 안쪽을 바르는 물건과 우광(虞筐)을 한다는 기록에 대해서는 들어보지 못했다.

補註 ○按: 裏槨, 與上文裏棺語同, 似是塗貼槨內, 故云物.

번역 ○살펴보니, '이곽(裏槨)'이라는 것은 앞 문장에 나온 이관(裏棺)이라는 말[1]과 같으니, 아마도 곽의 내면을 칠하는 것 같다. 그렇기 때문에 물(物)이라고 말한 것이다.

1) 『예기』「상대기」: 君裏棺用朱綠, 用雜金鐕. 大夫裏棺用玄綠, 用牛骨鐕. 士不綠.

禮記補註卷之二十二

『예기보주』 22권

「제법(祭法)」 제23편

補註 語類曰: 祭法一篇, 卽國語柳下惠說祀爰居一段, 但文有先後.

번역 『어류』에서 말하길, 「제법」편은 『국어』에서 유하혜가 원거에게 제사를 지낸 것에 대해 설명하는 한 단락에 해당하는데, 문장에는 선후의 차이가 있다.

「제법」 1장

참고—經文

①祭法: 有虞氏禘黃帝而郊嚳, 祖顓頊而宗堯; 夏后氏亦禘黃帝而郊鯀, 祖顓頊而宗禹; 殷人禘嚳而郊冥, 祖契而宗湯; 周人禘嚳而郊稷, 祖文王而宗武王.

번역 제사의 법도에 있어서, 유우씨 때에는 황제에게 체(禘)제사를 지냈고 제곡에게 교(郊)제사를 지냈으며, 전욱을 조(祖)로 모셨고 요임금을 종(宗)으로 모셨다. 하후씨 때에는 황제에게 체제사를 지냈고 곤에게 교제사를 지냈으며, 전욱을 조로 모셨고 우임금을 종으로 모셨다. 은나라 때에는 제곡에게 체제사를 지냈고 명에게 교제사를 지냈으며, 설을 조로 모셨고 탕임금을 종으로 모셨다. 주나라 때에는 제곡에게 체제사를 지냈고 후직에게 교제사를 지냈으며, 문왕을 조로 모셨고 무왕을 종으로 모셨다.

① 祭法有虞氏章.

補註 陽村曰: 先儒謂舜當宗瞽瞍, 不當宗堯. 愚謂堯・舜皆是黃帝之後, 則舜之繼堯, 是猶後世旁支入承大統之類, 爲之後者爲之子, 則舜不宗堯而誰哉? 但妻二女, 似若異族, 故有先儒之說, 然不取同姓自周而始, 則二帝雖皆黃帝之後, 而族屬疏遠, 故取之也. 若瞽瞍則當別立廟, 使象主之, 舜亦當以天子禮樂而就祭, 中庸言舜之大孝曰, "宗廟饗之", 是也. 書所謂"祖考來格, 虞賓在位"者, 亦是言舜祀於瞽瞍之廟, 而丹朱助祭也. 若祀堯廟, 則丹朱當居子姓之列, 不可謂之賓也, 又不可以此而謂舜不宗堯也. 禹之繼舜, 是亦黃帝之後, 其當宗舜, 亦如舜之宗堯. 今不言宗舜而曰宗禹者, 禹在之時, 是必宗舜而自啓以後, 乃始宗禹耳. 若使商均繼舜之後, 則有虞亦必宗舜而不宗堯矣. 以是而言, 則舜受堯之天下, 當以宗堯, 及商均之世, 則當使丹朱用天子禮樂, 別祀堯, 而以前日使象主祭瞽瞍之廟, 爲有虞之廟, 而宗舜矣. 禹受舜之天下, 當以宗舜, 及啓之世, 亦使商均用天子禮樂, 別祀舜, 而以前日祀鯀之廟, 爲有夏之廟, 而宗禹也, 無疑矣. 先儒又謂夏郊鯀而虞不郊瞍者, 鯀嘗治水有勤事之功, 非瞽瞍比也. 愚恐未然, 以瞽·鯀而論, 則誠有不同, 以舜·禹而論, 則皆父也, 豈議其可祀與否哉? 郊鯀而宗禹, 在啓之後, 則商均繼舜, 亦必郊瞽矣. 但無其事, 故不言爾. 或曰稷與文王有配天之德, 故可配祀也. 以瞽·鯀而配天, 天亦饗之也歟? 曰父者子之天, 不以聖愚而有異, 故子之祀天, 必以父配, 況舜·禹之德, 足以格天乎?

번역 양촌이 말하길, 선대 학자들은 순임금은 마땅히 고수를 종으로 모셔야 하고 요임금을 종으로 모셔서는 안 된다고 했다. 내가 생각하기에, 요임금과 순임금은 모두 황제의 후손이 되니, 순임금은 요임금의 뒤를 이은 것으로, 이것은 후대에 방계가 들어와 대통을 계승한 부류와 같아 그의 후계자가 된 자가 그의 자식이 된다면, 순임금이 요임금을 종으로 삼지 않는다면 누구를 종으로 삼아야 한단 말인가? 다만 두 여인을 아내로 맞이하여 마치 족이 다른 것처럼 보인다. 그렇기 때문에 선대 학자들이 이러한 주장을 했던 것이지만, 동성에서 아내를 들이지 않는 것은 주나라 때부터 시작된 것이니, 두 제왕이 비록 황제의 후손이지만 종족의 관계는 매우 멀었기 때문에 아내로 들인 것이다. 고수에 대해서라면 마땅히 별도의 묘를 세워서 동생인 상으로 하여금 그것을 주관하게 하고, 순임금 또한 마땅히 천자가 사용하는 예악으로 그곳에 나아가 제사를 지내야 하니, 『중용』에서 순임금의 큰 효를 말하며, "종묘에서 흠향하셨다."[1]라고 한 말이 바로 이러한 사실을 나타낸다. 『서』에서 이른바 "조고가 와서 이르며, 우빈이 자리에 있었다."[2]라고 한 것 또한 순임금이 고수의 묘에서 제사를 지냈고, 단주가 제사를 도왔다는 것을 말한다. 요임금의 묘에서 제사를 지내는 경우라면, 단주는 마땅히 자식의 대열에

---

1) 『중용』「17장」: 子曰, "舜其大孝也與. 德爲聖人, 尊爲天子, 富有四海之內, 宗廟饗之, 子孫保之."

2) 『서』「우서(虞書)·익직(益稷)」: 夔曰, 戛擊鳴球, 搏拊琴瑟以詠, 祖考來格, 虞賓在位, 群后德讓, 下管鼗鼓, 合止柷敔, 笙鏞以間, 鳥獸蹌蹌, 簫韶九成, 鳳皇來儀.

있게 되어 빈(賓)이라고 부를 수 없다. 또 이러한 이유 때문에 순임금은 요임금을 종으로 삼지 않았다고 할 수 없다. 우임금은 순임금을 계승하였고 이 또한 황제의 후손이니, 그는 마땅히 순임금을 종으로 삼아야 하며, 이것은 또한 순임금이 요임금을 종으로 삼았던 것과 같다. 그런데 지금 순임금을 종으로 삼았다고 말하지 않고 우임금을 종으로 삼았다고 한 것은 우임금이 있었을 때에는 분명 순임금을 종으로 삼았지만 계로부터 그 이후로는 우임금을 종으로 삼기 시작했던 것일 뿐이다. 만약 상균이 순임금의 뒤를 이었다면 유우 또한 분명 순임금을 종으로 삼고 요임금을 종으로 삼지 않았을 것이다. 이를 통해 말해본다면, 순임금은 요임금의 천하를 물려받았으니 마땅히 요임금을 종으로 삼아야 하고, 상균의 세대에 이르게 되면 마땅히 단주로 하여금 천자의 예악을 사용하여 별도로 요임금에게 제사를 지내게 하고, 이전에 상으로 하여금 고수의 제사를 주관하게 했었던 묘를 유우의 묘로 삼고 순임금을 종으로 삼아야 한다. 우임금은 순임금의 천하를 물려받았으니 마땅히 순임금을 종으로 삼아야 하고, 계의 세대에 이르게 되면 또한 상균으로 하여금 천자의 예악을 사용하여 별도로 순임금에게 제사를 지내게 하고, 이전에 곤에게 제사를 지냈던 묘를 유하의 묘로 삼고 우임금을 종으로 삼아야 함에 의심할 바가 없다. 선대 학자들은 또한 하는 곤에게 교제사를 지내고 우는 고수에게 교제사를 지내지 않았는데, 곤은 일찍이 치수사업에 참여하여 그 사업에 열심히 일한 공로가 있으니, 고수를 그에 비견할 바가 아니라고 했다. 내가 생각하기에는 그렇지 않을 것 같으니, 고수와 곤의 업적으로 논의한다면 진실로 다른 점이 있지만, 순임금과 우임금의 입장에서 논의한다면 둘 모두 그들의 부친이 된다. 그런데 어떻게 제사를 지낼 수 있다거나 제사를 지낼 수 없다는 등의 의론을 한단 말인가? 곤에게 교제사를 지내고 우임금을 종으로 삼았던 것이 계 이후의 일이니, 상균이 순임금의 후사를 이었다면 그 또한 분명 고수에게 교제사를 지냈을 것이다. 다만 그러한 일이 없었기 때문에 언급하지 않았을 따름이다. 혹자는 후직과 문왕은 하늘에 짝하는 덕을 가지고 있었기 때문에 배향하여 제사를 지낼 수 있다. 고수와 곤을 하늘에 배향했다면 하늘이 그 제사를 흠향했겠느냐고 말한다. 답해보자면 부친은 자식에게는 하늘이 되니, 성인답거나 어리석다는 이유로 차이를 두지 않는다. 그렇기 때문에 자식이 하늘에게 제사를 지낼 때에는 반드시 자신의 부친을 배향하게 된다. 하물며 순임금이나 우임금이 가진 덕은 충분히 하늘에 도달할 수 있는 경우라면 어떠하겠는가?

참고-集說

①**國語曰: 有虞氏禘黃帝而祖顓頊, 郊堯而宗舜; 夏后氏禘黃帝而祖顓頊, 郊鯀而宗禹; 商人禘嚳而祖契, 郊冥而宗湯; 周人禘嚳而郊稷, 祖文王而宗武王.**

번역 『국어』에서 말하길, 유우씨는 황제에게 체(禘)제사를 지내고 전욱을 조(祖)로 모시며, 요임금에게 교(郊)제사를 지내고 순임금을 종(宗)으로 모셨다. 하후씨는 황제에게 체(禘)제사를 지내고 전욱을 조(祖)로 모시며, 곤에게 교(郊)제사를 지내고 우임금을 종(宗)으로 모셨다. 은나라 때에는 제곡에게 체(禘)제사를 지내고 설을 조(祖)로 모시며, 명에게 교(郊)제사를 지내고 탕임금을 종(宗)으로 모셨다. 주나라 때에는 제곡에게 체(禘)제사를 지내고 후직에게 교(郊)제사를 지냈으며, 문왕을 조(祖)로 모시고 무왕을 종(宗)으로 모셨다.3)

① **國語曰[止]宗武王.**

補註 按: 國語之文, 與此經皆同, 而唯有虞氏郊堯而宗舜云者爲異. 然商均未嘗嗣位, 則有虞宗舜之說誤矣. 夏之祀舜, 或當如陽村說.

번역 살펴보니, 『국어』의 문장은 이곳 경문과 모두 동일한데, 다만 유우씨가 요임금에게 교제사를 지냈고 순임금을 종으로 삼았다고 말한 것만 차이를 보인다. 그런데 성균은 일찍이 제왕의 지위를 계승한 적이 없으니 유우씨가

---

3) 『국어』「노어상(魯語上)」: 故有虞氏禘黃帝而祖顓頊, 郊堯而宗舜; 夏后氏禘黃帝而祖顓頊, 郊鯀而宗禹; 商人禘舜而祖契, 郊冥而宗湯; 周人禘嚳而郊稷, 祖文王而宗武王.

순임금을 종으로 삼았다는 주장은 잘못된 설명이다. 하나라에서 순임금에게 제사를 지낸 것은 아마도 양촌의 주장대로 해야만 할 것이다.

참고-集說

劉氏曰: 虞·夏·殷·周皆出黃帝, 黃帝之曾孫曰帝嚳, 堯則帝嚳之子也. ①黃帝至舜九世, 至禹五世, 以世次言, 堯·禹兄弟也. 按詩傳姜嫄生棄爲后稷, 簡狄生契爲司徒, 稷契皆堯之弟. 契至冥六世, 至湯十四世, ②后稷至公劉四世, 至大王十三世. 四代禘郊祖宗之說, 鄭氏謂經文差互, 今以成周之禮例而推之, 有天下者, 立始祖之廟, 百世不遷, 又推始祖所自出之帝, 祭於始祖之廟, 而以始祖配之, 則虞夏皆當以顓頊爲始祖, 而禘黃帝於顓頊之廟, 祭天於郊, 則皆當以顓頊配也; 殷當以契爲始祖, 而禘帝嚳於契廟, 郊則當以契配也. 至於祖有功而宗有德, 則舜之曾祖句芒, 嘗有功可以爲祖, 今旣不祖之矣, 瞽瞍頑而無德, 非所得而宗者, 故當祖嚳而宗堯也. 蓋舜受天下於堯, 堯受之於嚳, 故堯授舜, 而舜受終于文祖, 蘇氏謂卽嚳廟也; 舜授禹, 禹受命于神宗, 卽堯廟也. 卽是可以知虞不祖句芒而祖嚳, 不宗瞽瞍而宗堯也明矣. 先儒謂配天必以始祖, 配帝必以父, 以此宗字卽爲宗祀明堂之宗, 故疑舜當宗瞽瞍, 不當宗堯. 竊意五帝官天下, 自虞以上, 祖功宗德, 當如鄭註尙德之說; 三王家天下, 則自當祖宗所親. 然鯀嘗治水而殛死, 有以死勤事之功, 非瞽瞍比也, 故當爲祖, 但亦不當郊耳. 冥亦然. 由是論之, 則③經文當云有虞氏禘黃帝而郊頊, 祖嚳而宗堯; 夏后氏亦禘黃帝而郊頊, 祖鯀而宗禹; 殷人禘嚳而郊契, 祖冥而宗湯; 周人禘嚳而郊稷, 祖文王而宗武王. 如此則庶乎其無疑矣. 大抵祖功宗德之宗, 與宗祀明堂之宗不同. 祖其有功者, 宗其有德者, 百世不遷之廟也; 宗祀父於明堂以配上帝者, 一世而一易, 不計其功德之有無也. 有虞氏宗祀之禮未聞, 借使有之, 則宗祀瞽瞍以配帝, 自與宗堯之廟不相妨. 但虞不傳子, 亦無百世不遷之義耳.

번역 유씨가 말하길, 우(虞) · 하(夏) · 은(殷) · 주(周) 네 왕조는 모두 황제(黃帝)에게서 비롯되었으니, 황제의 증손자를 '제곡(帝嚳)'이라고 부르고, 요임금은 제곡의 자식이 된다. 황제로부터 순임금에 이르기까지 9세대가 되고, 우임금까지 5세대가 되는데, 세대의 순서에 따라 말을 해본다면 요임금과 우임금은 형제 항렬이 된다. 『시전』을 살펴보니 강원은 기(棄)를 낳았으니 이 자가 후직(后稷)이 되었고, 간적은 설(契)을 낳았으니 사도(司徒)가 되었는데, 후직과 설은 모두 요임금의 동생 항렬이 된다. 설로부터 명(冥)에 이르기까지는 6세대이고, 탕임금에 이르기까지는 14세대가 되며, 후직으로부터 공유(公劉)에 이르기까지 4세대가 되며, 태왕에게 이르기까지는 13세대가 된다. 네 왕조에서 체(禘) · 교(郊) · 조(祖) · 종(宗)으로 섬겼다고 하는 주장에 대해서, 정현은 경문을 착간하여 보았는데, 현재 주나라의 예법에 따라 추론해보면, 천하를 소유한 자는 시조의 묘(廟)를 세우고, 100세대가 지나더라도 체천시키지 않고, 또 시조를 파생시킨 상제(上帝)를 추존하여, 시조의 묘에서 제사를 지내고 시조를 배향하니, 우와 하 때에는 마땅히 전욱(顓頊)을 시조로 삼아야 하고, 전욱의 묘에서 황제(黃帝)에게 체(禘)제사를 지내며, 교(郊)에서 하늘에 대한 제사를 지낸다면 모두 전욱을 배향해야 한다. 또 은나라 때에는 마땅히 설(契)을 시조로 삼아야 하고, 설의 묘에서 제곡(帝嚳)에게 체(禘)제사를 지내야 하며, 교(郊)제사에서는 마땅히 설을 배향해야 한다. 그리고 공덕을 세운 자를 조(祖)로 삼고 덕을 갖춘 자를 종(宗)으로 삼게 되니, 순임금의 증조인 구망(句芒)은 일찍이 공덕을 세웠으므로 조(祖)로 삼을 수 있는데, 현재는 그를 조(祖)로 삼지 않았고, 고수(瞽瞍)는 아둔하고 덕이 없어서, 종(宗)으로 삼을 수 있는 자가 아니다. 그렇기 때문에 마땅히 제곡을 조(祖)로 삼고 요임금을 종(宗)으로 삼아야 한다. 무릇 순임금은 요임금에게 천하를 선양받았고, 요임금은 제곡에게서 천하를 선양받았다. 그렇기 때문에 요임금은 순임금에게 천하를 선양하고, 순임금은 문조(文祖)에게서 제위를 받았다고 했는데,[4] 소씨(蘇氏)는 제곡의 묘에 나아가서 받은 것이

---

4) 『서』「우서(虞書) · 순전(舜典)」: 正月上日, 受終于文祖, 在璿璣玉衡, 以齊七政, 肆類于上帝, 禋于六宗, 望于山川, 徧于群神, 輯五瑞, 旣月, 乃日覲四岳群牧, 班

라고 했다. 또 순임금은 우임금에게 선양을 했고, 우임금은 신종(神宗)에게서 명을 받았다고 했는데,[5] 곧 요임금의 묘에 나아가서 받은 것이다. 이것을 통해서 우(虞) 때에는 구망(句芒)을 조(祖)로 삼지 않았고 제곡을 조(祖)로 삼았으며, 고수를 종(宗)으로 삼지 않았고 요임금을 종으로 삼았다는 사실을 명확히 알 수 있다. 선대 학자들은 하늘에 배향할 때에는 반드시 시조를 배향하고, 상제에게 배향할 때에는 반드시 부친을 배향한다고 하여, 이곳의 '종(宗)'자를 곧 명당(明堂)에서 종주로 삼아 제사를 지낸다고 할 때의 '종(宗)'자로 여겼다. 그렇기 때문에 순임금은 고수를 종(宗)으로 삼아야 하며 요임금을 종(宗)으로 삼아서는 안 된다고 의심을 품었다. 내가 생각하기에, 오제(五帝)가 천하를 다스림에 우(虞)로부터 그 이상에 있어서는 공덕을 세운 자를 조(祖)로 삼았고 덕을 갖춘 자를 종(宗)으로 삼았으니, 마땅히 정현의 주에서 말한 것처럼 덕을 숭상한다는 주장과 같아야 한다. 그러나 삼왕이 천하를 다스렸을 때라면 그들에게 있어서 친근한 자를 조(祖)와 종(宗)으로 삼아야 한다. 그러므로 곤(鯀)은 일찍이 치수를 담당했지만 사형을 받아 죽었는데, 맡은 일에 목숨을 바친 공덕이 있으니, 고수가 미칠 수 있는 것이 아니다. 그렇기 때문에 마땅히 조(祖)로 여겨야 하지만, 또한 교(郊)제사를 지낼 수 없을 따름이다. 명(冥) 또한 이와 같다. 이를 통해 논의해본다면, 경문에서는 마땅히 "유우씨는 황제에게 체(禘)제사를 지냈고 전욱에게 교(郊)제사를 지냈으며, 제곡을 조(祖)로 모셨고 요임금을 종(宗)으로 모셨다. 하후씨 또한 황제에게 체(禘)제사를 지냈고 전욱에게 교(郊)제사를 지냈으며, 곤을 조(祖)로 모셨고 우임금을 종(宗)으로 모셨다. 은나라 때에는 제곡에게 체(禘)제사를 지냈고 설에게 교(郊)제사를 지냈으며, 명을 조(祖)로 모셨고 탕임금을 종(宗)으로 모셨다. 주나라 때에는 제곡에게 체(禘)제사를 지냈고 후직에게 교(郊)제사를 지냈으며, 문왕을 조(祖)로 모셨고 무왕을 종(宗)으로 모셨다."라고 해야 한다. 이처럼 한다면 의심할 것이 거의 없게 된다. 대체로 공덕을 세운 자를 조(祖)로 모시고 덕을 갖춘 자를 종(宗)으로 모신다고 했을 때의 '종(宗)'은 명당에서 종주로 삼아 제사를 지낸다고 할 때의 '종(宗)'과는 다르다. 공덕을 세운 자를 조(祖)로 섬기고 덕을 갖춘 자를 종(宗)으로 섬긴다고 했는데, 이들은 100세대가 지나더라도 체천되지 않는 묘(廟)에 안치된다. 반면 명당에서 종주로 삼아 부친에게 제사를 지내고 상제에게 배향할 때에는 한 세대가 지나면 한 차례 바뀌게 되니, 공덕의 유무를 따지지 않는다. 유우씨 때에도 종주로 삼아 제사를 지내는 예법이 있었다는 사실은 들어보지 못했지만, 만약 그러한 예법이 있었다

瑞于群后.

5) 『서』「우서(虞書)·대우모(大禹謨)」: 正月朔旦, 受命于神宗. 率百官若帝之初.

면, 고수를 종주로 삼아 제사를 지내며 상제에게 배향을 하더라도, 요임금을 종(宗)으로 삼아서 체천되지 않는 묘에 안치시킨 것과 서로 간여되지 않는다. 다만 우(虞) 때에는 자식에게 제위를 물려주지 않았으니, 또한 100세대가 지나더라도 체천되지 않는다는 뜻이 없을 따름이다.

① 黄帝至舜[止]五世.

補註 按: 此據史遷所記, 而曾先之史略論舜·禹俱祖顓頊, 而禹去顓頊, 才三世, 舜去顓頊, 遽七世, 謂不合事情云.
번역 살펴보니, 이것은 사마천의 기록에 근거한 것인데, 증선지의 『사략』에서는 순임금과 우임금에 대해 논의하며, 둘 모두 전욱을 조로 섬겼는데 우임금은 전욱과의 차이가 겨우 3세대였고, 순임금은 전욱과의 차이가 갑작스럽게 7세대나 되니 실정에 합치되지 않는다고 했다.

② 后稷至[止]十三世公劉.

補註 史略註曰: 后稷, 陶唐時人. 去周武王有天下, 該一千二百餘年, 而后稷至武王止十六世, 亦不合事情, 謬誤昭昭.
번역 『사략』의 주에서 말하길, 후직은 도당 때의 사람이다. 주나라 무왕이 천하를 소유했을 때와 거리는 모두 1200여년이 되는데, 후직으로부터 무왕에 이르기까지 단지 16세대만 차이가 난다는 것 또한 실정에 부합하지 않으니 오류가 명백하다.

③ 經文當云[止]宗湯.

補註 按: 鄭註已如此.
번역 살펴보니, 정현의 주도 이미 이와 같이 설명했다.

補註 ○鄭註: 有虞氏以上尙德, 禘·郊·祖·宗, 配用有德者而已. 自夏以下, 稍用其姓氏之, 先後之次, 有虞氏·夏后氏宜郊顓頊, 殷人宜郊契.

번역 ○정현의 주에서 말하길, 유우씨로부터 그 이상의 시대에서는 덕을 숭상하였고, 체(禘)·교(郊)·조(祖)·종(宗)의 제사에 있어서도 덕을 갖춘 자를 배향했을 따름이다. 하나라로부터 그 이하로는 점차 같은 성씨로 대체하여 선후의 차례가 생겼으니, 유우씨와 하후씨 때에는 마땅히 전욱에게 교제사를 지내야 하고, 은나라 때에는 설에게 교제사를 지내야 한다.

「제법」 2장

참고-集說

燔, 燎也, 積柴於壇上, 加牲玉於柴上, 乃燎之, 使氣達於天, 此祭天之禮也. 泰壇, 卽圜丘, 泰者, 尊之之辭. 瘞埋牲幣, 祭地之禮也. 泰折, 卽方丘, 折, 如磬折折旋之義, 喩方也. 周禮, ①陽祀用騂牲, 陰祀用黝牲. 此幷言騂犢者, 以周人尙赤, 而所謂陰祀者, 或是他祀歟.

번역 '번(燔)'자는 "태우다[燎]."는 뜻이니, 제단 위에 땔나무를 쌓고 그 위에 희생물 및 옥을 올려두고서 태우고, 연기가 하늘까지 도달하도록 하는 것이니, 이것은 하늘에 제사지내는 예법이다. '태단(泰壇)'은 곧 환구(圜丘)에 해당하니, '태(泰)'자를 붙여서 부르는 것은 존귀하게 여기는 말이기 때문이다. 희생물과 폐물을 파묻는 것은 땅에 제사지내는 예법이다. '태절(泰折)'은 곧 방구(方丘)에 해당하니, '절(折)'자를 붙여서 부르는 것은 경(磬)이 꺾인 것처럼 몸을 숙여 행동하는 뜻과 같으며, 사각형[方]을 비유한다. 『주례』에서는 양사(陽祀)에 성생(騂牲)[1]을 사용하고, 음사(陰祀)에서는 유생(黝牲)[2]을 사용한다고 했다. 그런데 이곳에서 둘 모두에 대해서 '적색의 송아지[騂犢]'를 사용한다고 말한 것은 주나라 때에는 적색을 숭상했기 때문인데,[3] '음사(陰祀)'라는 것은 아마도 다른 제사를 뜻할 것이다.

---

1) 성생(騂牲)은 제사에 사용되는 적색의 희생물을 뜻한다.

2) 유생(黝牲)은 제사에 사용되는 흑색의 희생물을 뜻한다. '유생'의 '유(黝)'자는 '유(幽)'자로 풀이하는데, '유(幽)'자는 흑색을 뜻한다. 『주례』「지관(地官)·목인(牧人)」편에는 "凡陽祀, 用騂牲毛之; 陰祀, 用黝牲毛."라는 기록이 있는데, 정현의 주에서는 정사농(鄭司農)의 주장을 인용하여, "黝讀爲幽. 幽, 黑也."라고 풀이했다.

3) 『예기』「단궁상(檀弓上)」: 夏后氏尙黑, 大事斂用昏, 戎事乘驪, 牲用玄. 殷人尙白, 大事斂用日中, 戎事乘翰, 牲用白. 周人尙赤, 大事斂用日出, 戎事乘騵, 牲用騂.

① ○陽祀[止]黝牲.

補註 地官・牧人文.

번역 『주례』「지관(地官)・목인(牧人)」편의 기록이다.[4]

4) 『주례』「지관(地官)・목인(牧人)」: 凡陽祀, 用騂牲毛之; 陰祀, 用黝牲毛之; 望祀, 各以其方之色牲毛之.

「제법」 3장

참고-經文

①埋少牢於泰昭, 祭時也. ②相近於坎壇, 祭寒暑也. 王宮, 祭日也. 夜明, 祭月也. ③幽宗, 祭星也. 雩宗, 祭水旱也. 四坎壇, 祭四方也. 山林·川谷·丘陵能出雲, 爲風雨, 見④怪物, ⑤皆曰神. 有天下者祭百神. 諸侯在其地則祭之, ⑥亡其地則不祭.

번역 태소(泰昭)에서 소뢰(少牢)를 매장하는 것은 사계절에게 제사지내는 방법이다. 감단(坎壇)에서 전송하고 맞이하는 것은 추위와 더위에게 제사지내는 방법이다. 왕궁(王宮)에서 제사를 지내는 것은 태양에게 제사지내는 방법이다. 야명(夜明)에서 제사를 지내는 것은 달에게 제사지내는 방법이다. 유종(幽宗)에서 제사를 지내는 것은 별에게 제사지내는 방법이다. 우종(雩宗)에서 제사를 지내는 것은 물과 가뭄의 신에게 제사지내는 방법이다. 4개의 구덩이와 4개의 제단에서 제사를 지내는 것은 사방의 모든 하위 신들에게 제사지내는 방법이다. 산림·하천과 계곡·구릉 지역은 구름을 발생시켜서 바람과 비를 만들고 괴이한 현상을 일으킬 수 있으니, 이들을 모두 '신(神)'이라고 부른다. 천하를 소유한 자는 모든 신들에게 제사를 지낸다. 제후가 자신의 봉지를 소유하고 있다면, 해당 봉지의 신들에게 제사를 지내지만, 봉지를 삭탈 당했다면 제사를 지내지 않는다.

① 埋少牢章.

補註 按: 此章祭時·祭寒暑·祭日·祭月·祭星·祭水旱, 卽書·舜典所謂禋于六宗也. 自四坎壇以下, 卽舜典所謂望秩于山川, 徧于群神也. 詳見書集傳及小註.

번역 살펴보니, 이 문장에서 사계절에 제사지내고, 추위와 더위에 제사지내며, 태양에게 제사지내고, 달에게 제사지내며, 별에게 제사지내고, 물과 가뭄에게 제사지낸다는 것은 『서』「순전(舜典)」편에서 "육종(六宗)에게 인(禋)

제사를 지낸다."고 한 말에 해당한다. 4개의 구덩이와 4개의 제단이라고 한 말로부터 그 이하의 내용은 「순전」편에서 "산천에게 망질(望秩)[1]을 지내고, 뭇 신들에게 두루 제사를 지낸다."라고 한 말에 해당한다.[2] 자세한 내용은 『서집전』과 소주에 나온다.

② **相近於坎壇.**

補註 鄭註: 相近, 當爲禳祈, 聲之誤也. 寒暑不時, 則或禳·或祈.

번역 정현의 주에서 말하길, '상근(相近)'은 마땅히 '양기(禳祈)'가 되어야 하니, 소리가 비슷해서 생긴 오류이다. 추위와 더위가 때에 맞지 않다면, 어떤 경우에는 물리치기도 하고 또 어떤 경우에는 원하기도 한다.

補註 ○按: 陳註作祖迎者, 本王肅說.

번역 ○살펴보니, 진호의 주에서는 조영(祖迎)이라고 기록했는데, 이것은 왕숙의 주장에 근거한 말이다.

③ **幽宗.**

補註 鄭註: 宗, 皆當爲禜, 字之誤也. 春秋傳曰, "日月星辰之神, 則雪霜

---

1) 망질(望秩)은 해당 대상의 등급을 살펴서, 산천(山川) 등에 망제(望祭)를 지낸다는 뜻이다. '망질'의 '망(望)'자는 망제를 뜻하고, '질(秩)'자는 계급에 따른 등차를 뜻한다. 고대인의 관념에서는 산천의 중요성에 따라 각각 등급이 있었다. 예를 들어 오악(五嶽)에 대한 제사에서는 삼공(三公)에 대한 예법에 견주어서 희생물을 사용하였고, 사독(四瀆)에 대한 제사에서는 제후에 대한 예법에 견주어서 희생물을 사용하였으며, 나머지 산천 등에 대해서도 차례대로 백작·자작·남작 등의 예법에 견주어서 희생물을 사용하였다. 『서』「우서(虞書)·순전(舜典)」편에는 "歲二月, 東巡守, 至于岱宗, 柴, 望秩于山川."이라는 기록이 있고, 이에 대한 공안국(孔安國)의 전(傳)에서는 "謂五嶽牲禮視三公, 四瀆視諸侯, 其餘視伯子男."이라고 풀이했다.

2) 『서』「우서(虞書)·순전(舜典)」: 正月上日, 受終于文祖, 在璿璣玉衡, 以齊七政, 肆類于上帝, 禋于六宗, 望于山川, 徧于群神, 輯五瑞, 旣月, 乃日覲四岳群牧, 班瑞于群后.

風兩之不時, 於是乎禜之. 山川之神, 則水旱癘疫之不時, 於是乎禜之."

번역 정현의 주에서 말하길, '종(宗)'자는 모두 영(禜)자가 되어야 하니, 자형이 비슷해서 생긴 오류이다. 『춘추전』에서는 "해·달·별의 신들에 대해서는 눈·서리·바람·비가 때에 맞지 않으면, 그 제단에서 영제(禜祭)[3]를 지낸다. 산천의 신들에 대해서는 수재·가뭄·역병 등이 때에 맞지 않게 발생하면, 그 제단에서 영제를 지낸다."[4]라고 했다.

補註 ○按: 陳註從王肅六宗之說, 而不從鄭註, 故云如字.

번역 ○살펴보니, 진호의 주에서는 왕숙이 말한 육종의 학설에 따르고 정현의 주장에는 따르지 않았다. 그렇기 때문에 글자대로 읽는다고 말한 것이다.

④ 恠物.

補註 鄭註: "恠物, 雲氣非常見者." 疏曰: "慶雲之屬."

번역 정현의 주에서 말하길, "'괴물(恠物)'은 구름이 비정상적으로 나타난 것이다."라고 했다. 소에서 말하길, "길조를 뜻하는 오채색의 구름 등을 뜻한다."라고 했다.

⑤ 皆曰神.

補註 按: 此吐諺讀, 誤.

번역 살펴보니, 이곳에 대한 『언독』의 토는 잘못되었다.

⑥ 亡其地則不祭.

補註 陸音: 亡, 如字, 一音無.

---

3) 영제(禜祭)는 고대에 재앙을 물리칠 때 지냈던 제사를 뜻한다.

4) 『춘추좌씨전』「소공(昭公) 1년」: 山川之神, 則水旱癘疫之災於是乎禜之; 日月星辰之神, 則雪霜風雨之不時, 於是乎禜之.

번역 육덕명의 『음의』에서 말하길, '亡'자는 글자대로 읽으며, 다른 음은 '無(무)'이다.

補註 ○疏曰: 若山林·川澤在其封內而益民, 則祭之, 如魯之泰山·晉之河·楚之江漢, 是也. 亡, 無也. 謂境內無此山川之等, 則不祭也.

번역 ○소에서 말하길, 만약 산림과 하천 및 연못 중에서 그들의 봉지 내에 존재하며 백성들에게 유익한 것들이 있다면 제사를 지낼 수 있으니, 마치 노나라의 태산·진나라의 황하·초나라의 장강 및 한수와 같은 것이다. '망(亡)'자는 없다는 뜻이다. 즉 봉지 내에 이러한 산천이 없다면, 제사를 지낼 수 없다는 뜻이다.

補註 ○陽村曰: 亡其地, 對上文在其地, 是不在境內者也.

번역 ○양촌이 말하길, '망기지(亡其地)'는 앞에서 말한 '재기지(在其地)'라는 말과 대비가 되니, 이것은 봉지 내에 없다는 뜻이다.

補註 ○按: 陳註以亡其地爲見削奪, 誤.

번역 ○살펴보니, 진호의 주에서는 '망기지(亡其地)'를 땅을 삭탈당한 것으로 여겼는데, 잘못된 해석이다.

참고-集說

泰昭, 壇名也. 祭時, 祭四時也. 相近, 當爲祖迎, 字之誤也, 寒暑一往一來, 往者祖送之, ①來者迎逜之. 周禮, 仲春晝迎暑, 仲秋夜迎寒, 則送之亦必有其禮也. 坎以祭寒, 壇以祭暑. 亡其地, 謂見削奪也.

번역 '태소(泰昭)'는 제단 이름이다. '제시(祭時)'는 사계절에 대해 제사를 지낸다는 뜻이다. '상근(相近)'은 마땅히 '조영(祖迎)'이 되어야 하니, 글자가 비슷해서 생긴 오류이며, 추위와 더위가 한 차례 가고 찾아오게 되는데, 떠나는 것에 대해서는 전송하고, 찾아오는 것에 대해서는 맞이한다. 『주례』에서는 중춘(仲春)의 한낮에 더위를 맞이하고, 중추(仲秋)의 밤에 추위를 맞이한다고 했으니,[5] 전송할 때에도 반드시 그에 해당하는 예법이 있다. 구덩이[坎]에서는 추위에 대해 제사를 지내고, 제단[壇]에서는 더위에 대해 제사를 지낸다. '망기지(亡其地)'는 분봉받은 땅을 빼앗겼다는 뜻이다.

① 來者迎這之.

補註 字彙: 這音彥, 迎也. 毛晃曰, "凡稱此箇爲者箇, 俗多改用這字."

번역 『자휘』에서 말하길, '這'자의 음은 '彥(언)'이니 맞이한다는 뜻이다. 모황[6]은 "차개위(此箇爲)라고 했을 때의 개(箇)자에 대해서 세속에서는 대체로 저(這)자로 고쳐서 사용한다."라고 했다.

참고-集說

方氏曰: 天無二日, 土無二王, 則王有日之象, 而宮乃其居也, 故祭日之壇曰王宮. 日出於晝, 月出於夜, 則夜爲月之時, 而明乃其用也, 故祭月之坎曰夜明. 幽以言其隱而小也, ①楊子曰, "視日月而知衆星之蔑", 故祭星之所則謂之幽宗焉. 吁而求雨之謂雩, 主祭旱言之耳. 兼祭水者, 雨以時至, 則亦無水患也. 幽·雩皆謂之宗者, 宗之爲言尊也, 書曰, "禋于六宗", 詩曰, "靡神不宗", 無所不用其尊之謂也. 泰壇·泰折不謂之宗者, 天地之大, 不嫌於不尊也. 四方, 百物之神也, 方有四而位則八,

---

5) 『주례』「춘관(春官)·약장(籥章)」: 中春晝擊土鼓, 龡豳詩以逆暑. 中秋夜迎寒, 亦如之.

6) 모황(毛晃, ?~?): 송(宋)나라 때의 학자이다. 호는 철연(鐵硯)이다. 저서로는 『증주예부운략(增注禮部韻略)』 등이 있다.

若乾位西北·艮位東北·坎位正北·震位正東, 皆陽也; 坤西南·巽東南·離正南·兌正西, 皆陰也. 故有坎有壇, 而各以四焉.

번역 방씨가 말하길, 하늘에는 2개의 태양이 없고 땅에는 2명의 천자가 없으니,[7] 천자에게는 태양의 형상이 있고 '궁(宮)'은 그가 거주하는 곳이다. 그렇기 때문에 태양에게 제사지내는 제단을 '왕궁(王宮)'이라고 부른다. 태양은 낮에 떠오르고 달은 밤에 떠오르니, 밤은 달의 시간이 되고 달의 밝음은 그것의 작용이 된다. 그렇기 때문에 달에게 제사지내는 구덩이를 '야명(夜明)'이라고 부른다. '유(幽)'는 그윽하고 작은 것을 가리켜서 한 말인데, 양자는 "해와 달에 견주면 뭇 별들이 어둡다는 사실을 알 수 있다."라고 했다. 그렇기 때문에 별에게 제사지내는 장소를 '유종(幽宗)'이라고 부른다. 부르짖으며 비를 내려달라고 구하는 의식을 '우(雩)'라고 부르는데, 가뭄 신에게 제사지낸다는 것을 위주로 말한 것일 뿐이다. 물에게 제사지내는 것도 함께 언급한 것은 비가 때에 알맞게 내리게 되면 또한 수재(水災)가 발생하지 않기 때문이다. '유(幽)'와 '우(雩)'에 대해서 모두 '종(宗)'자를 붙여서 부르는 이유는 '종(宗)'자는 존귀하다는 뜻이니, 『서』에서 "육종(六宗)에게 인(禋)제사를 지낸다."[8]라고 했고, 『시』에서 "신을 높이지 않음이 없다."[9]라고 했으니, 존귀하게 여긴다는 뜻을 사용하지 않는 경우가 없다. 태단(泰壇)과 태절(泰折)에 대해서는 '종(宗)'자를 붙여서 부르지 않았는데, 천지는 위대하므로 존귀하게 높이지 않는다는 혐의를 받지 않기 때문이다. '사방(四方)'은 백물(百物)의 신을 뜻하며, 방(方)

---

7) 『예기』「증자문(曾子問)」: 曾子問曰: 喪有二孤, 廟有二主, 禮與. 孔子曰: 天無二日, 土無二王, 嘗禘郊社, 尊無二上, 未知其爲禮也. / 『예기』「방기(坊記)」: 子云, "天無二日, 土無二王, 家無二主, 尊無二上, 示民有君臣之別也. 春秋不稱楚越之王喪, 禮君不稱天, 大夫不稱君, 恐民之惑也. 詩云, '相彼盍旦, 尙猶患之.'" / 『예기』「상복사제(喪服四制)」: 資於事父以事母而愛同. 天無二日, 土無二王, 國無二君, 家無二尊, 以一治之也. 故父在爲母齊衰期者, 見無二尊也.

8) 『서』「우서(虞書)·순전(舜典)」: 正月上日, 受終于文祖, 在璿璣玉衡, 以齊七政, 肆類于上帝, 禋于六宗, 望于山川, 徧于群神, 輯五瑞, 旣月, 乃日覲四岳群牧, 班瑞于群后.

9) 『시』「대아(大雅)·운한(雲漢)」: 旱旣大甚, 蘊隆蟲蟲. 不殄禋祀, 自郊徂宮. 上下奠瘞, 靡神不宗. 后稷不克, 上帝不臨. 耗斁下土, 寧丁我躬.

에는 4가지가 있고 위(位)는 8가지이니, 마치 건괘(乾卦)는 서북쪽에 자리하고, 간괘(艮卦)는 동북쪽에 자리하며, 감괘(坎卦)는 정북에 자리하고, 진괘(震卦)는 정동에 자리하는데, 이들은 모두 양(陽)에 해당하고, 곤괘(坤卦)는 서남쪽에 자리하고, 손괘(巽卦)는 동남쪽에 자리하며, 리괘(離卦)는 정남에 자리하고, 태괘(兌卦)는 정서에 자리하는데, 이들은 모두 음(陰)에 해당하는 것과 같다. 그렇기 때문에 구덩이와 제단이 있는데, 각각 4개씩 두는 것이다.

① **楊子曰[止]之蔑.**

補註 法言文.

번역 『법언』의 기록이다.

補註 ○楊, 當作揚.

번역 ○'양(楊)'자는 마땅히 양(揚)자로 기록해야 한다.

「제법」 4장

참고-集說

五代, 唐·虞·三代也. 加顓頊·帝嚳爲七代. ①舊說, 五代始黃帝, 然未聞黃帝禘郊祖宗之制, 恐未然.

번역 '오대(五代)'는 당(唐)·우(虞)와 삼대(三代)를 합한 것이다. 거기에 전욱(顓頊)과 제곡(帝嚳)의 시대를 합하면 '칠대(七代)'가 된다. 옛 학설에서는 오대가 황제(黃帝)로부터 시작된다고 했는데, 황제가 체(禘)·교(郊)·조(祖)·종(宗)의 제도를 만들었다는 말은 들어보지 못했으니, 아마도 그렇지 않은 것 같다.

① ○舊說五代始黃帝.

補註 鄭註: 五代, 謂黃帝·堯·舜·禹·湯, 周之禮樂所存法也. 七代, 通數顓頊及嚳也.

번역 정현의 주에서 말하길, '오대(五代)'는 황제·요임금·순임금·우임금·탕임금 때를 뜻하니, 주나라의 예악에서 법도로 삼아 보존하고 있었던 대상이다. '칠대(七代)'는 전욱과 제곡을 합한 것이다.

「제법」 6장

참고-經文

是故王立七廟, 一壇一墠, 曰考廟, 曰王考廟, 曰皇考廟, 曰顯考廟, 曰祖考廟, 皆月祭之; ①遠廟爲祧, 有二祧, ②享嘗乃止; 去祧爲壇, 去壇爲墠, 壇墠有禱焉祭之, 無禱乃止; ③去墠曰鬼.

번역 이러한 까닭으로 천자는 7개의 묘(廟)를 세우고, 1개의 단(壇)과 1개의 선(墠)을 두니, 7개의 묘 중에서도 대수(代數)가 가까운 5개의 묘는 고묘(考廟), 왕고묘(王考廟), 황고묘(皇考廟), 현고묘(顯考廟), 조고묘(祖考廟)이며, 이들에 대해서는 모두 달마다 제사를 지낸다. 대수가 먼 나머지 2개의 묘는 조묘(祧廟)가 되니, 2개의 조묘가 있게 되며, 이들에 대해서는 사계절마다 제사를 지낼 뿐이다. 또 조묘의 대상보다도 대수가 더 멀어지게 되면 단(壇)에 모셔서 제사를 지내고, 단(壇)에 모시는 대상보다도 대수가 더 멀어지면 선(墠)에 모셔서 제사를 지내는데, 단(壇)과 선(墠)에 모시는 대상에 대해서는 기원을 해야 할 일이 있을 때에만 제사를 지내고, 기원할 일이 없다면 제사를 지내지 않는다. 또 선(墠)에 모시는 대상보다도 대수가 더 멀어지면 그러한 조상들은 '귀(鬼)'라고 부른다.

① 遠廟爲祧[止]爲墠.

補註 疏曰: 遠廟謂文・武廟也. 文・武並在應遷, 而特爲功德而留, 故謂祧. 祧之言超也. 有二祧者, 文・武二廟不遷, 故云二祧. 去祧爲壇者, 高祖之父寄在祧, 而不得祭於祧中, 出就壇受祭也. 去壇爲墠者, 高祖之祖, 經在壇而今不得祭, 於壇出, 就墠受祭也.

번역 소에서 말하길, '원묘(遠廟)'는 문왕과 무왕의 묘를 뜻한다. 문왕과 무왕의 묘는 체천되는 묘의 계통에 있어야 하지만 그들은 공덕을 세웠으므로 그대로 남겨두기 때문에 '조(祧)'라고 했으니, 조(祧)자는 뛰어넘는다는 뜻이다. 2개의 조묘를 둔다는 것은 문왕과 무왕의 두 묘는 체천시키지 않는다. 그렇기 때문에 2개의 조묘를 둔다고 했다. 조묘에서 멀어지면 제단에 모신다고 했는데, 고조부의 부친이 조묘에 의탁해 있었는데, 조묘 안에서 제사를 지낼 수 없다면, 밖으로 꺼내서 제단으로 모셔 제사를 지낸다. 제단에서 멀어지면 선에 모신다고 했는데, 고조부의 조부에 있어서 이전에는 제단에 모셨지만 지금은 그곳에서 제사를 지낼 수 없으므로 제단에서 꺼내 선에 모셔서 제사를 지낸다.

補註 ○按: 詳此疏說, 遠廟二祧, 正指文王·武王之廟, 幷始祖及四親而爲七也. 然二祧爲文·武之說, 陳註固已疑之. 且以朱子是劉歆之說觀之, 文·武之宗, 不在七廟數中, 而二祧乃高祖以上兩世也. 去祧爲壇者, 又其上一世離此祧, 則祭於壇也. 去壇爲墠者, 又其上一世離此壇, 則祭於墠也.

번역 ○살펴보니, 이러한 소의 주장을 자세히 살펴보면, 원묘로 2개의 조묘가 있다는 것은 바로 문왕과 무왕의 묘를 가리키며, 시조의 묘와 4대 조상의 묘를 합하면 7개가 된다. 그런데 2개의 조묘가 문왕과 무왕의 묘가 된다는 주장에 대해서 진호의 주에서는 이미 그것을 의심하고 있다. 또 주자는 이것을 유흠[1]의 주장이라고 했는데 이를 통해 살펴보면, 문왕과 무왕의 종묘는 7개의 묘에는 포함되지 않고, 2개의 조묘는 고조 이상의 2세대 조상이 된다. 조묘에서 멀어지면 제단에 모신다고 했는데, 이것은 또한 그 위의 1세대가 조묘에서 멀어지게 되면 제단에서 제사를 지낸다는 뜻이다. 제단에서 멀어지면 선에 모신다고 했는데, 이것은 또한 그 위의 1세대가 제단에서 멀어지게 되면 선에서 제사를 지낸다는 뜻이다.

補註 ○王肅曰: 天子七廟者, 謂高祖之父及高祖之祖廟爲二祧, 幷始祖及親廟四爲七. 周之文·武受命之主, 不遷之廟, 權禮所施, 非常廟之數.

번역 ○왕숙이 말하길, 천자는 7개의 묘를 둔다고 했는데, 고조부의 부친과 고조부의 조부 묘는 2개의 조묘가 되고, 시조의 묘와 선조에 대한 묘 4개를 합하면 7개가 된다는 뜻이다. 주나라 문왕과 무왕은 천명을 받은 주군으로,

1) 유흠(劉歆, B.C.53~A.D.23) : 전한(前漢) 때의 경학자이다. 자(字)는 자준(子駿)이다. 후에 이름을 수(秀), 자(字)를 영숙(穎叔)으로 고쳤다. 유향(劉向)의 아들이다. 저서에는 『삼통력보(三統曆譜)』 등이 있다.

체천되지 않는 묘가 되는데, 이것은 권도의 예법에 따라 시행된 것으로 일상적인 묘의 수치에는 해당하지 않는다.

補註 ○按: 此與鄭註異, 與劉歆說同.
번역 ○살펴보니, 이것은 정현의 주와는 차이를 보이지만, 유흠의 주장과는 동일하다.

② 享嘗乃止.

補註 鄭註: "謂四時之祭." 疏曰: "以四時之祭, 秋嘗物之備具[2], 故特擧享嘗以明四時之祭."
번역 정현의 주에서 말하길, "사계절마다 지내는 제사를 뜻한다."라고 했다. 소에서 말하길, "사계절마다 지내는 제사는 가을의 상제사 때 제수를 온전히 갖춘다. 그렇기 때문에 특별히 '향상(享嘗)'이라고 제시하여 사계절의 제사를 나타낸 것이다."라고 했다.

③ 去墠曰鬼.

補註 鄭註: "鬼亦在祧, 顧遠之於無事, 祫乃祭之." 疏曰: "若又有從壇遷墠, 則前在墠者, 遷入石函爲鬼. 雖有祈禱, 亦不得及, 唯禘祫乃出也."
번역 정현의 주에서 말하길, "귀 또한 조묘에 있게 되는데, 대수가 더욱 멀어서 제사를 지내지 않지만, 협(祫)제사를 지내게 되면 그들에게도 제사를 지낸다."라고 했다. 소에서 말하길, "만약 재차 제단으로부터 선으로 옮겨진 경우, 이전에는 터에 모셨지만, 다시 체천되어 신주가 돌 상자로 들어간 경우에는 '귀(鬼)'가 된다. 비록 기원할 일이 있더라도, 또한 그 제사는 이러한 자들까지 미치지 않고, 오직 체(禘)나 협(祫)제사를 지내게 되어야만 신주를 밖으로 꺼낸다."라고 했다.

---

2) '구(具)'자에 대하여. '구'자는 본래 '조(祖)'자로 기록되어 있었는데, 『예기정의(禮記正義)』에 따라 글자를 수정하였다.

참고-集說

今按: 此章曰王立七廟, 而以文武不遷之廟, 爲二祧以足其數, 則其實五廟而已. 若商有三宗, 則爲四廟乎. 壇墠之主, 藏於祧而祭於壇墠, 猶之可也, 直謂有禱則祭, 無禱則止, 則大祫升毁廟之文何用乎? 又宗廟之制, 先儒講之甚詳, 未有擧壇墠爲言者, ①周公三壇同墠, 非此義也. 又諸儒以周之七廟, 始於共王之時, 夫以周公制作如此其盛, 而宗廟之制, 顧乃下同列國, 吾知其必不然矣. 然則②朱子然劉歆之說, 豈無見乎? 鄭註此章, 謂祫乃祭之, 蓋亦覺記者之失矣.

번역 현재 살펴보니, 이곳에서는 "천자는 7개의 묘(廟)를 세운다."라고 했지만, 문왕과 무왕의 묘(廟)는 체천시키지 않는 묘(廟)에 해당하고, 2개의 조묘(祧廟)를 세워서 그 수치를 채우게 되니, 실제로는 5개의 묘(廟)만 있을 따름이다. 은나라처럼 삼종(三宗)이 있었던 경우라면, 아마도 4개의 묘(廟)를 세웠을 것이다. 제단과 터에 세우는 신주는 조묘에 보관하고, 제사를 지낼 때 그것을 꺼내서 제단과 터에 두고 제사를 지낸다면 가능한 일이지만, 단지 "기도를 드릴 때에만 제사를 지내고, 기도를 드릴 일이 없다면 그친다."고 한다면, 성대한 협(祫)제사를 지낼 때 훼철된 묘(廟)의 신주를 모신다고 한 제도를 어떻게 시행할 수 있겠는가? 또 종묘의 제도에 있어서 선대 학자들은 매우 자세히 강론을 했는데, 제단과 터를 말한 자는 없었으니, 주공이 3개의 제단을 만들며 터를 동일하게 했다는 말은 여기에서 말하는 뜻이 아닐 것이다. 또 여러 학자들은 주나라의 7개 묘(廟)는 공왕(共王) 때 시작되었는데, 주공이 이처럼 융성하게 제도를 만들었기 때문이라고 여겼지만, 종묘의 제도에 있어서 아래 문장에서 기술한 것처럼 제후국에 대해서도 동일하게 한 것을 살펴보면, 나는 반드시 그렇지만은 않을 것이라고 확신한다. 그러므로 주자도 유흠의 설이라고 여겼던 것인데, 어찌 살펴본 것이 없어서 이처럼 말했겠는가? 정현의 이곳 문장에 대한 주에서도 협(祫)제사를 지내게 되면 제사를 지낸다고 했으니, 이 또한 『예기』를 기록한 자의 실수를 깨달았기 때문일 것이다.

① 周公三墠[止]義也.

補註 按: 書·金縢爲三壇同墠, 傳曰, "三壇, 三王之位, [大王·王季·文王也.] 皆南向." 所謂非此義者, 蔡氏則以爲武王有疾, 而周公自禱, 恐人心搖動, 故不於宗廟, 而特爲壇墠. 小註董氏 · 吳氏, 則以爲支子不得祭祖, 故不敢入廟而爲壇.

번역 살펴보니, 『서』「금등(金縢)」편에서는 "3개의 제단을 만들면서 선을 동일하게 했다."라고 했고, 전문에서는 "3개의 제단은 삼왕의 자리이니, [태왕 · 왕계 · 문왕이다.] 그 신주들은 모두 남쪽을 향하였다."라고 했다. "여기에서 말하는 뜻이 아닐 것이다."라고 했는데, 채침의 경우 무왕에게 병이 있어서 주공이 직접 기원을 하였는데, 인심이 동요될 것을 염려했기 때문에 종묘에서 기원하지 않고 특별히 제단과 선을 만들어서 했다고 여긴 것이다. 소주에 나온 동씨와 오씨의 경우에는 지자는 조상에게 제사를 지낼 수 없기 때문에 감히 묘로 들어가서 제사를 지내지 않고 제단을 만들었다고 여겼다.

② **朱子然劉歆之說.**

補註 中庸或問曰: 謂后稷始封, 文 · 武受命而王, 故三廟不毁, 與親廟四而七者, 諸儒之說也. 謂三昭三穆, 與太祖之廟而七. 文 · 武爲宗, 不在數中者, 劉歆之說也. 前代說者多是劉歆, 愚亦意其或然也.

번역 『중용혹문』에서 말하길, 이른바 후직은 처음 분봉을 받았고, 문왕과 무왕은 천명을 받아 천자가 되었기 때문에 3개의 묘는 훼철시키지 않으며, 선대 조상의 4개 묘를 합하면 7개가 된다고 했는데, 이것은 제유들의 주장이다. 3개의 소묘와 3개의 목묘에 태조의 묘를 합하여 7개가 된다. 문왕과 무왕은 종이 되어 그 수에 포함되지 않는다고 했는데, 이것은 유흠의 주장이다. 전대의 주장들은 대부분 유흠의 주장을 가리키는데, 내 생각에도 혹여 그러하기도 한 것 같다.

補註 ○按: 此說詳見王制天子七廟章小註, 可參考.

번역 ○살펴보니, 이러한 주장은 『예기』「왕제(王制)」편에서 천자는 7개의 묘를 둔다고 했던 장의 소주에 상세히 나오니 참고해야만 한다.

「제법」 8장

참고-經文

①大夫立三廟, 二壇, 曰考廟, 曰王考廟, 曰皇考廟, 享嘗乃止; 顯考·祖考無廟, 有禱焉, 爲壇祭之; 去壇爲鬼.

번역 대부는 3개의 묘(廟)를 세우고, 2개의 단(壇)을 두니, 3개의 묘는 고묘(考廟), 왕고묘(王考廟), 황고묘(皇考廟)이며, 이들에 대해서는 사계절마다 제사를 지낼 뿐이다. 현고(顯考)와 조고(祖考)에 대해서는 해당하는 묘가 없고, 기원해야 할 일이 있을 때에는 단(壇)에 모셔서 제사를 지낸다. 단(壇)에 모시는 대상보다도 대수가 더 멀어지면 그러한 조상들은 '귀(鬼)'라고 한다.

① 大夫立三廟.

補註 疏曰: 若大夫有太祖廟者, 其義已具在王制疏.

번역 소에서 말하길, 대부 중 태조의 묘를 가지고 있는 자의 경우라면, 해당하는 의미는 이미 『예기』「왕제(王制)」편의 소에서 설명했다.

補註 ○王制: "大夫三廟, 一昭一穆, 與太祖之廟而三." 疏曰: "此所論皆謂殷制, 雖非別子, 亦得立太祖之廟. 若周制, 則別子始爵, 其後得立別子爲太祖. 若非別子之後, 雖爲大夫, 但立父·祖·曾祖三廟而已, 隨時而遷, 不得立始爵者爲太祖. 故鄭答趙商問: '祭法云大夫立三廟, 曰考廟·曰王考廟·曰皇考廟. 註非別子, 故知祖考無廟.'"

번역 ○「왕제」편에서 말하길, "대부는 3개의 묘를 두니, 1개의 소묘, 1개의 목묘와 태조의 묘를 합하면 3개가 된다."[1]라고 했다. 소에서 말하길, "여기

1) 『예기』「왕제(王制)」: 天子七廟, 三昭三穆, 與大祖之廟而七, 諸侯五廟, 二昭二穆, 與大祖之廟而五, 大夫三廟, 一昭一穆, 與大祖之廟而三, 士一廟, 庶人祭於寢.

에서 논의한 것들은 모두 은나라 때의 제도이니, 비록 별자가 아니더라도 또한 태조의 묘를 세울 수 있었다. 주나라의 제도라면 별자 중 처음으로 작위를 받은 자에 대해서만 그 후손이 별자를 태조로 모실 수 있다. 만약 별자의 후손이 아니라면 비록 대부의 신분이 되더라도 단지 부친·조부·증조부에 대한 3개의 묘만 세울 수 있을 따름이며, 세대의 변화에 따라 체천되며 처음 작위를 받은 자를 태조로 모실 수 없다. 그렇기 때문에 정현은 조상의 질문에 답하며 '「제법」편에서 대부는 3개의 묘(廟)를 세우니, 고묘(考廟)·왕고묘(王考廟)·황고묘(皇考廟)라고 했고, 주에서 별자가 아니기 때문에 조고에 대해 묘가 없다는 사실을 알 수 있다고 한 것이다.'"라고 했다.

참고-集說

大夫三廟, ①有廟而無主, 其當遷者, 亦無可遷之廟, 故有禱則祭於壇而已. 然墠輕於壇, 今二壇而無墠者, 以太祖雖無廟, 猶重之也. 去壇爲鬼, 謂②高祖若在遷去之數, 則亦不得受祭於壇, 祈禱亦不得及也.

번역 대부는 3개의 묘(廟)를 세우는데, 묘만 있고 신주는 없으며, 체천을 시켜야 하는 대상에 대해서도 체천시킬 수 있는 묘가 없다. 그렇기 때문에 기원할 일이 생기면 제단에서 제사를 지낼 따름이다. 그런데 터는 제단보다 상대적으로 덜 중요한데도, 현재 이곳에서는 2개의 제단을 마련하고 터는 마련하지 않는다고 했다. 그 이유는 태조에 대해서는 비록 묘를 세우지 않지만 여전히 중시여기기 때문이다. '거단위귀(去壇爲鬼)'는 고조부가 만약 체천시켜야 하는 대수(代數)에 해당한다면, 또한 제단에서도 제사를 지낼 수 없으니, 기원을 할 때에도 그 대상까지는 제사를 지낼 수 없다는 뜻이다.

① 有廟而無主.

補註 按: 大夫無主, 出古註疏, 而頗有援據.

번역 살펴보니, 대부의 경우 신주가 없다고 한 것은 옛 주와 소에서 도출된 주장이고, 이에 대해서는 나름의 근거가 있다.

② **高祖若在遷去之數.**

補註 按: 疏曰, "高祖若遷去於壇, 則不復得祭", 文義較明.

번역 살펴보니, 소에서는 "고조부에 대해 만약 제단에서 체천시켜야 한다면 재차 제사를 지내지 않는다."라고 했는데, 그 문장의 뜻이 비교적 분명하다.

「제법」 9~10장

참고-經文

①適士二廟一壇, 曰考廟, 曰王考廟, 享嘗乃止; 皇考無廟, 有禱焉, 爲壇祭之; 去壇爲鬼. ①官師一廟, 曰考廟, 王考無廟而祭之, 去王考爲鬼.

번역 적사는 2개의 묘(廟)를 세우고 1개의 단(壇)을 두니, 2개의 묘는 고묘(考廟), 왕고묘(王考廟)이며, 이들에 대해서는 사계절마다 제사를 지낼 뿐이다. 황고(皇考)에 대해서는 해당하는 묘가 없고, 기원해야 할 일이 있을 때에는 단(壇)에 모셔서 제사를 지낸다. 단(壇)에 모시는 대상보다도 대수가 더 멀어지면 그러한 조상들은 '귀(鬼)'라고 한다. 관사는 1개의 묘(廟)를 세우니, 고묘(考廟)이며, 왕고(王考)에 대해서는 해당하는 묘가 없지만 제사를 지내며, 왕고보다 대수가 멀어지면 그러한 조상들은 '귀(鬼)'라고 한다.

① 適士二廟[又]官師一廟.

補註 張子曰: 適士, 疑諸侯薦於天子之士, 及王朝爵命之通名. 蓋三命方受位天子之朝, 一命再命受職受服者, 疑官長自辟除, 未有位於王朝, 故謂之官師而已.

번역 장자가 말하길, '적사(適士)'는 아마도 제후가 천자에게 천거했던 사와 천자의 조정에서 작위와 명(命)의 등급을 받은 사들을 통칭하는 명칭일 것이다. 3명의 등급이 되면 위를 받아 천자의 조정에 서게 되는데, 1명과 2명에 직무와 복장을 받는 자들은 아마도 관부의 수장이 직접 통제를 하여 아직 천자의 조정에 자리가 없었던 자들일 것이다. 그렇기 때문에 그들을 '관사(官師)'라고만 불렀던 것이다.

「제법」 13장

참고-經文

王爲群姓立七祀, 曰司命, 曰中霤, 曰國門, 曰國行, 曰泰厲, 曰戶, 曰竈. ①王自爲立七祀. 諸侯爲國立五祀, 曰司命, 曰中霤, 曰國門, 曰國行, 曰公厲. 諸侯自爲立五祀. 大夫立三祀, 曰族厲, 曰門, 曰行. 適士立二祀, 曰門, 曰行. 庶士·庶人立一祀, 或立戶, 或立竈.

번역 천자는 관리들과 백성들을 위하여 7가지의 제사를 지내니, 그 대상은 사명(司命)·중류(中霤)·국문(國門)·국행(國行)·태려(泰厲)·호(戶)·조(竈)이다. 천자는 또한 자신을 위해서도 이러한 7 대상에 대해 제사를 지낸다. 제후는 나라를 위하여 5가지의 제사를 지내니, 그 대상은 사명(司命)·중류(中霤)·국문(國門)·국행(國行)·공려(公厲)이다. 제후는 또한 자신을 위해서도 이러한 5대상에 대해 제사를 지낸다. 대부는 3가지 대상에게 제사를 지내니, 그 대상은 족려(族厲)·문(門)·행(行)이다. 적사는 2가지 대상에게 제사를 지내니, 그 대상은 문(門)·행(行)이다. 서사와 서인들은 1가지 대상에게 제사를 지내니, 그 대상은 호(戶) 또는 조(竈)이다.

① ○王自爲立七祀.

補註 疏曰: 前是爲民所立, 與衆共之, 四時常祀, 及爲群姓禱祀. 其自爲立者, 王自禱祭, 不知其當同是一神, 爲是別更立七祀也. 諸侯五祀, 義亦同.

번역 소에서 말하길, 앞의 것들은 백성들을 위해서 지내는 것이니, 백성들과 함께 하며 사계절마다 항상 제사를 지내고, 곧 관리들과 백성들을 위해 기도를 올리며 제사를 지낸다. 천자 스스로 지내는 제사는 천자가 직접 기도를 올리는 제사이니, 그 대상이 동일한 신이라는 사실을 알 수 없으므로, 별도로 이러한 대상을 위해서 칠사(七祀)의 제사를 지낸다. 제후의 오사도 그 의미가 이와 같다.

참고-集說

①司命, 見周禮. 中霤·門·行·戶·竈, 見月令. 泰厲, 古帝王之無後者. 公厲, 古諸侯之無後者. 族厲, 古大夫之無後者. 左傳云, "鬼有所歸, 乃不爲厲", 以其無所歸, 或爲人害, 故祀之. 又按五祀之文, 散見經傳者非一, 此言七祀·三祀·二祀·一祀之說, 殊爲可疑, 曲禮"大夫祭五祀", 註言殷禮; 王制"大夫祭五祀", 註謂有地之大夫, 皆未可詳.

번역 '사명(司命)'[1]은 『주례』에 나온다.[2] 중류(中霤)·문(門)·행(行)·호(戶)·조(竈)는 『예기』「월령(月令)」편에 나온다. '태려(泰厲)'는 고대의 제왕 중 후손이 없는 자를 뜻한다. '공려(公厲)'는 고대의 제후 중 후손이 없는 자를 뜻한다. '족려(族厲)'는 고대의 대부 중 후손이 없는 자를 뜻한다. 『좌전』에서는 "귀(鬼)는 회귀할 곳이 있어야만 곧 여귀(厲鬼)[3]가 되지 않는다."[4]라고 했는데, 그들은 회귀할 곳이 없기 때문에 간혹 사람들에게 피해를 입힌다. 그러므로 그들에게 제사를 지내는 것이다. 또 오사(五祀)에 대한 기록을 살펴보면, 경전(經傳)에 여기 저기 흩어져 나오며 동일하지 않은데, 이곳에서 칠사(七祀)·삼사(三祀)·이사(二祀)·일사(一祀)라고 한 주장은 자못 의심스럽다. 『예기』「곡례(曲禮)」편에서는 "대부는 오사(五祀)에게 제사를 지낸다."[5]라고 했는데, 정현의 주에서는 은나라 때의 예법이라고 했고, 『예기』「왕제(王制)」편에서는 "대부는 오사에게 제사를 지낸다."[6]라고 했는데, 정현의 주에서는 토지를 소유한 대부를 뜻한다고 했지만, 이 모든 주장

---

1) 사명(司命)은 별 이름이다. 문창(文昌)이라는 별자리 중 네 번째 별에 해당한다.

2) 『주례』「춘관(春官)·대종백(大宗伯)」: 以禋祀祀昊天上帝, 以實柴祀日·月·星·辰, 以槱燎祀司中·司命·飌師·雨師.

3) 여귀(厲鬼)는 악귀(惡鬼)라는 뜻이다. 『춘추좌씨전』「소공(昭公) 7년」편에는 "今夢黃熊入于寢門, 其何厲鬼也."라는 용례가 있다.

4) 『춘추좌씨전』「소공(昭公) 7년」: 子産曰, "鬼有所歸, 乃不爲厲, 吾爲之歸也."

5) 『예기』「곡례하(曲禮下)」: 天子祭天地, 祭四方, 祭山川, 祭五祀, 歲徧. 諸侯方祀, 祭山川, 祭五祀, 歲徧. 大夫祭五祀, 歲徧. 士祭其先.

6) 『예기』「왕제(王制)」: 天子, 祭天地, 諸侯, 祭社稷, 大夫, 祭五祀. 天子, 祭天下名山大川, 五嶽, 視三公, 四瀆, 視諸侯. 諸侯, 祭名山大川之在其地者. 天子諸侯, 祭因國之在其地而無主後者.

에 대해서는 자세히 알 수 없다.

① **司命見周禮.**

補註 周禮·大宗伯: "以槱燎祀司中·司命·飌師·雨師." 註: "司中·司命, 文昌第五·第四星."

번역 『주례』「대종백(大宗伯)」에서 말하길, "유료(槱燎)[7]로 사중·사명·풍사·우사에게 제사를 지낸다."[8]라고 했고, 주에서는 "사중과 사명은 문창이라는 별자리의 다섯 번째와 네 번째 별이다."라고 했다.

補註 ○鄭註: "司命, 主督察三命." 疏曰: "司命者, 宮中小神, 非天之司命, 故祭於宮中. 皇氏云: '文昌宮星', 其義非也. 三命, 援神契命有三科, 受命, 謂年壽也. 遭命, 謂行善而遇凶也. 隨命, 謂隨其善惡而報之也."

번역 ○정현의 주에서 말하길, "'사명(司命)'은 삼명(三命)[9]의 감찰을 주관한다."라고 했다. 소에서 말하길, "사명이라는 것은 궁중에 머무는 소신(小神)이니, 하늘의 사명이 아니다. 그렇기 때문에 궁중에서 제사를 지낸다. 황간은 '문창이라는 별자리의 별이다.'라고 했는데, 그 주장은 잘못되었다. 삼명에 대해 『원신계』에서는 명(命)에는 삼과(三科)가 있으니, 수명(受命)으로 사람의 수명을 뜻한다. 조명(遭命)은 선을 시행하거나 재앙을 당한다는

---

7) 유료(槱燎)는 고대 제천 의식에서 치르던 의식 절차 중 하나이다. 희생물의 몸체를 땔나무 위에 올려두고, 땔나무와 함께 불로 태우는 것이다. 불로 태워서 그 연기가 하늘로 올라가도록 하여, 신에게 아뢰는 의식이다.

8) 『주례』「춘관(春官)·대종백(大宗伯)」: 以禋祀祀昊天上帝, 以實柴祀日·月·星·辰, <u>以槱燎祀司中·司命·飌師·雨師</u>, 以血祭祭社稷·五祀·五嶽, 以貍沈祭山林·川澤, 以疈辜祭四方百物, 以肆獻祼享先王, 以饋食享先王, 以祠春享先王, 以禴夏享先王, 以嘗秋享先王, 以烝冬享先王.

9) 삼명(三命)은 수명(受命), 조명(遭命), 수명(隨命)을 뜻한다. '수명(受命)'은 사람의 수명을 좌우하는 것이고, '조명(遭命)'은 선행을 하거나 흉재(凶災)를 만나는 등의 일을 좌우하는 것이며, '수명(隨命)'은 사람이 시행한 선악(善惡)에 따라 그에 해당하는 결과를 좌우하는 것이다.

뜻이다. 수명(隨命)은 선악에 따라서 보답한다는 뜻이라고 했다."라고 했다.

補註 ○按: 據此, 則陳註似誤.

번역 ○살펴보니, 이러한 주장에 근거해보면, 진호의 주는 잘못된 것 같다.

「제법」 14장

참고—經文

王下祭殤五, 適子, 適孫, 適曾孫, 適玄孫, 適來孫. ①諸侯下祭三, 大夫下祭二, 適士及庶人祭子而止.

번역 천자는 자신보다 후대가 되는 자들 중 요절한 자에 대해서 제사를 지낼 때, 그 대상은 5명이다. 즉 적자 · 적손 · 적증손 · 적현손 · 적래손이다. 제후는 요절한 자에 대해서 제사를 지내는데, 그 대상은 3명이다. 대부는 요절한 자에 대해서 제사를 지내는데, 그 대상은 2명이다. 적사와 서인은 자식을 제사지내는데 그친다.

① 諸侯下祭三.

補註 按: 此下吐諺讀, 誤.

번역 살펴보니, 이 구문 뒤에 『언독』에서 붙인 토는 잘못되었다.

「제법」 15장

참고-經文

夫聖王之制祭祀也, ①法施於民則祀之, 以死勤事則祀之, 以勞定國則祀之, 能禦大菑則祀之, 能捍大患則祀之.

번역 무릇 성왕이 제사의 법칙을 제정했을 때, 그 대상은 다섯 부류가 된다. 첫 번째 백성들에게 올바른 법도를 시행한 자라면 그가 죽은 이후 대대로 제사를 지낸다. 두 번째 죽음을 무릅쓰고 자신의 본분에 최선을 다한 자라면 그가 죽은 이후 대대로 제사를 지낸다. 세 번째 수고로움을 무릅쓰고 나라를 안정시킨 자라면 그가 죽은 이후 대대로 제사를 지낸다. 네 번째 큰 재앙을 막았던 자라면 그가 죽은 이후 대대로 제사를 지낸다. 다섯 번째 큰 환란을 막았던 자라면 그가 죽은 이후 대대로 제사를 지낸다.

① ○法施於民則祀之.

補註 按: 此下吐諺讀, 誤.

번역 살펴보니, 이 구문 뒤에 『언독』에서 붙인 토는 잘못되었다.

「제법」 16장

참고-經文

是故①<u>厲山氏</u>之有天下也, 其子曰農, 能殖百穀; ②<u>夏之衰也, 周弃繼之</u>, 故祀以爲稷.

번역 이러한 까닭으로 여산씨(厲山氏)가 천하를 소유했을 때, 그의 자손 중에는 농(農)이라고 불렸던 자가 있었으니, 그는 모든 곡식을 경작할 수 있었다. 하나라가 쇠약해지고, 주나라의 기(弃)가 그 자리를 이어받았기 때문에, 그에게 제사를 지내며 '직(稷)'으로 삼았다.

① ○厲山氏.

補註 鄭註: 厲山氏, 炎帝, 起於厲山也. 或曰有烈山氏.

번역 정현의 주에서 말하길, '여산씨(厲山氏)'는 염제(炎帝)[1]를 뜻하니, 여산에서 기원했기 때문이다. 혹은 '유열산씨(有烈山氏)'라고도 부른다.[2]

---

1) 염제(炎帝)는 신농(神農)이다. 소전(少典)의 아들이고, 오행(五行)으로 구분했을 때 화(火)를 주관하며, 계절로 따지면 여름을 주관하고, 방위로 따지면 남쪽을 주관하는 자이다. 『여씨춘추(呂氏春秋)』「맹하기(孟夏紀)」편에는 "其日丙丁, 其帝<u>炎帝</u>."이라는 기록이 있고, 이에 대한 고유(高誘)의 주에서는 "炎帝, 少典之子, 姓姜氏, 以火德王天下, 是爲炎帝, 號曰神農, 死託祀於南方, 爲火德之帝."라고 풀이했다. 한편 '염제'는 신농의 후손들을 지칭하기도 한다. 『사기(史記)』「봉선서(封禪書)」편에는 "神農封泰山, 禪云云; <u>炎帝</u>封泰山, 禪云云."라는 기록이 나오는데, 이에 대한 『사기색은(史記索隱)』의 주에서는 "神農後子孫亦稱炎帝而登封者, 律曆志, '黃帝與炎帝戰於阪泉', 豈黃帝與神農身戰乎? 皇甫謐云炎帝傳位八代也."라고 풀이했다. 즉 신농의 자손들 또한 시조의 명칭에 따라서 '염제'라고 부르기도 하는데, 『사기』「율력지(律曆志)」편에는 황제(黃帝)와 '염제'가 판천(阪泉)에서 전쟁을 벌였다는 기록이 있는데, 어떻게 시대가 다른 두 사람이 직접 전쟁을 할 수 있는가? 황보밀(皇甫謐)은 이 문제에 대해서 여기에서 말하는 '염제'는 신농의 8대 손이라고 풀이했다.

② 夏之衰也周棄繼之.

補註 疏曰: 夏末湯遭大旱, 欲變置社稷, 故廢農祀棄.

번역 소에서 말하길, 하나라 말기 탕임금은 큰 가뭄을 당하여 사직을 옮겨 설립하고자 했다. 그렇기 때문에 농(農)에 대한 제사를 폐지하고 기(棄)에게 제사를 지냈다.

---

2) 『춘추좌씨전』「소공(昭公) 29년」: 有烈山氏之子曰柱爲稷, 自夏以上祀之. 周棄亦爲稷, 自商以來祀之.

「제법」 18장

참고-集說

序星辰, 知推步之法也. 著衆, 謂使民占星象而知①休作之侯也.

번역 '서성진(序星辰)'은 천상의 역법을 계산하는 법칙을 알았다는 뜻이다. '저중(著衆)'은 백성들로 하여금 별의 모습을 점치게 하여 휴식을 취하거나 일을 해야 할 시기를 알게 했다는 뜻이다.

① ○休作之侯.

補註 侯, 當作候.

번역 '후(侯)'자는 마땅히 후(候)자로 기록해야 한다.

「제법」 19장

참고-經文

①堯能賞, 均刑法, 以義終.

번역 요임금은 공적에 알맞게 상을 내렸으며, 죄목에 알맞게 형법을 부과하여 균등하게 시행했고, 제왕의 지위를 선양하여 의(義)로써 끝맺었다.

① 堯能賞均刑法.

補註 疏曰: 堯以天下授舜, 封禹·稷, 官得其人, 是能賞均平也. 五刑有宅, 是能刑有法也.
번역 소에서 말하길, 요임금은 천하를 순임금에게 물려주었고, 우와 직을 분봉해 주었으며, 해당 관직에는 알맞은 사람을 앉혔으니, 이것은 상을 균평하게 시행한 것이다. 오형(五刑)에 정해진 장소가 있게 만들었으니, 이것은 형벌을 시행함에 정해진 법도가 있었다는 사실을 뜻한다.

補註 ○按: 陽村亦以賞均刑法爲一句, 陳註句絶, 恐誤.
번역 ○살펴보니, 양촌 또한 '상균형법(賞均刑法)'을 하나의 구문으로 보았는데, 진호의 주에서는 구문을 끊었으니, 아마도 잘못된 해석인 것 같다.

「제법」 21장

참고-經文

①鯀鄣鴻水而殛死, 禹能修鯀之功.

번역 곤은 홍수를 막았는데, 그 일을 끝내지 못하고 죽었다. 그래서 우임금이 그 일을 이어받아서 곤의 공적을 올바르게 마무리했다.

① ○鯀障鴻水而殛死.

補註 疏曰: "鯀亦有微功於人, 故得祀之. 若無微功, 焉得治水九載?" 又曰: "鄭答趙商云, '鯀非誅死, 被殛羽山, 以至於死.'"

번역 소에서 말하길, "곤 역시 사람들에게 미미한 공적을 세운 점이 있기 때문에 그에게 제사를 지낼 수 있는 것이다. 만약 미미한 공적조차 없었다면 어떻게 홍수를 다스리는데 9년이나 보낼 수 있었겠는가?"라고 했다. 또 말하길, "정현은 조상에게 대답하며, '곤은 주살을 당한 것이 아니니, 우산으로 귀양을 갔다가 그곳에서 죽음에 이르게 된 것이다.'"라고 했다.

補註 ○語類: 問, "祭法鯀障洪水而殛死, 禹能修鯀之功, 所以擧鯀, 莫是因言禹, 並及之耶?" 曰, "不然."

번역 ○『어류』에서 말하길, "「제법」편에서는 곤은 홍수를 막다가 극사를 했고, 우는 곤의 공적을 닦을 수 있었다고 했는데, 곤을 열거한 것은 우를 언급한 것에 따라 단지 함께 언급한 것이 아니겠습니까?"라고 묻자 "그렇지 않다."라고 대답했다.

補註 ○按: 疏及朱子說如此, 鯀亦在祀秩, 非獨祀禹也. 石梁說誤.

번역 ○살펴보니, 소와 주자의 주장이 이와 같으니, 곤 또한 제사의 대상에 포함되었던 것으로, 우임금에게만 제사를 지낸 것이 아니다. 따라서 석량왕씨의 주장은 잘못되었다.

참고-集說 石梁王氏曰: 祀禹, 非祀鯀也.

번역 석량왕씨가 말하길, 우임금에게 제사를 지낸 것이지 곤(鯀)에게 제사를 지낸 것이 아니다.

「제법」 26장

참고-經文

文王以文治, 武王以武功①去民之菑, 此皆有功烈於民者也.

번역 문왕은 문덕(文德)으로 백성들을 다스렸고, 무왕은 무공(武功)으로 백성들의 재앙을 제거했으니, 이들은 모두 공덕을 세워서 백성들에게 큰 보탬을 주었던 자들이다.

① ○去民之菑.

補註 楊梧曰: 文王以文治去民之菑, 武玉以武功去民之菑.

번역 양오가 말하길, 문왕은 문치로 백성들의 재앙을 제거하였고, 무왕은 무공으로 백성들의 재앙을 제거했다는 뜻이다.

「제의(祭義)」 제24편

補註 疏曰: 鄭云, "記祭祀齋戒薦羞之義."

번역 소에서 말하길, 정현은 "제사에서 재계를 하고 제수를 차려내는 뜻을 기록했다."라고 했다.

「제의」 1장

참고—經文

祭不欲數, 數則煩, 煩則不敬. 祭不欲疏, 疏則怠, 怠則忘. 是故君子合諸天道, ①春禘秋嘗. 霜露旣降, 君子履之, 必有悽愴之心, 非其寒之謂也. 春, 雨露旣濡, 君子履之, 必有怵惕之心, 如將見之. ②樂以迎來, 哀以送往, 故禘有樂而嘗無樂.

번역 제사는 자주 지내고자 하지 않으니, 자주 지내게 된다면 번잡하게 되고, 번잡해지면 공경스럽지 못하다. 제사는 너무 뜸하게 지내고자 하지 않으니, 뜸하게 지내면 태만하게 되고, 태만해지면 부모에 대한 마음을 잊는다. 그렇기 때문에 군자는 천도에 합치시켜서, 봄에는 체(禘)제사를 지내고 가을에는 상(嘗)제사를 지낸다. 가을에 서리와 이슬을 내렸는데, 군자가 그것을 밟게 되면 반드시 슬프고 애달픈 마음이 들게 되니, 그것은 추위 때문이 아니며, 부모의 혼령이 떠나가게 됨을 생각해서이다. 또 봄에 비와 이슬이 내려 땅을 적셨는데, 군자가 그것을 밟게 되면 반드시 조심스러운 마음이 들게 되니, 그것은 따뜻함 때문이 아니며, 부모의 혼령을 보게 됨을 생각해서이다. 따라서 봄에는 즐거운 마음으로 혼령이 찾아오는 것을 맞이하고, 가을에는 슬픈 마음으로 혼령이 떠나는 것을 전송한다. 그렇기 때문에 체(禘)제사에서는 음악을 사용하지만, 상(嘗)제사에서는 음악을 사용하지 않는 것이다.

① 春禘.

補註 按: 禘不必改作禴, 蓋此旣非周之春祭, 則夏·殷二代祭名, 亦或各異, 不當强合於王制之文故也. 詳見郊特牲補註.

번역 살펴보니, '체(禘)'자는 굳이 약(禴)자로 고칠 필요가 없으니, 이 내용이 이미 주나라 때 지냈던 봄제사가 아니라면, 은나라나 하나라 때의 제사 명칭 또한 간혹 주나라의 명칭과 각각 차이가 있었을 것이다. 그래서 억지로 『예기』「왕제(王制)」편의 기록과 맞출 필요는 없다. 자세한 내용은 『예기』「교특생(郊特牲)」편의 보주에 나온다.

補註 ○類編曰: 當如字讀.

번역 ○『유편』에서 말하길, 마땅히 글자대로 풀이해야 한다.

② 樂以迎來[止]嘗無樂.

補註 語類曰: 蓋春陽氣發來, 人之魂魄亦動, 故禘有樂以迎來, 如楚辭·大招中亦有魂來之語. 秋陽氣退去, 乃鬼之屈, 故嘗不用樂以送往.

번역 『어류』에서 말하길, 봄에는 양기가 나타나 찾아오니 사람의 혼백 또한 움직이게 된다. 그렇기 때문에 체제사에서는 음악을 포함시켜 찾아오는 것을 맞이하니, 『초사』「대초(大招)」에 나온 '혼래(魂來)'라는 말과 같다. 가을에는 양기가 물러나 떠나니 혼도 굽히게 된다. 그렇기 때문에 상제사에서는 음악을 사용하지 않고 가는 것을 전송한다.

참고-集說

王制言天子諸侯宗廟之祭, 春礿, 夏禘, 秋嘗, 冬烝. 註云, "夏殷之祭名. 周則春祠·夏禴·秋嘗·冬烝也." 郊特牲饗禘有樂而食嘗無樂. 禘, 讀爲禴. 然則此章二禘字, 亦皆當讀爲禴也. ①但祭統言"大嘗禘, 升歌淸廟, 下管象", 與②那詩言"庸鼓有斁, 萬舞有奕", 下云"顧予烝嘗", 是殷周秋冬之祭, 不可言無樂也. 此與郊特牲皆云無樂, 未詳.

번역 『예기』「왕제(王制)」편에서는 "천자와 제후의 종묘 제사는 봄에 지내는 것을 '약(礿)'이라 부르고, 여름에 지내는 것을 '체(禘)'라 부르며, 가을에 지내는 것을 '상(嘗)'이라 부르고, 겨울에 지내는 것을 '증(烝)'이라 부른다."[1]고 했다. 그리고 정현의 주에서는 "이것은 하나라나 은나라 때의 제사 명칭이다. 주나라의 경우라면

---

1) 『예기』「왕제(王制)」: 天子諸侯宗廟之祭, 春曰礿, 夏曰禘, 秋曰嘗, 冬曰烝.

봄제사를 '사(祠)'라고 불렀고, 여름제사를 '약(禴)'이라고 불렀으며, 가을제사를 '상(嘗)'이라고 불렀고, 겨울제사를 '증(烝)'이라고 불렀다."라고 했다. 『예기』「교특생(郊特牲)」편에서는 "봄에 고아들에게 향연을 베풀거나 체(禘)제사를 지낼 때에는 음악이 포함되고, 가을에 노인들에게 밥을 대접하거나 상(嘗)제사를 지낼 때에는 음악이 포함되지 않는다."[2]라고 했다. '체(禘)'자는 '약(禴)'자로 풀이한다. 그렇다면 이곳에서 말하는 2개의 '체(禘)'자 또한 모두 '약(禴)'자로 풀이해야 한다. 다만 『예기』「제통(祭統)」편에서는 "성대한 상(嘗)과 체(禘)제사 때에는 악공들이 당상으로 올라가서 청묘(淸廟)라는 시가를 노래 부르고, 당하에서는 관악기로 상(象)의 시가를 연주한다."[3]라고 했고, 『시』「나(那)」편에서는 "징과 북이 성대하게 울려 퍼지고 만무(萬舞)[4]가 질서정연하구나."라고 했고, 그 뒤에서는 "내 증(烝)제사와 상(嘗)제사를 돌아본다."라고 했는데,[5] 여기에서 말하는 제사들은 은나라와 주나라 때 가을과 겨울에 지낸 제사를 뜻하므로, 음악이 없다고 말할 수 없다. 하지만 이곳 기록과 「교특생」편에서는 모두 음악이 없다고 했으니, 그 이유를 모르겠다.

① 但祭統言[止]未詳.

補註 陽村曰: 愚謂祭於廟中以祀神, 則當如事生, 雖烝嘗之祭, 不可無樂. 祭統及那頌所言者是也. 祭畢而宴於寢中, 則春夏之祭, 孝子樂迎神

---

2) 『예기』「교특생(郊特牲)」: 饗禘有樂, 而食嘗無樂, 陰陽之義也. 凡飮, 養陽氣也. 凡食, 養陰氣也. 故春禘而秋嘗, 春饗孤子, 秋食耆老, 其義一也. 而食嘗無樂, 飮養陽氣也, 故有樂; 食養陰氣也, 故無聲. 凡聲, 陽也.

3) 『예기』「제통(祭統)」: 昔者周公旦有勳勞於天下, 周公旣沒, 成王康王追念周公之所以勳勞者而欲尊魯, 故賜之以重祭, 外祭則郊社是也, 內祭則大嘗禘是也, 夫大嘗禘升歌淸廟, 下而管象, 朱干玉戚以舞大武, 八佾以舞大夏, 此天子之樂也, 康周公, 故以賜魯也, 子孫纂之, 至于今不廢, 所以明周公之德, 而又以重其國也.

4) 만무(萬舞)는 고대의 악무(樂舞) 명칭이다. 먼저 무용수들은 손에 병장기를 들고 무무(武舞)를 추고, 이후에 깃털과 악기 등을 들고 문무(文舞)를 춘다. '만무'는 또한 악무를 범칭하는 용어로도 사용되었다.

5) 『시』「주송(周頌)·나(那)」: 庸鼓有斁, 萬舞有奕. 我有嘉客, 亦不夷懌. 自古在昔, 先民有作. 溫恭朝夕, 執事有恪. 顧予烝嘗, 湯孫之將.

氣之來, 故得用樂. 秋冬之祭, 孝子感神氣之歸而悲, 故不用樂. 郊特牲及此篇是也. 先言樂迎哀送, 而繼言禘嘗樂之有無, 其非爲事神之禮而全言, 主祭者之情意可見矣.

번역 양촌이 말하길, 내가 생각하기에 묘에서 제사를 지내며 신을 섬기게 된다면 마땅히 살아계셨을 때 섬기는 것처럼 해야 하니, 비록 증이나 상과 같은 제사라 하더라도 음악이 없을 수 없다. 「제통」편과 『시』「나(那)」편 등의 송에서 언급한 내용들이 바로 이러한 사실을 나타낸다. 제사를 끝내고 침에서 연회를 하게 된다면 봄과 여름의 제사 때에는 자식이 즐거운 마음으로 신령의 기운이 찾아오는 것을 맞이한다. 그렇기 때문에 음악을 사용할 수 있다. 그런데 가을과 겨울의 제사라면 자식은 신령의 기운이 되돌아감을 느끼게 되어 비통하게 된다. 그렇기 때문에 음악을 사용하지 않는다. 『예기』「교특생(郊特牲)」편과 이곳에서 말한 내용이 이러한 사실을 나타낸다. 먼저 즐거운 마음으로 맞이하고 슬픈 마음으로 전송한다고 했고, 이어서 체제사와 상제사에서 음악을 사용하거나 사용하지 않는다는 사실을 언급했는데, 신을 섬기는 예법으로 인해 전반적인 내용을 언급한 것이 아니며, 제사를 지내는 자의 정감과 뜻을 위주로 언급한 것임을 확인할 수 있다.

② 那.

補註 詩 · 商頌篇名.

번역 『시』「상송(商頌)」에 속한 편명이다.

참고-集說

①鄭氏曰: 迎來而樂, 樂親之將來也; 送去而哀, 哀其享否不可知也.

번역 정현이 말하길, 찾아오는 것을 맞이하며 즐거워하는 것은 부모의 혼령이 도래하게 됨을 즐거워하는 것이다. 떠나가는 것을 전송하며 슬퍼하는 것은 흠향을 했는지 아닌지를 알 수 없다는 사실을 슬퍼하는 것이다.

① **鄭氏曰[止]不可知也.**

補註 鄭註又曰: "小言之, 則爲一祭之間, 孝子不知鬼神之期. 推而廣之, 則放其去來於陰陽." 疏曰: "小言之, 至鬼神之期, 解經'樂以迎來, 哀以送往'二句也. 旣不知鬼神來去期節, 祭初似來, 故樂, 祭末似去, 故哀. 據孝子之心, 雖春有樂及鍾鼓送尸, 祭末猶哀也. 推而廣之, 至陰陽, 解經'禘有樂, 而嘗無樂'二句也. 陽主生長, 春·夏陽來, 似神之來, 故春·夏之祭有樂. 秋·冬陰, 象神之去, 故秋·冬之祭無樂."

번역 정현의 주에서는 또한 "범위를 축소해서 말을 한다면, 한 차례의 제사를 지낼 때, 자식은 귀신이 찾아오고 떠나는 시점을 알 수 없지만, 확대해서 살펴보면, 음양에 따라서 떠나가고 찾아옴을 헤아린다."라고 했다. 소에서 말하길, "범위를 축소해서 말을 한다는 말로부터 귀신이 찾아오고 떠나는 시점이라는 말까지는 경문에서 '즐거움으로 도래하는 것을 맞이하고, 슬퍼함으로 떠나는 것을 전송한다.'라고 했던 두 구문을 풀이한 것이다. 이미 귀신이 찾아오고 떠나는 시점을 알 수 없는데, 제사를 지내는 초반부에는 마치 찾아온 것처럼 지내므로 즐거워하고, 제사를 지내는 말미에는 마치 떠나간 것처럼 지내므로 슬퍼한다. 자식의 마음에 근거해보면, 비록 봄에는 음악이 포함되어 종이나 북을 울려서 시동을 전송하지만, 제사 말미에 여전히 슬퍼하게 된다. 확대해서 살펴본다는 말로부터 음양이라는 말까지는 경문에서 '체제사를 지낼 때에는 음악이 포함되지만, 상제사를 지낼 때에는 음악이 포함되지 않는다.'라고 했던 두 구문을 풀이한 것이다. 양기는 생장함을 위주로 하고 봄과 여름에는 양기가 도래하여, 마치 신이 도래하는 것과 같다. 그렇기 때문에 봄과 여름에 지내는 제사에는 음악이 포함된다. 반면 가을과 겨울은 음기에 해당하며 신이 떠나감을 상징한다. 그렇기 때문에 가을과 겨울에 지내는 제사에는 음악이 포함되지 않는다."라고 했다.

「제의」 2장

참고-經文

①致齊於內, 散齊於外, 齊之日, 思其居處, 思其笑語, 思其志意, 思其所樂, 思其所嗜. 齊三日, 乃見其所爲齊者.

번역 내적으로는 치제(致齊)를 하고, 외적으로는 산제(散齊)를 하니, 재계를 하는 기간에는 부모가 거처하던 모습을 떠올리고, 부모가 웃고 말하던 것을 떠올리며, 부모가 생각했던 뜻을 떠올리고, 부모가 좋아하던 것을 떠올리며, 부모가 즐기던 것을 떠올린다. 따라서 재계를 3일 동안 지속하게 되면, 재계를 올리는 대상이 눈앞에 아른거린다.

① 致齊於內散齊於外.

補註 鄭註: 致齊思此五者也, 散齊七日不御·不樂·不弔耳.

번역 정현의 주에서 말하길, 치제를 하며 이러한 다섯 가지를 생각하고, 산제를 할 때에는 7일 동안 수레를 몰지 않고, 음악을 연주하지 않으며, 조문을 하지 않을 따름이다.

補註 ○沙溪曰: 吳氏曰, "內外, 以廟之內外言." 陳氏曰, "致齊, 若心不苟慮之類. 散齊, 若不飮酒不茹葷之類." 愚意, 陳說恐是.

번역 ○사계가 말하길, 오씨는 "'내외(內外)'라는 말은 묘의 안과 밖을 기준으로 한 말이다."라고 했다. 진씨는 "치제는 마치 마음으로 구차한 생각을 하지 않는다고 한 부류와 같다. 산제는 마치 술을 마시지 않고 훈채를 먹지 않는다는 부류와 같다."라고 했다. 내가 생각하기에 진씨의 주장이 아마도 옳은 것 같다.

補註 ○按: 陳說見小學註.

번역 ○살펴보니, 진씨의 주장은 『소학』의 주에 나온다.

「제의」 3장

참고-經文

祭之日, 入室, 僾然①<u>必有見乎其位</u>; 周還出戶, 肅然必有聞乎其容聲; 出戶而聽, 愾然必有聞乎其歎息之聲.

번역 제사를 지내는 당일 묘실(廟室)로 들어서면, 신주의 자리에 부모가 있는 것을 어렴풋하게 보게 된다. 또 음식을 올리고 술잔을 바칠 때 간혹 방문 밖으로 나가게 되는데, 그 시기에는 부모가 움직일 때 나는 소리를 엄숙한 가운데 듣게 된다. 또 방문 밖으로 나가서 안에서 들리는 소리에 귀를 기울이면, 크게 탄식하게 되어 부모가 탄식하는 소리를 듣게 된다.

① ○必有見乎其位.

補註 按: 見當如字, 陳註音現, 非.

번역 살펴보니, '견(見)'자는 마땅히 글자대로 풀이해야 하니, 진호의 주에서 그 음을 '現(현)'이라고 한 것은 잘못되었다.

「제의」 6장

참고-經文

①唯聖人爲能饗帝, 孝子爲能饗親. 饗者, 鄕也, 鄕之然後能饗焉. 是故孝子臨尸而不怍. 君牽牲, 夫人奠盎; 君獻尸, 夫人薦豆; 卿大夫相君, 命婦相夫人. 齊齊乎其敬也, 愉愉乎其忠也, ②勿勿諸其欲其饗之也.

번역 오직 성인만이 상제(上帝)에게 제사를 지내 흠향을 드릴 수 있고, 효자만이 부모에게 제사를 지내 흠향을 드릴 수 있다. 이러한 까닭으로 자식은 시동을 대하고도 꺼려하지 않는다. 군주는 직접 희생물을 끌고 오고 군주의 부인은 술동이를 설치한다. 군주가 시동에게 술잔을 바치고 부인은 두(豆)에 음식을 담아 바친다. 경과 대부는 군주를 돕고, 경과 대부의 부인들은 군주의 부인을 돕는다. 정숙하구나 공경함이여, 화락하고 온순하구나 진실됨이여, 간절하게 흠향하시길 바라는구나.

① ○唯聖人爲能饗帝.

補註 語類: 問, "唯聖人爲能饗帝." 曰, "唯聖方能與天合德." 又曰, "這也是難. 須是此心蕩蕩地, 方與天相契. 若有些黑暗, 便不能與天相契矣."

번역 『어류』에서 말하길, "오직 성인이라야 상제에게 제사를 지낼 수 있다고 했습니다."라고 묻자 "오직 성인이라야 하늘과 그 덕이 부합할 수 있기 때문이다."라고 대답했다. 또 말하길, "이것은 어려운 것이다. 마음이 광활하게 넓어야만 하늘과 서로 부합할 수 있다. 만약 조금이라도 어두운 점이 있다면 하늘과 부합할 수 없다."라고 했다.

② 勿勿.

補註 鄭註: 勿勿, 猶勉勉也.

번역 정현의 주에서 말하길, '물물(勿勿)'은 열심히 노력한다는 뜻이다.

「제의」 7장

참고-經文

文王之祭也, 事死者如事生, 思死者如不欲生, 忌日必哀, 稱諱如見親, ①祀之忠也. 如見親之所愛, ②如欲色然, ③其文王與. 詩云, "明發不寐, 有懷二人." 文王之詩也. ④祭之明日, 明發不寐, 饗而致之, 又從而思之. 祭之日, 樂與哀半, 饗之必樂, ⑤已至必哀.

번역 문왕이 제사를 지낼 때에는 돌아가신 부모를 섬길 때 마치 살아계셨을 때 섬기는 것처럼 했고, 돌아가신 부모를 끊임없이 생각하여 마치 부모를 따라 죽고 싶어 하는 것과 같았으며, 부모의 기일에는 반드시 슬퍼하였으며, 피휘의 글자를 입에 담을 때에는 마치 부모를 직접 뵙는 것처럼 했으니, 이것은 문왕이 제사를 지낼 때 나타났던 한결같은 마음이다. 부모가 평소에 아끼던 대상을 볼 때에는 마치 부모가 그것을 원하는 표정을 직접 본 것처럼 하니, 이처럼 할 수 있는 자는 문왕일 것이다. 『시』에서는 "동이 틀 때까지 잠을 이루지 못하여, 부모 두 분을 생각하는구나."라고 했는데, 이것은 문왕의 덕을 기리기에 충분한 시이다. 제사를 지낸 다음날에도 동이 틀 때까지 잠을 이루지 못하고, 다시 흠향을 드리며 혼령이 찾아오도록 하고, 또 그에 따라 부모를 생각한다. 제사를 지내는 당일에는 즐거움과 슬픔이 반반이 되니, 흠향을 드리게 되면 혼령이 찾아오므로 반드시 즐겁게 되지만, 이미 찾아왔다면 앞으로 떠나가게 되니 반드시 슬프게 된다.

① ○祀之忠也.

補註 按: 此下當著是吐, 忠, 誠實也.
번역 살펴보니, 이 구문 뒤에는 마땅히 이[是]토를 붙여야 하고, '충(忠)'자는 성실함을 뜻한다.

補註 ○疏曰: 如見親之所愛, 如欲色然者, 解祀之忠敬之事, 言齊時思念親之平生嗜欲, 如眞見親所愛在於目前.

번역 ○소에서 말하길, 부모가 평소에 아끼던 대상을 볼 때에는 마치 부모가 그것을 원하는 표정을 직접 본 것처럼 한다고 했는데, 제사에서 한결같은 마음과 공경스러움을 다하는 일을 풀이한 것이니, 재계를 할 때에는 부모가 평소에 즐기고 원했던 것들을 떠올려서, 마치 부모가 좋아하던 것이 바로 눈앞에 있는 것처럼 한다는 뜻이다.

② 如欲色然.

補註 鄭註: "以時人於色厚假以喻之." 疏曰: "思念親之所愛之甚, 如凡人貪欲女色然. 王肅解'欲色, 如欲見父母之顔色, 鄭何得比父母於女色?' 馬昭申云: '孔子曰吾未見好德如好色者, 如此, 亦比色於德.' 張融亦云: '如好色, 取其甚也. 於文無妨.'"

번역 정현의 주에서 말하길, "당시 사람들이 여색을 밝혔기 때문에, 그 사안을 빌려서 비유를 든 것이다."라고 했다. 소에서 말하길, "부모가 몹시 아껴하던 것들을 떠올릴 때에는 마치 일반인들이 여색을 깊이 탐하는 것처럼 한다는 뜻이다. 왕숙은 '욕색(欲色)은 마치 부모의 안색을 직접 보고 싶어 하는 것과 같다는 뜻인데, 정현은 어찌하여 부모에 대한 내용을 여색에 비유한단 말인가!'라고 풀이했다. 마소는 변론을 하며, '공자는 나는 덕을 좋아하는 것을 여색을 좋아하는 것처럼 하는 자를 아직 보지 못했다고 했으니,[1] 이와 같은 경우에도 덕을 여색에 비유하였다.'라고 했고, 장융 또한 '이것은 여색을 좋아하는 것처럼 한다는 의미로, 매우 깊다는 의미에서 그 뜻을 취한 것이다. 따라서 이처럼 보아도 문맥상 지장이 없다.'"라고 했다.

補註 ○家語祀之忠也下曰: 思之深, 如見親之所愛, 祭欲見親顔色者, 其唯文王乎.

번역 ○『가어』에는 '사지충야(祀之忠也)'라는 구문 뒤에 "생각함이 깊어서 마치 부모가 아끼던 것을 직접 본 것처럼 하였고, 제사를 지낼 때에는 부모

---

1) 『논어』「자한(子罕)」: 子曰, "吾未見好德如好色者也."

의 안색을 직접 살피려고 했으니, 이처럼 할 수 있는 자는 문왕일 것이다."라고 했다.

補註 ○按: 家語是王肅所修, 不可爲準. 且欲色之解以欲見親之顔色, 終涉牽强.
번역 ○살펴보니, 『가어』는 왕숙이 수정한 것으로, 기준으로 삼을 수 없다. 또 '욕색(欲色)'에 대한 해석을 부모의 안색을 살피고자 한다는 것으로 풀이했는데, 이것은 결국 견강부회에 지나지 않는다.

③ **其文王與.**

補註 音註: 與五聲之五, 當作平.
번역 『음주』에서 말하길, '오성(五聲)'의 오와 같으니, 평성으로 보아야 한다.

④ **祭之明日.**

補註 鄭註: 祭之明日, 謂繹日也. 言繹之夜不寐也.
번역 정현의 주에서 말하길, '제지명일(祭之明日)'은 역제(繹祭)를 치르는 날을 뜻한다. 역제를 치르기 전날 밤에 잠을 이루지 못한다는 의미이다.

補註 ○按: 繹者, 祭明日又祭之名.
번역 ○살펴보니, '역(繹)'자는 제사를 지낸 다음날 재차 지내는 제사의 명칭이다.

⑤ **已至必哀.**

補註 家語註: 自祭之明日, 至從而思之, 在此句下, 則意尤順.
번역 『가어』의 주에서 말하길, '제사를 지낸 다음날'이라는 말로부터 '또 그에 따라 부모를 생각한다.'라는 말까지 이 구문 뒤로 오게 되면 그 의미가 더욱 순조롭게 나타난다.

참고-集說

如不欲生, 似欲隨之死也. 宗廟之禮, 上不諱下, 故有稱諱之時, 如祭高祖, 則不諱曾祖以下也. 如欲色然, 言其想像親平生所愛之物, 如見親有欲之之色也. 詩, 小雅小宛之篇. 明發, 自夜至光明開發之時也, ①詩本謂宣王永懷文王·武王之功烈, 此借以喩文王念父母之勤耳. 文王之詩, 言此詩足以咏文王也. 饗之必樂, 迎其來也. 已至而禮畢則往矣, 故哀也.

번역 "마치 살고 싶지 않는 것 같다."는 말은 부모를 따라서 죽고 싶어 하는 것과 같다는 뜻이다. 종묘의 예법에서 윗사람은 아랫사람에 대해서 피휘를 하지 않는다.[2] 그렇기 때문에 피휘한 글자를 부를 때가 있는 것이니, 예를 들어 고조부에게 제사를 지내게 되면 증조부로부터 그 이하의 선조에 대해서는 피휘를 하지 않는다. '여욕색연(如欲色然)'은 부모가 평소에 아끼던 대상을 생각하며, 마치 부모가 그것을 바라는 안색을 실제로 보는 것처럼 한다는 뜻이다. '시(詩)'는 『시』「소아(小雅)·소완(小宛)」[3]편이다. '명발(明發)'은 밤부터 동이 터오를 때까지를 뜻하니, 『시』의 내용은 본래 선왕(宣王)이 문왕과 무왕의 공적을 오래도록 생각한다는 뜻인데, 이곳에서는 그 내용을 빌려와서 문왕이 부모에 대해 열심히 사모했던 것을 비유했을 따름이다. '문왕지시(文王之詩)'는 이 시는 문왕을 찬미하기에 충분하다는 뜻이다. "흠향을 드리면 반드시 기뻐하게 된다."는 말은 혼령이 찾아오는 것을 맞이하기 때문이다. 이미 찾아왔으나 해당 의례가 끝나게 되면 떠나게 된다. 그렇기 때문에 슬퍼한다.

① 詩本謂宣王[止]功烈.

補註 按: 此詩疏以爲詩人陳文王之德, 以刺幽王. 朱子集傳以爲大夫遭時之亂, 兄弟相戒以免禍之詩. 今謂宣王之詩, 未知何據.

---

2) 『예기』「곡례상(曲禮上)」: 廟中不諱. / 『예기』「옥조(玉藻)」: 於大夫所有公諱, 無私諱. 凡祭不諱, 廟中不諱, 教學臨文不諱.

3) 『시』「소아(小雅)·소완(小宛)」: 宛彼鳴鳩, 翰飛戾天. 我心憂傷, 念昔先人. 明發不寐, 有懷二人.

번역 살펴보니, 이 시에 대한 소에서는 시를 지은 자가 문왕의 덕을 진술하여 유왕을 풍자한 것이라고 했다. 주자의 『집전』에서는 대부가 당시의 혼란을 당하여 형제가 서로 경계해서 화를 면하고자 한다는 시로 여겼다. 그런데 이곳에서 선왕의 시라고 했으니, 무엇을 근거로 이러한 주장을 하는지 모르겠다.

참고-大全

嚴陵方氏曰: 事死如事生, 所謂祭如在也. 思死如不欲生, 所謂至痛極也. 忌日必哀, 所謂有終身之喪也. 稱諱如見親, 所謂① 聞名心瞿也. 明發者, 自夜至光明開發時也. 祭之明日, 猶且如此, 而況祭之正日乎? 於將祭而齊焉, 則逆思其所以去, 故曰饗而致之, 又從而思之. 祭之日, 樂與哀半者, 以其饗之必樂, 已至必哀故也. 饗之必樂, 則樂致其來, 已至必哀, 則哀思其去. 前經言樂以迎來, 哀以送往, 正謂是矣.

번역 엄릉방씨가 말하길, "돌아가신 부모를 섬기길 살아계셨을 때처럼 섬겼다."는 말은 "제사를 지낼 때 실제로 계신 것처럼 지냈다."[4]는 뜻이다. "돌아가신 부모를 생각하며 마치 다시 살고 싶어 하지 않는 것처럼 했다."는 말은 "지극한 애통함이 극심하다."[5]는 뜻이다. "부모의 기일(忌日)에는 반드시 슬퍼했다."는 말은 "종신토록 치르는 상이 있다."는 뜻이다. "피휘의 글자를 칭할 때 마치 부모를 뵙는 것처럼 했다."는 말은 "어떤 자가 이름 부르는 것을 들었는데, 그것이 자신의 부모 이름과 같다면, 마음이 깜짝 놀라 허둥댄다."는 뜻이다. '명발(明發)'은 밤부터 동이 틀 때까지를 뜻한다. 제사를 지낸 다음날에도 오히려 이처럼 하는데, 하물며 제사를 지내

4) 『논어』「팔일(八佾)」: 祭如在, 祭神如神在. 子曰, "吾不與祭, 如不祭."

5) 『예기』「삼년문(三年問)」: 三年之喪何也? 曰, "稱情而立文, 因以飾群, 別親疏貴賤之節, 而弗可損益也. 故曰無易之道也." 創鉅者其日久, 痛甚者其愈遲. 三年者, 稱情而立文, 所以爲至痛極也.

는 당일에는 어떻겠는가? 앞으로 제사를 지내려고 하여 재계를 하게 된다면, 부모가 떠나가신 것을 거슬러 생각한다. 그렇기 때문에 "흠향을 올려서 오시도록 하고 또 그에 따라 생각한다."라고 말했다. "제사를 지내는 당일에는 즐거운 마음과 슬픈 마음이 반반이다."라고 했는데, 흠향을 드리기 때문에 반드시 즐겁게 되고, 이미 찾아왔다면 다시 떠나기 때문에 반드시 슬퍼하게 된다. 흠향을 드려서 반드시 기뻐하는 것은 혼령이 찾아오도록 한 것을 즐거워하는 것이며, 이미 찾아와서 반드시 슬퍼하는 것은 떠나가게 됨을 슬퍼하는 것이다. 앞의 경문에서 "즐겁게 찾아오는 것을 맞이하고, 슬프게 떠나는 것을 전송한다."라고 한 말은 바로 이러한 뜻을 나타낸다.

① **聞名心懼.**

補註 雜記下文.

번역 『예기』「잡기하(雜記下)」편의 문장이다.[6]

補註 ○懼, 本作瞿.

번역 ○'구(懼)'자는 본래 구(瞿)자로 기록되어 있다.

---

6) 『예기』「잡기하(雜記下)」: 免喪之外行於道路, 見似目瞿, <u>聞名心瞿</u>, 弔死而問疾, 顔色戚容必有以異於人也. 如此而后可以服三年之喪, 其餘則直道而行之是也.

「제의」 8장

참고-經文

①仲尼嘗奉薦而進, 其親也慤, 其行也趨趨以數. 已祭, 子贛問曰, "子之言'祭, 濟濟漆漆然', 今子之祭, 無濟濟漆漆, 何也?" 子曰, "濟濟者, 容也, 遠也; 漆漆者, 容也, 自反也. 容以遠, 若容以自反也, 夫何神明之及交? 夫何濟濟漆漆之有乎? ②反饋樂成, 薦其薦俎, 序其禮樂, 備其百官, 君子致其濟濟漆漆, 夫何慌惚之有乎? 夫言豈一端而已? 夫各有所當也."

번역 공자는 자신의 종묘에서 가을 제사를 지내며, 음식을 받들고 시동에게 나아갔는데, 직접 그 일을 처리함에는 전일하고 조심스러웠지만 행동에 있어서는 걸음이 급하여 발을 빈번하게 들어 올렸다. 제사가 끝나자 자공은 "선생님께서는 이전에 '제사를 치를 때에는 융성하고 장엄하며 전일하고 지극한 모습을 취해야 한다.'라고 하셨습니다. 그런데 현재 선생님께서 제사를 지내는 모습을 보니 그러한 모습이 나타나지 않는데, 어찌된 일입니까?"라고 물었다. 공자는 "융성하고 장엄하다는 것은 행동거지를 뜻하는데, 이것은 제사에 참여한 빈객들처럼 제사 대상과 관계가 소원한 자들이 취하는 태도이다. 또 전일하고 지극하다는 것도 행동거지를 뜻하는데, 스스로 가다듬고 정돈하는 것이다. 이러한 행동거지를 통해 소원하게 대하고 스스로 정돈하게 된다면 어찌 신명이 교감할 수 있겠는가? 따라서 자신이 직접 제사를 지낼 때 어찌 융성하고 장엄하며 전일하고 지극한 행동거지를 취할 수 있겠는가? 시동이 묘실로 되돌아가서 음식을 바치고 음악을 연주하여 절차를 완성하면, 주인은 궤식의 음식들과 희생물을 담은 도마를 바치고, 예악을 질서정연하게 시행하고, 또 모든 관리들이 참여하도록 하니, 이처럼 제사에 참여해서 돕는 군자들은 융성하고 장엄하며 전일하고 행동거지를 지극히 하게 되는데, 어찌 이들에게서 그리움에 사무쳐 멍하게 있는 모습이 있을 수 있겠는가? 따라서 말에 어찌 한 측면만 있겠는가? 말에는 각각 해당하는 것들이 있다."라고 대답했다.

① 仲尼嘗奉薦[止]親也慤.

補註 陽村曰: 進其親也當句, 明非祭於公所也.

번역 양촌이 말하길, '진기친야(進其親也)'가 하나의 구문이 되어야 하니, 군주가 계신 곳에서 제사를 지낸 것이 아님을 나타낸다.

補註 ○類編曰: 嘗, 卽曾之義.
번역 ○『유편』에서 말하길, '상(嘗)'자는 곧 일찍이[曾]라는 뜻이다.

補註 ○按: 陳註雖本於古註疏, 而恐此兩說可商.
번역 ○살펴보니, 진호의 주는 비록 옛 주와 소의 기록에 근거하고 있지만, 이 두 주장에 대해서는 재고해볼만 한 것 같다.

② 反饋樂成.

補註 鄭註: "天子·諸侯之祭, 或從血·腥始, 反饋, 是進孰也." 疏曰: "卿大夫從饋孰始, 故云天子諸侯或從血·腥始也, 言或者不盡然."
번역 정현의 주에서 말하길, "천자와 제후의 제사에서는 간혹 희생물의 피와 생고기를 바치는 것으로부터 시작하여, 시동이 되돌아가 음식을 바치는 것까지는 바로 익힌 음식을 진설하는 때에 해당한다."라고 했다. 소에서 말하길, "경과 대부는 군주를 따라 익힌 음식을 바치는 것을 시작점으로 삼는다. 그렇기 때문에 천자와 제후의 제사에서는 간혹 희생물의 피와 생고기를 바치는 것으로부터 시작한다고 말했다."라고 했다.

참고-集說

嘗, 秋祭也. 奉薦而進, 進於尸也. 親, 身自執事也. ①<u>慤, 溥謹貌</u>. 趨趨, 讀爲促促, 行步迫狹也; 數, 擧足頻也, 皆不事威儀之貌. 子貢待祭畢, 以夫子所嘗言者爲問, 蓋怪其今所行與昔所言異也. 夫子言濟濟者, 衆盛之容也, 遠也, 言非所以接親親也. 漆漆者, 專致之容也. 自反, 猶言自修整也. 若, 及也. 容之疏遠及容之自反者, 夫何能交及於神明乎? 我之自祭, 何可有濟濟漆漆乎? 言以誠慤爲貴也. 若言天子諸侯之祭, 尸初在室, 後出在堂, 更反入而設饋作樂旣成, 主人薦其饋食之豆與牲體之俎, 先時則致敬以交於神明, 至此則序禮樂, 備百官, 獻酬往復, 凡助祭之君子, 各以威儀相尙, 而致其濟濟漆漆之容, 當此之際, 何能有思念慌惚交神之心乎? 各有所當, 言各有所主, 謂濟濟漆漆, 乃宗廟中賓客之容, 非主人之容也; 主人之事親, 宜慤而趨數也.

번역 '상(嘗)'자는 가을 제사를 뜻한다. "음식을 받들고 나아간다."는 말은 시동에게 나아간다는 뜻이다. '친(親)'자는 자신이 직접 그 일을 처리한다는 뜻이다. '각(慤)'자는 전일하며 조심하는 모습을 뜻한다. '추추(趨趨)'는 촉촉(促促)으로 풀이하니, 걸음걸이가 급하고 폭이 좁다는 뜻이고, '삭(數)'은 발을 자주 들어 올린다는 뜻이니, 모두 위엄스러운 행동거지로 일을 처리하는 것이 아니다. 자공은 제사가 끝날 때까지 기다린 뒤에 공자가 평상시 자주 하던 말로 질문을 했으니, 현재 공자가 시행한 행동이 이전에 한 말과 차이를 보이는 것을 괴이하게 여겼기 때문이다. 공자는 다음과 같이 대답했다. '제제(濟濟)'라는 것은 여럿이 융성하게 행동하는 모습이며, 관계가 소원한 경우에 해당한다는 뜻이니, 친근한 자를 친근하게 대하는 방법이 아니라는 뜻이다. 그리고 '칠칠(漆漆)'은 전일하고 지극한 모습이다. '자반(自反)'은 스스로 가다듬고 정돈한다는 뜻이다. '약(若)'자는 '~과[及]'라는 뜻이다. 소원하게 대하는 모습과 스스로 정돈하는 모습을 취한다면, 어떻게 신명과 교감할 수 있겠는가? 본인이 직접 제사를 지내면서 어떻게 관계를 소원하게 대하며 스스로 정돈하는 모습을 취할 수 있겠는가? 즉 진실하고 전일한 것을 존귀하게 여긴다는 뜻이다. 만약 천자와 제후의 제사로 말한다면, 시동은 최초 묘실(廟室)에 있고, 이후에 밖으로 나와서 당상(堂上)에 있으며, 재차 되돌아가 묘실로 들어가며, 음식을 차리고 음악을 연주하여 절차를 완성하면, 주인은 궤식(饋食)에 사용하는 두(豆)와 희생물의 몸체를 담은 도마[俎]를 바치고, 앞선 시기에는 공경함을 지극히 하여 신명과 교감하고, 이 시기에 이르게 되면 예악을 차례대로 갖추고, 모든 관리들을 참여시켜서, 술을 바치고 주고받는 것을 반복하니, 무릇 제사를 돕는 군자들은 각각 위엄을 갖춘 행동거지를 숭상하여, 융성하고 정돈된 모습을 지극히 나타내니, 이러한 시기에 어떻게 그리워하는 마음에 멍하게 있으며 신과 교감하려는 마음을 가질 수 있겠는가? '각유소당(各有所當)'은 각각 담당하는 것이 있다는 뜻으로, 제제(濟濟)와 칠칠(漆漆)이라는 것은 곧 종묘 안에서 빈객들이 취하는 행동거지이지 주인이 취하는 행동거지가 아니라는 의미이니, 주인이 부모의 제사를 치를 때에는 마땅히 전일하고 조심하며 걸음걸이가 급하고 발을 자주 들어 올리게 된다.

① 慤溥謹貌.

補註 按: 溥, 他本作專, 是.

번역 살펴보니, '부(溥)'자를 다른 판본에서는 전(專)자로 기록했는데, 이 기록이 옳다.

「제의」 10장

참고—經文

①宮室旣修, 牆屋旣設, 百物旣備, 夫婦齊戒·沐浴, 奉承而進之. 洞洞乎! 屬屬乎! 如弗勝, 如將失之, 其孝敬之心至也與! 薦其薦俎, 序其禮樂, 備其百官, 奉承而進之, 於是②諭其志意, 以其慌惚以與神明交, 庶或饗之, 庶或饗之! 孝子之志也!

번역 종묘의 건물이 갖춰지고 종묘의 담장과 지붕이 갖춰졌으며 모든 기물들이 갖춰졌다면, 주인과 주부는 재계를 하고 목욕을 하여, 제물을 받들어 나아가 바친다. 공경스럽구나! 진실되구나! 마치 그 일을 감당할 수 없을 것처럼 하고, 마치 잃지는 않을까 노심초사하는 것처럼 하니, 효와 공경스러운 마음이 지극하구나! 궤식의 음식들과 희생물을 담은 도마를 바치고, 시행하는 예악을 질서정연하게 시행하고, 또 모든 관리들이 참여하도록 하여, 제사를 돕는 자들이 제물을 받들어 나아가 바치니, 이 시기에 축관은 자식의 효를 아뢰고, 자식은 그리움에 깊이 잠겨서 신명과 교감하니, 찾아오셔서 흠향하시기를 바라며, 찾아오셔서 흠향하시기를 바라는구나! 이것이 바로 자식의 마음이로다!

① 宮室旣修牆屋旣設.

補註 楊梧曰: 修則葺其舊, 設則飾其新, 設謂掃除及黝堊.

번역 양오가 말하길, '수(修)'를 한다면 오래된 것을 고치는 것이며, '설(設)'을 한다면 새로운 것을 장식하는 것이니, 설은 청소하고 유악(黝堊)[1]하는 것을 뜻한다.

---

1) 유악(黝堊)에서의 유(黝)자는 검은 색을 칠한 것을 뜻하며, 악(堊)자는 흰색을 칠한 악실(堊室)을 뜻한다. 『예기』「대상기(大喪記)」편에는 "旣祥, 黝堊."이라는 기록이 있는데, 이에 대한 공영달(孔穎達)의 소(疏)에서는 "黝, 黑色. 平治其地令黑也. 堊, 白也. 新塗堊於墻壁令白."이라고 풀이했다. 즉 '유악'이라는 것은 대상(大祥)을 치르게 되면, 바닥을 흑색으로 칠하고, 상중(喪中)에 머무는 '악실'의 벽을 흰색으로 칠하는 것을 가리킨다.

② 諭其志意.

補註 鄭註: 謂使祝祝饗及侑尸也.

번역 정현의 주에서 말하길, 축관으로 하여금 축문을 통해 흠향하길 기원하고 시동에게 권유하도록 시킨다는 뜻이다.

참고-集說

洞洞·屬屬, 見禮器. 兩言奉承而進之, 上謂主人, 下謂助祭者. 諭其志意, ①祝以孝告也.

번역 '동동(洞洞)'과 '속속(屬屬)'에 대해서는 『예기』「예기(禮器)」편에 나온다. 두 차례 "받들어서 나아간다."라고 했는데, 앞의 것은 주인에 대한 내용이며, 뒤의 것은 제사를 돕는 자들에 대한 내용이다. '유기지의(諭其志意)'는 축관이 자식의 효를 아뢴다는 뜻이다.

① 祝以孝告.

補註 禮運文.

번역 『예기』「예운(禮運)」편의 기록이다.[2]

---

2) 『예기』「예운(禮運)」: 作其祝號, 玄酒以祭, 薦其血毛, 腥其俎, 孰其殽. 與其越席, 疏布以冪. 衣其澣帛, 醴醆以獻, 薦其燔炙. 君與夫人交獻以嘉魂魄, 是謂合莫. 然後退而合亨, 體其犬·豕·牛·羊, 實其簠·簋·籩·豆·鉶羹, 祝以孝告, 嘏以慈告, 是謂大祥. 此禮之大成也.

「제의」 12장

참고-經文

孝子之祭可知也. 其立之也, 敬以詘; 其進之也, 敬以愉; 其薦之也, 敬以欲. 退而立, 如將受命, 已徹而退, ①敬齊之色, 不絕於面. ②孝子之祭也, ③立而不詘, 固也; 進而不愉, 疏也; 薦而不欲, 不愛也; 退立而不如受命, 敖也; 已徹而退, 無敬齊之色, ④而忘本也. 如是而祭, 失之矣.

번역 자식이 제사를 지내는 모습을 보면, 그의 마음가짐에 대해서 알 수 있다. 서 있을 때에는 공경함에 따라 몸을 굽히고, 나아갈 때에는 공경함에 따라 얼굴에 기쁜 표정이 드러나고, 제수를 바칠 때에는 공경함에 따라 흠향하기를 바라게 된다. 또 조금 뒤로 물러 나와 서 있을 때에는 마치 명령을 받게 될 것처럼 하게 되고, 이미 치우고서 물러나게 될 때에는 공경하고 엄숙한 표정이 얼굴에서 떠나지 않는다. 이와 반대로 자식이 제사를 지내면서, 서 있을 때 몸을 굽히지 않는 것은 고루함이고, 나아가되 기쁜 표정을 짓지 않는 것은 소원함이며, 제수를 바치되 흠향하기를 바라지 않는 것은 친애하지 않는 것이고, 물러나 서 있을 때 명령을 받는 것처럼 하지 않는 것은 오만함이며, 이미 상을 치우고서 물러났는데 얼굴에 공경하고 엄숙한 표정이 없는 것은 근본을 잊은 것이다. 이처럼 제사를 지내는 것은 제사의 도의를 버리는 일이다.

① 敬齊之色.

補註 鄭註: 齊, 謂齊莊.

번역 정현의 주에서 말하길, '제(齊)'는 엄숙하고 장엄하다는 뜻이다.

補註 ○按: 齊當爲側皆反, 如字云者, 恐非.

번역 ○살펴보니, '齊'자는 마땅히 '側(측)'자와 '皆(개)'자의 반절음이 되어야 하니, 글자대로 읽는다는 것은 아마도 잘못된 설명인 것 같다.

② 孝子之祭也.

補註 按: 此句乃揔言上文, 而諺讀屬下文, 未當.
번역 살펴보니, 이 구문은 앞 문장의 뜻을 총괄하는 말인데, 『언독』에서는 뒤의 구문과 연결시켰으니, 온당하지 못하다.

③ 立而不詘固也.

補註 鄭註: "固, 猶質陋." 疏曰: "言固陋不知禮."
번역 정현의 주에서 말하길, "'고(固)'는 너무 질박하고 고루하다는 뜻이다."라고 했다. 소에서 말하길, "고루하여 예법을 알지 못한다는 뜻이다."라고 했다.

④ 而忘本也.

補註 鄭註: "而, 衍字." 疏曰: "忘本, 謂不思其親."
번역 정현의 주에서 말하길, "'이(而)'자는 연문이다."라고 했다. 소에서 말하길, "'망본(忘本)'은 부모를 그리워하지 않는다는 뜻이다."라고 했다.

「제의」 13장

참고-經文

①孝子之有深愛者, 必有和氣; 有和氣者, 必有愉色; 有愉色者, 必有婉容. 孝子如執玉, 如奉盈, 洞洞屬屬然如弗勝, 如將失之. 嚴威儼恪, 非所以事親也, 成人之道也.

번역 자식 중 친애하는 마음이 깊은 자는 반드시 조화로운 기운이 있고, 조화로운 기운이 있는 자는 반드시 기쁜 표정을 짓게 되며, 기쁜 표정을 짓는 자는 반드시 유순한 태도를 갖추게 된다. 자식은 마치 옥을 들고 있을 때처럼 조심하고, 물이 가득 찬 그릇을 든 것처럼 조심하며, 공경스럽고 진실되어 마치 감당하지 못하는 것처럼 하고, 앞으로 잃게 되지는 않을까 걱정하는 것처럼 한다. 따라서 엄격한 행동거지와 공손하고 삼가는 행동거지는 부모를 섬기는 방법이 아니며, 단지 성인(成人)으로서 따라야 하는 도이다.

① ○孝子之有深愛章.

補註 楊梧曰: 此明事生之道也.

번역 양오가 말하길, 이것은 살아계셨을 때 섬기는 도를 나타내고 있다.

「제의」 14장

참고-經文

先王之所以治天下者五. 貴有德, 貴貴, 貴老, 敬長, 慈幼. 此五者, 先王之所以定天下也. 貴有德, 何爲也? 爲其近於道也. 貴貴, 爲其近於君也. 貴老, 爲其近於親也. 敬長, 爲其近於兄也. 慈幼, 爲其近於子也. 是故至孝近乎王, 至弟近乎霸. 至孝近乎王, 雖天子必有父. 至弟近乎霸, 雖諸侯必有兄. 先王之敎, ①因而弗改, 所以領天下國家也.

번역 선왕이 천하를 다스렸던 방도는 다섯 가지이다. 덕을 갖춘 자를 존귀하게 대하며, 존귀한 자를 존귀하게 대하고, 노인을 존귀하게 대하며, 연장자를 공경스럽게 대하고, 어린 자를 자애롭게 대하는 것이다. 이 다섯 가지는 선왕이 천하를 안정시켰던 방도이다. 덕을 갖춘 자를 존귀하게 대하는 것은 어째서인가? 그는 도에 가깝기 때문이다. 존귀한 자를 존귀하게 대하는 것은 그가 군주와 가깝기 때문이다. 노인을 존귀하게 대하는 것은 그가 부모와 가깝기 때문이다. 연장자를 공경스럽게 대하는 것은 그가 형과 가깝기 때문이다. 어린 자를 자애롭게 대하는 것은 그가 자식과 가깝기 때문이다. 이러한 까닭으로 지극한 효를 갖춘 자는 천자와 가깝고, 지극한 우애를 갖춘 자는 패자에 가깝다. 지극한 효를 갖춘 자는 천자와 가까우니, 비록 천자라 할지라도 반드시 효를 다하는 부모가 있다. 또 지극한 우애를 갖춘 자는 패자에 가까우니, 비록 제후라 할지라도 반드시 우애를 다하는 형이 있다. 선왕의 가르침에 대해서는 따르기만 하고 고치지 않으니, 이를 통해서 천하와 국가를 통솔한다.

① ○因而弗改[止]家也.

補註 疏曰: 言先王設敎之原, 因人心之孝弟, 即以孝弟敎人, 是因而不改, 從人所欲, 故可以領天下國家也.

번역 소에서 말하길, 선왕이 교화를 만들었던 근원은 사람의 마음에 있는 효제에 따른 것이니, 곧 효제에 따라 사람들을 교화한 것으로, 이것이 따르고 고치지 않았던 이유이며, 곧 사람들이 바라는 것에 따른 것이다. 그렇기 때문에 이를 통해서 천하와 국가를 통솔할 수 있다.

참고-集說

①石梁王氏曰: 王孝霸弟, 此非孔子之言.

번역 석량왕씨가 말하길, 천자가 효를 하고 패자가 제를 한다는 것은 공자의 말이 아니다.

① 石梁王氏曰[止]之言.

補註 陽村曰: 王氏意, 謂自子贛問以下至此, 皆爲托於孔子者, 故以此謂非孔子之言, 殊不知. 孔子答子贛者, 至各有所當也, 而止若果皆爲孔子之言, 則下文引立愛立敬, 不必更加子曰也.

번역 양촌이 말하길, 왕씨의 의중은 자공이 물어보았다는 말로부터 이곳까지는 모두 공자에게 의탁을 했다고 생각한 것이다. 그렇기 때문에 이 문장에 대해서 공자의 말이 아니라고 한 것인데, 자못 알 수 없는 일이다. 공자가 자공에게 답한 내용은 "각각 해당하는 것들이 있다."[1]까지인데, 만약 이것이 모두 공자의 말이 된다면, 아래문장에서 "친애의 도리를 세운다."는 것과 "공경의 도리를 세운다."는 것을 말하며, 재차 '자왈(子曰)'이라는 말을 덧붙일 필요가 없다.[2]

---

1) 『예기』「제의」: 仲尼嘗奉薦而進, 其親也慤, 其行也趨趨以數. 已祭, 子贛問曰, "子之言'祭, 濟濟漆漆然', 今子之祭, 無濟濟漆漆, 何也?" 子曰, "濟濟者, 容也, 遠也; 漆漆者, 容也, 自反也. 容以遠, 若容以自反也, 夫何神明之及交? 夫何濟濟漆漆之有乎? 反饋樂成, 薦其薦俎, 序其禮樂, 備其百官, 君子致其濟濟漆漆, 夫何恍惚之有乎? 夫言豈一端而已? 夫各有所當也."

2) 『예기』「제의」: 子曰, "立愛自親始, 教民睦也. 立敬自長始, 教民順也. 教以慈睦, 而民貴有親. 教以敬長, 而民貴用命. 孝以事親, 順以聽命, 錯諸天下, 無所不行."

「제의」 15장

참고-經文

子曰, "立愛自親始, 敎民睦也. 立敬自長始, 敎民順也. 敎以慈睦, 而民貴有親. 敎以敬長, 而民貴用命. ①孝以事親, 順以聽命, 錯諸天下, 無所不行."

번역 공자는 "친애의 도리를 세울 때 자신의 부모를 친애하는 것으로부터 시작하는 것은 백성들에게 화목의 도리를 가르치는 것이다. 공경의 도리를 세울 때 자신보다 연장자를 공경하는 것으로부터 시작하는 것은 백성들에게 순종의 도리를 가르치는 것이다. 자애로움과 화목함으로 가르쳐서 백성들은 부모를 섬기는 것을 존귀하게 여긴다. 또 공경함과 어른을 따르는 것으로 가르쳐서 백성들은 윗사람의 명령 따르는 것을 존귀하게 여긴다. 효를 시행하여 부모를 섬기고, 순종함으로써 명령을 따르니, 이러한 것들을 천하에 시행하면 행하지 못할 것이 없게 된다."라고 했다.

① 孝以事親順以聽命.

補註 疏曰: 孝以事親, 覆說民貴有親. 順以聽命, 覆說民貴用命.

번역 소에서 말하길, 효로 부모를 섬긴다는 것은 "백성들이 자신의 부모를 존귀하게 여긴다."라고 한 말을 재차 설명한 것이다. 순종하여 명령을 따른다는 것은 "백성들이 명령에 따르는 것을 존귀하게 여긴다."라고 한 말을 재차 설명한 것이다.

「제의」 17장

참고-經文

祭之日, 君牽牲, 穆答君, 卿大夫序從. 旣入廟門, 麗于碑; 卿大夫袒, 而①毛牛尙耳. 鸞刀以刲, 取②膟膋, 乃退; ③爓祭·祭腥而退, 敬之至也.

번역 종묘에서 제사를 지내는 날에 군주는 직접 희생물을 끌고, 군주의 자식은 그 옆에서 함께 희생물을 끌며, 경과 대부는 그 뒤에 서열에 따라 차례대로 뒤따른다. 종묘의 문으로 들어가게 되면 희생물을 마당에 있는 기둥에 매어둔다. 희생물을 도축하게 되면 경과 대부들은 상의의 한쪽 어깨를 드러내고, 소의 털을 자르는데, 귀의 측면에 있는 털을 숭상한다. 난도(鸞刀)로 희생물을 가르고, 창자 사이에 있는 지방을 가져다가 바치며, 그 일이 끝나면 잠시 뒤로 물러난다. 희생물의 데친 고기와 생고기로 제사지내는 일이 끝나면 물러나게 되니, 이것은 공경함을 지극히 나타내는 행동이다.

① ○毛牛.

補註 疏曰: 取牛毛薦之, 故云毛牛.

번역 소에서 말하길, 소의 털을 잘라서 바치게 된다. 그렇기 때문에 "소의 털을 취한다."라고 말한 것이다.

補註 ○按: 此吐當作乎代.

번역 ○살펴보니, 이곳 구문에 대한 토는 마땅히 호대[乎代]로 달아야 한다.

② 膟膋.

補註 按: 膋, 陳註刀凋反, 而陸音刀作力, 陸音是.

번역 살펴보니, '膋'자에 대해 진호의 주에서는 '刀(도)'자와 '凋(조)'자의 반절음이라고 했고, 육덕명의 『음의』에서는 '도(刀)'자를 력(力)자로 기록했는데, 『음의』의 설명이 옳다.

③ 爓祭祭腥.

補註 疏曰: 此先云爓者, 便文耳, 非先後之次也.

번역 소에서 말하길, 이곳에서 먼저 '데친 고기[爓]'를 언급한 것은 편리에 따라 문장을 기록했기 때문이니, 선후의 순서를 나타내는 것이 아니다.

참고-集說

祭之日, 謂祭宗廟之日也. 父爲昭, 子爲穆. 穆答君, 言君牽牲之時, 子姓對君共牽也. 卿大夫佐幣, ①士奉芻, 以次序在牲之後, 故云序從也. 麗牲之碑, 在廟之中庭, 麗, 猶繫也, 謂以牽牲之紖, 繫于碑之孔也. 袒衣, 示有事也. 將殺牲, 則先取耳旁毛以薦神, 毛以告全, 耳以主聽, 欲神聽之也, 以耳毛爲上, 故云尚耳也. 鸞刀·膟膋, 並見前篇. 乃退, 謂薦毛血膟膋畢而暫退也. 爓祭, 祭湯中所爓之肉也. 祭腥, 祭生肉也. 爓腥之祭畢, 則禮終而退矣. 此皆敬心之極至也.

번역 '제지일(祭之日)'은 종묘에서 제사지내는 날을 뜻한다. 부친이 소(昭) 항렬에 해당하고, 자식은 목(穆) 항렬에 해당한 것이다. 그러므로 '목답군(穆答君)'이라는 말은 군주가 희생물을 끌고 올 때, 그의 자식은 군주를 마주보며 함께 희생물을 끌고 온다는 뜻이다. 경과 대부는 폐물 바치는 것을 돕고, 사는 희생물에게 먹일 꼴을 받들고 오는데, 등급에 따라서 희생물 뒤에 차례대로 나열한다. 그렇기 때문에 "순서에 따라 뒤따른다."라고 했다. 희생물을 묶어두는 기둥은 종묘의 마당에 있는데, '여(麗)'자는 "묶는다[繫]."는 뜻이니, 희생물을 끌고 올 때 사용한 끈을 기둥의 구멍에 연결해서 묶는 것이다. 상의의 옷을 걷는 것은 맡아서 처리하는 일이 있음을 드러내기 위해서이다. 희생물을 도축하려고 한다면, 먼저 귀의 측면에 있는 털을 잘라서 선에게 바치니, 희생물의 털이 온전한 순색임을 아뢰는 것이고, 귀는 듣는 것을 위주로 하니, 아뢰는 말을 신이 듣기를 바라기 때문에, 귀의 털을 상위로 여기는 것이다. 그렇기 때문에 "귀를 높인다."라고 말했다. '난도(鸞刀)'와 '율료(膟膋)'에 대해서는 그 설명이 앞에 나온다. '내퇴(乃退)'는 희생물의 털과 피 및 창자 사이의 지방 바치는 일이 끝나면 잠시 뒤로 물러난다는 뜻이다. '섬제(爓祭)'는 탕에 넣어서 데친 고기로 제사를 지낸다는 뜻이다. '제성(祭腥)'은 생고기로 제사를 지낸다는 뜻이다. 데친 고기와 생고기로 제사지내는 일이 끝나면 예법이 마무리되어 물러나게 된다. 이러한 것들은 모두 공경하는 마음이 지극한 것이다.

① 士奉芻.

補註 祭統文. 本註, "殺牲用以薦藉."

번역 『예기』「제통(祭統)」편의 기록이다.[1] 본래의 주에서는 "희생물을 도축할 때 이것을 이용하여 깔개로 깐다."라고 했다.

---

1) 『예기』「제통(祭統)」: 是故先期旬有一日, 宮宰宿夫人, 夫人亦散齊七日, 致齊三日. 君致齊於外, 夫人致齊於內, 然後會於大廟. 君純冕立於阼, 夫人副褘立於東房. 君執圭瓚祼尸, 大宗執璋瓚亞祼. 及迎牲, 君執紖, 卿大夫從, 士執芻; 宗婦執盎從, 夫人薦涚水; 君執鸞刀羞嚌, 夫人薦豆. 此之謂夫婦親之.

「제의」 18장

참고—經文

郊之祭, 大報天而主日, 配以月. ①夏后氏祭其闇, ②殷人祭其陽. ③周人祭日以朝及闇.

번역 교(郊)제사를 지내는 것은 하늘에 대해 크게 보답하기 위해서이며, 그 제사에서는 해를 주된 신으로 삼고, 달을 함께 배향한다. 하후씨 때에는 어두워졌을 때 제사를 지냈고, 은나라 때에는 한낮에 제사를 지냈다. 반면 주나라는 제사를 지내는 날 아침부터 해가 저물 때까지 지냈다.

① 夏后氏祭其闇.

補註 鄭註: 闇, 昏時也. 夏后氏大事以昏.

번역 정현의 주에서 말하길, '암(闇)'은 어두운 시기를 뜻한다. 하후씨 때에는 중대한 제사에 대해서 어두웠을 때 지냈다.

補註 ○按: 禮器, "季氏祭, 逮闇而祭, 日不足, 繼之以燭." 陳註, "闇, 昧爽以前也." 此註則曰闇者, 日旣沒而黑. 愚意此闇字, 亦恐當以昧爽以前爲訓.

번역 ○살펴보니, 『예기』「예기(禮器)」편에서는 "계씨가 제사를 지내게 되어서, 동틀 무렵이 되기 전에 제사를 지내기 시작했는데, 낮 동안 끝내기에는 시간이 부족하여, 등불을 밝히고 밤까지 계속 지냈다."라고 했고, 진호의 주에서는 "'암(闇)'자는 동이 트기 이전을 뜻한다."라고 했다. 이곳 주석에서 '암(闇)'이라고 말한 것은 해가 져서 어두워졌다는 뜻으로 말했다. 내가 생각하기에 여기에 나온 암(闇)자 또한 마땅히 동이 트기 이전이라는 뜻으로 풀이해야만 할 것 같다.

補註 ○徐志修曰: 訓釋各隨文勢, 此與逮闇之文, 恐不必相妨.

번역 ○서지수가 말하길, 풀이는 각각 그 문장의 흐름에 따라야 하니, 이것과 체암(逮闇)이라는 문장은 아마도 서로 저애가 되지는 않을 것 같다.

② **殷人祭其陽.**

補註 鄭註: 陽, 謂日中時. 殷人大事用日中.
번역 정현의 주에서 말하길, '양(陽)'은 해가 남중했을 때를 뜻한다. 은나라 때에는 중대한 제사에 대해서 해가 남중했을 때 지냈다.

③ **周人祭日以朝及闇.**

補註 按: 祭日, 恐是祭於日, 變文耳. 陳註似不然.
번역 살펴보니, '제일(祭日)'은 아마도 낮에 제사를 지낸다는 뜻인 것 같으니, 문장을 바꿔서 쓴 것일 뿐이다. 진호의 주는 아마도 이처럼 풀이하지 않은 것 같다.

補註 ○鄭註: "周人大事以日出, 以朝及闇, 終日有事." 疏曰: "周尙文, 祭百神禮多, 故以朝及闇也. 故季氏之祭, 大夫之家禮儀應少, 而亦以朝及闇, 故夫子譏之."
번역 ○정현의 주에서 말하길, "주나라 때에는 중대한 제사에 대해서 해가 떠오를 때 지냈고, '이조급암(以朝及闇)'이라는 말은 하루 종일 제사를 지냈다는 뜻이다."라고 했다. 소에서 말하길, "주나라는 문채를 숭상했고, 뭇 신들에 대해 제사지내는 예법절차가 많았기 때문에, 아침부터 저물 때까지 지냈다. 그러므로 계씨가 제사를 지낼 때, 대부의 집에서 지내는 제례의 형식은 마땅히 적어야 하는데도 또한 아침부터 어두울 때까지 지냈기 때문에 공자가 비판했던 것이다."라고 했다.

補註 ○按: 此言周人正祭, 則以朝而爲其禮儀繁多, 故及未明而始行事也. 且日晏, 則白必及闇, 然後方合於日出尙素之義, 與夏之祭闇不同. 朝下著乎代吐, 則其義尤明.

번역 ○살펴보니, 이것이 주나라 때의 정규 제사를 뜻한다면, 아침에 지냈지만 그 예법절차가 번다했기 때문에 아직 동이 트기 이전에 그 일을 시작하는 것이다. 또 해가 저물게 되면 빛이 어두워지게 되는데, 이처럼 한 뒤에야 해가 떠오를 때 지내서 소박함을 숭상한다는 뜻에 부합될 수 있고, 하나라에서 어두울 때 제사를 지냈던 것과도 차이가 생긴다. '조(朝)'자 뒤에 호대[乎代] 토를 붙이면 그 의미가 더욱 분명해진다.

補註 ○徐志修曰: 及闇之說, 則與逮闇同. 小註劉說亦如此, 終日有事云者, 恐太過.

번역 ○서지수가 말하길, '급암(及闇)'의 뜻은 '동틀 무렵이 되기 전[逮闇]'과 같다. 소주에 나온 유씨의 주장 또한 이와 같은데, "하루 종일 제사를 지냈다."라고 말한 것은 너무 지나친 해석 같다.

「제의」 19장

참고-集說

終始相巡, 止是終始往來, 周回不息之義, ①不必讀爲沿也.

번역 '종시상순(終始相巡)'은 단지 끝과 시작이 왕래하며 순환하여 그치지 않는다는 뜻이니, '연(沿)'자로 해석할 필요는 없다.

① ○不必讀爲沿.

補註 鄭註: 巡, 讀爲沿.

번역 정현의 주에서 말하길, '순(巡)'자는 연(沿)자로 풀이한다.

참고-集說

方氏曰: 壇之形則圓而無所虧, 以象日之無所虧而盈也. 坎之形則虛而有所受, 以象月之有所受而明也. 壇高而顯, 坎深而隱, 一顯一隱, 所以別陰陽之幽明; 一高一深, 所以制陰陽之上下. 東動而出, 西靜而入, 出則在外, 入則反內, 故東西所以別陰陽之外內. 東爲陽中, 西爲陰中, 中則得位, 故東西所以端陰陽之位. 別幽明之道, 然後能制上下之分, 別外內之所, 然後能端陰陽之位, 言之序所以如此. 且壇坎者, 人爲之形; 東西者, 天然之方. 出於人爲, 故言制; 出於天然也, 故言以端其位而已. 日出於東, 言其象出於天地之東也; 月生於西, 言其明生於輪郭之西也, 此又復明祭日月於東西之意也. 日言出於東, 則知爲入於西, 堯典於東曰"寅賓出日", 於西曰"寅餞納日"者以此. 月言生於西, 則知爲死於東, ①揚雄言"未望則載魄于西,旣望則終魄于東"者以此. 日之出入也, 歷朝夕晝夜而成一日; 月之死生也, 歷晦朔弦望而成一月. 日往則月來, 月往則日來, 而陰陽之義配焉. 陽道常饒, 陰道常乏, 故運而爲氣, 賦而爲形, 凡屬乎陽者皆長, 屬乎陰者皆短, 一長一短, 終則有始, 相巡而未嘗相絕, 故足以致天下之和者, 陰陽相濟之效也. 獨陰而無陽, 獨陽而無陰, 是同而已, 又何以致和乎?

번역 방씨가 말하길, 제단의 형태는 원형으로 되어 있고 찌그러진 부분이 없으니, 해에는 이지러진 부분이 없고 가득 차 있는 모습을 상징한다. 구덩이의 형태는 비어 있어 수용할 수 있으니, 달은 받아들여서 밝게 빛남을 상징한다. 제단은 높고 현저히 드러나며 구덩이는 깊고 숨어 있는데, 하나는 드러나고 하나는 숨어 있는 것은 음양의 어둡고 밝음을 구별하기 위해서이며, 하나는 높고 하나는 깊은 것은 음양의 위아래를 제정하기 위해서이다. 동쪽은 활동적이고 나타나며 서쪽은 고요하고 들어가며, 나타나면 밖에 있고 들어가면 안으로 되돌아간다. 그렇기 때문에 동쪽과 서쪽은 음양의 내외를 구별하는 것이다. 동쪽은 양중(陽中)에 해당하고 서쪽은 음중(陰中)에 해당하는데, 가운데 있다면 자리를 얻은 것이다. 그렇기 때문에 동쪽과 서쪽은 음양의 자리를 단정하게 만드는 것이다. 어둡고 밝은 도리를 구별한 뒤에야 상하의 구분을 제정할 수 있고, 내외의 장소를 구별한 뒤에야 음양의 자리를 단정하게 할 수 있으니, 말의 순서가 이와 같다. 또 제단과 구덩이는 사람이 인위적으로 만든 형태이고, 동쪽과 서쪽은 자연적으로 정해진 방위이다. 인위적인 것에서 나타났기 때문에 '제(制)'라고 말했고, 자연적인 것에서 나타났기 때문에 "그 자리를 단정하게 만든다."라고 말한 것일 뿐이다. 해는 동쪽에서 나오는데, 이것은 천지의 동쪽에서 형상이 나타난다는 뜻이다. 달은 서쪽에서 나타나는데, 이것은 전체 테두리의 서쪽에서 밝음이 생성된다는 뜻이다. 이것은 또한 동쪽과 서쪽에서 해와 달에게 제사 지내는 뜻을 재차 밝힌 것이다. 해에 대해서 동쪽에서 나온다고 말했다면 서쪽으로 들어감을 알 수 있으니, 『서』「요전(堯典)」에서 동쪽에 대해서는 "떠오르는 해를 공경스럽게 인도한다."[1]고 했고, 서쪽에 대해서는 "들어가는 해를 공경스럽게 전송한다."[2]고 했던 것도 이러한 이유 때문이다. 달에 대해서는 서쪽에서

---

1) 『서』「우서(虞書)·요전(堯典)」: 分命羲仲, 宅嵎夷, 曰暘谷, 寅賓出日, 平秩東作, 日中星鳥, 以殷仲春, 厥民析, 鳥獸孳尾.

나타난다고 말했다면 동쪽에서 사라진다는 사실을 알 수 있으니, 양웅이 "아직 보름이 되지 않았다면 백(魄)은 서쪽에 실려 있고, 이미 보름이 되었다면 백(魄)은 동쪽에서 끝난다."고 했던 것도 이러한 이유 때문이다. 해가 떠오르고 들어감에 있어서 아침과 저녁 낮과 밤을 두루 거쳐서 하루를 이룬다. 달이 없어지고 나타남에 있어서 그믐 · 삭일 · 초승 · 보름을 두루 거쳐서 한 달을 이룬다. 해가 가면 달이 찾아오고 달이 가면 해가 찾아오는데, 음양의 뜻에 짝한다. 양(陽)의 도는 항상 충만하고 음(陰)의 도는 항상 결핍되어 있기 때문에 운행하여 기운이 되고 부여하여 형체를 이루는데, 무릇 양(陽)에 속한 것들은 모두 길고, 반면 음(陰)에 속한 것들은 모두 짧으니, 어느 것은 길고 어느 것은 짧은데, 끝이 나면 시작이 생겨나고 서로 순환하여 일찍이 단절된 적이 없다. 그렇기 때문에 천하의 조화로움을 이루기에 충분하니, 이것은 음양이 서로를 구제하는 효과이다. 음(陰)만 있고 양(陽)은 없으며 양(陽)만 있고 음(陰)은 없는 것은 동일한 것일 뿐인데, 어찌 조화로움을 이룰 수 있겠는가?

① 揚雄言[止]終魄于東.

補註 按: 魄, 月之有體而無光處也. 漢儒陋學不習尙書, 每以魄爲明生, 揚雄之說亦然. 朱子辨之甚明, 詳見鄕飮酒義補註.

번역 살펴보니, '백(魄)'이라는 것은 달 중에서도 몸체가 있지만 빛이 없는 곳을 뜻한다. 한나라의 유학자들은 그 학문이 매우 편협하여 『상서』를 익히지 않아 매번 백(魄)을 밝음이 생겨나는 것으로 여겼는데, 양웅의 주장 또한 이와 같다. 주자가 이를 변론한 것이 매우 분명한데, 자세한 내용은 『예기』「향음주의(鄕飮酒義)」편의 보주에 나온다.

2) 『서』「우서(虞書) · 요전(堯典)」: 分命和仲, 宅西, 曰昧谷, 寅餞納日, 平秩西成, 宵中星虛, 以殷仲秋, 厥民夷, 鳥獸毛毨.

「제의」 20장

참고-經文

天下之禮, 致反始也, 致鬼神也, 致和用也, 致義也, 致讓也. 致反始, 以厚其本也. 致鬼神, 以尊上也. ①致物用, 以立民紀也. 致義, 則上下不悖逆矣. 致讓, 以去爭也. 合此五者, 以治天下之禮也, 雖有奇邪而不治者, 則微矣.

번역 천하의 예에는 다섯 가지 목적이 있다. 첫 번째는 시초로 되돌리는 마음을 지극히 하는 것이다. 두 번째는 귀신을 존귀하게 여기는 마음을 지극히 하는 것이다. 세 번째는 재화의 쓰임을 지극히 하는 것이다. 네 번째는 도의를 지극히 이루는 것이다. 다섯 번째는 겸양의 미덕을 지극히 하는 것이다. 시초로 되돌리는 마음을 지극히 하여 근본을 두텁게 한다. 귀신을 존귀하게 여기는 마음을 지극히 하여 윗사람을 존숭한다. 재화의 쓰임을 지극히 하여 백성들의 기강을 세운다. 도의를 지극히 하면 상하 계층이 각각 질서를 거스르지 않는다. 겸양의 미덕을 지극히 하여 다툼을 없앤다. 이러한 다섯 가지 것들을 합하여 천하의 예법을 다스리니, 이처럼 한다면 비록 기이하고 사벽한 행동을 하며 다스림에 따르지 않는 자가 있다할지라도 그 수는 매우 적을 것이다.

① 致物用.

補註 鄭註: 變和言物, 互文也.

번역 정현의 주에서 말하길, '화(和)'자를 바꿔서 물(物)자로 기록한 것으로, 상호 그 뜻을 드러내도록 기록했기 때문이다.

「제의」 21장

참고-經文

宰我曰, "吾聞鬼神之名, 不知其所謂." 子曰, "①氣也者, 神之盛也. 魄也者, 鬼之盛也. ②合鬼與神, 敎之至也."

번역 재아는 "저는 귀신(鬼神)이라는 말을 들어봤지만 그것이 무엇을 뜻하는 것인지는 모르겠습니다."라고 했다. 그러자 공자는 "기(氣)라는 것은 신(神)의 융성한 상태를 뜻한다. 백(魄)이라는 것은 귀(鬼)의 융성한 상태를 뜻한다. 귀(鬼)와 신(神)을 합해야만 교화의 지극함이 된다."라고 했다.

① ○氣也者[止]鬼之盛也.

補註 語類: 問, "氣魄未足爲鬼神, 氣魄之盛者乃爲鬼神否?" 曰, "非也. 大凡說鬼神, 皆通生死而言. 此言盛者, 則是指生人身上而言. 所以下面說'骨肉斃于下, 陰爲野土', 但說體不說魄也." 又曰, "燈似魂, 鏡似魄. 燈有光焰, 物來便燒. 鏡雖照見, 只在裏面. 又火日外影, 金水內影. 火日是魂, 金水是魄."

번역 『어류』에서 말하길, "기백은 귀신이 되기에 충분하지 못한데, 기백이 융성한 것이 귀신이 된다고 하니 맞는 말입니까?"라고 묻자 "아니다. 대체로 귀신이라고 말한 것들은 모두 생과 사를 통괄해서 말한 것이다. 여기에서 융성하다고 말했다면, 이것은 살아있는 몸을 가리켜서 말한 것이다. 그래서 그 뒤에서는 '뼈와 살은 땅에 묻히고 음이 되어 흙이 된다.'[1]라고 말한 것인데, 다만 이것은 몸에 대해서만 말하고 백에 대해서는 말하지 않았다."라고 했다. 또 말하길, "등불은 혼과 비슷하고 거울은 백과 비슷하다. 등불은 빛과 불꽃이 있어서 사물이 다가오면 곧바로 태워버린다. 거울은 비록 비춰서 드

---

1) 『예기』「제의」: 衆生必死, 死必歸土, 此之謂鬼. 骨肉斃于下, 陰爲野土. 其氣發揚于上, 爲昭明焄蒿悽愴, 此百物之精也, 神之著也.

러내지만 단지 안쪽에만 머무를 따름이다. 또 불과 해는 그림자를 밖으로 드리우고, 쇠와 물은 그림자를 안으로 드리운다. 불과 해는 혼에 해당하고, 쇠와 물은 백에 해당한다."라고 했다.

② 合鬼與神教之至也.

補註 家語, 宰我問鬼神之名, 子曰: "人生有氣有魂有魄, 氣·魂·魄會謂之生. 氣者神之盛也, 魄者鬼之盛也. 夫生必有死, 死必歸土, 此謂鬼, 魂·氣歸天, 此謂神. 合鬼與神而享之, 教之至也."

번역 『가어』에서 재아가 귀신이라는 명칭에 대해서 묻자 공자는 "사람이 태어나게 되면 기를 갖고 혼을 갖으며 백을 갖게 되니, 기·혼·백이 회합하는 것을 생(生)이라고 부른다. 기라는 것은 신이 융성한 것이며, 백이라는 것은 혼이 융성한 것이다. 무릇 태어난 것들은 반드시 죽게 되고, 죽으면 반드시 땅으로 되돌아가는데, 이것을 귀라고 부르며, 혼과 기는 하늘로 되돌아가는데 이것을 신이라고 부른다. 귀와 신을 합하여 흠향을 드리는 것은 교화의 지극함이다."라고 했다.

補註 ○按: 家語之文, 比此經更詳. 其云氣者神之盛, 魄者鬼之盛, 即指生人身上者甚明, 果如上朱子說. 但合鬼與神教之至也一句, 家語則在於生必死死必歸土等語之下, 而又有享之二字, 固當以祭享看. 此經則直承鬼之盛也之下, 而又在於生必死死必歸土之前, 恐是泛說鬼神陰陽之教也. 蓋此章先言生人身上, 次言衆生必死, 次言明命鬼神, 其下始言制宗廟祭祀之禮, 不應於此遽及祭祀也.

번역 ○살펴보니, 『가어』의 문장은 이곳 경문에 비해 상세히 기술되어 있다. "기는 신이 융성한 것이고 백은 귀가 융성한 것이다."라고 했으니, 살아있는 사람의 몸을 가리킨다는 것이 매우 분명하여, 과연 앞에서 말한 주자의 주장대로이다. 다만 "귀와 신을 합하여 흠향을 드리는 것이 가르침의 지극함이다."라는 구문에 있어서 『가어』에서는 "살아있는 것은 반드시 죽게 되고, 죽으면 반드시 땅으로 되돌아간다."라는 등의 말 뒤에 기록되어 있고, 또 '향지

(享之)'라는 두 글자가 더 포함되어 있으니, 이것은 마땅히 제사를 통해 흠향을 드린다는 뜻으로 보아야 한다. 이곳 경문의 경우에는 "귀의 융성함이다."라는 구문 뒤에 바로 이어져 있고, 또 "살아있는 것은 반드시 죽게 되고, 죽으면 반드시 땅으로 되돌아간다."라는 구문 앞에 기록되어 있으니, 아마도 이것은 귀신과 음양에 대한 교화를 범범하게 설명하는 것 같다. 이곳 문장에서는 먼저 살아있는 사람의 몸에 대해서 말했고, 그 다음으로 만물은 태어나면 반드시 죽게 된다고 말했으며, 그 다음으로 귀신이라고 현저히 드러내어 부른다고 했고, 그 뒤에야 비로소 종묘에 대한 제사의 예법을 제정한다고 말했으니, 이곳에서 갑작스럽게 제사까지 언급하는 것은 마땅하지 않다.

「제의」 22장

참고-經文

衆生必死, 死必歸土, 此之謂鬼. 骨肉斃于下, ①陰爲野土. ②其氣發揚于上, 爲③昭明焄蒿悽愴, ④此百物之精也, 神之著也.

번역 공자가 계속하여 말하길, "만물은 태어나면 반드시 죽게 되는데, 죽으면 반드시 땅으로 되돌아가니 이것을 '귀(鬼)'라고 부른다. 뼈와 살은 땅에 묻히고 음(陰)이 되어 흙이 된다. 그 기(氣)는 위로 발향하여 소명(昭明), 훈호(焄蒿), 처창(悽愴)이 되니, 이것은 모든 사물의 정기이며 '신(神)'의 드러남이다."라고 했다.

① ○陰爲野土.

補註 鄭註: 陰, 讀爲依廕之廕, 言人之骨肉廕於地中, 爲土壤.
번역 정현의 주에서 말하길, '음(陰)'자는 의음(依廕)이라고 할 때의 음자로 풀이하니, 사람의 뼈와 살은 땅속에 묻혀서 토양이 된다는 뜻이다.

② 其氣發揚于上.

補註 語類: 曰, "人氣本騰上, 這下面盡, 則只管騰上去. 如火之煙, 這下面薪盡, 則煙只管騰上去." 曰, "終久必消否?" 曰, "是."
번역 『어류』에서 말하길, "사람의 기는 본래 위로 올라가니 아래에서 다하게 되면 위로 올라갈 뿐이다. 마치 불에서 나오는 연기와 같으니, 밑의 나무가 모두 타버리면 연기는 위로만 올라갈 따름이다."라고 하자 "끝내 결국에는 사라지는 것이 아닙니까?"라고 묻자 "그렇다."라고 대답했다.

③ 昭明焄蒿悽愴.

補註 語類曰: 昭明, 是人死時一段光景, 焄蒿, 是氣之升騰, 悽愴, 是使人慘傷之意.

번역 『어류』에서 말하길, '소명(昭明)'은 사람이 죽을 때의 광경이며, '훈호(焄蒿)'는 기가 위로 올라가는 것이고, '처창(悽愴)'은 사람으로 하여금 우울하고 처참하게 만든다는 뜻이다.

補註 ○辨疑曰: 黃氏曰, "昭明, 光也. 焄蒿, 氣也. 悽愴, 情也."
번역 ○『변의』에서 말하길, 황씨는 "소명은 빛을 뜻한다. 훈호는 기를 뜻한다. 처창은 정을 뜻한다."라고 했다.

④ **此百物之精.**

補註 沙溪曰: "禽獸草木之死, 不應有昭明焄蒿悽愴, 可疑." 景任曰: "禽獸之死, 豈有昭明焄蒿悽愴? 此不過因論人鬼而並擧之耳. 或曰百物之精, 指人身上所聚而言, 蓋人之初生, 具陰陽五行之精, 旣生也, 又用物多, 故及其死也, 其所聚之精, 發揚爲昭明之光, 焄蒿之氣, 未知是否."
번역 사계가 말하길, "짐승이나 초목이 죽을 때에는 소명 · 훈호 · 처창 등이 나타나지 않으니 의문스럽다."라고 하자 경임은 "짐승이 죽을 때 어찌 소명 · 훈호 · 처창이 발생하겠는가? 이것은 사람의 귀를 논의함에 따라 함께 열거한 것에 지나지 않는다. 혹자는 백물의 정이라는 것은 사람의 몸에 취합된 것을 가리켜서 말한 것이라고 하는데, 사람이 처음 태어날 때 음양과 오행의 정기를 갖추게 되며, 태어나게 되면 사물을 씀이 많아지게 된다. 그렇기 때문에 그가 죽게 되면 취합된 정이 발산하여 소명의 빛이 되고, 훈호의 기가 된다고 하는데 옳은 말인지는 모르겠다."라고 했다.

참고-集說

朱子曰: 如鬼神之露光處是昭明, 其氣蒸上處是焄蒿, 使人精神悚然是悽愴. 又曰: 昭明是光耀底, ①焄蒿是衰然底, 悽愴是凜然底. 又曰: 昭明, 乃光景之屬. 焄蒿, 氣之感觸人者. 悽愴,

如漢書所謂"神君至其風颯然"之意. 又曰: 焄蒿, 是鬼神精氣交感處.

번역 주자가 말하길, 귀신(鬼神)이 드러나는 것을 '소명(昭明)'이라고 하며, 그 기(氣)가 피워 오르는 것을 '훈호(焄蒿)'라고 하고, 사람의 정신을 오싹하게 만드는 것은 '처창(悽愴)'이다. 또 말하길, '소명(昭明)'은 밝게 빛나는 것이고, '훈호(焄蒿)'는 무성한 것이며, '처창(悽愴)'은 엄숙한 것이다. 또 말하길, '소명(昭明)'은 밝게 드러나는 것들이다. '훈호(焄蒿)'는 기(氣)가 사람을 감응시키고 촉발시키는 것들이다. '처창(悽愴)'은 『한서』에서 "신군이 바람을 재빠르게 불게 한다."라고 했던 뜻과 같다. 또 말하길, '훈호(焄蒿)'는 귀신의 정기가 교감하는 것이다.

① 焄蒿是衮然底.

補註 衮然, 語類作衮上.

번역 '곤연(衮然)'을 『어류』에서는 곤상(衮上)이라고 기록했다.

「제의」 23장

참고-經文

因物之精, 制爲之極, ①明命鬼神, 以爲黔首則, 百衆以畏, 萬民以服.

번역 공자가 계속하여 말하길, "사물의 정령을 가릴 수 없다는 것에 따라서 그것을 제정하여 지극한 칭호를 만들었으니, '귀신(鬼神)'이라고 현저히 드러내어 불러서, 백성들의 법칙으로 삼았다. 따라서 이를 통해 백성들은 두려워하여 태만하게 구는 일이 없게 되었고, 또 복종하여 위배하는 일이 없게 되었다."라고 했다.

① 明命鬼神.

補註 疏曰: 鬼神本爲人神, 而亦兼山川 · 五祀 · 百物之屬.

번역 소에서 말하길, 귀신은 본래 인신(人神)이 되는데, 또한 산천 · 오사 · 백물 등의 부류도 포함한다.

참고-集說

①馮氏曰: 秦稱民爲黔首, 夫子時未然也, 顯是後儒竄入.

번역 풍씨가 말하길, 진나라 때에는 백성들을 '검수(黔首)'라고 불렀는데, 공자 당시에는 이처럼 부르지 않았으니, 이것은 후대 학자들이 삽입한 글임을 드러낸다.

① 馮氏曰[止]竄入.

補註 疏曰: 此記之作, 在秦初, 故稱黔首. 孔子非當秦世, 記者在後變改之耳.

번역 소에서 말하길, 이 기문이 작성된 시기는 진나라 초기에 해당한다. 그렇기 때문에 '검수(黔首)'라고 부른 것이다. 공자는 진나라와는 관련이 없으니, 기문을 기록한 자가 그 이후에 글자를 바꿔서 쓴 것일 뿐이다.

補註 ○按: 以爲黔首則, 家語正作以爲民之則.

번역 ○살펴보니, '이위검수칙(以爲黔首則)'을 『가어』에서는 '이위민지칙(以爲民之則)'으로 바로잡아 기록했다.

「제의」 25장

참고-經文

①二端既立, 報以二禮. 建設朝事, 燔燎②羶薌, 見以蕭光, 以報氣也. 此教衆反始也. 薦黍稷, 羞肝肺首心, 見間以俠甒, 加以鬱鬯, 以報魄也. 教民相愛, 上下用情, 禮之至也.

번역 공자가 계속하여 말하길, "기(氣)가 신(神)의 융성함이며, 백(魄)이 귀(鬼)의 융성함이라는 두 사안이 이미 수립되었다면, 이제는 두 가지 의례를 통해서 보답하게 된다. 우선 조천(朝踐)의 의례를 시행하여, 희생물의 지방을 태우되 쑥과 함께 섞어서 그 냄새를 하늘로 피워 올리고 빛을 발하도록 하는 것은 기(氣)에 보답하고자 하기 때문이다. 이러한 것들은 백성들에게 시초를 돌이키도록 가르치는 방법이다. 또 서직 등의 곡물을 바치고 희생물의 간·폐·머리·심장을 바치며 2개의 술동이에 단술을 담아 진설하고, 또 제사 초반부에 울창주를 땅에 뿌리는 것은 백(魄)에게 보답하고자 하기 때문이다. 이러한 것들은 백성들에게 서로 친애하고 상하 계층이 정감에 따르도록 가르치는 방법이다. 따라서 이러한 것은 예의 지극함이 된다."라고 했다.

① 二端既立.

補註 鄭註: "二端既立, 謂氣也·魄也, 更有尊名云鬼神也." 疏曰: "氣也魄也是二端, 尊名鬼神, 是既立."

번역 정현의 주에서 말하길, "'이단기립(二端既立)'이라고 했는데, 기(氣)와 백(魄)에 대해서는 존귀한 명칭을 제정하여 귀(鬼)와 신(神)으로 불렀다는 뜻이다."라고 했다. 소에서 말하길, "기(氣)와 백(魄)이 이단(二端)에 해당하며, 존귀한 명칭을 제정하여 귀(鬼)와 신(神)으로 불렀다는 것은 곧 기립(既立)에 해당한다."라고 했다.

② 羶薌.

補註 按: 羶, 鄭讀爲馨, 而陳註不從, 故音註如字. 但郊特牲蕭合羶薌之羶, 亦當如字, 而陳註從鄭作馨, 與此違.

번역 살펴보니, '전(羶)'자를 정현은 형(馨)자로 풀이했는데, 진호의 주에서는 그 주장에 따르지 않았다. 그렇기 때문에 『음주』에서 글자대로 읽었던 것이다. 다만 『예기』「교특생(郊特牲)」편에서 "쑥을 태워서, 고기의 기름과 곡물에 합해서 태운다."[1]라고 했을 때의 전(羶)자 또한 마땅히 글자대로 읽어야 하는데, 진호의 주에서는 정현의 주장에 따라 형(馨)자로 풀이하여 이곳의 주석과 위배된다.

참고-集說

二端, 謂氣者神之盛, 魄者鬼之盛也. ①二禮, 謂朝踐之禮與饋熟之禮也. 朝事, 謂祭之日, 早朝所行之事也. 燔燎羶薌, 謂取膟膋燎於爐炭, 使羶薌之氣上騰也. 見, 讀爲覸, 雜也. 以蕭蒿雜膟膋而燒之, 故曰覸以蕭光, 光者, 煙上則有照映之光采也. 此是報氣之禮, 所以教民反古復始也. 至饋熟之時, 則以黍稷爲薦, 而羞進肝肺首心四者之饌焉. 見間, 卽覸字, 誤分也. 俠甒, 兩甒也. 當此薦與羞, 而雜以兩甒醴酒, 故曰覸以俠甒也. 加以鬱鬯者, 魄降在地, 用鬱鬯之酒以灌地, 本在祭初, 而言於薦羞之下者, 謂非獨薦羞二者爲報魄, 初加鬱鬯, 亦是報魄也. 此言報魄之禮. 教民相愛, 上下用情者, 饋熟之時, 以酬酢爲禮, 祭之酒食, 徧及上下, 情義無間, 所以爲禮之極至也.

번역 '이단(二端)'은 기(氣)가 신(神)의 융성함이며 백(魄)이 귀(鬼)의 융성함이라는 뜻이다. '이례(二禮)'는 조천(朝踐)의 의례와 궤숙(饋孰)의 의례를 뜻한다. '조사(朝事)'는 제사를 지내는 날 아침 일찍 시행하는 절차를 뜻한다. '번료전향(燔燎

1) 『예기』「교특생(郊特牲)」: 蕭合黍稷, 臭陽達於牆屋. 故旣奠, 然後焫蕭合羶薌. 凡祭愼諸此.

羶薌)'은 희생물의 지방을 가져다가 화톳불 위에서 태우며 누린내가 위로 올라가도록 한다는 뜻이다. '견(見)'자는 간(覸)자로 풀이하니, "섞는다[雜]."는 뜻이다. 쑥을 희생물의 지방에 섞여서 태운다. 그렇기 때문에 "쑥과 빛으로 섞는다."라고 한 것이니, '광(光)'은 불에 태우게 되면 불타면서 나는 빛을 뜻한다. 이것은 기(氣)에 보답하는 예법으로, 백성들에게 옛 것을 돌이켜서 시초를 회복하는 일들을 가르치는 방법이다. 익힌 음식을 바치는 때가 되면 서직을 바치게 되고, 음식을 차릴 때 희생물의 간 · 폐 · 머리 · 심장을 음식으로 만들어서 바친다. '견간(見間)'은 곧 '간(覸)'자에 해당하니, 잘못하여 글자를 나눠서 기록한 것이다. '협무(俠甒)'는 2개의 술 단지를 뜻한다. 이처럼 곡물을 바치고 음식을 차릴 때에는 2개의 술 단지에 단술을 담아서 함께 차린다. 그렇기 때문에 "2개의 술단지를 섞는다."라고 말한 것이다. '가이울창(加以鬱鬯)'은 백(魄)은 땅으로 내려가 있으니 울창주를 사용하여 땅에 붓게 되는 것으로, 이것은 본래 제사를 지내는 초기에 시행하는데도 곡물과 음식을 바치는 사안 뒤에 언급한 것은 곡물과 음식을 차리는 2가지만이 백(魄)에 보답하는 사안이 아니며, 제사를 지내는 초반부에 울창주를 뿌리는 것 또한 백(魄)에 보답하는 사안이기 때문이다. 따라서 이러한 것들은 백(魄)에 보답하는 예법이라는 뜻이다. "백성들에게 서로 친애하고 상하 계층이 서로 그 정감에 따르도록 가르친다."라고 했는데, 익힌 음식을 바칠 때 술을 권하고 잔을 돌리는 것을 예법으로 정하여, 제사를 지내며 술과 음식이 상하 계층에게 골고루 돌아가서 정감과 도의에 간극이 없게 되니, 이것은 예의 지극함이 되는 이유이다.

① **二禮謂[止]禮也.**

補註 按: 經文建設朝事以下, 卽朝踐, 薦黍稷以下, 卽饋孰也. 朝事, 卽朝踐之事也.

번역 살펴보니, 경문에서 '건설조사(建設朝事)'라고 한 말로부터 그 뒤의 내용은 조천에 해당하고, '천서직(薦黍稷)'이라고 한 말로부터 그 뒤의 내용은 궤숙에 해당한다. '조사(朝事)'라는 것은 조천의 일에 해당한다.

補註 ○周禮 · 司尊彝註: 朝踐, 謂薦血腥, 酌醴, 始行祭事也.

번역 ○『주례』「사준이(司尊彝)」편의 주에서 말하길, '조천(朝踐)'은 희생물의 피와 생고기를 바치고 단술을 따라서 비로소 제사의 일을 시행함을 뜻한다.

「제의」 26장

참고─經文

君子反古復始, 不忘其所由生也, 是以致其敬, 發其情, 竭力從事以報其親, 不敢弗盡也. 是故昔者天子爲藉千畝, 冕而朱紘, 躬秉耒; 諸侯爲藉百畝, 冕而青紘, 躬秉耒. 以事天地 · 山川 · 社稷 · 先古, 以爲醴酪①齊盛於是乎取之, 敬之至也.

번역 공자가 계속하여 말하길, "군자가 옛 것을 돌이키고 시초를 회복하는 것은 자신의 유래를 잊지 않고자 했기 때문이다. 따라서 공경함을 지극히 하고 정감을 다 드러내며, 힘을 다해 일에 종사해서 부모에게 보답을 하는데, 감히 다하지 않는 경우가 없었다. 이러한 까닭으로 예전에 천자는 자전(藉田) 1,000이랑을 마련하여 면류관을 착용하고 주색의 끈을 달고서 직접 쟁기를 잡고 경작했으며, 제후는 자전 100이랑을 마련하여 면류관을 착용하고 청색의 끈을 달고서 직접 쟁기를 잡고 경작했다. 이를 통해 천지 · 산천 · 사직 · 선조에게 제사를 지냈고, 또 단술과 식초, 제성(齊盛) 등을 만들 때 바로 이 경작지에서 산출된 곡식을 사용하였으니, 공경함이 지극한 것이다."라고 했다.

① 齊盛.

補註 按: 齊本作齍, 與粢同.

번역 살펴보니, '자(齊)'자는 본래 자(齍)자로 기록하며 자(粢)자와 같다.

「제의」 27장

참고-經文

古者天子諸侯必有養獸之官, ①及歲時, 齊戒沐浴而躬朝之, 犧牷祭牲必於是取之, 敬之至也. 君召牛, 納而視之, 擇其毛而卜之, 吉, 然後養之. 君皮弁素積, 朔月·月半, 君巡牲, 所以致力, 孝之至也.

번역 공자가 계속하여 말하길, "고대에 천자와 제후는 반드시 가축을 기르는 관리를 두었고, 각 계절이 도래하면 재계를 하고 목욕을 하고서 그들을 조회했으며, 제사에 사용하는 희생물은 반드시 이를 통해 선택했으니, 공경함이 지극한 것이다. 군주는 소를 끌고 오라고 하여, 그것을 들이게 되면 직접 살펴서, 털이 순색인 것을 골라 거북점을 쳤고, 길하다는 점괘가 나온 뒤에야 그 소를 우리에 가두어 보살피게 했다. 군주는 피변(皮弁)에 소적(素積)을 하고, 매월 초하루와 보름마다 군주가 직접 희생물들을 순시하니, 애써 힘을 다하는 것으로, 효가 지극한 것이다."라고 했다.

① ○及歲時[止]躬朝之.

補註 按: 小註方氏以養獸之官歲時朝牲爲訓, 而疏曰, "歲時, 謂每歲依時, 謂朔月·月半也." 下文"君皮弁素積, 朔月·月半, 巡牲." 疏曰: "卽前言歲時朝之也." 若從此訓, 則是一事而再言也. 恐於文義未叶, 當從方說.
번역 살펴보니, 소주에서 방씨는 가축을 기르는 관리가 한 해의 각 계절마다 희생물을 가지고 조회를 한다는 뜻으로 풀이했는데, 소에서는 "'세시(歲時)'라고 말했는데, 이것은 매 해의 각 계절마다를 뜻하니, 각월의 초하루와 보름을 의미한다."라고 했고, 아래문장에서 "군주는 피변(皮弁)에 소적(素積)을 하고, 매월 초하루와 보름마다 군주가 직접 희생물들을 순시한다."라고 했는데, 소에서는 "앞에서는 한 해의 각 계절마다 조회를 한다고 한 말에 해당한다."라고 했다. 이러한 풀이에 따른다면 이것은 한 가지 사안에 대해서 재차 언급한 것이 된다. 따라서 문맥의 뜻에 있어서는 온당하지 못한 것 같으니, 방씨의 주장에 따라야 한다.

참고-集說

色純曰犧, 體完曰牷, 牛羊豕曰牲. 周禮牧人掌牧六牲, 牛·馬·羊·豕·犬·雞也. 然後養之, 謂①在滌三月也. ①皮弁·素積, 見前.

번역 털색이 순색인 것은 '희(犧)'라고 부르고, 몸체가 온전한 것은 '전(牷)'이라고 부르며, 소·양·돼지는 '생(牲)'이라고 부른다. 『주례』「목인(牧人)」편에서는 여섯 가지 희생물 방목하는 것을 담당한다고 했으니,[1] 소·말·양·돼지·개·닭을 뜻한다. 그런 뒤에 기른다는 말은 우리에 가두어 3개월 동안 기른다는 뜻이다. 피변(皮弁)과 소적(素積)에 대해서는 앞에 그 설명이 나온다.

① 在滌三月[又]皮弁素積.

補註 並郊特牲文.

번역 둘 모두 『예기』「교특생(郊特牲)」편의 기록이다.[2]

참고-大全

嚴陵方氏曰: 自養獸之官而下所云, 卽牧人阜蕃其物之時也. 自君召牛而下所云, 卽充人繫于牢之時也. 繫于牢, 則芻之三月而已, 故朔望巡之, 阜蕃其物, 則不止三月也, 故歲時朝之. 以其純而不雜, 故謂之犧, 以其完而無傷, 故謂之牷, 犧言其色也, 牷言其體也. 犧牷, 所以爲祭之牲, 故曰犧牷祭牲也. 君召牛①納而親之, 所謂展牲是也. 卜之吉, 然後養之, 所謂帝牛不

---

1) 『주례』「지관(地官)·목인(牧人)」: 牧人, 掌牧六牲而阜蕃其物, 以共祭祀之牲牷.

2) 『예기』「교특생(郊特牲)」: 帝牛不吉, 以爲稷牛. 帝牛必在滌三月, 稷牛唯具, 所以別事天神與人鬼也. 萬物本乎天, 人本乎祖, 此所以配上帝也. 郊之祭也, 大報本反始也. / 『예기』「교특생」: 三王共皮弁·素積.

吉以爲稷牛是也. 未卜止謂之牛, 旣卜乃謂之牲, 召之則未卜, 故曰牛, 巡之則卜之矣, 故曰牲. 齊戒沐浴者, 臣見君之禮也. 臣以見君之禮而朝之, 所以致其敬也. 皮弁素積者, 君視朝之服也. 君以視朝之服而巡之, 所以極其辨也. 先王父天母地, 則以子道自處焉. 推而及於山川社稷, 亦由是也. 故凡所以事鬼神之道, 皆稱孝焉. 論語曰, 菲飮食而致孝乎鬼神. 歲時, 謂比歲比時也.

번역 엄릉방씨가 말하길, "가축 기르는 관리를 둔다."라고 한 구문으로부터 그 이하의 구문에서 언급한 내용은 곧 목인(牧人)이 가축들을 번식시키는 때에 해당한다. "군주가 소를 끌고 오라고 한다."라고 한 구문으로부터 그 이하의 구문에서 언급한 내용은 충인(充人)이 가축을 우리에 매어두는 때에 해당한다.[3] 우리에 매어두는 것은 3개월 동안 꼴을 먹이는 것일 따름이다. 그렇기 때문에 초하루와 보름마다 순시를 하는 것이다. 가축을 번식시키는 것은 3개월의 기간에만 그치는 것이 아니다. 그렇기 때문에 한 해와 각 계절마다 조회하는 것이다. 순색이며 다른 색이 섞여있지 않기 때문에 '희(犧)'라고 부르며 온전하며 상처가 없기 때문에 '전(牷)'이라고 부르니, 희(犧)는 가축의 색깔을 뜻하고 전(牷)은 가축의 몸체를 뜻한다. 따라서 희(犧)와 전(牷)에 해당하는 것이 제사를 치르며 사용하는 희생물이다. 그러므로 '희전제생(犧牷祭牲)'이라고 말했다. 군주가 소를 끌고 오라고 하여 관리가 안으로 들여 군주가 살펴보는 것은 "희생물을 나열하여 고른다."[4]는 뜻에 해당한다. 거북점을 쳐서 길하다는 점괘가 나온 뒤에 기르는 것은 "상제(上帝)에게 바치는 소에 대해서 점을 쳤는데, 불길하다는 점괘가 나오게 되면, 후직(后稷)에게 바치는 소로 대체한다."[5]는 뜻에 해당한다. 아직 거북점을 치지 않았을 때에는 단지 '우(牛)'라고 부르지만, 거북점을 쳤다면 '생(牲)'이라고 부르는데, 끌고 오라고 했다면 아직

---

3) 『주례』「지관(地官) · 충인(充人)」: 充人, 掌繫祭祀之牲牷. 祀五帝, 則繫于牢, 芻之三月.

4) 『주례』「지관(地官) · 충인(充人)」: 展牲, 則告牷.

5) 『예기』「교특생(郊特牲)」: 帝牛不吉, 以爲稷牛. 帝牛必在滌三月, 稷牛唯具, 所以別事天神與人鬼也. 萬物本乎天, 人本乎祖, 此所以配上帝也. 郊之祭也, 大報本反始也.

거북점을 친 것이 아니기 때문에 '우(牛)'라고 했고, 순시를 한다면 이미 거북점을 친 것이기 때문에 '생(牲)'이라고 했다. 재계를 하고 목욕을 하는 것은 신하가 군주를 알현하는 예법이다. 신하가 군주를 알현하는 예법으로 조회를 하는 것은 공경함을 지극히 하기 위해서이다. 피변(皮弁)에 소적(素積)을 하는 것은 군주가 조회에 참관할 때 착용하는 복장이다. 군주가 조정에 참관할 때의 복장으로 순시를 하는 것은 변별력을 지극히 하기 위해서이다. 선왕은 하늘을 부친처럼 섬기고 땅을 모친처럼 섬겼으니, 자식의 도리로써 자처하였다. 이것을 확장하여 산천(山川)과 사직(社稷)에게 미쳤던 것 또한 이러한 이유 때문이다. 따라서 귀신을 섬기는 도에서는 모두 효(孝)를 지칭한다. 『논어』에서는 "평소의 음식에 대해서는 간략히 하면서도 귀신에게는 효를 다했다."[6]라고 했다. '세시(歲時)'는 한 해에 견주고 한 계절에 견준다는 뜻이다.

① 納而親之.

補註 親, 當作視.

번역 '친(親)'자는 마땅히 시(視)자로 기록해야 한다.

---

6) 『논어』「태백(泰伯)」: 子曰, "禹, 吾無間然矣. 非飮食, 而致孝乎鬼神, 惡衣服, 而致美乎黻冕, 卑宮室, 而盡力乎溝洫. 禹, 吾無間然矣."

「제의」 28장

참고-經文

古者天子諸侯必有公桑蠶室, ①近川而爲之, 築宮②仞有三尺, ③棘牆而外閉之. 及④大昕之朝, 君皮弁素積, 卜三宮之夫人·世婦之吉者, 使入蠶于蠶室, 奉種浴于川, 桑于公桑, 風戾以食之.

번역 공자가 계속하여 말하길, "고대에 천자와 제후는 반드시 왕실에서 사용하는 뽕밭을 두었고 그 안에는 누에치는 건물을 두었는데, 반드시 하천과 가까운 곳에 설치하였고, 담장을 두르되 1인(仞) 3척(尺)으로 했고, 담장 위에는 가시나무를 꼽고 문은 밖에서 잠그도록 했다. 계춘의 달 초하루 아침이 되면, 부인(夫人)들과 세부(世婦)들에 대해 점을 쳐서 길한 점괘가 나온 여자로 하여금 누에치는 곳으로 들여보내 누에를 치도록 했고, 누에를 가져다가 하천에서 씻기고, 공상(公桑)에서 뽕잎을 따다가 바람에 건조시켜 누에에게 먹이도록 했다."라고 했다.

① 近川而爲之.

補註 按: 此下當句.

번역 살펴보니, 여기에서 구문을 끊어야 한다.

② 仞有三尺.

補註 疏曰: 七尺曰仞, 七尺又三尺, 高一丈也.

번역 소에서 말하길, 7척인 것을 1인이라고 부르니, 7척하고도 3척이 더 있어서 높이는 1장이된다.

③ 棘墻而外閉.

補註 按: 外閉, 謂閽人不敢入內, 自外閉其門. 棘墻外閉, 嚴婦人之所在也.

번역 살펴보니, '외폐(外閉)'는 혼인은 감히 안으로 들어가지 않으니, 밖에서부터 그 문을 잠근다는 뜻이다. 담장에 가시나무를 꼽고 문을 밖에서 잠그는 것은 부인들이 있는 공간을 엄격하게 대하기 때문이다.

④ **大昕之朝.**

補註 按: 註云季春朔之朝, 蓋據月令而言也.
번역 살펴보니, 주에서는 계춘의 달 초하루 아침이라고 했는데, 아마도 『예기』「월령(月令)」편에 근거해서 한 말인 것 같다.

「제의」 29장

참고-經文

歲旣單矣, 世婦卒蠶, 奉繭以示于君, 遂獻繭于夫人. 夫人曰, '此所以爲君服與.' 遂①副褘而受之, 因少牢以禮之. 古之獻繭者, 其率用此與.

번역 공자가 계속하여 말하길, "누에를 치기 시작하여 3개월의 시간이 모두 지나면, 세부(世婦)는 누에치는 일을 끝내고, 누에고치를 받들고서 군주에게 보여주며, 뒤이어 군주의 부인에게 누에고치를 헌상한다. 부인은 '이것은 군주의 의복을 만들기 위한 것이다.'라고 말한다. 그리고 곧 머리장식을 하고 위의(褘衣)를 착용하고서 헌상한 누에고치를 받고, 그 일을 계기로 소뢰(少牢)에 해당하는 가축들로 음식을 만들어 세부들을 예우한다. 고대에 누에고치를 헌상하는 자들에 대해 대접했던 예법의 비율은 이에 따랐을 것이다."라고 했다.

① ○副褘而受之.

補註 鄭註: "副·褘, 王后之服, 而云夫人者, 記者容二王之後與." 疏曰: "案內司服註云, '唯二王後褘衣', 與此同. 明堂位魯公夫人亦用褘衣, 此不言者, 魯爲特賜, 此據常法, 故不言."

번역 정현의 주에서 말하길, "머리장식과 위의(褘衣)는 왕후의 복장이다. 그런데도 부인(夫人)이라고 말한 것은 『예기』를 기록한 자가 두 왕조의 후손국까지도 포함시키고자 했기 때문일 것이다."라고 했다. 소에서 말하길, "『주례』「내사복(內司服)」편의 주를 살펴보면, '오직 두 왕조의 후손국 부인만이 위의를 착용한다.'라고 하여, 이곳 주석과 동일하다. 『예기』「명당위(明堂位)」편을 살펴보면, 노나라 공작의 부인 또한 위의를 사용했는데,[1] 이곳에

---

1) 『예기』「명당위(明堂位)」: 君卷冕立於阼, 夫人副褘立於房中. 君肉袒迎牲於門, 夫人薦豆籩, 卿大夫贊君, 命婦贊夫人, 各揚其職. 百官廢職, 服大刑, 而天下大服.

서 이 사실을 언급하지 않은 것은 노나라의 경우에는 주공으로 인해 특별히 하사를 받은 것으로, 일상적인 예법이 아니다. 이곳에서는 일상적인 경우를 기준으로 기록했기 때문에 언급하지 않은 것이다."라고 했다.

補註 ○徐志修曰: 以上下章, 別言三宮之夫人者觀之, 則此章及下章三箇夫人, 似通指天子·諸侯之正宮而言, 其人則曰夫人, 言其服則曰副褘, 蓋互明也. 且容二王之後也歟.

번역 ○서지수가 말하길, 앞의 문장과 뒤의 문장에서 별도로 삼궁의 부인에 대해 언급한 것으로 보면, 이곳 문장과 뒤의 문장에 나온 3명의 부인은 아마도 천자와 제후에게 있는 부인을 가리켜 말한 것 같고, 그 사람에 대해서 '부인(夫人)'이라 말하고, 그 복장에 대해서 '부위(副褘)'라고 말한 것은 아마도 상호 그 뜻을 드러내도록 기록했기 때문일 것이다. 또 두 왕조의 후손까지도 포함하기 위해서일 것이다.

「제의」 31장

참고—經文

①君子曰, "禮樂不可斯須去身." 致樂以治心, 則易·直·子·諒之心油然生矣. 易·直·子·諒之心生, 則樂; 樂則安, 安則久, 久則天, 天則神. 天則不言而信, 神則不怒而威, 致樂以治心者也. 致禮以治躬則莊敬, 莊敬則嚴威. 心中斯須不和不樂, 而鄙詐之心入之矣; 外貌斯須不莊不敬, 而慢易之心入之矣. 故樂也者, 動於內者也; 禮也者, 動於外者也. 樂極和, 禮極順, 內和而外順, 則民瞻其顔色而不與爭也, 望其容貌而衆不生慢易焉. 故德煇動乎內, 而民莫不承聽; 理發乎外, 而衆莫不承順. 故曰, "致禮樂之道, 而天下塞焉, 擧而措之無難矣." 樂也者, 動於內者也; 禮也者, 動於外者也. 故禮主其減, 樂主其盈. 禮減而進, 以進爲文; 樂盈而反, 以反爲文. 禮減而不進, 則銷; 樂盈而不反, 則放. 故禮有報而樂有反. 禮得其報則樂, 樂得其反則安. 禮之報, 樂之反, 其義一也.

번역 군자는 "예악은 자신에게서 잠시도 떨어트려 놓을 수 없다."라고 했다. 악(樂)을 지극히 연구하여 마음을 다스린다면, 온화하고 곧으며 자애롭고 참된 마음이 융성하게 생겨난다. 온화하고 곧으며 자애롭고 참된 마음이 생겨나면 즐겁게 되고, 즐거우면 편안하게 되며, 편안하면 오래할 수 있고, 오래할 수 있으면 하늘의 이치를 깨달으며, 하늘의 이치를 깨달으면 신묘하게 된다. 하늘의 이치를 깨닫게 되면 말을 하지 않아도 사람들이 믿고, 신묘하게 되면 화를 내지 않아도 저절로 위엄이 생기니, 이것이 바로 악(樂)을 지극히 연구하여 마음을 다스린다는 것이다. 예(禮)를 지극히 연구하여 몸을 다스린다면 장엄하고 공경스럽게 되고, 장엄하고 공경스럽게 되면 위엄을 갖추게 된다. 마음이 잠시라도 조화롭지 못하고 즐겁지 못하다면, 비루하고 거짓된 마음이 침입하게 된다. 모습이 잠시라도 장엄하지 못하고 공경스럽지 못하다면, 태만한 마음이 침입하게 된다. 그러므로 악(樂)이라는 것은 내적으로 움직이게 하는 것이다. 예(禮)라는 것은 외적으로 움직이게 하는 것이다. 악(樂)

을 통해 조화로움을 지극히 하고, 예(禮)를 통해 순종함을 지극히 하여, 내적으로 조화롭고 외적으로 순종하게 되면, 백성들이 그의 안색을 살펴서 서로 다투지 않게 되고, 그 모습을 바라보면, 백성들에게 태만함이 생겨나지 않는다. 그렇기 때문에 덕이 마음에서 빛나게 움직이면 백성들 중에는 그의 말을 받들어 따르지 않는 자가 없게 되고, 이치가 밖으로 발현되면, 백성들 중에는 그를 받들고 순종하지 않는 자가 없게 된다. 그래서 "예악의 도리를 지극히 하여, 천하에 가득하니, 이것을 시행하는 데에는 어려움이 없다."고 했다. 악(樂)이라는 것은 내적으로 움직이게 하는 것이다. 예(禮)라는 것은 외적으로 움직이게 하는 것이다. 그러므로 예(禮)는 줄임을 위주로 하고 악(樂)은 채움을 위주로 한다. 예(禮)는 줄이되 나아가니 나아감을 형식으로 삼고, 악(樂)은 채우되 되돌리니 되돌림을 형식으로 삼는다. 예(禮)가 줄이기만 하고 나아가지 않는다면 사라지게 되고, 악(樂)이 채우기만 하고 되돌리지 않는다면 방만하게 된다. 그렇기 때문에 예(禮)에는 보답함이 있고 악(樂)에는 되돌림이 있다. 예(禮)가 보답함을 얻는다면 즐겁게 되고, 악(樂)이 되돌림을 얻는다면 편안하게 된다. 예(禮)의 보답함과 악(樂)의 되돌림은 의미가 동일하다.

① ○*君子曰禮樂章*.

補註 按: 此與樂記文, 皆同. 唯致禮樂之道, 而天下塞焉, 擧而錯之無難矣, 字句少異. 鄭註, "塞, 充滿也."

번역 살펴보니, 이것은 『예기』「악기(樂記)」편의 기록과 모두 일치한다. 다만 "예악의 도리를 지극히 하여, 천하에 가득하니, 이것을 시행하는 데에는 어려움이 없다."라고 한 말에 있어서 글자와 구문에 작은 차이가 있을 따름이다. 정현의 주에서는 "'색(塞)'은 충만하다는 뜻이다."라고 했다.

「제의」 32장

참고-集說

①大孝尊親, 嚴父配天也. 公明儀, 曾子弟子.

번역 "대효는 부모를 존숭한다."는 말은 부모를 존엄하게 여겨서 하늘에 배향하는 것이다.[1] '공명의(公明儀)'는 증자의 제자이다.

① ○大孝尊親嚴父配天.

補註 按: 此說非是. 朱子已論於孝經傳之五章.

번역 살펴보니, 이 주장은 잘못되었다. 주자는 이미 『효경전』의 5장에서 논의하였다.

1) 『효경』「성치장(聖治章)」: 子曰, 天地之性人爲貴. 人之行莫大於孝, 孝莫大於嚴父. 嚴父莫大於配天, 則周公其人也.

「제의」 33장

참고-經文

曾子曰, "身也者, 父母之遺體也. 行父母之遺體, 敢不敬乎? 居處不莊, 非孝也. 事君不忠, 非孝也. 涖官不敬, 非孝也. 朋友不信, 非孝也. 戰陳無勇, 非孝也. ①五者不遂, 烖及於親, 敢不敬乎?"

번역 증자는 "자신의 몸은 부모가 물려주신 몸이다. 따라서 부모가 물려주신 몸을 가지고 행동함에 있어서 어찌 감히 공경스럽지 않을 수 있겠는가? 따라서 거처할 때 장중하게 행동하지 않는 것은 효가 아니다. 군주를 섬길 때 충심을 다하지 않는 것은 효가 아니다. 관직에 임하여 공경스럽게 행동하지 않는 것은 효가 아니다. 벗 사이에서 신의를 지키지 않는 것은 효가 아니다. 전쟁에 임하여 용맹하게 행동함이 없는 것은 효가 아니다. 이러한 다섯 가지를 제대로 이루지 못하면, 재앙이 부모에게까지 미치니, 어찌 감히 공경스럽지 않을 수 있겠는가?"라고 했다.

① 五者不遂.

補註 鄭註: 遂, 猶成也.

번역 정현의 주에서 말하길, '수(遂)'자는 완성한다는 뜻이다.

「제의」 34장

참고-經文

①亨孰羶薌, 嘗而薦之, 非孝也, 養也. 君子之所謂孝也者, 國人稱願然曰, '幸哉有子如此.' 所謂孝也已. 衆之本教曰孝, 其行曰養. 養可能也, 敬爲難. 敬可能也, ②安爲難. 安可能也, 卒爲難. 父母旣沒, 愼行其身, 不遺父母惡名, 可謂能終矣. 仁者仁此者也, 禮者履此者也, 義者宜此者也, 信者信此者也, 强者强此者也. ③樂自順此生, 刑自反此作.

번역 증자가 계속하여 말하길, "삶고 익힌 음식을 바치고 희생물의 지방과 곡물을 태우며, 음식을 맛보고 바치는 것은 효(孝)가 아니며 봉양[養]이다. 군자가 말하는 효(孝)라는 것은 나라 사람들이 칭송하고 흠모하며, '그 부모는 참으로 행복하겠구나, 그와 같은 자식을 두었으니.'라고 말하게 되어야만 효라고 할 수 있을 따름이다. 백성들을 가르치는 근본을 효라고 부르며, 그것을 시행하는 것을 봉양이라고 부른다. 봉양이라는 것은 비교적 수월하게 할 수 있지만 공경을 시행하기는 어렵다. 또 공경은 비교적 수월하게 할 수 있지만 편안하게 여기며 시행하는 것은 어렵다. 편안하게 여기며 시행하는 것은 비교적 수월하게 할 수 있지만 본인이 죽을 때까지 지속적으로 시행하는 것은 어렵다. 부모가 이미 돌아가셨더라도 자신의 행실을 신중히 하여, 부모에게 오명을 끼쳐서는 안 되니, 이처럼 하는 것을 끝까지 잘한다고 할 수 있다. 인(仁)이라는 것은 친애한 마음으로 효를 시행하는 것이다. 예(禮)는 효를 실천하는 것이다. 의(義)는 효를 합당하게 시행하는 것이다. 신(信)은 신의를 가지고 효를 시행하는 것이다. 강(强)은 효를 굳건하게 시행하는 것이다. 즐거움이란 이러한 것들을 따르는 것으로부터 생겨나고, 형벌은 이러한 것들을 거스르는 것으로부터 만들어진다."라고 했다.

① ○亨孰羶薌[止]養也.

補註 疏曰: 亨·孰·羶·薌之美, 先自口嘗而後薦之父母. 此非孝也, 唯是供養.

번역 소에서 말하길, 삶고 익힌 음식을 바치고 희생물의 지방과 곡물을 태우는 것처럼 맛있는 제수들에 대해서는 먼저 입으로 그것들을 맛본 뒤에 부모에게 바친다는 뜻이다. 그러나 이것은 효가 아니며 단지 봉양을 하는 것일 뿐이다.

② **安爲難.**

補註 按: 小註方氏解作寧親, 恐比陳註爲長. 疏曰, "使父母安樂爲難."
번역 살펴보니, 소주에서 방씨는 이것을 부모를 편안하게 모신다는 뜻으로 풀이했는데, 진호의 주와 비교해보면 보다 나은 것 같다. 소에서는 "부모를 편안하고 즐겁게 만드는 일은 어렵다."라고 했다.

③ **樂自順此[止]此作.**

補註 疏曰: 順從孝道, 則身和樂. 違反孝道, 則刑戮及身.
번역 소에서 말하길, 효도에 순종할 수 있다면 자신이 화락하게 된다. 효도를 위반하게 된다면 형벌이 자신에게 미치게 된다.

참고-大全

嚴陵方氏曰: ①享言天産, 故其臭爲羶. 孰言地産, 故其臭爲薌. 嘗旨否而後薦之, 是孝之一端而已. 稱者, 口稱其所爲, 願者, 志願其如此, 此則予之之詞也. 幸哉有子如此, 言其有子如此, 乃父母之幸也. 孝者, 盡子道而已. 人言如此, 故曰所謂孝也已. 已則言其盡於此也. 教亦多術矣, 特爲之本者孝也, 故曰衆之本教曰孝. 孝經云, 夫孝德之本也, 教之所由生也, 正謂是矣. 論語曰, 至於犬馬, 皆能有養, 不敬, 何以別乎, 故曰敬爲難. 揚子曰, 孝莫大於寧親, 故曰安爲難. 孝經曰, 立身行道, 揚名於後世, 以顯父母, 孝之終也, 故曰卒爲難. 哀公問曰, 君子也者人之成名也, 百姓歸之名謂君子之子, 是使其親爲君子也, 是成其親之名也已, 故曰父母旣沒, 愼行其身, 不遺父母惡名, 可謂能終矣. 夫孝旣爲德之本, 故仁非仁於孝, 不足以爲仁之德, 禮非履於孝, 不足以爲禮之德. 以至義也信也强也, 亦若此而已.

번역 엄릉방씨가 말하길, 형(亨)은 하늘이 낳아준 산물에 해당한다. 그렇기 때문에 그 냄새는 전(羶)이 된다. 숙(孰)은 땅이 길러준 산물에 해당한다. 그렇기 때문에 그 냄새는 향(薌)이 된다. 맛을 보고 맛이 있는지 없는지를 가늠한 뒤에야 바치는 것은 효(孝)의 한 부분일 따름이다. '칭(稱)'은 입으로 그가 시행한 것을 칭송하는 것이며, '원(願)'은 뜻이 이와 같은 것을 원하는 것이니, 이것은 남이 그에게 부여하는 말에 해당한다. "그 부모는 참으로 행복하겠구나, 그와 같은 자식을 두었으니." 라는 말은 이와 같은 자식을 둔 것은 부모의 행복이라는 뜻이다. 효(孝)라는 것은 자식의 도리를 다하는 것일 따름이다. 사람들이 이처럼 말하기 때문에 "이른바 효라는 것일 뿐이다."라고 말한 것이다. '이(已)'자는 이러한 일들에 대해서 모두 다 한다는 뜻이다. 가르침에는 다양한 방법이 있는데, 특히 그것의 근본이 되는 것은 효이다. 그렇기 때문에 "많은 것들 중 근본적인 가르침을 효라고 부른다."라고 했다. 『효경』에서 "효는 덕의 근본이며, 가르침이 생겨나오는 바탕이다."라고 한 말이 바로 이러한 뜻을 나타낸다. 『논어』에서는 "개나 말에 있어서도 모두 잘 봉양한다고 할 수 있으니, 공경스럽지 못하다면 무엇을 가지고 구별하겠는가?"[1]라고 했기 때문에 "공경이 어렵다."라고 했다. 양웅은 "효는 부모를 편안히 모시는 것보다 큰 것이 없다."라고 했다. 그렇기 때문에 "편안히 함이 어렵다."라고 했다. 『효경』에서는 "자신을 수립하고 도를 시행하여 후세에 이름을 떨쳐서 부모를 영광스럽게 하는 것이 효의 끝이다."[2]라고 했다. 그렇기 때문에 "끝내는 것이 어렵다."라고 했다. 『예기』「애공문(哀公問)」편에서는 "군자(君子)라는 것은 남이 붙여주는 명칭이니, 백성들이 그에게 명칭을 붙여주며 군자의 자식이라고 한다면, 이것은 자신의 부모

---

1) 『논어』「위정(爲政)」: 子游問孝. 子曰, "今之孝者, 是謂能養. 至於犬馬, 皆能有養, 不敬, 何以別乎?"

2) 『효경』「개종명의장(開宗明義章)」: 立身行道, 揚名於後世, 以顯父母, 孝之終也.

를 군자로 만드는 것이니, 이것이 부모의 이름을 완성하는 것일 뿐입니다."[3]라고 했다. 그렇기 때문에 "부모가 돌아가셨더라도 자신의 행실을 신중히 하여 부모에게 오명을 끼치지 않아야만 잘 끝맺었다고 부른다."라고 한 것이다. 효는 덕의 근본이 되기 때문에 인(仁)에 있어서 효에 따른 친애함이 아니라면, 인(仁)의 덕이라 하기에는 부족하고, 예(禮)에 있어서 효에 따른 실천이 아니라면 예(禮)의 덕이라 하기에는 부족하다. 의(義) · 신(信) · 강(强)에 있어서도 이와 같을 따름이다.

① 享言天産.

補註 享, 當作亨, 與烹通.

번역 '향(享)'자는 마땅히 팽(亨)자로 기록해야 하며, 팽(烹)자와 통용된다.

---

3) 『예기』「애공문(哀公問)」: 公曰, "敢問何謂成親?" 孔子對曰, "君子也者人之成名也. 百姓歸之名謂之君子之子, 是使其親爲君子也, 是爲成其親之名也己." 孔子遂言曰, "古之爲政, 愛人爲大. 不能愛人, 不能有其身. 不能安土. 不能安土, 不能樂天. 不能樂天, 不能成其身."

「제의」 35장

참고-經文

曾子曰, "夫孝, 置之而塞乎天地, 溥之而橫乎四海, ①施諸後世而無朝夕, ②推而放諸東海而準, 推而放諸西海而準, 推而放諸南海而準, 推而放諸北海而準. 詩云, '自西自東, 自南自北, 無思不服.' 此之謂也."

번역 증자는 "효를 수립하면 천지 사이에 가득차고, 펼치게 되면 사해에 두루 퍼지며, 후세에 전하게 되면 하루라도 시행되지 않는 날이 없으니, 미루어 나가면 동해·서해·남해·북해에 이르러 사람들이 준칙으로 삼게 된다. 『시』에서 '서쪽으로부터 하고 동쪽으로부터 하며, 남쪽으로부터 하고 북쪽으로부터 하여, 복종하지 않는 자가 없다.'라고 했는데, 바로 이러한 뜻을 말한다."라고 했다.

① 施諸後世而無朝夕.

補註 鄭註: 無朝夕, 言常行無輟時也.

번역 정현의 주에서 말하길, '무조석(無朝夕)'은 항상 시행하여 끊기는 때가 없다는 뜻이다.

② 推而放諸東海而準.

補註 通解曰: 準, 猶齊也, 言無不同也.

번역 『통해』에서 말하길, '준(準)'자는 가지런하다는 뜻이니, 같지 않은 것이 없다는 의미이다.

補註 ○楊梧曰: 推而放之東海, 而東海之人, 此心此理同也. 西南北倣此.

번역 ○양오가 말하길, 미루어서 동해에 놓게 되면 동해의 사람들은 마음과 이치가 같아진다. 서해·남해·북해의 경우도 이와 같다.

「제의」 37장

참고-經文

孝有三. ①小孝用力, 中孝用勞, 大孝不匱. 思慈愛忘勞, 可謂用力矣. 尊仁安義, 可謂用勞矣. 博施備物, 可謂不匱矣. 父母愛之, ②喜而弗忘. 父母惡之, 懼而無怨. 父母有過, 諫而不逆. 父母旣沒, ③必求仁者之粟以祀之, 此之謂禮終.

번역 증자가 계속하여 말하길, "효에는 세 등급이 있다. 소효는 단순히 힘만 쓰는 것이고, 중효는 수고를 아끼지 않는 것이며, 대효는 모자람이 없는 것이다. 부모의 자애로운 마음을 생각하여 힘든 일도 잊게 되니, 이처럼 하면 힘을 쓰는 소효라고 할 수 있다. 인(仁)을 존숭하고 의(義)를 편안히 여겨 시행하면, 수고를 아끼지 않는 중효라 할 수 있다. 은혜를 널리 베풀고 온갖 사물을 갖추게 되면, 모자람이 없는 대효라 할 수 있다. 부모가 친애한다면 기뻐하며 그 마음을 잊지 않는다. 부모가 미워하면 두려워하되 원망하지 않는다. 부모에게 과실이 있다면 간언을 올리되 거스르지 않는다. 부모가 돌아가셨다면 반드시 인(仁)한 자에게서 곡식을 구해 이를 통해 제사를 지내니, 이처럼 하는 것을 예법에 따라 마친다고 부른다."라고 했다.

① ○小孝用力[止]不匱.

補註 按: 陳註分三孝, 爲庶人·諸侯·卿·大夫·士·天子, 蓋襲疏說之謬也. 博施, 猶詩所云永錫爾類, 孟子所云老吾老, 以及人之老. 備物, 謂備物致養, 此之謂不匱.

번역 살펴보니, 진호의 주에서는 세 가지 효를 서인의 효, 제후·경·대부·사의 효, 천자의 효로 구분하였는데, 소의 주장에 나타난 오류를 답습했기 때문이다. '박시(博施)'라는 것은 『시』에서 "길이 너에게 좋음을 주리라."[1] 라고 한 말이나 『맹자』에서 "내 노인을 노인으로 섬겨서 남의 노인에게까지

---

1) 『시』「대아(大雅)·기취(旣醉)」: 威儀孔時, 君子有孝子. 孝子不匱, 永錫爾類.

미친다."[2]라고 한 말과 같다. '비물(備物)'은 사물들을 갖춰서 봉양을 지극히 한다는 뜻인데, 여기에서는 이것을 '불궤(不匱)'라고 했다.

② 喜而弗忘.

補註 喜, 今本誤作嘉.

번역 '희(喜)'자를 『금본』에서는 가(嘉)자로 잘못 기록했다.

③ 必求仁者之粟.

補註 鄭註: 喩貧困猶不取惡人物以事亡親.

번역 정현의 주에서 말하길, 빈곤하더라도 나쁜 자의 물건을 취하여 돌아가신 부모에게 제사를 지내지 않는다는 사실을 비유한 말이다.

참고-集說

庶人思父母之慈愛, 而忘己躬耕之勞, 可謂用力矣, 此其下能養之事也. 諸侯·卿·大夫·士, 尊重於仁, 安行於義, 功勞足以及物, 可謂用勞矣, 此其次弗辱之事也. 匱, 乏也. 博施, 謂①德教加於百姓, 刑於四海也; 備物, 謂①四海之內, 各以其職來助祭, 可謂不匱矣; 此卽大孝尊親之事也.

번역 서인들은 부모의 자애로운 마음을 생각하며 자신이 몸소 경작하는 수고로움을 잊게 되니, 이러한 것들은 "힘을 쓴다."라고 말할 수 있지만, 이것은 봉양만 잘하는 하등에 해당한다. 제후·경·대부·사는 인(仁)에 대해서 존중하고 의(義)에 대해서 편안하게 시행하며, 그 노력과 수고로움이 다른 대상에게까지 미치기에 충분

---

2) 『맹자』「양혜왕상(梁惠王上)」: 老吾老, 以及人之老, 幼吾幼, 以及人之幼. 天下可運於掌.

하니, 이러한 것들은 "수고로움을 쓴다."라고 말할 수 있지만, 이것은 오명을 끼치지 않는 다음 등급에 해당한다. '궤(匱)'자는 "모자라다[乏]."는 뜻이다. '박시(博施)'는 덕행과 교화를 백성들에게 베풀고, 사해에 속한 사람들에게 모범이 되도록 한다는 뜻이다.[3] '비물(備物)'은 "천하의 모든 제후들이 각각 그들의 직무에 따라 찾아와서 제사를 돕는다."[4]라는 뜻이다. 이러한 것들은 "부족하지 않다."라고 말할 수 있다. 이것은 곧 대효이며 부모를 존숭하는 일에 해당한다.

① 德敎加[止]四海[又]四海之內[止]助祭.

補註 並孝經文.

번역 둘 모두 『효경』의 기록이다.

참고-大全

慶源輔氏曰: 孝子之心, ①競競業業, 無一息或違, 無一物不體, 豈有非時害理之事? ②溥施則用勞不足言矣, 備物則用力不足言矣, 此聖人達孝之事也. ③嘉故不忘, 懼故無怨. 柔行巽入, 期父母之順於理, 而不期父母之從乎我. 至於此, 則其誠至矣.

번역 경원보씨가 말하길, 자식의 마음은 전전긍긍하여 한 차례라도 위배함이 없고 또 하나의 대상이라도 체득하지 않는 것이 없는데, 어찌 때에 맞지 않게 하여 이치를 해치는 일이 있겠는가? 널리 베푼다면 수고를 아끼지 않는다는 말은 할 필요가 없고, 만물을 갖춘다면 힘을 쓴다는 말은 할 필요가 없다. 이것이 바로 성인의 달효(達孝)에 대한 사안이다. 기뻐하기 때문에 잊지 않는 것이며, 두려워하기 때문에 원망하지 않는 것이다. 유순하게 행동하고 겸손하게 받아들이며, 부모가 이치대로

---

3) 『효경』「천자장(天子章)」: 子曰, 愛親者, 不敢惡於人. 敬親者, 不敢慢於人. 愛敬盡於事親, 而德敎加於百姓, 刑于四海. 蓋天子之孝也.

4) 『효경』「성치장(聖治章)」: 是以四海之內, 各以其職來祭. 夫聖人之德, 又何以加於孝乎.

따르기를 바라지만 부모가 나의 뜻에 따르기를 기약하지 않는다. 이러한 경지에 도달한다면 진실됨이 지극한 것이다.

① 競競.

補註 競競, 是兢兢之誤.

번역 '경경(競競)'은 긍긍(兢兢)의 오자이다.

② 溥施.

補註 溥, 當作博.

번역 '부(溥)'자는 박(博)자로 기록해야 한다.

③ 嘉故不忘.

補註 嘉, 是喜之誤.

번역 '가(嘉)'자는 희(喜)자의 오자이다.

「제의」 38장

참고-經文

樂正子春下堂而傷其足, 數月不出, 猶有憂色. 門弟子曰, "夫子之足瘳矣, 數月不出, 猶有憂色, 何也?" 樂正子春曰, "善如爾之問也, 善如爾之問也. 吾聞諸曾子, ①曾子聞諸夫子曰, '天之所生, 地之所養, ②無人爲大. 父母全而生之, 子全而歸之, 可謂孝矣. 不虧其體, 不辱其身, 可謂全矣. 故君子③頃步而弗敢忘孝也.' 今予忘孝之道, 予是以有憂色也. 壹擧足而不敢忘父母, 壹出言而不敢忘父母. 壹擧足而不敢忘父母, 是故道而不徑, 舟而不游, 不敢以先父母之遺體行殆. 壹出言而不敢忘父母, 是故惡言不出於口, 忿言不反於身. 不辱其身, 不羞其親, 可謂孝矣."

번역 악정자춘은 당하로 내려가다가 발을 다쳤는데, 수개월이나 지났는데도 밖으로 나가지 않았고, 여전히 근심스러운 표정을 지었다. 그의 제자는 "선생님의 발은 이미 다 나았는데도, 수개월이나 밖으로 나가지도 않으시고 여전히 얼굴에 수심이 가득한 것은 어째서입니까?"라고 물었다. 그러자 악정자춘은 "너의 질문이 참으로 좋구나, 너의 질문이 참으로 좋구나. 나는 스승이신 증자께 들었고, 증자께서는 공자께 들었는데, '하늘이 낳아준 대상과 땅이 나아준 대상 중에는 사람만큼 존귀한 것이 없다. 부모가 온전히 자신을 낳아주었으니, 자식이 자신의 몸을 온전히 하여 땅으로 되돌려주는 것을 효라고 할 수 있다. 몸을 훼손시키지 않고 자신을 욕되게 하지 않는 것을 온전히 한다고 할 수 있다. 그러므로 군자는 반걸음을 뗄 때에도 감히 효를 잊지 않는다.'라고 하셨다. 그러므로 나는 효의 도리를 잊은 것이니, 이러한 이유로 근심스러운 표정을 지은 것이다. 한 걸음을 뗄 때라도 감히 부모를 잊지 않아야 하고, 한 마디 말을 할 때라도 감히 부모를 잊지 않아야 한다. 한 걸음을 뗄 때라도 감히 부모를 잊지 않아야 하기 때문에 올바른 길로만 다니고 지름길로 다니지 않으며, 배를 타고 강을 건너며 헤엄을 치지 않으니, 감히 부모가 물려주신 몸으로 위험한 일을 시행할 수 없기 때문이다. 한 마디 말을 할 때라도 감히 부모를 잊지 않아야 하기 때문에 나쁜 말을 내뱉지 않고, 원망하는 말도 자신에게 돌아오지 않는다. 자신을 욕되게 하지 않고 부모를 부끄럽게 하지 않는 것을 효라고 할 수 있다."라고 대답했다.

① **曾子聞諸夫子**.

補註 按: 小學諺解, 以可謂全矣以上, 作曾子聞諸夫子之說.

번역 살펴보니, 『소학언해』에서는 '가위전의(可謂全矣)' 앞의 내용을 증자가 공자에게서 들은 내용을 기록한 것이라고 했다.

② **無人爲大**.

補註 按: 小學作唯人爲大.

번역 살펴보니, 『소학』에서는 '유인위대(唯人爲大)'라고 기록했다.

③ **頃步**.

補註 小學註: 頃, 當爲跬, 一擧足爲跬, 再擧足爲步.

번역 『소학』의 주에서 말하길, '경(頃)'자는 마땅히 규(跬)자가 되어야 하니, 한 번 발을 떼어 놓는 것을 규(跬)라고 하며, 두 번 발을 떼는 것을 보(步)라 한다.

補註 ○按: 頃本作蹞, 與跬同.

번역 ○살펴보니, '경(頃)'는 본래 규(蹞)자로 기록하는데, 이것은 규(跬)자와 같은 글자이다.

「제의」 40장

참고-集說

古者視朝之禮, 君臣皆立, 七十杖於朝, 據杖而立也. 君問則席, 謂君若有問, 則爲之布席於堂而使之坐也. 不俟朝, 謂①見君而揖之卽退, 不待朝事畢也. 就之, 卽其家也.

번역 고대에 조정에 참여하는 예법에서는 군주와 신하가 모두 자리에 서 있었으니, 70세인 자가 조정에서 지팡이를 잡는다고 한 것은 지팡이에 의지하여 서 있다는 뜻이다. '군문즉석(君問則席)'은 군주가 만약 하문할 일이 있다면, 그를 위해 당상에 자리를 펴고 그로 하여금 자리에 앉게 만든다는 뜻이다. '불사조(不俟朝)'는 군주를 알현하고 읍을 하면 곧 물러나며, 조정의 일이 모두 끝날 때까지 기다리지 않는다는 뜻이다. '취지(就之)'는 그의 집으로 찾아간다는 뜻이다.

① ○見君而揖之卽退.

補註 按: 揖, 是君揖也. 見王制補註.

번역 살펴보니, '읍(揖)'이라는 것은 군주가 읍을 한다는 뜻이다. 『예기』「왕제(王制)」편의 보주에 나온다.

「제의」 41장

참고—經文

行①<u>肩而不併</u>, 不錯則隨, 見老者則②<u>車徒辟</u>, 斑白者不以其任行乎道路, 而弟達乎道路矣.

번역 도로에서 나이가 어린 자와 많은 자가 함께 걸어가게 되면 나이가 어린 자는 나이가 많은 자와 어깨를 나란히 해서 걷지 않고, 상대가 자신의 형 연배에 해당한다면 대각선 방향으로 물러나서 걷고, 자신의 부친 연배에 해당한다면 바로 뒤쪽 방향으로 물러나서 걷는다. 또 도로에서 노인을 보게 된다면 수레에 탔거나 도보로 걷는 자들은 모두 그를 피해준다. 머리가 반백인 자들은 짐을 지고 도로에서 걷지 않으니, 어른을 공경함이 도로에서 두루 시행되었던 것이다.

① 肩而不併.

補註 類編曰: 言肩隨而不併行.

번역 『유편』에서 말하길, 약간 뒤로 물러나서 따라가며 나란히 걷지 않는다는 뜻이다.

補註 ○按: 不併下, 當著爲也吐.

번역 ○살펴보니, '불병(不併)'이라는 말 뒤에는 하야[爲也]토를 붙여야만 한다.

② 車徒辟.

補註 按: 辟如字, 亦可.

번역 살펴보니, '辟'자는 글자대로 읽더라도 괜찮다.

補註 ○又按: 陳註出於鄭註, 其義亦通. 蓋車徒, 古或有對言者, 如易舍車而徒, 是也.

번역 ○또 살펴보니, 진호의 주는 정현의 주에서 도출된 것인데, 그 의미가 또한 통한다. 수레를 타거나 도보를 한다는 것에 대해서 고대에는 간혹 상대적으로 쓰는 경우가 있었으니, 예를 들어서 『역』에서 "수레를 놔두고 걸어간다."[1]라고 한 경우에 해당한다.

補註 ○楊梧曰: 卽內則雖衆車徒舍於外之意. 有車則必有徒侶, 舊謂車以言其貴, 徒以言其賤, 非.

번역 ○양오가 말하길, 이것은 곧 『예기』「내칙(內則)」편에서 "비록 소종의 아들들이 가져온 수레나 사람들이 많더라도, 그것들은 밖에 머물도록 한다."라고 한 뜻에 해당한다. 수레가 있다면 분명 그것들을 따르는 무리들이 있게 되는데, 옛 학설에서 수레는 신분이 존귀한 자를 말한 것이고, 도보는 신분이 미천한 자를 말한 것이라고 한 말은 잘못된 해석이다.

---

1) 『역』「분괘(賁卦)」: 初九, 賁其趾, 舍車而徒.

「제의」 42장

참고-集說

鄭氏曰: ①一鄕者, 五州. 巷, 猶閭也.

번역 정현이 말하길, 1개의 향(鄕)은 5개의 주(州) 단위이다. '항(巷)'은 여(閭)라는 행정단위와 같다.

① ○一鄕者五州.

補註 周禮·大司徒: 五家爲比, 五比爲閭, 四閭爲族, 五族爲黨, 五黨爲州, 五州爲鄕.

번역 『주례』「대사도(大司徒)」편에서 말하길, 5개의 가(家)는 1개의 비(比)가 되고, 5개의 비는 1개의 여(閭)가 되며, 4개의 여는 1개의 족(族)이 되고, 5개의 족은 1개의 당(黨)이 되며, 5개의 당은 1개의 주(州)가 되고, 5개의 주는 1개의 향(鄕)이 된다.[1)]

참고-大全

石林葉氏曰: ①先之則不錯, 不錯則隨. 敬之則車徒避, 愛之則斑白不以任, 此弟所以達乎道路. 强以力言, 衆以人言. 老而窮者, 猶所不棄, 則寡弱者固不患於無告, 此弟所以達乎州巷.

번역 석림섭씨가 말하길, 그를 우선하므로 어긋나지 않으며, 어긋나지 않으므로 뒤

---

1) 『주례』「지관(地官)·대사도(大司徒)」: 令五家爲比, 使之相保; 五比爲閭, 使之相受; 四閭爲族, 使之相葬; 五族爲黨, 使之相救; 五黨爲州, 使之相賙; 五州爲鄕, 使之相賓.

따르는 것이다. 그를 공경하므로 수레를 타거나 도보로 걷는 자가 피해주고, 그를 친애하므로 머리가 반백인 자는 짐을 짊어지지 않으니, 이것은 어른을 공경함이 도로에서 두루 시행되는 것이다. 강(强)은 힘을 기준으로 한 말이고, 중(衆)은 사람의 수를 기준으로 한 말이다. 늙고 궁벽한 자라도 여전히 버림을 받지 않으니, 수가 적고 약한 자도 진실로 하소연할 곳이 없다는 걱정을 하지 않는다. 이것은 어른을 공경함이 향리에서 두루 시행되는 것이다.

① **先之則不錯.**

補註 按: 經文不錯則隨, 是或錯或隨之意, 而今解以不錯而隨, 恐誤.

번역 살펴보니, 경문에 나온 '불착즉수(不錯則隨)'라는 말은 착일 때도 있고 수일 때도 있다는 뜻인데, 현재 이것을 불착하여 수한다고 풀이하는 것은 아마도 잘못된 해석인 것 같다.

「제의」 44장

참고—經文

軍旅①什五, 同爵則尚齒, 而弟達乎軍旅矣.

번역 군대의 대오에서 계급이 같다면 나이가 많은 자를 숭상하니, 어른을 공경함이 군대에서 두루 시행되었던 것이다.

① 什五.

補註 五, 當作伍.

번역 '오(五)'자는 마땅히 오(伍)자로 기록해야 한다.

「제의」 46장

참고-經文

①祀乎明堂, 所以教諸侯之孝也. 食三老·五更於大學, 所以教諸侯之弟也. 祀先賢於西學, 所以教諸侯之德也. 耕藉, 所以教諸侯之養也. 朝覲, 所以教諸侯之臣也. 五者天下之大教也.

번역 명당(明堂)에서 제사를 지내는 것은 제후들이 지녀야 할 효의 도리를 가르치는 방법이다. 태학에서 삼로와 오경에게 식사를 대접하는 것은 제후들이 지녀야 할 공경의 도리를 가르치는 방법이다. 서학에서 선현에게 제사를 지내는 것은 제후들이 지녀야 할 덕을 가르치는 방법이다. 자전을 경작함은 제후들이 시행해야 할 봉양의 도리를 가르치는 방법이다. 조근의 의례를 시행하는 것은 제후들이 지녀야 할 신하의 도리를 가르치는 방법이다. 이러한 다섯 가지는 천하를 다스리는 큰 교화이다.

① ○祀乎明堂.

補註 鄭註: 宗祀文王.

번역 정현의 주에서 말하길, 문왕을 종주로 삼아 제사를 지낸다는 뜻이다.

참고-集說

方氏曰: ①先賢, 則樂祖是也. 西學, 則瞽宗是也. 樂祖有道德者, 故曰教諸侯之德. 耕藉, 所以事神致養之道, 故曰教諸侯之養. 朝覲, 所以尊天子, 故曰教諸侯之臣. 樂記先朝覲而後耕藉者, 武王初有天下, 君臣之分, 辨之不可不早也.

번역 방씨가 말하길, '선현(先賢)'은 악조(樂祖)[1]에 해당한다. '서학(西學)'은 고종(瞽宗)에 해당한다. 악조는 도덕을 갖춘 자이기 때문에 "제후들이 지녀야 할 덕을 가르친다."라고 했다. "자전(藉田)을 경작한다."는 것은 신을 섬기며 봉양을 다하는 도리이다. 그렇기 때문에 "제후들이 지녀야 할 봉양의 도리를 가르친다."라고 했다. '조근(朝覲)'은 천자를 존숭하는 것이다. 그렇기 때문에 "제후들이 지녀야 할 신하의 자세를 가르친다."라고 했다. 『예기』「악기(樂記)」편에서 조근을 먼저 언급하고 자전 경작하는 일을 뒤에 말한 것[2]은 무왕이 최초 천하를 소유했을 때, 군신 간의 구분에 있어서 하루빨리 구별하지 않을 수 없었기 때문이다.

① **先賢則[止]是也.**

補註 周禮·春官·大司樂: 掌成均之法, 凡有道者有德者, 使敎焉, 死則以爲樂祖, 祭於瞽宗.

번역 『주례』「춘관(春官)·대사악(大司樂)」편에서 말하길, 성균에 대한 법도를 담당하며, 도와 덕을 갖춘 자로 하여금 학생들을 가르치도록 했다. 그들이 죽으면 악조(樂祖)로 삼고, 고종(瞽宗)에서 제사를 지냈다.[3]

補註 ○按: 註說本此.

번역 ○살펴보니, 주의 주장은 이 기록에 근거한 것이다.

---

1) 악조(樂祖)는 예악(禮樂)을 가르쳤던 선사(先師)들이다. 예전에는 도덕(道德)을 갖춘 인물로 태학(太學)에 들여보내서, 국자(國子)들을 가르치도록 하였다. 그리고 그들이 죽게 되면 '악조'로 삼아서, 고종(瞽宗)에서 제사를 지냈다. 『주례』「춘관(春官)·대사악(大司樂)」편에는 "凡有道者有德者, 使敎焉. 死則以爲樂祖, 祭於瞽宗."이라는 기록이 있다.

2) 『예기』「악기(樂記)」: 散軍而郊射, 左射貍首, 右射騶虞, 而貫革之射息也. 裨冕搢笏, 而虎賁之士說劒也. 祀乎明堂, 而民知孝. 朝覲, 然後諸侯知所以臣. 耕藉, 然後諸侯知所以敬. 五者天下之大敎也.

3) 『주례』「춘관(春官)·대사악(大司樂)」: 大司樂; 掌成均之法, 以治建國之學政, 而合國之子弟焉. 凡有道者有德者, 使敎焉, 死則以爲樂祖, 祭於瞽宗.

「제의」 49장

참고-經文

天子巡守, 諸侯待於竟, 天子先見百年者. ①八十九十者東行, 西行者弗敢過; 西行, 東行者弗敢過. 欲言政者, 君就之可也.

번역 천자가 순수(巡守)를 하게 되면 제후는 국경까지 마중 나와서 기다리며, 천자가 제후국에 들어가면 우선적으로 나이가 100세인 자를 만나본다. 80세나 90세인 자가 동쪽으로 가게 되면 서쪽으로 가던 일행은 감히 그를 앞질러서 가지 않는다. 또 그들이 서쪽으로 가게 되면 동쪽으로 가던 일행은 감히 그를 앞질러서 가지 않는다. 노인 중 정치적 의견을 진술하고자 하는 자가 있다면 군주는 그에게 찾아가서 그 말을 듣는 것이 옳다.

① 八十九十[止]東行者弗敢過.

補註 楊梧曰: 東行 · 西行, 是老者, 西行者 · 東行者, 是天子. 天子巡守, 至其處, 老者方有事於東行, 天子又有事於西行, 是相違不相値, 然必住行反謁, 不敢超越經過.

번역 양오가 말하길, 동행과 서행이라는 것은 노인에게 해당하고, 서행하는 자와 동행하는 자는 천자에게 해당한다. 천자가 순수를 하여 어느 지점에 도착했는데, 노인이 동쪽으로 가서 어떤 일을 시행하려고 하며, 천자 또한 서쪽으로 가서 시행할 일이 있다면, 이것은 서로 길이 어긋나 만나볼 수 없는 경우이다. 그러므로 반드시 가던 것을 멈추고 돌아가서 만나보아야 하며, 감히 앞질러 갈 수 없다.

補註 ○按: 古註疏及楊梧說, 皆以天子駐車反謁弗敢經過之意爲解, 而愚意只是泛言, 與八九十歲老人相遇, 雖分道而行, 少者不敢先過, 必待老者過, 然後乃行也.

번역 ○살펴보니, 옛 주와 소 및 양오의 주장은 모두 천자가 수레를 멈추고 되돌아가서 만나보며, 감히 앞질러가지 않는다는 뜻으로 풀이했는데, 내가 생각하기에 이것은 단지 범범하게 말한 것으로, 80이나 90세가 된 노인과 서로 만나게 되었을 때 비록 길을 달리하여 가더라도 젊은 사람은 감히 앞질러 지나갈 수 없고, 반드시 노인이 지나갈 때까지 기다린 이후에야 길을 간다는 뜻이다.

補註 ○通解曰: 或曰八十九十者東行, 則人之西行者, 不敢分道而過, 言必避之也. 其西行亦然.

번역 ○『통해』에서 말하길, 혹자는 80세나 90세인 자가 동쪽으로 길을 가게 되면 서쪽으로 길을 가는 사람은 감히 길을 달리하여 그를 지나칠 수 없다고 하니 반드시 길을 피해주어야 한다는 뜻이다. 서쪽으로 가는 경우에도 이와 같다.

補註 ○按: 通解說與愚見合, 而但與註疏不同, 未知孰是.

번역 ○살펴보니, 『통해』의 주장은 내 견해와 부합하는데, 다만 주 및 소와는 다르니, 누구의 주장이 옳은지 모르겠다.

「제의」 50장

참고-集說

方氏曰: 一命齒於鄕里, 非其鄕里, 則以爵而不以齒可知. 再命齒於族, 非其族, 則以爵而不以齒亦可知. 三命不齒, 雖於其族, 亦不得而齒之矣, 則鄕里又可知. 然此特貴貴之義耳, 至於老老之仁, 又不可得而廢焉, 故族有七十者弗敢先也. 先, 謂鄕飮之席, 待七十者先入而後入也. 君與之揖讓而後及爵者, 豈族之三命得以先之乎? 五州爲鄕, 五鄰爲里, ①於遠擧鄕, 則近至於五比之閭可知; 於近擧里, 則遠達於五縣之遂可知. 六鄕六遂, 足以互見也. 此言族, 周官所謂父族也. 蓋有天下者謂之王族, 有國者謂之公族, 有家者則謂之官族, 以傳世言之則曰世族, 以主祭言之則言宗族.

번역 방씨가 말하길, "1명(命)의 등급을 가진 자는 향리에서 나이에 따라 서열을 정한다."라고 했는데, 향리가 아니라면 작위에 따라 서열을 정하며 나이에 따라 서열을 정하지 않는다는 사실을 알 수 있다. "2명(命)의 등급을 가진 자는 족인들과 나이에 따라 서열을 정한다."라고 했는데, 족인들과의 자리가 아니라면 작위에 따라 서열을 정하며 나이에 따라 서열을 정하지 않는다는 사실 또한 알 수 있다. "3명(命)의 등급을 가진 자는 나이에 따라 서열을 정하지 않는다."라고 했으니, 비록 그의 족인들과 있는 자리라도 또한 나이에 따라 서열을 정할 수 없으니, 향리에서도 나이에 따라 서열을 정하지 않는다는 사실 또한 알 수 있다. 그러나 이것은 단지 존귀한 자를 존귀하게 대하는 도의일 따름이니, 노인을 노인으로 대하는 인(仁)은 또한 폐지할 수 없다. 그렇기 때문에 족인들 중 70세인 자가 있다면 감히 그보다 먼저 자리에 앉지 않는 것이다. '선(先)'은 향음주례 등을 시행할 때의 자리이니, 70세인 자가 먼저 들어갈 때까지 기다린 뒤에야 들어간다는 뜻이다. 군주는 그와 함께 읍(揖)을 하며 겸양의 뜻을 나타내고 그 이후에 작위를 가진 자들에게 읍을 한다고 했으니, 어찌 족인들 중 3명(命)의 등급을 가진 자가 70세인 자보다도 먼저 자리에 위치할 수 있겠는가? 5개의 주(州)는 1개의 향(鄕)이 되고, 5개의 인(鄰)은 1개의 리(里)가 되는데, 먼 지역에 대해서 향(鄕)을 거론했다면, 가까이 5개의 비

(比)가 되는 1개의 여(閭)에 있어서도[1] 이처럼 하게 된다는 사실을 알 수 있고, 가까운 지역에 대해 리(里)를 거론했다면, 멀리 5개의 현(縣)이 되는 1개의 수(遂)에 있어서도[2] 이처럼 하게 된다는 사실을 알 수 있다. 따라서 육향(六鄕)과 육수(六遂)를 거론한 것은 이를 통해 상호 그 뜻을 보완적으로 나타낼 수 있다. 이곳에서 '족(族)'이라고 한 말은 『주례』에서 말한 '부족(父族)'[3]에 해당한다. 무릇 천하를 소유한 자의 친족에 대해서는 '왕족(王族)'이라고 부르고, 제후국을 소유한 자의 친족에 대해서는 '공족(公族)'이라고 부르며, 대부의 영지를 소유한 자의 친족에 대해서는 '관족(官族)'이라고 부르고, 세대를 계승한 것을 기준으로 말한다면 '세족(世族)'이라고 부르며, 제사를 주관하는 것을 기준으로 말한다면 '종족(宗族)'이라고 부른다.

① ○於遠擧鄕[止]互見也.

補註 按: 自五家之比, 至五州之鄕, 乃郊內之制, 卽所謂六鄕也. 自五家之鄰, 至五縣之遂, 乃田野之制, 卽所謂六遂也. 詳見學記補註.

번역 살펴보니, 5개의 가(家)에 해당하는 비(比)로부터 5개의 주(州)에 해당하는 향(鄕)에 이르기까지는 교내의 제도로 이른바 육향(六鄕)에 해당한다. 5개의 가에 해당하는 인(鄰)으로부터 5개의 현(縣)에 해당하는 수(遂)에 이르기까지는 전지(田地)에 대한 제도로 이른바 육수(六遂)에 에 해당한다. 자세한 내용은 『예기』「학기(學記)」편의 보주에 나온다.

---

1) 『주례』「지관(地官)·대사도(大司徒)」: 令五家爲比, 使之相保. 五比爲閭, 使之相受. 四閭爲族, 使之相葬. 五族爲黨, 使之相救. 五黨爲州, 使之相賙. 五州爲鄕, 使之相賓.

2) 『주례』「지관(地官)·수인(遂人)」: 五家爲鄰, 五鄰爲里, 四里爲酇, 五酇爲鄙, 五鄙爲縣, 五縣爲遂.

3) 『주례』「지관(地官)·당정(黨正)」: 國索鬼神而祭祀, 則以禮屬民, 而飮酒于序以正齒位: 壹命齒于鄕里, 再命齒于父族, 三命而不齒.

「제의」 51장

참고-經文

天子有善, 讓德於天. 諸侯有善, 歸諸天子. 卿大夫有善, ①薦於諸侯. 士庶人有善, 本諸父母, ②存諸長老. 祿爵慶賞, 成諸宗廟, 所以示順也.

번역 천자에게 좋은 일이 있으면 하늘에게 그 덕을 양보한다. 제후에게 좋은 일이 있으면 천자에게 그 공을 돌린다. 경과 대부에게 좋은 일이 있으면 제후에게 그 공을 돌린다. 사와 서인에게 좋은 일이 있으면, 부모에게서 비롯되었음을 알리고, 친족 중의 연장자에게 그 공을 돌린다. 군주가 녹봉과 작위 및 상을 하사하는 것을 종묘에서 시행하는 것은 순종함을 드러내는 방법이다.

① 薦於諸侯.

補註 鄭註: 薦, 進也.

번역 정현의 주에서 말하길, '천(薦)'자는 바친다는 뜻이다.

② 存諸長老.

補註 按: 恐謂不自有其善, 而存之於長老也.

번역 살펴보니, 이 말은 아마도 선함을 자처하지 않고 연장자에게 돌린다는 뜻인 것 같다.

「제의」 52장

참고-大全

延平周氏曰: 聖人無非事, 亦無非教. 以天子之尊, 袞冕北面, 而聽於卜, ①<u>非時斷其</u>一時之事而已, 又將示人之不敢專, 而且以尊乎天也.

번역 연평주씨가 말하길, 성인은 일삼지 않는 것이 없고 또 교화를 펴지 않는 것이 없다. 천자처럼 존귀한 신분이라 하더라도 곤면(袞冕)을 착용하여 북쪽을 바라보고 거북점을 쳐서 점괘를 들으니, 특정 시기에 따라 일시적인 사안을 처리하는 것일 뿐만 아니라 또한 이를 통해 사람들에게 감히 자기 마음대로 하지 않음을 드러내고 또 이를 통해 하늘을 존귀하게 높이기 때문이다.

① ○非時斷其.

補註 時, 恐特之誤.

번역 '시(時)'자는 아마도 특(特)자의 오자인 것 같다.

「제의」 53장

참고-經文

孝子將祭祀, 必有齊莊之心以慮事, 以具服物, 以修宮室, 以治百事. 及祭之日, 顔色必溫, 行必恐, 如懼不及愛然. 其奠之也, 容貌必溫, 身必詘, ①如語焉而未之然. ②宿者皆出, 其立卑靜以正, ③如將弗見然. 及祭之後, ④陶陶遂遂, ⑤如將復入然. 是故慤善不違身, 耳目不違心, 思慮不違親; 結諸心, 形諸色, 而術省之. 孝子之志也.

번역 자식이 제사를 지내려고 할 때에는 반드시 재계하고 엄숙한 마음을 지니고, 이를 통해 일들에 대해 계획하고, 의복과 사물들을 갖추며, 종묘를 수리하고, 모든 사안들을 처리한다. 제사를 치르는 당일이 되면, 안색은 반드시 온화하고 행동은 반드시 두려움이 있는 것처럼 조심스러우니, 마치 친애함에 부족함이 있을까 염려하는 것처럼 한다. 제수를 진설할 때에는 행동은 반드시 온화하게 되고 몸은 반드시 굽히게 되니, 마치 부모가 무언가를 말하고자 하시나 아직 말하지 않은 것처럼 한다. 중요 절차가 끝나고 머물던 자들이 모두 밖으로 나가면, 자식은 서 있으며 자세를 낮추고 고요하게 처신해서 올바르게 따르니, 마치 앞으로는 다시 볼 수 없을 것처럼 한다. 제사가 모두 끝나게 되면, 안팎으로 부모를 그리워하는 마음이 두루 통하니, 마치 부모가 다시 찾아올 때처럼 한다. 이러한 까닭으로 정성과 선함이 몸에서 떠나지 않아서 항상 공경스럽게 행동하고, 보고 듣는 것들도 마음을 위배하지 않아서 마음에 보존된 친애함을 혼란스럽게 만들지 않는다. 마음에 그리워하는 마음이 맺혀 있고 형색을 통해 나타나고, 매사를 신중히 생각하고 살핀다. 이것이 바로 자식의 뜻이다.

① 如語焉而未之然.

補註 鄭註: "如有所以語親而未見答." 疏曰: "如以語咨白於親, 而未之見報答."

번역 정현의 주에서 말하길, "마치 부모에 대해 말을 했지만 아직 대답을 듣지 못한 것처럼 한다는 뜻이다."라고 했다. 소에서 말하길, "마치 부모에게 말을 했으나 아직 대답을 듣지 못한 것처럼 한다는 뜻이다."라고 했다.

補註 ○按: 陳註 · 方說, 與古註疏異. 以文義則古註疏似長, 但然字作實字, 解不合於上下諸句之例, 可疑.
번역 ○살펴보니, 진호의 주와 방씨의 주장은 옛 주 및 소의 기록과 차이가 난다. 문장의 뜻으로 보면 옛 주와 소의 주장이 더 나은 것 같다. 다만 연(然)자를 실자로 보면 그 해석은 앞뒤에 나오는 여러 구문의 용례와는 부합되지 않으니 의문스러운 대목이다.

② **宿者皆出.**

補註 疏曰: 謂助祭所宿之賓, 祭畢皆出去.
번역 소에서 말하길, 제사를 도우며 머물던 빈객들을 뜻하는데, 현재 제사의 절차들이 끝나서 모두가 밖으로 나간 것을 의미한다.

③ **如將弗見然.**

補註 鄭註: 祭事畢, 不知親所在, 思念之深, 如不見出也.
번역 정현의 주에서 말하길, 제사가 끝났는데도 부모가 어디에 계신지 알 수 없어서, 부모를 그리워하는 마음이 깊어 마치 나가는 것을 보지 못한 것처럼 한다는 뜻이다.

④ **陶陶.**

補註 按: 陶, 陸音遙, 而陳不從, 故云如字.
번역 살펴보니, '陶'자에 대해 육덕명은 그 음이 '遙(요)'라고 했는데, 진호는 그에 따르지 않았다. 그렇기 때문에 글자대로 읽는다고 했다.

⑤ **如將復入然.**

補註 鄭註: 思念既深, 如覩親將復入也.

번역 정현의 주에서 말하길, 부모를 그리워하는 마음이 이미 깊어서 마치 부모가 다시 찾아오게 됨을 보는 것처럼 한다는 뜻이다.

| 저자 소개 |

김재로金在魯, 1682~1759

· 조선 후기 때의 학자
· 본관은 청풍(淸風)이고 자는 중례(仲禮)이며 호는 청사(淸沙) · 허주자(虛舟子)이고 시호는 충정(忠靖)이다.

| 역자 소개 |

정병섭鄭秉燮

· 1979년 출생
· 2002년 성균관대학교 유교철학과 졸업
· 2004년 성균관대학교 대학원 유학과 석사
· 2013년 성균관대학교 대학원 유학과 철학박사
· 『역주 예기집설대전』을 완역하였다.
· 『의례』, 『주례』, 『대대례기』 번역과 한국유학자들의 예학 관련 저작들의 번역을 계획 중이다.

譯註

禮記補註 ⑦ 雜記上·雜記下·喪大記·祭法·祭義

초판 인쇄 2018년 5월 2일
초판 발행 2018년 5월 15일

저 자 | 김 재 로(金在魯)
역 자 | 정 병 섭(鄭秉燮)
펴 낸 이 | 하 운 근
펴 낸 곳 | 學古房

주 소 | 경기도 고양시 덕양구 통일로 140 삼송테크노밸리 A동 B224
전 화 | (02)353-9908 편집부(02)356-9903
팩 스 | (02)6959-8234
홈페이지 | hakgobang.co.kr
전자우편 | hakgobang@naver.com, hakgobang@chol.com
등록번호 | 제311-1994-000001호

ISBN 978-89-6071-749-7 94150
978-89-6071-718-3 (세트)

값 : 34,000원

이 도서의 국립중앙도서관 출판예정도서목록(CIP)은 서지정보유통지원시스템 홈페이지(http://seoji.nl.go.kr)와 국가자료공동목록시스템(http://www.nl.go.kr/kolisnet)에서 이용하실 수 있습니다. (CIP제어번호 : CIP2018012639)